narr studienbücher

Werner H. Veith

# Soziolinguistik

Ein Arbeitsbuch mit 100 Abbildungen
sowie Kontrollfragen und Antworten

gn̲v  Gunter Narr Verlag Tübingen

*Die Deutsche Bibliothek - CIP-Einheitsaufnahme*

**Veith, Werner H.:**
Soziolinguistik : ein Arbeitsbuch mit Kontrollfragen und Antworten /
Werner H. Veith. – Tübingen : Narr, 2002
   (Narr Studienbücher)
   ISBN 3-8233-4992-9

© 2002 · Gunter Narr Verlag Tübingen
Dischingerweg 5 · D-72070 Tübingen

Internet: http://www.narr.de
E-Mail: info@narr.de

Druck: Gulde, Tübingen
Verarbeitung: Nädele, Nehren
Printed in Germany

ISSN 0941-8105
ISBN 3-8233-4992-9

# Inhalt

## 1    Theoretische Grundlagen

## 2    Primäre sprachliche Sozialisation

# 3    Soziolinguale Ausgrenzung

# 4    Kommunikationskonflikte in Institutionen

# 5    Sprachliche Varietäten

# 6   Geschlechts- und altersspezifische Sprachkonflikte

# 7   Kulturelle und sprachliche Vielfalt

# Verzeichnis der Abbildungen

4       Kommunikationskonflikte in Institutionen

*[handwritten:] Linguistik = menschl. Sprache: 18 Jh. lingua=zunge Rede Sprache*

*[handwritten:] Soziolinguistik = Sprache d. Gesellschaft*

*[handwritten:] Sprachwissenschaft: 19 Jh: Erforschung d. Sprach- geschichte, -Verwandschaft -Ursprünge*

*[handwritten:] wissenschaftl. Beschreibung*

# 1 Theoretische Grundlagen

## 1.1 Handlungsorientierung

*[handwritten:] Soziologie 1165 - Kommunik. Beziehung*

### 1.1.1 Soziolinguistik und Sprachsoziologie

*Zentrale Begriffe – Linguistik – Soziologie – „sozial" – soziales Handeln – Soziolinguistik / Sprachsoziologie – Objektbereich / Metabereich*

**Zentrale Begriffe**

*Lingu-istik*   Jede Wissenschaft hat einen bestimmten Gegenstand (Objektbereich), auf den sie sich bezieht. Der Gegenstand der Soziolinguistik ist nicht die Struktur der Gesellschaft, sondern die Sprache der Gesellschaft. In der Soziolinguistik werden sprachliche Gegebenheiten beschrieben, die auf gesellschaftliche zurückzuführen sind. Die Soziolinguistik ist eine Teildisziplin der „Linguistik", als Wort eine seit dem 18. Jh. bestehende gelehrte Neubildung, vorher „Linguist" (17. Jh.), zu lat. *lingua* ‚Zunge, Rede, Sprache' (vgl. Pfeifer 1989, S. 1020 f.). „Linguistik" wird mit „Sprachwissenschaft" gleichgesetzt, jedoch als Terminus aus mehreren Gründen, z. B. wegen der Internationalität und der Wortbildung („Sozio-", „Neuro-", „Pragma-", „Ethno-" -linguistik), gegenüber „Sprachwissenschaft" bevorzugt. Der Gegenstand der Linguistik ist die menschliche Sprache. Die Verständigungsmittel der Tiere, vielfach auch als „Sprache" bezeichnet (z. B. als „Sprache" der Bienen, der Vögel), werden hier nicht behandelt.

*Sozio-logie*   Das Kompositum *Soziologie* wurde 1839 als *sociologie* von Auguste Comte geprägt. Es bezieht sich auf lat. *socius* ‚(Kampf-)Gefährte, Teilnehmer, der mit einer Gesellschaft Verbundene' und griech. *logos* ‚Rede, Wort, (philosophische) Lehre, Kunde'. In den mit *socius* gebildeten Ausdrücken ist frz. *société*, aus lat. *societas* ‚Vereinigung, Versammlung, Zusammenkunft, Gemeinschaft' entlehnt, bereits 1165 belegt, und zwar in der Bedeutung ‚Kommunikation, Beziehung zwischen Personen, die etwas miteinander gemein haben' (Le Robert 1998, S. 3529 f.).

*sozial*   Das Adjektiv frz. *social*, dem die deutsche Übersetzung *sozial* entspricht, ist zwar seit dem 14. Jh. belegt, allerdings in einer etwas anderen Bedeutung als heute. In der deutschen Alltagssprache bedeutet das Wort s. v. w. ‚auf das Wohl der Mitmenschen bedacht' – man assoziiert Einrichtungen wie das Sozialamt, die Sozialfürsorge u. ä. und die Antonyme *unsozial*, *asozial*. Davon unterscheidet sich die wissenschaftliche Auffassung. Die moderne Soziologie bindet seit Max Weber (1921) das Adjektiv *sozial* an den Begriff des Handelns und gelangt so zu einer der beiden Bedeutungen, die der frz. Ausdruck *société* bereits im Altfranzösischen besessen hat:

*Soziales Handeln* ist wechselseitig orientiertes Handeln von Menschen.

Soziolinguistisch präzisiert heißt dies:

*Soziolinguales Handeln* ist wechselseitig orientiertes Handeln von Menschen mittels Sprache.

Sowohl die einseitige wie die wechselseitige Orientierung des *sozialen* Handelns erläutert das Beispiel in Abb. 1.1.

Abb. 1.1: Auf dem Dach (nach Bahrdt 2000, S. 35)

Ein Dachdecker führt auf dem Dach einen Auftrag aus, kooperiert möglicherweise mit Kollegen und handelt in Erwartung einer Entlohnung. Er handelt solange sozial, wie er durch seine Tätigkeit auf dem Dach „anderen Menschen Nutzen bringt". Nun rutscht ihm aber eine Dachziegel aus der Hand, die einen Passanten verletzt.

Ist das Verletzen des Passanten analog zu der normalen Tätigkeit auf dem Dach auch als soziales Handeln zu werten? Geht man von dem alltagssprachlichen Begriff *sozial* aus, dann wahrscheinlich nicht. Zum sozialen Handeln gehören aber die Rücksichtnahme auf die Mitmenschen und die Verpflichtung, etwas *nicht* zu tun, um die Beschädigung und Verletzung anderer zu vermeiden, so daß auch das versehentliche Ausrutschen der Dachziegel und die Folgen davon Teil eines sozialen Handlungskomplexes sind.

Zu dem Beispiel in Abb. 1.1 ist zu bemerken, daß dies so beschriebene Handeln als nichtsprachliches Handeln dargestellt wird. Gänzlich unberücksichtigt bleibt die Tatsache, daß der Dachdecker eine Berufsausbildung gemacht hat, die sprachlich vermittelt worden ist, und daß er im Beruf Anweisungen bekommt für ein Handeln, das auf diese sprachlich vermittelten Kenntnisse Bezug nimmt. Das geschilderte nichtsprachliche Handeln ist also lange und unmittelbar vorher, eventuell auch während der Arbeitsvorgänge und nachher in zahlreiche *sprachliche* Handlungen eingebettet.

■ Die Bezeichnungen *Soziolinguistik* und *Sprachsoziologie* konkurrieren.

■ *Soziolinguistik* ist Linguistik, *Sprachsoziologie* ist Soziologie.

Einen solchen terminologischen Unterschied hat man in dieser Schärfe nicht von Anfang an gesehen. Ältere Veröffentlichungen werden vielfach als „sprachsoziologisch" apostrophiert, wenn „soziolinguistisch" im heutigen Sinne gemeint ist. Dies hängt damit zusammen, daß die Soziolinguistik sich erst in den sechziger Jahren des 20. Jahrhunderts etabliert hat, obwohl schon Anfang des 20. Jhs. festgestellt wurde, daß die Sprache ein „fait social" ist (Antoine Meillet 1906), so daß die Hinwendung zu "soziallinguistischen" Fragen gefordert wurde (Theodor Frings 1921, s. Gipper 1976, S. 96 f.).

Abb. 1.2: **Soziolinguistik und Sprachsoziologie**

| *Gebiet* | *Soziolinguistik* | *Sprachsoziologie* |
|---|---|---|
| Objektbereich | *Linguistik* unter soziologischem Aspekt | *Soziologie* unter linguistischem Aspekt |
| Handeln | *linguale Interaktion* in der Gesellschaft | *soziale Interaktion* mittels Sprache |
| System | *linguale Variation* in der Gesellschaft | *soziale Variation*, erfaßt über Sprache |

Objektbereich / Metabereich

Die unterschiedlichen Objektbereiche von Linguistik und Soziologie lassen sich aus Abb. 1.2 herleiten.

■ Ein *Objektbereich* umfaßt die Gegenstände des Handelns.

■ Die Behandlung dieser Gegenstände geschieht im *Metabereich*.

■ Die Behandlung der benutzten Sprache geschieht in der *Metasprache*.

Gegenstände, über die man spricht und schreibt, der Objektbereich, sind z. B. die Linguistik und die Soziologie in Abb. 1.2 oder auch ein Auto, das repariert werden muß. Der *Metabereich* ist der Bereich *über* dem (Objekt-)Bereich, z. B. die benutzte Sprache, um etwa in einem Lehrbuch oder im Rahmen einer mündlichen Unterweisung den Reparaturvorgang oder in einem anderen Lehrbuch die fragliche Sprachform zu beschreiben. Diskutiert man die Sprache, z. B. die Fachsprache des Automechanikers, so bedient man sich der *Metasprache*, d. h. der Sprache über Sprache. Dem soziolinguistischen Metabereich entstammen z. B. Fragen, die sich der Gast stellt, der in einem Restaurant das grammatisch und stilistisch perfekte Deutsch des italienischen Aushilfskellners bemerkt (s. Abb. 1.3).

Abb. 1.3: In einem italienischen Restaurant

In einem italienischen Restaurant überrascht der etwa 18jährige Aushilfskellner den Gast wegen seines grammatisch und stilistisch perfekten Deutsch, dessen Aussprache entfernt und nur bei genauem Hinhören den Einfluß der Rhein-Main-Region vermuten läßt. Nach seiner Herkunft befragt, erklärt er, daß er der Sohn des italienischen Besitzers sei und gerade das Abitur mache. Der italienische Besitzer ist dem Gast als freundlicher Ober und wegen seines Italo-Deutsch wohlbekannt.

Die Biographie des Aushilfskellners erklärt dessen Sprache: Er ist in einer deutsch sprechenden Umwelt in Deutschland aufgewachsen sowie in einer bürgerlichen italienischen Familie, wo er auch italienisch spricht. Fremden gegenüber bedient er sich der Sprache, die dem sozialen Niveau seiner deutschen Umwelt entspricht. Der Vater, mit italienischer Muttersprache, ist als Gastwirt sowieso gehalten, in der Öffentlichkeit „elaborierter" zu sprechen als privat. Diese wenigen Fakten erklären das Sprachverhalten. Aus einer Vielzahl derartiger Beobachtungen lassen sich Regeln des Sprachverhaltens in Abhängigkeit von dem sozialen Werdegang und den jeweiligen Situationen des Sprachgebrauchs ableiten.

■ Die *Soziolinguistik* untersucht sozial bedingte Sprache.

■ Die *Soziolinguistik* ist *Linguistik* mit soziologischen Aspekten.

Anders die Soziologie: Deren Objektbereich ist nicht die Sprache, sondern die Gesellschaft. Aus dem Sprachverhalten wird abgeleitet, wie jemand – auch eine Gruppe von Personen oder sogar eine Gesellschaftsschicht – soziologisch zu klassifizieren ist. Die Sprache ist z. B. ein Indiz dafür, daß jemand einem speziellen Integrationsprozeß unterworfen war (in der Schule, innerhalb des gehobenen Bildungsbürgertums etc.).

■ Die *Sprachsoziologie* ist *Soziologie* unter Berücksichtigung linguistischer Aspekte.

Das Sprachverhalten kennzeichnet das Sozialverhalten. Die Sprache dient dem Soziologen somit als Hilfsmittel zur Erreichung soziologischer Ziele. Der Begriff *Verhalten* (aus am. *behavior*) geht u. a. auf John Broadus Watson (am. Psychologe, 1878-1958) zurück.

■ *Verhalten* ist die Umsetzung von Information in Agieren, Reagieren durch Individuen, Gruppen und andere Sozialgebilde.

■ *Sprachverhalten* ist Agieren, Reagieren mittels Sprache.

## 1.1.2 Sprache als interaktives Phänomen

> *Handeln – Kommunikation – Information – Wissen – sprachliche und soziale Interaktion – Reflexive Co-Orientierung – soziale Einstellung*

### Handeln

In der Soziolinguistik wird das sich in gesellschaftlichen Zusammenhängen vollziehende sprachliche Handeln beschrieben. Das ist das Handeln von Individuen und Gruppen untereinander und in sozialen Gebilden.

*Handeln* ist nicht stets konformes, sondern häufiger als dies konfliktäres Handeln. Handeln ist immer *sozial*, weil Handeln zwischen sozialen Wesen – Menschen – vollzogen wird. Die allgemeinen Ergebnisse der *Pragmalinguistik*, d. h. – verkürzt – der Wissenschaft von dem Sprachhandeln bzw. Handeln durch Sprache, lassen sich gut in die Soziolinguistik integrieren.

Han-
deln

■ *Handeln* ist die aktive Veränderung eines Zustands oder Vorgangs.

■ *Handeln* ist die „Transformation einer Situation in eine andere" (Kempski 1964, S. 297).

■ Wer *handelt, verändert.*

Diese Feststellungen klingen wie selbstverständlich, denn alles, was wir tun, ist Handeln: z. B. der Kauf einer Ware, das Gebet, die Fahrprüfung, ein Scherz, eine Steuererklärung. Handeln ist stets eingebettet in bestimmte Parameter, von denen mindestens drei permanent aktuell sind und daher zur Charakterisierung von Handlungen, insbesondere von sprachlichen Handlungen, herangezogen werden (vgl. Hymes 1972):

■ Das *Handeln eines Menschen* ist orientiert an (1) *Handlungspartnerinnen / -partnern*, (2) *Gegenständen (Themen)* und (3) *Situationen.*

Diese Parameter müssen bei der wissenschaftlichen Beschreibung von Handeln allgemein und besonders von sprachlichem Handeln beachtet werden. Soziologisch ist die Klassifikation der Handlungspartner und -partnerinnen, auch wenn deren Sprache analysiert wird.

Kommunikation = 1282 zum Mitteilen geeignet -wechselseitig

■ *Soziales Handeln* ist auch kommunikatives Handeln.

Dies ist die andere Bedeutung des altfranzösischen Ausdrucks *société*. Was bedeuten *kommunikativ*, *Kommunikation*? Auch diese Bezeichnungen sind älter, als man annehmen würde: Das frz. Adjektiv *communicatif* ist 1282 belegt und aus lat. *communicativus* ‚zum Mitteilen geeignet' entlehnt. Ein Beleg von 1370 zeigt, daß damals bereits die Kommunikation als bevorzugtes Mittel zur Herstellung sozialer Beziehungen aufgefaßt wird (Le Robert 1998, S. 819). So verstanden ist *Kommunikation* zunächst *Mitteilung*. Durch eine Mitteilung geht etwas von A zu B „über" (Flechtner 1984), evtl. auch in Form einer Frage. Jedoch ist Kommunikation kein einseitiges Mitteilen, denn dies liefe auf einen „kollektiven Monolog" hinaus. Das Wechselspiel der Mitteilung ist entscheidend: die Kommunikation.

■ *Kommunikation* ist Austausch von Informationen (Nachrichten).

■ *Sprachliche Kommunikation* ist der Austausch von Informationen mittels Sprache.

■ *Information* ist die Differenz zwischen Bekanntem und Neuem.

Für jede Art von Kommunikation gilt:

> „[...] wenn wir kommunizieren, tauschen wir nicht nur Informationen aus, sondern treten zugleich in soziale Beziehungen ein. Damit ist jeder Informationsaustausch eingebettet in Prozesse der Verständigung, der Kooperation und der wechselseitigen Interpretation von Handlungsgründen, Absichten, Mitteilungen und Verhaltenserwartungen" (Albert Scherr: *Kommunikation*. In: Schäfers 2000, S. 176).

■ *Kommunizieren* heißt, in soziale Beziehungen einzutreten.

Dies gilt für die Individual- wie auch, aber differenzierter, für die Gruppenkommunikation. Ein Gespräch (Abb. 1.4) veranschaulicht dies. Darin verlangt der Käufer von dem Verkäufer eine Information, wodurch er sein Nichtwissen beseitigen möchte; der Verkäufer gibt ihm diese Information und außerdem noch einen Ratschlag, woraufhin der Käufer entscheidet und sein Begehren indirekt formuliert. Mit der Bemerkung „Mir reicht ein kleiner für zehn", sagt dieser nicht nur, was er kaufen will, sondern er lehnt auch die Empfehlung des Verkäufers ab, das teurere Produkt zu kaufen.

Abb. 1.4: Verkaufsgespräch in einem Warenhaus

---

Käufer, auf die Bilderrahmen deutend: *„Was kosten die da?"*

Verkäufer: *„Die großen dreißig oder fünfzig Mark, die andern zehn. Wenn Sie aber Wert auf eine bessere Qualität legen, dann empfehle ich die großen für fünfzig Mark."*

Käufer: *„Mir reicht ein kleiner für zehn."*

---

Als Voraussetzung für „Soziale Kommunikation" behandelt Delhees (1994, S. 278) die Informationsspeicherung im menschlichen Gedächtnis (Abb. 1.5). Die Aufmerksamkeitsleistung „ist das Ergebnis eines Vergleichs zwischen der einlaufenden Information (sensorischer Input) und den Gedächtnisspuren (Wissensbasis)." Bedeutungsvolle Information wird enkodiert „durch Gruppierung, durch Abstimmung mit vorhandenen Schemata und durch Einbau in Strategien und Handlungsentwürfe."

Abb. 1.5: Vereinfachte Darstellung der Informationsspeicherung (Delhees 1994, S. 278)

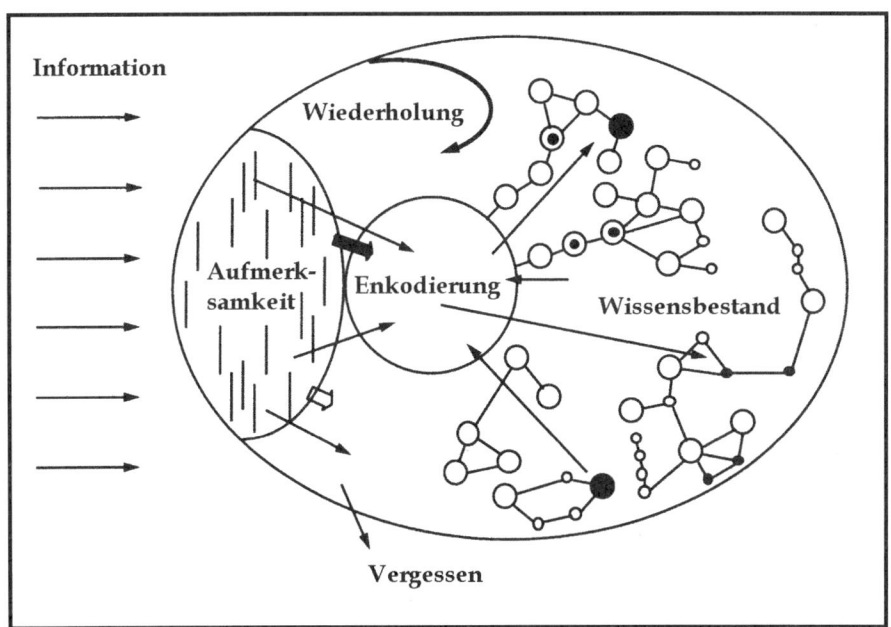

Der Wissensbestand wird mit „Weltwissen" gleichgesetzt und in Form von neuronalen Netzwerken gespeichert, deren besonders aktive Elemente (schwarze Punkte) als zentrale Knoten gelten. Die Wiederholung bekräftigt die Information; nicht-enkodierte Information wird sofort vergessen.

■ *Informieren* heißt, Nichtwissen beseitigen.

■ *Nichtwissen* ist der Kehrwert des Wissens.

■ *Wissen* ist die Summe der Informationen, die der Mensch gespeichert hat und verwenden kann.

Das Wissen kann singulär oder global (Detail- vs. Weltwissen), deklarativ oder prozessoral sein („Wissen daß" vs. „Wissen wie") – vgl. Schwarz 1996 (S. 78 f.). Viele Personen haben z. B. das *Wissen, daß* das Auto ein Transportmittel ist, aber nicht alle haben das *Wissen, wie* man es fährt.

*Maß der Infor- mation* Das Ausmaß des Unerwarteten, d. h. der Überraschungseffekt, ist ein Maßstab für die Höhe der Information. Je überraschter man ist, desto höher die Information. Dies ergibt sich bereits in alltäglichen Erzählsituationen. Je gebündelter die Information am Schluß, desto verblüffter ist man, desto eher lacht man über einen Witz.

## Interaktion

Die *Handlungspartner* sind zugleich *Kommunikationspartner,* da sie Informationen austauschen. Sie orientieren sich wechselseitig aneinander, das heißt: Die Kommunikation ist keine „Kommunikation der Einbahnstraße", sondern mutuell. Die Kommunikationspartner und -partnerinnen vollziehen also eine Interaktion und durch Sprache eine *sprachliche Interaktion.*

*Inter- aktion* Die mittels Abb. 1.6 gegebene Beschreibung des Interaktionsprozesses zeigt die mutuelle Verschränkung der Kommunikation und die Orientierung daran, was Kommunikationspartner bzw. -partnerinnen meinen oder beabsichtigen könnten. Das Modell steht für die sich ständig vollziehenden Mikroprozesse, z. B. Handlungen von Angesicht zu Angesicht (mündlich, im angelsächsischen Sprachraum: „face-to-face interaction"). Die Individuen identifizieren sich dabei auf sozialer Ebene.

Soziolinguistisch wäre genauer zu bestimmen, ob das Individuum A der Sozialgruppe A' angehört und das Individuum B der Sozialgruppe B', ausgestattet mit Sprachsystemen, die sich miteinander vereinbaren oder nicht vereinbaren lassen, und ob es konkordante bzw. diskordante Interessen sind, die sich über Sprache artikulieren und zu Konflikten führen können, u. dgl. Der Unterschied zu dem soziologischen Interaktionsbegriff liegt in der Perspektive.

Die sprachliche Interaktion ist die Spezifikation des Sprachhandelns und liegt daher auf der gleichen Schiene wie die Kommunikation. Nach Bahrdt (2000, S. 38) wird in der sprachlichen Interaktion

> „gezielt wechselseitig der Bewußtseinszustand des anderen Subjekts verändert. Der reale Bewußtseinszustand des anderen Subjekts ist Objekt meines Eingriffs. Das andere Subjekt greift diesen Eingriff auf und beeinflußt durch seine Äußerung meinen Bewußtseinszustand. Ziel ist die Herstellung gemeinsamen Wissens, das zum mindesten bei einem der Kommunikationspartner anders sein soll, als es vorher war."

Neben diesen Auffassungen gibt es einen mehr naturwissenschaftlich-biologischen Begriff der Interaktion, z. B. als wechselseitiger Informations- bzw. Nachrichtenaustausch zwischen Nervenzellen (Neuronen); dabei ist die „natürliche" Umwelt eines Neurons oder einer Gruppe von Neuronen das Ziel der Interaktion (vgl. Kapitel 2.1, Abb. 2.2).

Abb. 1.6: Reflexive Co-Orientierung in der Interaktion
(in Anlehnung an Siegrist 1970)

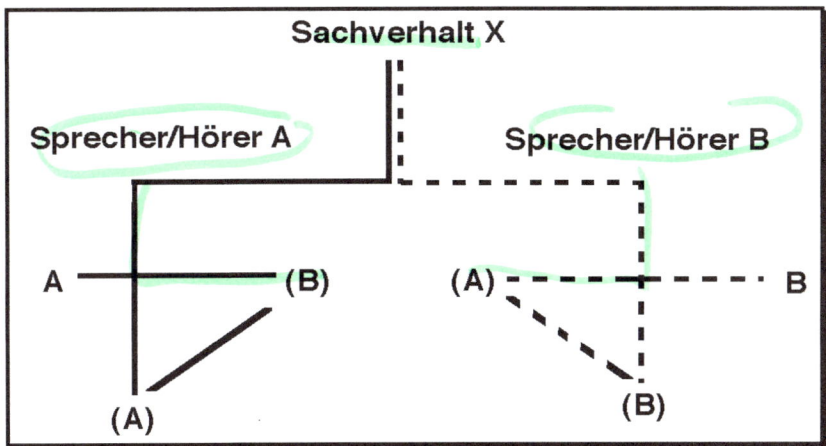

Abb. 1.6 muß folgendermaßen gelesen werden:

> Der Sprecher/Hörer A orientiert sich an dem Sachverhalt X in bezug auf die vermeintliche Orientierung des Sprechers/Hörers B an der Orientierung des Sprechers/Hörers A an dem Sachverhalt X. Entsprechend orientiert sich auch der Sprecher/Hörer B an dem Sachverhalt X in dem Maße, in dem sich vermeintlich der Sprecher/Hörer A in bezug auf die Orientierung von B an dem Sachverhalt X orientiert.

*Sprachliche Interaktion* ist das wechselseitige, zwischenmenschliche Handeln mittels Sprache.

Soziolinguistisch gesehen wird untersucht, wie die Gesellschaft die Sprache beeinflußt (Sprache als Objekt), (sprach-)soziologisch gesehen wird untersucht, wie mittels Sprache Erkenntnisse über die Gesellschaft gewonnen werden können (Gesellschaft als Objekt). In der Soziologie ist die sprachliche bzw. nichtsprachliche Interaktion auch ein Vehikel zur sozialen Beeinflussung. Daher definiert Rüdiger Peuckert (in Schäfers 2000, S. 155):

*Soziale Interaktion* ist „die durch Kommunikation vermittelte wechselseitige Beeinflussung der Einstellungen, Erwartungen und Handlungen von Personen und/oder Gruppen."

Ergänzend Schülein (1983, S. 85):

„Soziale Realität besteht nicht aus einzelnen Handlungen, sondern nur aus Systemen von Handlungen, die aufeinander bezogen sind: Interaktion."

Der von Peuckert benutzte Terminus der „Einstellung" (engl./frz. *attitude*) wird auch in der Soziolinguistik verwendet; dies wird in Teil 7.2.2 weiter verfolgt. Dabei geht es um Einstellungen, die anderen Sprachgruppen gegenüber eingenommen werden. Vorweg eine von ca. 120 existierenden Definitionen (Schäfers in Schäfers 2000, S. 62, vgl. Güttler 2000, S. 95):

Die *soziale Einstellung* ist „die von einem Individuum durch Erfahrung erworbene, relativ stabile Tendenz, auf ein soziales Objekt (Personen, Gruppen, soziale Situationen) mit bestimmten Gefühlen, Vorstellungen und Verhaltensweisen zu reagieren."

‚*Falsche*' *Einstellungen* sind *Vorurteile*.

Vorurteile sind „>falsche< Erkenntnisse bzw. >vorschnelle< Verallgemeinerungen, denen >richtige< Erkenntnisse und >angemessene< Urteile entgegengestellt werden" (Pätzold/Marhoff 1998, S. 73). Beispiele: „Maurer machen pünktlich Feierabend." – „Lehrer sind faul." – „Zigeuner stehlen." Vgl. *Stereotype* in Kap. 2.1.

*pragmatisch = Anwendungs bezogen*

### 1.1.3  Pragmalinguistische Parameter

*Themen – Situation – nichtsprachliche (nonlinguale) Kommunikation – primäre vs. sekundäre Kommunikation – Paralinguale Informationen – Register als Formation von Parametern*

### Themen und Situation

*Themen*  *Gegenstände* (Themen) einer Handlung sind soziolinguistisch immer dann von Interesse, wenn z. B. unterschiedliche Werkverrichtungen thematisiert werden und wenn diese Thematisierung zu abweichendem oder gar konfliktträchtigem Sprachverhalten führt.

In Abb. 1.7 liegt die Erklärung für das Sprachverhalten des Dialektsprechers in dem Themenwechsel. Interviewt zu dem Brauchtum (Hochzeit), benutzt der Dialektsprecher das in seinem Heimatort übliche Dialektsystem, weil er sich bei dem Bericht über das Brauchtum an der Sprache der Träger dieses Brauchtums, nämlich der Dialektsprecher, orientiert. Bei dem neuen Thema hingegen handelt es sich um die Militärzeit, in der ein ganz anderer, zwangsweise zur Standardsprache hin tendierender Personenkreis vor dem geistigen Auge des Sprechers aufgerufen wird, so daß er sich selbst nun an dessen Sprache orientiert. In diesem Fall ist das Thema der sprachlichen Handlung soziolinguistisch relevant.

Abb. 1.7: Ein Interview im Rahmen einer Dialektstudie

Interviewer: *„Erzählen Sie doch bitte im Dialekt, wie in Ihrem Ort eine Hochzeit gefeiert wird.“*

Dialektsprecher: [Er erzählt im Dialekt.]

Interviewer: *„Könnten Sie von einem besonderen Ereignis aus Ihrer Militärzeit berichten?“*

Dialektsprecher: *„Ja ...“* [Er erzählt einige Geschichten, wobei seine Ausdrucksweise zwischen Dialekt und standardnaher Umgangssprache schwankt.] Ein Beispiel für unterschiedliche Ausdrucksweisen:

- [standardsprachlich] „Ich habe es ihm nicht gesagt.“
- [umgangssprachlich] „Isch hab et im nich i'sacht.“
- [im lokalen Dialekt] „Isch han et im net i'soht.“

*Situ-*
*ation*   Das – sozial gebundene – Erleben führt zu unterschiedlichem Sprachverhalten. Schüler etwa, die stets von Angesicht zu Angesicht kommunizieren, brauchen weder ihre Kommunikationssituation noch fiktive, nicht-präsente Situationen zu versprachlichen. Anders bei veränderten Bedingungen.

Ohne eine solche Praxis versagen die Schüler, wenn in der Schule z. B. für einen Aufsatz verlangt wird, Situationen sprachlich herzustellen. Andere Schüler, zu deren Erfahrungswelt wechselnde, zu versprachlichende Situationen gehören, sind demgegenüber im Vorteil.

Dies läßt sich leicht an dem konkreten Beispiel in Abb. 1.4 nachvollziehen. Jemand sage, ohne den zu erwartenden Situationsbezug herzustellen, zu einem Kommunikationspartner oder einer Kommunikationspartnerin: „Mir reicht ein kleiner für zehn." Diese Äußerung wäre ohne Kontext gänzlich unverständlich, obwohl die Lexeme ihrer Einzelbedeutung nach sehr wohl erfaßt werden können. Aber erst durch den situativen Zusammenhang wird klar, was gemeint ist. Der Kontext, der aus der Äußerung nicht hervorgeht, wird zum Verständnis benötigt.

Ohne daß das Wort „Bilderrahmen" ausgesprochen wird, ist der Text auf Grund der Thematisierung verstehbar: „auf die Bilderrahmen deutend". Einige weitere Vokabeln zum Ort und zu den handelnden Personen skizzieren die ganze Situation: *Warenhaus* (Ort), *Käufer*, *Verkäufer* (handelnde Personen) und vorher *Bilderrahmen* (Gegenstand). Durch diese Referenzbeziehungen erhält der Satz oben eine Bedeutung (einen Sinn). Der handelnde Mensch orientiert sich an Mitmenschen, Dingen, Sachverhalten, Reizen, Werten, Einstellungen in Raum und Zeit, kurz: der „Situation".

Eine *Situation* ist das Bezugsfeld der Orientierung des handelnden Menschen.

Nichtsprachliche Kommunikation

Vieles, was unausgesprochen bleibt, kommt zu der sprachlichen Handlung noch hinzu: die nichtsprachliche Kommunikation, etwa dadurch, daß eine begleitende Kopfbewegung auf vorhandene Objekte hinweist, z. B. die Arten von Bilderrahmen in dem Verkaufsgespräch, sprachlich angedeutet durch das „deiktische" Adverb *da*.

Abb. 1.8: Linguale und nonlinguale Kommunikationsakte

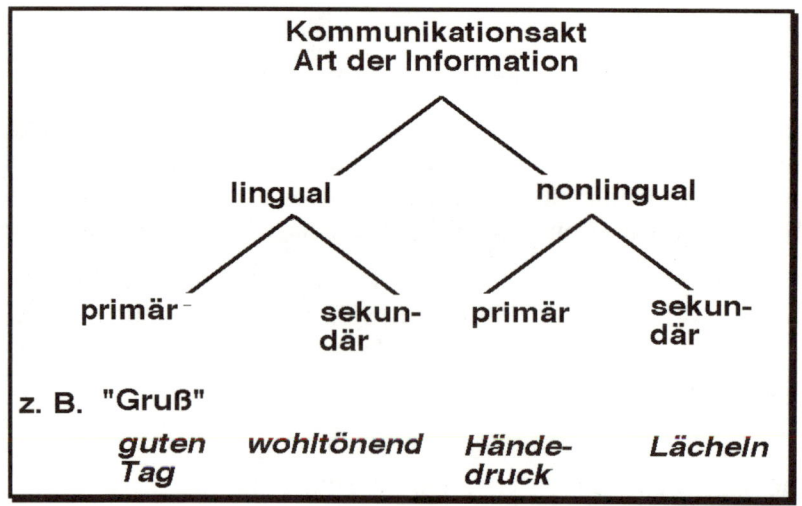

*nicht-
sprach-
liche
Kom-
muni-
kation*

Die nichtsprachliche Kommunikation kann je nach Situation, d. h. unter bestimmten Umständen, ebenso wichtig sein für die Kommunikation wie die sprachliche, in der Pantomime sogar entscheidend wichtig. Oft genügt ein Kopfnicken oder ein Kopfschütteln, um Zustimmung, Ablehnung oder Zweifel anzudeuten, ebenso der Austausch von Blicken oder die stille Einschätzung der Kommunikationspartner bzw. -partnerinnen gehören dazu.

Auch eine vermutete bzw. tatsächliche soziale Verschiedenheit der Kommunizierenden kann von Wichtigkeit sein, weil sich deren Verhalten daran orientiert und weil u. U. kommunikative Barrieren auftreten, die wiederum – trotz der nonlingualen Möglichkeiten – nur mittels Sprache überwunden werden können. Auftretende kommunikative Barrieren können zu Mißverständnissen, Fehleinschätzungen des Gegenübers oder sogar zum Abbruch der Kommunikation führen. In der Fachliteratur wird diese Art von Kommunikation vielfach als „nonverbales" Handeln, als „nonverbale Kommunikation" oder als „nonverbal behavior" bezeichnet (s. Scherer/Wallbott 1979, Wolfgang 1997 u. a.). Um angesichts der grammatischen Kategorie des *Verbs* Mißverständnisse zu vermeiden (*verbal* im Sinne von ‚auf das Verb' bezogen'), wird dieses Handeln besser *nichtsprachliches* bzw. *„nonlinguales"* Handeln genannt.

*primä-
re vs.
sekun-
däre
Kom-
muni-
kation*

Was die Tätigkeit begleitet und eine Nebeninformation trägt, wird als „sekundär" bezeichnet, die Tätigkeit selbst, die die Hauptinformation trägt, ist „primär", sei sie lingual, d. h. durch Sprache, oder nonlingual, d. h. mit anderen als sprachlichen Mitteln, realisiert. Ein Grußwort als lingualer, primärer Teilakt der Kommunikation kann durch bestimmte Begleiterscheinungen (sekundär), z. B. durch eine wohltuende Stimme, als freundlich und sympathisch oder, z. B. durch eine herrische Intonierung, als abstoßend, unsympathisch empfunden werden. Die belegte Stimme, mit der eine Entschuldigung vorgebracht wird, ist zwar, wenn nicht gerade erkältungsbedingt, äußerst informativ, aber sie ist eine Nebeninformation und daher sekundär.

Diese sekundären, lingualen Phänomene werden als *paralingual* (amerikanisch: *paralinguistic, Paralanguage*) bezeichnet; sie beziehen sich u. a. auf die Stimmlage, die Sprechgeschwindigkeit, die korrekte bzw. fehlerhafte Artikulation u. ä. (vgl. Sebeok 1986, S. 668 ff.). Da man nicht nur lautlich kommuniziert, sondern auch schreibt und druckt, sollte dafür Entsprechendes gelten, also auch für eine krakelige oder hübsche Handschrift, für die Verwendung von Fraktur-Buchstaben statt der normalen Antiqua als Druckschrift u. dgl.:

**Paralinguale Informationen** sind sekundäre Informationen phonetischer und graphetischer Natur.

*Graphetisch* (zu gr. *gráphein* ‚schreiben') wird im erweiterten Sinn auch auf Druckschriften angewandt.

*[handschriftliche Notiz:]* phonetisch = Lautsprache z.B. wie werden Laute vom Sprecher produziert, –welche Akustischen Eigenschaften treten zutage –wie verarbeitet der Hörer d. akustisch. Reize

*[handschriftliche Notiz:]* graphetisch = Schrift / schreiben

Analoges gilt für den nonlingualen Teil des Kommunikationsaktes: Der
Händedruck ist primär, die Begleiterscheinungen, z. B. das längere Fest-
halten der Hand der bzw. des anderen oder ein begleitendes Lächeln sind
sekundär, weil die Hauptinformation in der Geste des Händedrucks liegt.
Sämtliche Teilbereiche des Kommunikationsakts sind wichtig zur Beurteilung der sozialen Beziehungen, die damit eingegangen werden.

Register = Sprache in Verbindung mit einer bestimmten Tätigkeit
in einem sozialen Prozess Bsp. Baby-Sprache beim Kind

*Regi-
ster*

Die so beschriebenen Parameter des sprachlichen Handelns formieren ein
*Register*. Wenn die Mutter sich z. B. mit dem Baby unterhält, stellt sie sich
auf dessen Kommunikationsmöglichkeiten, die sich erst noch entwickeln müssen, ein. Sie benutzt das Register des „Baby talk" (s. w. u.).

Der Begriff des Registers ist von Halliday für die Linguistik fruchtbar
gemacht worden (s. z. B. Halliday 1978, S. 33):

> „A register is: what you are speaking (at the time) determined by what you are
> doing (nature of social activity being engaged in) expressing diversity of social
> process (social division of labour)."

Das Register ist im Gegensatz zu dem habituellen Sprechen (nach Halliday:
„im Dialekt") etwas Temporäres, Prozeßhaftes. Somit stehen sich als Begriffe
zwei linguistische Einheiten gegenüber: das *Register* für sprachliches Handeln, eingebunden in einen Handlungskomplex, und die *Varietät* (vgl. S. 24).

■ *Register* i. S. von Halliday sind Formen temporärer Sprachhandlungen,
eingebettet in die Parameter Gegenstand („field"), Erscheinungsform („mode",
z. B. mündlich) und Präsentationsform („style").

■ Eine *Varietät* ist ein sprachliches System, das durch außersprachliche Parameter
näher definiert werden kann.

Eine Varietät kann areal definiert sein und ist dann ein Dialekt oder funktional als Fach- oder Standardsprache usf. oder soziologisch als Soziolekt.

### 1.1.4  Verlauf der Kommunikation

*Störung und Konflikt – sozialer Konflikt – Koexistenz – Konformität*

### Störung und Konflikt

*Stö-
rung*

Zu den Voraussetzungen für das Gelingen einer Interaktion gehören z. B.
die ordnungsgemäße Transmission der Nachricht und eine optimale Übereinstimmung der jeweils benutzten Sprachzeichen. Ist das nicht der Fall,
kommt es bereits deswegen zu einer Störung.

■ Eine *Störung* ist die unerwünschte Veränderung einer (gewohnten bzw. erwarteten) Ordnung.

■ *Störungen* bergen potentielle soziale Konflikte.

Die eigentliche Störung ist aber die Interaktion selbst, durch die ein potentieller Ruhezustand, der bei fehlendem Informationsaustausch erhalten geblieben wäre, in Aktion umgewandelt wird. Es wird vermutet, daß Trägheit und Bewegung in ständigem Widerstreit stehen, beginnend in der Entwicklung der Nervenzellen bis hin zu sozialen Netzwerken.

*sozialer Konflikt*

Die Bezeichnung *Konflikt* bedeutet 'Zusammenstoß, Widerstreit', entlehnt aus lat. *conflictus* 'das Zusammenschlagen, feindlicher Zusammenstoß, Kampf' (Pfeifer 1989, S. 894). Dieser kann nur mittels Kommunikation befriedigend bewältigt werden.

Der soziale Konflikt hat zwei Ausprägungen: a) die kognitive und b) die interpersonelle Dimension. Letztere kann z. B. auf Antipathien von Personen bzw. Gruppen beruhen. Die kognitive Dimension aber steht bei nun schon traditionellen soziologischen Konflikttheorien im Vordergrund (Dahrendorf 1972, Galtung 1973 u. a.). Demnach ist der Konflikt eine Auseinandersetzung beliebiger Intensität, so daß die parlamentarische Diskussion, die friedliche Lohnverhandlung, Unvereinbarkeiten von Familie und Beruf ebenfalls zu den sozialen Konflikten zählen wie Streik und Krieg. Neuere Forschungen berücksichtigen daneben die interpersonale Dimension: *das Gesicht verlieren, sich blamieren, das Begehren sozialer Achtung und Wertschätzung, Dazugehören-Wollen, Sich-abgrenzen-Wollen* u. ä. Mit Reimann (1991, S. 252) läßt sich feststellen:

■ Ein *Konflikt* beruht auf der Unverträglichkeit mindestens zweier Zustände.

Diese Unverträglichkeit kann a) zu einem latenten und b) zu einem offenen Konflikt führen. Unverträglichkeiten (Unterschiedlichkeiten) können auch in Form einer Koexistenz bestehen bleiben, z. B. die deutschen Dialekte und das Französische im Elsaß oder die autonomen Sprachgruppen mit den drei Sprachen Belgiens: Niederländisch – Französisch – Deutsch.

■ *Koexistenz* ist das gleichzeitige Vorhandensein unterschiedlicher Zustände.

In dem Beispiel von Abb. 1.4 besteht der Konflikt darin, daß der Verkäufer die teureren Bilderrahmen verkaufen und den Käufer zu deren Kauf überreden will. Die Äußerung des Käufers „Mir reicht ein kleiner für zehn" belegt dessen inneren Widerstand. Dahrendorf (1972, S. 748) nimmt sogar an, die *Neigung zum Konflikt* sei universal: „Interdisziplinäre Forschungen legen überdies den Schluß nahe, daß *Konflikt* ein Grundelement allen Lebens ist." Eine biogenetische Veranlagung zum Konflikt wäre dann wahrscheinlich, ebenso die der Kommunikationskonflikte.

Konformität = *Anpassung an soz. Umwelt*

*Kon-formi-tät*

Komplementär zu dem so gekennzeichneten Konflikt besteht eine Tendenz zur Konformität. Die *Konformität* ist Anpassung an die soziale Umgebung, und zwar „der Meinungen, Einstellungen, Gewohnheiten, Handlungsweisen und Normen" (Schäfers 2000, S. 185).

Ein Bedürfnis nach Sicherheit und die Billigung des eigenen Handelns durch die soziale Umwelt sind Gründe für die Neigung zu konformem Verhalten. Daraus entsteht ein Konformitätsdruck, der bei positiver Bewertung seitens der Umwelt noch verstärkt wird, während abweichendes, d. h. nichtkonformes Verhalten negativ beurteilt und somit stigmatisiert wird. Mit Hartfiel/Hillmann 1982, S. 398, läßt sich formulieren:

*Konformität* besteht in der Übereinstimmung, Anpassung durch „gleichartige Aktions- und Reaktionsweisen", ein von spezifischen „kulturellen Bedingungen unabhängiges Phänomen sozialer Beziehungen."

Das Verhalten z. B. einer Gruppe jugendlicher Punker oder Rocker anderen Gruppen („Outgroups") und der gesamten Außenwelt gegenüber ist gekennzeichnet durch diesbezügliche innere Konformität.

*Sprachliche Konflikte*, sprachliche Koexistenz und Konformität sind Untersuchungsziele der Soziolinguistik.

Sprachliche – wie alle – Systeme funktionieren nicht ohne ein Minimum an Übereinstimmung und Konformität. Das zeigt sich im Gebrauch der Fremd- wie der Muttersprache. Das Streben nach Konformität führt zur Befolgung von Normen des Sprachgebrauchs; deren bewußte Nichtbefolgung hingegen liegt potentiell an dem Streben nach Konflikt. Dies wird besonders folgenreich bei Verstößen gegen Gesprächsnormen, z. B. wenn Tabus durch unflätige Äußerungen in unangemessenen Situationen gebrochen werden.

### Literatur (Auswahl)

Dahrendorf 1972 – Delhees 1994 – Hymes 1972 – Schäfers 2000 – Scherer / Wallbott 1979 – Siegrist 1970 – Wolfgang 1997

## Kontrollfragen (Antworten in Kapitel 8, S. 220)

1.1.01 Geben Sie die Herkunft der Bezeichnung „Linguistik" an. *18.Jh.*

1.1.02 Grenzen Sie „Linguistik" und „Sprachwissenschaft" ab.

1.1.03 Was ist die Herkunft der Bezeichnung „Soziologie"?

1.1.04 Wie lautet die älteste Bedeutung von frz. *société*?

1.1.05 Wie unterscheiden sich „Soziolinguistik" und „Sprachsoziologie"?

1.1.06 Wie unterscheidet sich der „Objekt-" von dem „Metabereich"?

1.1.07 Definieren Sie „Verhalten" und „Sprachverhalten".

1.1.08 Definieren Sie „Handeln" allgemein und „soziales Handeln".

1.1.09 Was hat man unter „Kommunikation" zu verstehen?

1.1.10 Definieren Sie „Information" und „Informieren".

1.1.11 Definieren Sie „Nichtwissen".

1.1.12 Definieren Sie „Wissen".

1.1.13 Geben Sie Parameter zur Charakterisierung des Handelns an.

1.1.14 Was bedeutet a) „sprachliche", b) „soziale Interaktion"?

1.1.15 Welche Folgen kann ein „Themenwechsel" für den Sprechakt haben?

1.1.16 Wie läßt sich „Situation" definieren?

1.1.17 Was ist unter „nichtsprachlichem" Handeln zu verstehen?

1.1.18 Grenzen Sie ab: „primäre" gegen „sekundäre" Kommunikation.

1.1.19 Was sind „paralinguale Informationen"?

1.1.20 Was sind „sprachliche Register"?

1.1.21 Wie nennt Halliday das „habituelle Sprechen"?

1.1.22 Was ist eine „Störung"?

1.1.23 Was bedeutet „Konflikt"?

1.1.24 Was bedeutet „Konformität"?

*[Handschriftliche Notizen:]*

01 - Zunge. Rede 18.Jh.:

02 - gleichwertig aber Linguismus d. Spezialisierungen (Sozio. Neuro. Ethno...) bevorzugt

03 - 1839 Auguste Comte = der mit der Gesellsch. verbundene

04 - Vereinigung. Versammlung, Zusammenkunft

05 - Soziolinguistik = Linguistik   Sprachsoziologie = Soziologie

06 - Objektbereich ist Bereich d. Gegenstände d. Handelns, die Behandlung ist d. Metabereich

07 - Verhalten = Umsetzung von Informat. in Reagieren d. Individuen/Gruppen - S.verh. = Reag. durch Sprache

08 -

09

10

11

12

13

14

15

16

17

18

19

20

21

22

23

24

*Ort / Zeit / Kommunikationspartner / Objekt*

①  x Morphologie = Lehre von den Bausteinen d. Worte/Wörter können in Morpheme
zerlegt werden (kleinste Einheit d. Sprache, die nicht weiter zerlegt werden
kann) z.B. Verb geht jetzt

## 1.2   Systemorientierung

### 1.2.1  Sprachsystem, Soziolinguistik, Nachbarwissenschaften

*(Sprach-)System – Systemare Linguistik und Soziolinguistik – Soziolinguistik und Nachbarwissenschaften*

### System

System  Der Handlungsorientierung steht die Systemorientierung gegenüber, eingebunden wird die Betrachtung von Strukturen. Die Bezeichnung „System" gehört seit dem 16. Jh. zu dem Vokabular von Wissenschaft und Kunst (Astronomie, Musik u. a.), ist über das Mittellateinische aus dem Griechischen entlehnt und bedeutet ursprünglich ‚aus Einzelteilen zusammengefügtes und gegliedertes Ganzes' und im 18. Jh. auch ‚aus mehreren Lehrsätzen zusammengesetztes Lehrgebäude' (vgl. Pfeifer 1989, S. 1771 f.). In der Linguistik sind die Begriffe „Einzelteile" und „Lehrsätze" entscheidend; es handelt sich um *Elemente* und *Regeln*.

Das Alphabet einer Sprache besteht z. B. aus einem begrenzten Inventar von Buchstaben („Elementen"). Zum Schreiben gehört aber mehr: Die Verschriftlichung aller Laute, Wörter, Sätze und Gedanken einer Sprache muß über das Alphabet (und weitere Zeichen, z. B. Satzzeichen) mit Hilfe von orthographischen *Regeln* erfolgen. Zum Wesen des Systems gehört immer die Organisation von *Elementen* und *Regeln*, die jeweils zueinander in einem Beziehungsverhältnis stehen, so daß die Sprache ein *System* bildet. Die auf dem Alphabet beruhende Orthographie ist an Sprachstrukturen orientiert. Sie ist verbindlich und unterliegt im konkreten Sprachhandeln der Kontrolle, z. B. durch die Leser.

### Systemare Linguistik und Soziolinguistik

Sprach-  Zwei Komponenten des Sprachsystems sind aus dem Fremdsprachenunter-
system   richt wohlbekannt: *Lexikon* und *Grammatik*. Jeder, der eine fremde Sprache lernt, bewaffnet sich mit einem Wörterbuch, das aus der eigenen Sprache bestimmte Wörter und die damit verbundenen Begriffe in die Fremdsprache überträgt und umgekehrt, sowie einer Grammatik dieser Sprache. Beides wird auf Texte bzw. Sprachhandlungen angewandt. Wei-

*Affix: Position d. Affixes 4 Subklassen* — *Präfigierung: Vor d. Wortstamm einbgleichen* — *Suffigierung: an den Wortstamm Reihlisting?* — *Infigieren: zwischen " " Verteilbar?* — *Zirkumfigierung: Umrahmung* gefragt

*Systemorientierung* 19

terhin beziehen sich Elemente und die zu der Grammatik gehörenden Regeln u. a. auf die Phonologie (Lautung), Grapheologie/Orthographie (Schreibung, Rechtschreibung), Morphologie (Stämme und Affixe). Neben den Texten sind diese Arbeitsmittel unverzichtbar, wenn sprachliche Systeme dargestellt werden sollen. Dies gilt z. B. auch, wenn die Sprache eines Arbeiters im Vergleich zu der eines Studierenden oder gar der Frankfurter Stadtbevölkerung im Vergleich mit der Sprache des Stuttgarter gehobenen Bürgertums („Honoratiorenschwäbisch") die Gegenstände sind.

Die *systemare Linguistik* ist der Kernbereich der Linguistik, auf den sich alle Teildisziplinen der Linguistik beziehen müssen.

Einige Teilwissenschaften der Linguistik sind in Abb. 1.9 wiedergegeben. Für sie alle, somit auch für die *Soziolinguistik*, bildet die *systemare Linguistik* den Kernbereich von Beschreibung und Darstellung. Dies gilt auch für die soziolingualen „Subsysteme", wovon einige auf S. 24 ff. andiskutiert werden, z. B. Fach- und Sondersprachen, Jargons. Kriterien zu deren Unterscheidung und Typologisierung enthält Abb. 1.13. Die lexikalischen – aber auch phonologischen, morphologischen – Elemente von Systemen bzw. Subsystemen und die Regeln des jeweiligen Systems bzw. Subsystems stehen unter- bzw. zueinander in einem besonderen Beziehungsverhältnis, d. h., sie sind *konfiguriert*.

> *Alle Sprachelemente* (Phoneme, Grapheme, Morpheme, Lexeme usw.) und die *Regeln*, die sich darauf beziehen, angewandt auf *Texte* bzw. *Sprachhandlungen*, sind Komponenten der *systemaren Linguistik*.

Von den in Abb. 1.9 skizzierten, linguistisch orientierten Teilwissenschaften hat jede ihre eigenen Forschungsziele, Theorien und Methoden. Das Verbindende der Nachbardisziplinen zur Soziolinguistik sind die Menschen, die Gesellschaft, ohne die es keine Sprache und keine Anwendung der Sprachwissenschaft gibt. Hier liegen nicht nur die Wurzeln der Soziolinguistik, sondern auch die der anderen linguistischen Fachgebiete und vieler Fächer außerhalb der Linguistik (vgl. den äußeren Ring von Abb. 1.9).

Soziolinguistik und Nachbarwissenschaften (Auswahl)

Von der Systemaren Linguistik abgesehen, sind der Soziolinguistik die Pragma- und die Neurolinguistik unmittelbar benachbart, d. h. die Wissenschaften, die sich auf das Sprachhandeln und neuronale Sprachfunktionen beziehen (s. Kap. 2.1.3 und Abb. 2.2). Mittelbar sind ferner die Psycho- und die Ethnolinguistik bedeutsam – die Psycholinguistik in Verbindung

① Lexeme = Lexikologie (Wissenschaft vom Bestand d. Wörter und ihrer Bedeutungen)

Lexem = abstrakte Einheit im Sprachsystem / WORT

Lex = Wortform (Element)

mit kognitiven Prozessen und dem Spracherwerb, die Ethnolinguistik bezüglich des ethnischen und kulturellen Kontakts und der dadurch entstehenden Konflikte. Für den Vergleich unterschiedlicher, z. B. deutscher vs.
türkischer Systeme und Subsysteme, ist die Kontrastlinguistik hilfreich.
Soziolinguale Subsysteme können areal (regional) differenziert sein, so daß
sich Berührungen mit der Areallinguistik (Dialektologie) ergeben. Außerhalb der Linguistik steht die Soziologie der Soziolinguistik am nächsten.

Abb. 1.9: Systemare und Soziolinguistik, Nachbarwissenschaften

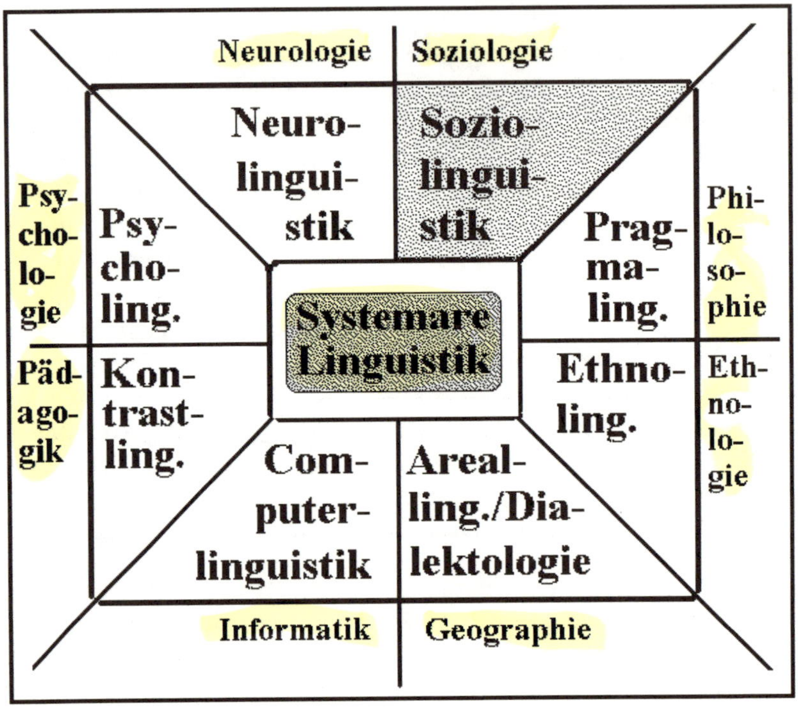

## 1.2.2   Systemare Linguistik

*Elemente und Regeln – Statische Systeme – Strukturen*

### Elemente und Regeln

Die Lexik einer Sprache bezieht sich auf Begriffe, die u. U. für viele oder
sogar die meisten Sprachen und Kulturen gelten und damit substantiell und
universal sind und sich nur formal (ausdrucksmäßig und im syntaktischen

Verbund) in den einzelnen Sprachen unterscheiden. Als Beispiel für universale Begriffe läßt sich die organische Welt anführen: Sieht man von der Mythologie ab, so gibt es in jeder Sprache vergleichbare Bezeichnungen für Begriffe wie *Weltall*, *Gestirne*, *Wetter*, *Regen*, *Gewitter*, *Himmelsrichtungen*, *stehende* bzw. *fließende Gewässer*, *Berge*, *Gesteine* u. dgl. Wie die Ausdrucks- und – die u. U. situativ bezogene – Inhaltsseite der den Begriffen entsprechenden Lexeme und das mit einer Äußerung Gemeinte formal verknüpft und dargestellt wird, beschreibt die Grammatik, die einzelsprachlich unterschiedlich ist. Die Grammatik besteht u. a. aus diversen Regeln bzw. Regelkomplexen.

Zu einem *sprachlichen System* gehören Ausdruckseinheiten sowie Regeln, die diese miteinander in Beziehung setzen.

*Lexeme* sind Ausdruckseinheiten, deren Inhaltsseiten den Begriffen entsprechen.

*Regeln* sind Handlungsanweisungen.

Beispielsweise verlangt eine Regel der deutschen Grammatik, daß die Reihenfolge von Subjekt und Prädikat vertauscht wird, wenn eine Adverbiale (Adverb, adverbiale Bestimmung, Adverbialsatz) vorausgeht (Abb. 1.10) – der Satz 5) ist umgangssprachlich.

Abb. 1.10: a) Adverbiale in Spitzenstellung
            b) Süddeutsche Alltagssprache - Perfekt statt Präteritum

---

a)
1) Die deutschen Sportler gewannen eine Goldmedaille.
2) Heute gewannen die deutschen Sportler eine Goldmedaille.
3) In Sidney gewannen die deutschen Sportler eine Goldmedaille.
4) Obwohl niemand damit gerechnet hatte, gewannen die deutschen Sportler eine Goldmedaille.
*Umgangssprache:*
5) …*weil die deutschen Sportler gewannen eine Goldmedaille.

b)
1) Die deutschen Sportler haben eine Goldmedaille gewonnen.
2) Heute haben die deutschen Sportler eine Goldmedaille gewonnen.
3) In Sidney haben die deutschen Sportler eine Goldmedaille gewonnen.
4) Keiner hatte damit gerechnet, aber die deutschen Sportler haben eine Goldmedaille gewonnen.
*Neue Umgangssprache:*
5) …*weil die deutschen Sportler haben eine Goldmedaille gewonnen.

Beschreibungstechnisch muß zwischen infra- und intersystemaren Regeln unterschieden werden. *Infra-* (auch: *intra-)systemare* Regeln beziehen sich auf ein einziges System (Abb. 10 a), *intersystemare* Regeln aber auf den Vergleich mehrerer Systeme, wie sie im Rahmen der Soziolinguistik beschrieben werden. Abb. 1.10 b gibt für Süddeutsche, die sich nicht der Bildungssprache bedienen, eine solche intersystemare Regel wieder: Das standardsprachliche Präteritum muß süddeutsch in das Perfekt umgesetzt werden und umgekehrt (ausgenommen *haben* und *sein* als Vollverben).

### Statische Systeme

Die sprachliche Handlung ist eine Tätigkeit (*Energeía*) im Sinne von W. v. Humboldt (1903-1936, Bd. III, S. 418, VII, S. 46 f., passim). Was sich nicht unmittelbar in Aktion befindet, ist *Werk* als statisches Produkt i. S. von *„Ergon"*, ein konstitutives System. Vereinfacht wird der Ausdruck *System* für ein konstitutives (statisches) System (als *Ergon*) gebraucht, attributiv nicht i. e. spezifiziert. Sprachstrukturen sind als „Ergon" zu begreifen, weil eine relativ geschlossene Anzahl von Elementen zugrunde liegt, eventuell mit Alternativen („Varianten"), insgesamt aber mit geringen Wahlmöglichkeiten.

■ *Strukturen* sind Elemente im Verband.

■ *Sprachstrukturen* sind sprachliche Elemente im Verband.

Ein Verband entsteht durch konstitutive Beziehungen. Beispielsweise bilden die deutschen Langvokale /i:/ – /ü:/ – /u:/ in *liegen – lügen – lugen* einen Verband (eine Struktur), weil sie durch Merkmalsbeziehungen verklammert sind: /i:/, /ü:/ = *vorn* vs. /u:/ = *hinten*; /ü:/, /u:/ = *rund* vs. /i:/ = *gespreizt*; sowie *hoch* gegenüber anderen Vokalen (/e:/, /ö:/, /ä:/, /a:/) in der gleichen Umgebung (*legen, lögen, lägen, lagen*), s. Abb. 1.11.

### 1.2.3  Soziolinguale Systeme

*Soziale Systeme – Sinn – Variation – Ein Varietätenmodell*

### Soziale Systeme

*soziale Systeme* Ein soziales System „ist statisch oder vom Ergebnis her gesehen die Bezeichnung für einen *Sinnzusammenhang* von *Elementen*, die als Einheit begriffen und von anderen Elementen oder Einheiten (*S[ystem].-Umwelt*) unterschieden werden können" (Hermann L. Gukenbiehl in Schäfers 2000, S. 388).

*inn vs.*
*edeu-*
*ng*

Beispielsweise bildet eine vierköpfige Familie ein soziales System X, dessen „soziale Elemente" durch interne hierarchische Verhältnisse differenzierend erkennbar sind. Aber das soziale Handeln, das die Familienmitglieder untereinander und auch der Umwelt gegenüber vollziehen, geschieht nach bestimmten Regeln, auch in Abgrenzung gegenüber den Systemen Y-Z; es ist „sinnvolles" Handeln.

Abb. 1.11: Zum Begriff des *Systems* in Linguistik und Soziologie

| Merkmale | Linguistik | Soziologie | Name d. Beziehung |
|---|---|---|---|
| Elemente im Verband | z. B. Laute (Phoneme /i:/, /ü:/, /u:/), Wörter (Lexeme *Sessel – Stuhl – Hocker*), Sätze (Klauseme *Verbal-, Nominalgruppe* usw.) | z. B. Familie (*Vater, Mutter – Sohn, Tochter*), Sekundärgruppe (*Anführer, Stellvertreter, weitere Führer, einfache Mitglieder* usw.) | |
| Konstitutive Beziehungen | z. B. hohe Langvokale (vorn: /i:/, /ü:/ – hinten: /u:/; gespreizt: /i:/ - rund: /ü:/, /u:/) | z. B. Status in der Familie (hoch$_1$: Vater, hoch$_2$: Mutter; niedrig$_1$: Sohn, niedrig$_2$: Tochter) | „Bedeutung" |
| Handlungs-orientierte Beziehungen | z. B. Bedeutungsunterscheidung (von Verben usw.), Aufforderungs-, Aussagesätze (usw.) | z. B. Tätigkeiten in der Familie (Arbeitsstätte d. Vaters, Hausarbeit d. Mutter, Schule usw.) | „Sinn" |

Der Soziologe N. Luhmann hat die Tätigkeit des Individuums mit dem vieldeutigen Begriff „Sinn" zu fassen versucht (1971, S. 61):

> „Sinn ist die Ordnungsform menschlichen Erlebens, die Form der Prämissen für Informationsaufnahme und bewußte Erlebnisverarbeitung, und ermöglicht die bewußte Erfassung und Reduktion hoher Komplexität."

Dieser Begriff ist seit Frege (1892: *Sinn* vs. *Bedeutung*) umstritten. Roggero (in Mounin 1974, S. 297)vertritt die Auffassung, daß die Bedeutung aus der Gesamtheit dessen, was bezeichnet wird, hervorgeht, während der Sinn sich aus einer konkreten Äußerung ergibt, die durch die Parameter des Ortes, der Zeit, der Kommunikationspartner und des ins Auge gefaßten Objekts bestimmt wird, also ganz entsprechend den in Kapitel 1 beschriebenen Faktoren des Handelns von Dell Hymes. Demzufolge hat die Äußerung „gib es mir" immer die gleiche Bedeutung, ihr Sinn ergibt sich aber erst im Bezugsfeld der genannten, konkreten Parameter, d. h.:

*Sinn* ist am Handlungs-, *Bedeutung* ist am konstitutiven System orientiert.

## Variation

*Varia-*
*tion*  Alle systembezogenen Unterschiede werden als *Variation* bezeichnet. Die „Linguistik der sozialen Variation" orientiert sich an den Forschungen des amerikanischen Linguisten William Labov (z. B. Labov 1976-1978).

Oft konkurrieren mehrere Systeme, zwischen denen sich die Kommunikationspartner zu entscheiden haben, zumindest sind es *Varianten*, z. B. der gehobenen, niederen oder saloppen Ausdrucksweise.

- Als *Varianten* gelten die alternativen Ausdrucksmöglichkeiten für ein und denselben Untersuchungsgegenstand (d. i. die *Variable* als Veränderliche).
- Eine *sprachliche Varietät* ist ein *Sprachsystem*, eingebunden in einen Komplex von Sprachsystemen.

Abb. 1.12: Ein soziolinguistisches Varietätenmodell
(aus: Löffler 1994, S. 86)

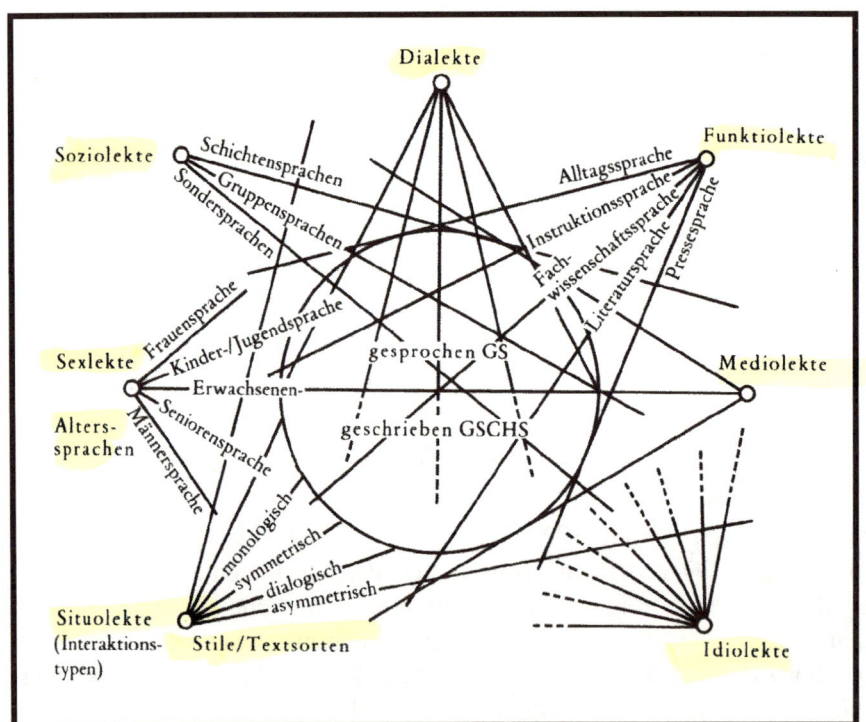

Das Modell in Abb. 1.12 ist eine Art Bestandsaufnahme; so erklärt sich, daß auf Kriterien zur mutuellen Abgrenzung der Varietäten – im erklärenden Text werden allerdings einige angeführt (z. B. S. 23 ff.) – bewußt verzichtet wird. Das Modell wird so beschrieben:

„Die äußeren sechs Ecken stellen sprachliche Großbereiche (‚Lekte') dar, die sich nach dem Medium (Mediolekte), der Funktion (Funktiolekte), der arealen Verteilung (Dialekte), der Sprechergruppen (Soziolekte), nach Alter und Geschlecht (Sexolekte, Alterssprachen) und nach Interaktionstypen bzw. Situationen (Situolekte) unterscheiden."

In diesem Forschungsansatz werden die „-lekte" (aus. griech. *légein* ‚lesen, sprechen, etw. Bedeutendes sagen') mit *Varietäten* gleichgesetzt. Die Kürzel bedeuten: GS ‚Gesprochene Sprache', GSCHS ‚GeSCHriebene Sprache', wobei diese Unterscheidung eingeschränkt gilt, denn „die Übergänge sind fließend ..." Dies ist plausibel, berücksichtigt man, daß moderne Fachsprachen, die im mündlichen Verkehr üblich sind, meist über Lehrbücher, d. h. schriftlich, vermittelt werden.

Zur Definition einer Varietät werden außersprachliche Kriterien herangezogen, z. B. soziologische, areale oder situative. In jeder Sprache bestehen viele sozial, aber auch areal und situativ gebundene und miteinander konkurrierende Systeme, wodurch häufig linguale und soziale Konflikte entstehen. Für den einzelnen Sprecher hat von diesen aber in der Regel nur ein ausgezeichnetes System den Wert eines „Modellsystems", in welchem er sich am besten „zu Hause" fühlt und das so die Grundlage seiner Sprachverwendung bildet ($L_1$ bzw. verdeutscht: $S_1$). Neben diesem $L_1$-System kommt heute so gut wie jeder Sprecher mit einer Vielzahl von weiteren Systemen in Berührung, auf deren Grundlage seine Kommunikationspartner und auch er selbst kommunizieren ($L_{2-n}$).

## 1.2.4 Kommunikationstypen

*Gemein-, Gesamtsprache – Subsysteme – Fach-, Sondersprache – Jargon – Ein Modell*

### Gemeinsprache, Gesamtsprache

*Intersystemar*, d. h. auf die vielen Systeme einer Einzelsprache bezogen, bedürfen einige soziolinguistisch relevante „Kommunikationstypen" einer besonderen Beachtung. Unter *Kommunikationstypen* werden situationsunabhängige Systeme und Subsysteme wie *Gemein-, Fach-* und *Sondersprache* sowie situationsabhängige Systeme verstanden wie *Jargon* und *Register*. Der Begriff der *Gemeinsprache* steht in Konkurrenz mit a) *Fachsprache* und b) *Gesamtsprache.* W. Schmidt (vgl. Hoffmann 1976, S. 162 ff.) versteht unter *Gemeinsprache* „jenes Instrumentarium an sprachlichen Mitteln, über das alle Angehörigen einer Sprachgemeinschaft verfügen und das deshalb die sprachliche Verständigung zwischen ihnen möglich macht."

Nach Hoffmann (1976, S. 162 ff.) muß man *Gemeinsprache* als Abstraktion sehen und dann wie folgt definieren:

Unter *Gemeinsprache* soll man den „statistischen Durchschnitt des Sprachbesitzes aller Individuen" einer Sprachgemeinschaft verstehen.

In der lange Zeit üblichen Dichotomie *Gemeinsprache – Fachsprachen* sind *Fachsprachen* mit ihrem Spezialwortschatz komplementär zur Gemeinsprache gesehen worden. Wenn jedoch alle Systeme, wie sie in Abb. 1.13 angedeutet sind, die *Gemeinsprache* eingeschlossen, als das Hypersystem einer Sprachgemeinschaft betrachtet und als *Gesamtsprache* bezeichnet werden, sind *Fachsprachen* nicht mehr dichotom zur Gemeinsprache zu sehen, sondern sie werden wie diese zu einem Teil der Gesamtsprache.

Die *Gesamtsprache* ist die Gesamtheit aller sprachlichen Mittel einer Sprachgemeinschaft.

### Subsysteme

Dies „Hypersystem" *Gesamtsprache* setzt sich aus einer Vielzahl von „Hyposystemen" zusammen, die auch *Subsysteme* genannt werden.

*Subsysteme* sind (Hypo-)Systeme einer Gesamtsprache.

Die deutschen Dialekte, aber auch die hier beschriebenen „Soziolekte", z. B. das Rotwelsch, der Jargon in medizinischen Praxen, Genderlekte u. dgl. sind Subsysteme des Deutschen als Gesamtsprache.

*Fachsprachen* sind gebunden an Aktivitäten von Fachleuten und bezogen auf fachlich exklusiv benannte Objekte, z. B. die Herstellung von Textilien oder die Reparatur von Fernsehern oder Computern; sie haben eine gemeinsprachliche Syntax und einen Spezialwortschatz, der als Terminologie bezeichnet wird, wenn er genormt ist (vgl. Gnutzmann 1980, S. 52, der Fachsprachen wie folgt definiert:)

*Fachsprachen* sind „Mittel einer optimalen Verständigung über ein Fachgebiet unter Fachleuten".

Diese Definition berücksichtigt nicht, daß die Kommunikation unter Fachleuten häufig nicht optimal ist, daß es sehr oft zu Mißverständnissen und sprachlich bedingten Konflikten auch unter Fachleuten kommt. Mit Blick

auf die Existenz von Fachwortschatz – unabhängig von dessen Verwendung in konkreten Situationen – und auf dessen Vermittlung an Lernende
in Lernsituationen sowie durch Lehrbücher wird das logische Prädikat
„optimal" durch „fachspezifisch" ersetzt:

*Fachsprachen* dienen der fachspezifischen Kommunikation unter Fachleuten.

Die Fachbezeichnungen werden, wenn ihre Bedeutungen z. B. in der Indu-
strie oder für Lehrbücher eineindeutig festgelegt sein sollen, genormt. So
wird z. B. durch das „Deutsche Institut für Normung e. V. (DIN)" festgelegt, was für den Bauingenieur die Bezeichnungen *Läufer, Klinker* und *Ver-
blender* bedeuten. (Zu Norm und Normung s. Kap. 2.1.4 u. Abb. 2.5.)

*Terminologie* ist genormte Fachlexik.

*Sprachvarietäten*, die primär dazu dienen, Gruppenmitglieder als solche zu
identifizieren („Wir-Gefühl"), heißen *Sondersprachen*.

Abb. 1.13: Eigenschaften relevanter „Kommunikationstypen"

| Kommunikations typ | Abhängig von . . . | | | | Führt zu speziellen | | Beispiel |
|---|---|---|---|---|---|---|---|
| | außersprl. Parametern | Objekt, Aktivität | sozialer Bindung | Situation | Stilformen | Wörtern, Wendgn. | |
| Gemeinsprache | – | – | – | – | – | – | Deutsch |
| Sprachvarietät | + | – | – | – | – | – | Dialekt v. Modau |
| Fachsprache | + | + | – | – | – | + | Textilverarbeitung |
| Sondersprache | + | + | + | – | + | + | Rotwelsch |
| Jargon | + | + | + | + | + | + | Schülerdeutsch |
| sprachl. Register | + | + | + | + | + | – | „baby talk" |

Diese Kommunikationstypen lassen sich noch weiter differenzieren; die
groben Unterschiede können der Matrix entnommen werden.

Auf das quasi umgekehrte Verhältnis von Varietät und Register wird bereits
auf S. 14 hingewiesen. Zu ergänzen sind u. a. die *Sondersprachen* und der
*Jargon* (vgl. Kap. 3.1). Ein Spezialfall der Sondersprachen ist der *Jargon*

(Beispiele in Kap. 3). Er dient der emotionalen Kommunikation in Gruppen, die sich durch eine starke Gruppenkohäsion („Wir-Gefühl") auszeichnen.

*Der Jargon* ist eine situationsabhängige Sprachform mit gemeinsprachlicher Grammatik, saloppem Stil, emotionalen Wörtern und Wendungen.

Abb. 1.14: Modell soziolinguistischer Orientierung (exemplarisch)

| Bereiche | Soziologische Einheiten | Linguistische Darstellung |
|---|---|---|
| Makro-bereich | Übernationales<br>– Kulturen<br>– Zivilisationen<br>Nationales<br>– Aggregate („Masse")<br>– Klassen, Schichten<br>– biosoziale Superkategorien<br>– Berufsgruppen<br>Siedlungsräume<br>(u. a.) | Anthropo-, Ethno-,<br>Kontaktlinguistik, Interkulturelle<br>Attitüden<br><br>Fußballzuschauer im Stadion<br>Klassen-, Schichtspezifik<br>Gender-, Gerolinguistik<br>Fachsprachen<br>Dialektnetze<br>(u. a.) |
| Meso-bereich | Institutionen<br>– Klinik, Gericht<br>– Ämter, Behörden<br>– Schule<br>Milieus<br>– Arbeitermilieu<br>– Kleinbürger<br>– Linksintellektuelle<br>– Subkulturen, „Szenen"<br>Soziale Netze<br>– Dorfgemeinschaft<br>– Fastnachtsverein<br>– Nachbarschaften<br>(u. v. a. m.) | Sprachverhalten in Institutionen<br>und im Umgang<br>mit Institutionen<br>Codetheorie (sprachl. Defizit)<br><br>Arbeitersprache<br>Lektüreverhalten<br><br>Rotwelsch, Jargons, Pop-, Disko- u. andere Szenensprachen<br>Dialekt-, Ortssprachenforschung<br>Kommunikation in Vereinen |
| Mikro-bereich | Peergruppen<br>– Jugendliche, Studierende<br>– Schüler(innen)<br>Primärgruppen<br>– Freunde, Freundinnen<br>– Familie, Verwandte<br>Rollen, Register<br>(u. a.) | Studentensprache, Sonderspra-chen Jugendlicher und Schüler<br><br><br>Sprache in der Familie<br>Rollenverhalten und Sprache<br>„baby talk" als Register |

Die skizzierten Varietäten sind, wenn man sie mit den sozialen Gegebenheiten parallelisiert, entweder dem Mikro- oder dem Meso- oder dem Makrobereich sozialer Differenzierungen zuzuordnen (vgl. Abb. 1.14 u. Ropohl 1980).

Der Übergang zwischen dem Mikro- und dem Mesobereich ist fließend,
weil das Individuum mehreren Gruppen angehören kann, die entweder dem
einen oder anderen Bereich zuzuordnen sind. Beispielsweise lebt ein Jugendlicher bei seinen Eltern (Primärgruppe der Familie), ist gleichzeitig in
einer Peergruppe – das sind die Gleichaltrigen – und gehört, da er ständig
in Diskotheken verkehrt, zur „Szene"; außerdem sucht er bestimmte Institutionen, wie das Arbeitsamt, regelmäßig auf. Die Folge davon ist, daß
er mit Sprachsystemen vielfältiger Art konfrontiert wird.

Das Modell von Abb. 1.14 dient der groben Orientierung, wobei die exemplarische linguistische Darstellung mit soziologischen Einheiten parallelisiert wird. Neuere Forschungen (Sinus-Institut 1983, s. Geißler 1996,
S. 79) gliedern die Gesellschaft primär „nach verschiedenen Wertorientie-
rungen und Lebensstilen", die „soziale Milieus" genannt werden und sich
von dem traditionellen Milieu-Begriff unterscheiden, nun definiert als „soziale Umwelten und ihre Zusammenhänge mit Einstellungen und Verhaltensweisen"; sekundär werden diese Milieus „sozialen Lagen" zugeordnet.

*Soziale Milieus* sind subkulturelle Einheiten aus Menschen mit ähnlicher
Lebensauffassung und Lebensweise.

Das indische Kastensystem, zu dem es auch linguistische Untersuchungen
gibt, wird hier nicht weiter verfolgt. Zum besseren Verständnis wird hier
eine Definition für *soziale Aggregate* gegeben:

*Soziale Aggregate* sind anonyme Massen oder Menschenmengen ohne nähere
soziale Beziehungen, aber einigen gemeinsamen Merkmalen.

Gemeinsame Merkmale sind z. B. die *räumliche Nähe* in irgendeinem Stadion, ferner nicht nur statistisch Übereinstimmendes wie *die Alten, das andere
Geschlecht.*

## Literatur (Auswahl)

Gnutzmann 1980 – Hoffmann 1976 – Klein/Presch 1981 – Löffler 1994 – Luhmann 1971 – Ropohl 1980 – Schäfers 2000

## Kontrollfragen (Antworten in Kapitel 8, S. 222)

1.2.01　Was ist die ursprüngliche Bedeutung von „System"?

1.2.02　Aus welchen Komponenten besteht ein „Sprachsystem"?

1.2.03　Wie heißt der Kernbereich der Linguistik?

1.2.04　Nennen Sie Nachbardisziplinen zur Soziolinguistik.

1.2.05　Definieren Sie, was man unter „Regeln" versteht!

1.2.06　Was ist der Unterschied zwischen *infra-*(auch: *intra-*)*systemaren* und *intersystemaren* Regeln?

1.2.07　Was ist mit „statischen" Systemen gemeint?

1.2.08　Definieren Sie „Struktur"!

1.2.09　Erläutern Sie „Sinn" als Begriff.

1.2.10　Was sind „Varianten"?

1.2.11　Was ist unter einer „sprachlichen Varietät" zu verstehen?

1.2.12　Definieren Sie „Gemeinsprache".

1.2.13　Definieren Sie „Gesamtsprache".

1.2.14　Definieren Sie „Subsystem". Geben Sie Beispiele.

1.2.15　Definieren Sie „Fachsprache".

1.2.16　Was ist eine „Terminologie"?

1.2.17　Definieren Sie „Sondersprache".

1.2.18　Definieren Sie „Jargon".

1.2.19　Was ist unter „sozialen Milieus" zu verstehen?

1.2.20　Geben Sie ein Beispiel für ein „Aggregat".

# 2 Primäre sprachliche Sozialisation

## 2.1 Gesellschaft und Individuum

### 2.1.1 Identität und mikrosoziologische Kategorien

*Sozialisation und Identität – symbolischer Interaktionismus – soziale Rolle – soziale Position – sozialer Rang*

Identität

*Soziali-*
*ation*
*nd*
*dentität*
Prozesse der Sozialisation führen dazu, daß das Individuum seine *Identität* als eine gesellschaftlich handlungsfähige Persönlichkeit gewinnt, also den Anforderungen der Gesellschaft gerecht werden kann. Die primäre sprachliche Sozialisation bezieht sich auf den anfänglichen, d. h. Erstspracherwerb. Der Erwerb einer Zweitsprache ist die sekundäre sprachliche Sozialisation. Die Vokabel *Identität* ist im 18. Jahrhundert aus spätlat. *identitas* ‚Einheit des Wesens' entlehnt worden, *identisch* bedeutet ‚völlig gleich, überein-stimmend' (vgl. Pfeifer 1989, S. 725). Im Alltag kann „Identität" bestimmt werden über Parameter materieller Art wie *Paß* oder *Führerschein*, über soziale Parameter wie [ich bin] *Arbeiter*, *Ehegatte*, *Mutter*, und auch über subjektive Gegebenheiten wie [ich bin] *Fußballfan*, *Amateurfotograf* usw. Die wissenschaftliche Identitätsbestimmung wird seit Max Weber (1921) vielfach eingebettet in das Spannungsfeld zwischen Individuellem, Sozialem und der Dingwelt, in einem semiotischen Dreieck als „Ich", „Wir" und „Es" wiedergegeben (vgl. Campeau [u. a.] 1998, S. 87, 110 f.).

Unter soziologischen Gesichtspunkten sind für die Identitätsbildung ent-scheidend u. a. die Zugehörigkeit zu einem sozialen Gebilde (z. B. einer Schicht oder einer Gruppe), auch zu einer bestimmten Religion bzw. Ethnie in multi-ethnischen Gesellschaften (vgl. Kap. 5.2.1 u. 7.1.2); ferner: die familiale Lage, auch in materieller Hinsicht, Geschlecht und Alter, Erzie-hung und Beruf, die Nationalität, die politische Orientierung u. a. Die Spra-che in der Umgebung des Individuums, die diesem über soziale und linguale Beziehungen vermittelt wird, führt zu dessen sprachlicher Identität. Die soziale – und wahrscheinlich auch die linguale – Identitätsbildung kommt erst im jungen Erwachsenenalter zu einem vorläufigen Abschluß, unterliegt aber einer permanenten Weiterentwicklung (vgl. Campeau [u. a.] 1998, S. 87, u. Lothar Krappmann in Ammon [u. a.] (Hgg.) 1987, S. 135). Die Teil-identitäten lassen sich auf einige wenige reduzieren:

*Teil-*
*identi-*
*täten*

(a) *sprachliche Identität*; diese enthält die Identifikation mit einer Sprache und deren Sprechern ebenso wie die Identifikation mit sprachlichen Varietäten (wie z. B. Dia- und Soziolekten) und deren Sprechern;

(b) *soziale Identität*; diese enthält z. B. die Identifikation mit Menschen einer bestimmten sozialen Schicht oder Gruppe, mit Menschen, die einen bestimmten Beruf oder einen bestimmten sozialen bzw. sozioökonomischen Status (u. a. Alter, Geschlecht, Reichtum, Armut) oder eine bestimmte Religion haben;

ferner c) *kulturelle*, d) *nationale*, e) *ethnische Identität*, d. h. die Identifikation des Selbst mit Menschen der gleichen Kultur bzw. Nation bzw. Ethnie; u.a.

### Symbolischer Interaktionismus

*Symbo-*
*lischer*
*Inter-*
*aktio-*
*nismus*

Gemäß der Auffassung von George Herbert Mead (1973 [1934], S. 216 ff., 420-429 et passim) erfolgt die Identitätsbildung im Rahmen des symbolischen Interaktionismus, demzufolge der Mensch nicht nur in seiner natürlichen, sondern auch in einer symbolisch vermittelten Umwelt lebt. Zu den Symbolen, die erworben werden, gehört die Sprache, die raffinierteste Symbolorganisation des Menschen. Nach Mead sind „der Ursprung und die Grundlage der Identität ebenso wie die des Denkens gesellschaftlicher Natur" – man muß hinzufügen: ebenso wie die der Sprache.

Dies erläutert Mead wie folgt (1973 [1934], S. 206):

> „Es kann keine scharfe Trennungslinie zwischen unserer eigenen Identität und der Identität anderer Menschen gezogen werden, da unsere eigene Identität nur soweit existiert und als solche in unsere Erfahrung eintritt, wie die Identitäten anderer Menschen existieren und als solche ebenfalls in unsere Erfahrung eintreten. Der Einzelne hat eine Identität nur im Bezug zu den Identitäten anderer Mitglieder seiner gesellschaftlichen Gruppe. Die Struktur seiner Identität drückt die allgemeinen Verhaltensmuster seiner gesellschaftlichen Gruppe aus, genauso wie sie die Struktur der Identität jedes anderen Mitglieds dieser gesellschaftlichen Gruppe ausdrückt."

Die gesellschaftliche Seite des Individuum nennt Mead das „Me", die Seite der individuellen Spontaneität das „I". Auf Sprache übertragen bedeutet dies, daß die sich in Sprache ausdrückende Identität stets relativ zu sehen ist zu der Sprache anderer Sprachträger, anderer Mitglieder gesellschaftlicher Gruppen, die zusammen mit ihrer Sprache „in unsere Erfahrung eintreten." Daraus läßt sich eine Definition ableiten (vgl. Mummendey / Simon 1997, S. 24):

*Sprachliche Identität* ist die Verortung der eigenen Sprache in einem komplexen sozialen und – darauf fußend – lingualen Koordinatensystem.

*oziale*
*Rolle,*
*Posi-*
*tion,*
*Rang*

Meads Forschungsansatz, der vergleichbaren Forschungen (s. die Diskussion in Dubar 1999, S. 81-128) vorzuziehen ist, wird so zusammengefaßt:

> „Die sich im Rahmen von Interaktionen symbolisch vollziehende Sozialisation des Individuums zu einer sozial handlungsfähigen bzw. interaktiv kompetenten Persönlichkeit wird als Prozeß des Lernens v. Symbolen u. Rollen aufgefaßt. Hierbei lernt der einzelne mit Hilfe der übernommenen Symbolsysteme, sich in die Rollen anderer zu versetzen (role-taking), Erwartungen u. mögliche Reaktionen anderer zu antizipieren (innerlich vorwegzunehmen), zu interpretieren u. bei der Steuerung des eigenen Handelns zu berücksichtigen. Er lernt ferner, sich selbst aus der Perspektive anderer zu sehen" und somit generell die seitens der sozialen Umwelt an ihn gerichteten Rollenerwartungen zu erfüllen" (Hartfiel/Hillmann 1982, S. 349).

■ Eine *soziale Rolle* ist die Summe der an den Inhaber einer sozialen Position gerichteten (Verhaltens-)Erwartungen.

In einer Familie sind normalerweise die sozialen Rollen von Vater, Mutter und Kind reguliert. Das Kind lernt, sich in die Rolle von Vater bzw. Mutter hineinzuversetzen, aber auch andere Rollen symbolisch zu übernehmen, z. B. die des Arztes oder des bösen Wolfs, entsprechend zu spielen und zu agieren, also: zu handeln und vor allem sprachlich zu handeln (vgl. hierzu Ramge 1975, insbes. S. 10 ff.). Das Kind spricht spielerisch, als sei es selbst der Vater, die Mutter oder der böse Wolf.

■ Eine *soziale Position* ist ein Ort in einem Gefüge sozialer Beziehungen, unabhängig von der Person, die diesen Ort besetzen könnte.

Beispielsweise ist die soziale Position des deutschen Bundespräsidenten in der deutschen Gesellschaft festgelegt, unabhängig von der Person, die diese Position gerade innehat. Der Stellvertreter des Bundespräsidenten ist der Bundesratspräsident, z. B. bei der Unterzeichnung von Gesetzen. Dieser ist rangniedriger als der Bundespräsident, denn er ist dessen Stellvertreter.

■ Ein *sozialer Rang* ist ein Ort relativ zu einem anderen Ort in einer Hierarchie sozialer Beziehungen.

## 2.1.2 Individueller Drehpunkt, individuelle Sprache

*Soziale und sprachliche Identitätsbildung – Umwelt – Schemata*

### Soziale und sprachliche Identitätsbildung

Nach Mead entwickelt sich ein „Selbst" im Verhältnis zu dem bzw. den „Anderen" in drei Phasen der Identitätsbildung (vgl. Dubar 1999, S. 96 ff.).

Die erste Phase ist gekennzeichnet durch die symbolische Übernahme von Rollen aus dem allernächsten Umfeld (Eltern, Verwandte usw.); die zweite – ab dem Kindergarten – führt zur Verinnerlichung gesellschaftlicher Haltungen (das sind soziale Einstellungen – s. die Definition auf S. 10; vgl. Mead 1973 [1934], S. 222 ff.) – und nicht zuletzt zur Verinnerlichung sprachlicher Normen (vgl. S. 43 ff.) bei aller Individualität; die dritte Phase ist gekennzeichnet durch die Dialektik zwischen der Integration von sozialen (und sprachlichen) Normen und spontanen Aktionen. Im Sinne von Mead läßt sich (s. Albert Scherr in Schäfers 2000, S. 136) formulieren:

*Soziale Identitätsbildung* ist ein Prozeß, „in dem Impulse der individuellen Spontaneität und gesellschaftliche Verhaltenserwartungen ausbalanciert werden."

Auf Sprache übertragen, bedeutet dies, daß das Bedürfnis der individuellen Gestaltung, insbesondere der Sprachgestaltung, in Einklang gebracht werden muß mit gesellschaftlichen Verhaltenserwartungen.

*Sprachliche Identitätsbildung* ist ein Prozeß, in dem individuelle Sprachgestaltung und Sprachnormen als gesellschaftliche Verhaltenserwartungen ausbalanciert werden.

Zu Sprachnormen s. a. Abb. 2.5 und die Erläuterungen in 2.1.4.

Umwelt

Aus der Art der Identitätsbildung ergibt sich, daß das Handeln des Individuums eine ständige Auseinandersetzung und ein Sich-Messen mit anderen Individuen und Gruppen der sozialen Umwelt bildet.

*Um-*
*welt*   Wenn der Mensch mit anderen Menschen interagiert, setzt er sich mit seiner „kulturell gebrochenen" Umwelt (Goetze 1991, S. 33 f.) auseinander, d. h. mit Sachverhalten, die nicht mit seinem – individuellen – Handlungs- und Sprachsystem identisch sind. Dies ist allerdings eine soziologisch-systemtheoretische, keine linguistische Auffassung von Umwelt:

*Umwelt*: Alle Sachverhalte, die nicht mit einem bestimmten System identisch sind und mit dem System in Beziehung stehen.

Peter Meyer gibt (1991, S. 8 f.) eine allgemeine Definition von Umwelt:

> „ 'Umwelt' umfaßt alles, was einen Organismus umgibt und in irgendeiner Weise von Bedeutung für ihn ist. Dazu gehört die physikalische Umwelt – Klima, Boden usf., die Umwelt der belebten Dinge, wie Pflanzen und Tiere, die etwa der Ernährung dienen können, und im Falle des Menschen auch die kulturelle Umwelt ..."

Schemata

Dem Schweizer Biologen und Psychologen Jean Piaget (1896-1980) ist die Auseinandersetzung des Kindes mit der Umwelt primär für dessen kognitive – auf das Denken bezogene – Entwicklung und dessen sprachliche und soziale Identitätsbildung (vgl. Piaget 1972b, S. 178 ff.). Die kognitive Entwicklung rangiert bei Piaget vor der sprachlichen. Für das Handeln des Menschen ist – wie auch Mead schreibt – nicht nur die äußere, soziale Organisationsform entscheidend, sondern auch die innere, d. h. für Piaget: die Vielzahl der kognitiven Schemata.

*Schemata* enthalten gebündelte bzw. hierarchisierte Informationen, durch die der Mensch sein Verhalten bzw. Handeln steuert. Es sind kortikale, d. h. in der Hirnrinde gebildete Strukturen, die für die Kategorienbildung bei Informationen von außen, für die Gedächtnis-, Wahrnehmungs-, Verstehens- und Sprachleistungen verantwortlich sind.

Ein *Schema* ist eine kognitive Struktur zur Abspeicherung, Weitergabe und Anwendung von Informationen.

*Assimi-lation* — Ohne kognitive Schemata wäre eine geordnete Kommunikation des Individuums mit seiner Außenwelt nicht möglich (vgl. Güttler 2000, S. 77 ff.). Postnatal, d. h. nach der Geburt, werden Schemata rasch und komplex neu- und weiterentwickelt. In Auseinandersetzung des Individuums mit der Umwelt wird zunächst die Wahrnehmung so korrigiert, daß sie in ein bereits vorhandenes Schema paßt (*Assimilation*).

*Assimilation* ist die Anpassung der wahrgenommenen Umwelt an ein Schema.

*Akkomodation* ist die Anpassung des Schemas an die Umwelt.

*Akko-mo-dation* — Demgegenüber wird das Schema immer dann an die wahrgenommene Umwelt angepaßt, wenn der Konflikt zwischen Wahrgenommenem und Schema anders nicht überbrückt werden kann, d. h. nur dadurch, daß das Schema verändert wird (*Akkomodation*).

Abb. 2.1: Akkomodation einer Regel als Schema (Text: Ramge 1975, S. 71)

---

Mutter bei dem Waschen des Kindes *„Das ist noch ein Ohr . das sind die Ohren . das sind die Augen. …“*

Peter (25-27 Monate alt): *„Das sind die Ohren . das sind die Augen . das sind die *Haaren . das sind die *Armen . das die *Fußen . das die *Handen …“*

Zwischen dem 29. und 31. Monat korrigiert und erweitert Peter die Regel 1 um die Regeln 2 (Plural–*e*: Haar*e*, Arm*e*) und 3 (Umlaut plus Plural–*e*: F*ü*ß*e*, H*ä*nd*e*).

*Korrek-* Ein weiteres, bekanntes Beispiel betrifft die anfängliche Mißachtung von
*tur* Abweichungen in der Konjugation durch das lernende Kind. Im Deutschen
*einer* wird das Präteritum durch ein Dentalsuffix gebildet, z. B. *ich lerne – ich*
*Abwei-* *lernte*; analog bildet das Kind das Präteritum in allen Verben, z. B. *ich*
*chung* *schlafe* – aber falsch: *ich schlafte*. Das Kind behält die Systematik einer
Konjugationsregel, aber die Abweichung davon zuerst nicht. Durch die
korrigierende Umwelt lernt das Kind, die zuerst erworbene Regel 1 zu
akkommodieren und damit den sprachlichen Normen zu folgen.

## 2.1.3   Prä- und postnatale Prozesse

> *Pränatale Informationsverarbeitung – Biogenetische Voraussetzungen –*
> *Neuronale Gruppen – Neuronaler Darwinismus – Wahrnehmung als*
> *Selektion – Stereotype*

### Pränatale Informationsverarbeitung

*Prä-* Die Theorie von Piaget stehe stellvertretend für andere Nativismus-
*natale* Theorien, z. B. der von Chomsky (1969 [1965]). Piaget kommt zu dem
*Pro-* Ergebnis, daß die Schemata in primitiver Form angeboren sind, z. B. das
*zesse* „Saugschema" als Voraussetzung für die Ernährungsfähigkeit des neugebo-
renen Lebewesens (vgl. Piaget 1972b, S. 178 ff.).

Dies leuchtet zunächst ein, bedarf aber der Hinterfragung mit Blick auf
pränatale Prozesse. Inzwischen ist bekannt, daß dieses Angeborensein als
pränatale Entwicklung angesehen werden muß, wo sich Schemata bilden
und auch korrigiert werden. Aufgrund einer spezifischen Tätigkeit der
Nervenzellen sind die postnatalen Fähigkeiten in primitiver Form pränatal
vorentwickelt. Sie haben nur deshalb als angeboren gegolten, weil man
den Beginn des Lebens mit der Stunde der Geburt gleichgesetzt hat.

Für die Sprache in ihrer Bindung an die Entwicklung des Sprachträgers
von der Eizelle an bedeutet dies somit, daß nicht einzig die postnatalen
Erscheinungen relevant sind, sondern entscheidend auch die biogenetischen Prozesse, die bereits pränatal, d. h. vor der Geburt, geschehen. Zur
„vorgeburtlichen Entstehung der Sprache" vgl. auch Clauser 1971. Erst
nach der Auflösung der körperlichen Bindung von Mutter und Kind entwickelt sich Sprache postnatal als gesellschaftsbezogenes Kommunikationsmittel, wobei das Verstehen und Erlernen von Handlungen primär ist
im Vergleich zu dem Sprechen und Verstehen, also gegenüber der Entwicklung von lingualer Identität. Die postnatale Fähigkeit, Informationen

zu übernehmen, weiterzugeben, auszutauschen, ist pränatal angelegt, und die Entwicklung von Sprache wäre vermutlich anders nicht möglich.


## Biogenetische Voraussetzungen

Universal, d. h. allen Menschen eigen, unabhängig von ihrer sozialen Zugehörigkeit, sind bestimmte biogenetische Voraussetzungen für soziale Beziehungen, für wechselseitiges Informieren, kommunikatives Handeln allgemein und für Interaktion im besonderen.

Neurologische Forschungen haben jüngst erwiesen, daß bereits die kleinste Nervenzelle, das *Neuron*, Aktivitäten zur Übertragung kodierter Nachrichten an bestimmte neuronale *Adressen* entwickelt. Im aller frühesten *pränatalen* Stadium beginnt die Aktivierung von Zellen durch Reize. *Pränatal* heißt: vor der Geburt. Die Informationsübertragung geht aus von einer funktionellen Einheit und betrifft miterregte Nachbarn, wie in Abb. 2.2 dargestellt.

*Neuronen* sind „Schaltelemente" für die Übertragung und Verarbeitung von Informationen mit Adressen.

*Neu-ronale Grup-pen*

Die Neuronen formieren sich zu neuronalen Gruppen; diese werden durch ein bestimmtes Signal a) aktiviert (schwarz), b) als unmittelbare Nachbarn mit aktiviert (grau) und c) als entfernte Nachbarn nicht aktiviert, d. h. gehemmt (weiß).

*Neuro-naler Darwi-nismus*

Wie Abb. 2.2 veranschaulicht, ergeben sich bei der Aktivierung der Neuronen Diskordanzen und auch Konkordanzen mit der Konsequenz, daß die Neuronen, die auf Dauer nicht aktiviert werden, also keine Informationen erhalten, absterben. Diese Hypothese von der Fortentwicklung der aktivierten, an der Informationsverarbeitung beteiligten Neuronen einerseits und andererseits dem Absterben der nicht aktivierten, also an der Informationsverarbeitung nicht weiter beteiligten Neuronen, wird als „neuronaler Darwinismus" bezeichnet, weil Darwins Theorie der natürlichen Selektion auf die Neurobiologie angewendet werden muß (s. Edelman 1995, S. 122 ff.; Edelman/Tononi 1998, S. 193 ff.).

Die Tatsache, daß neuronal eine Selektion stattfindet, ist der Beginn einer Vielfalt weiterer selektiver Tätigkeiten, postnatal z. B. in der *Wahrnehmung* (der selektiven Informationsaufnahme allgemein und speziell in bezug auf Sprache), in der Stereotypenbildung (Selektion sozialer Merkmale mit Folgen für die Sprache), in der späteren symbolischen, genauer: in der „Redekommunikation" und „Zuhörkommunikation" (s. Delhees 1994).

Abb. 2.2: Verschaltung von Neuronen (modif. aus Spitzer 1996)

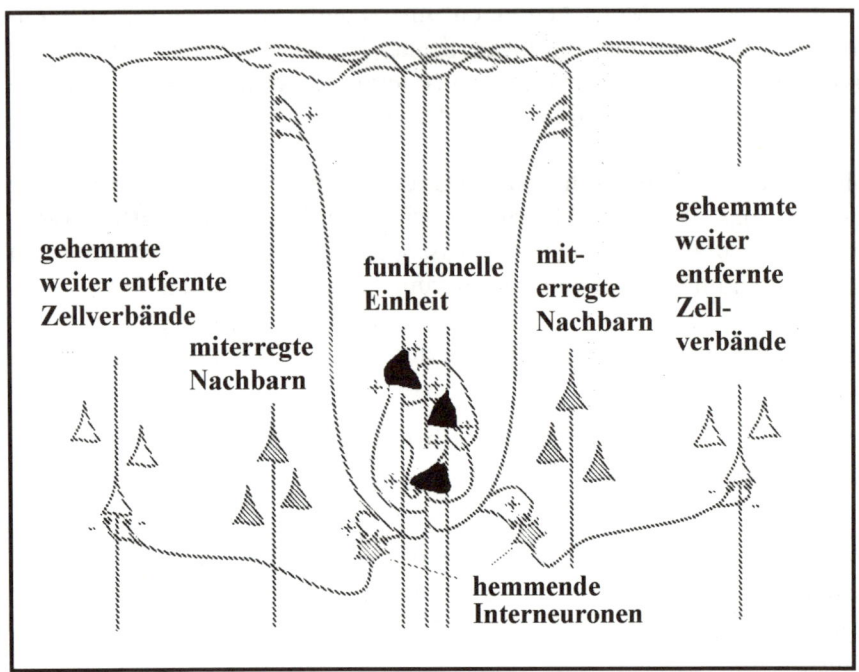

Laufende wechselseitige Interaktionen zwischen Neuronengruppen, i. w. S. zwischen dem biologischen System und der Umwelt, sind unvermeidlich. Entsprechend sind sprachliche Handlungen ohne biogenetische Voraussetzungen und ohne die Fähigkeit zum Informationsaustausch nicht denkbar. Watzlawick und Mitarbeiter, die die menschliche Kommunikation auch mit Blick auf die gestörte Kommunikation Schizophrener untersucht haben, kommen zu der Feststellung (Watzlawick [u. a.] 1973, S. 53):

„Man kann nicht *nicht* kommunizieren."

Etwas anders formuliert und gestützt durch die neurobiologischen Forschungen, läßt sich diese Aussage verallgemeinert auf alle Organismen und Gesellschaften übertragen:

*Informationsaustausch* ist die Grundlage des Lebens und der Gesellschaft.

## Wahrnehmung als Selektion

*Selektive Informationsaufnahme*

Die Wahrnehmung von Mustern geschieht pränatal durch die Rezeption von Reizen bezüglich der benachbarten Neuronen, postnatal und vordergründig mit Hilfe der ausgebildeten Sinnesorgane, i. w. S. aber als Perzeption, d. h. als Datenverarbeitung mit Hilfe der Fähigkeiten des Zentralnervensystems. Das Wahrgenommene entspricht aber nicht der Wirklichkeit, denn die Wahrnehmung ist keine 1:1-Zuordnung, sondern extrem komplex. Der Mensch abstrahiert: Er entwickelt die Fähigkeit, aus einer schier unübersehbaren Varianz von Reizen konstante Regelmäßigkeiten zu erfassen, d. h., er nimmt seine Umwelt anders wahr, als sie ist.

■ Die *Wahrnehmung* ist die selektive Aufnahme von Informationen aus der Außenwelt (Umwelt).

■ Auch die *Wahrnehmung von Sprache* erfolgt selektiv.

Abb. 2.3:  Streuungen des Sprechens und Hörens
bei einheitlicher Wahrnehmung des Lauts

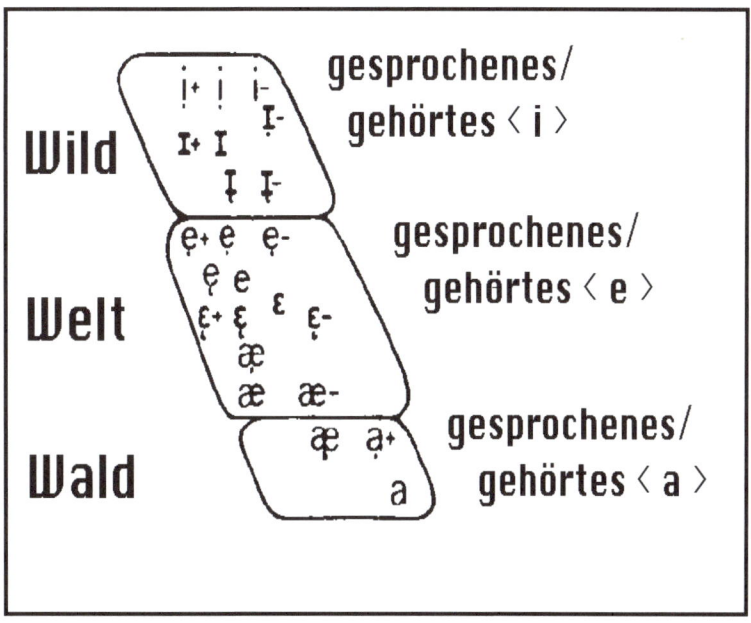

Mit Blick auf die Identitätsbildung des Individuums – im Brennpunkt steht die *linguale* Identitätsbildung – ist das *Wie* zentral, d. h. die Frage, wie etwas wahrgenommen und ob und wie das Wahrgenommene auf bereits bestehende Muster (Schemata) projiziert und bestimmten Kategorien zugeordnet wird, also im Sinne der Assimilation Piagets funktioniert.

Der Abb. 2.3 (vgl. Veith 1980, S. 129) läßt sich entnehmen, daß die Aussprache der Vokale <i>, <e>, <a> phonetisch breit gestreut sein kann, weil es sich um unterschiedliche Sprecher, Männer- und Frauenstimmen handelt. Trotzdem hört man immer den Vokal, der dem eigenen „Lautbild" (i. S. von de Saussure), also einem psycho-physischen *Muster* entspricht. Nur die musterhaft wahrgenommene Unterschiedlichkeit zwischen den betreffenden Vokalen erlaubt es, die verschiedenen Bedeutungen der drei Belegwörter zu erkennen.

Was wahrgenommen wird, ist also eine Abstraktion von der Wirklichkeit und damit deren partielle Verfälschung. Dies gilt für sprachliche ebenso wie für nichtsprachliche Erscheinungsformen, wie aus der Gestaltpsychologie bekannt ist:

> „Jede Stunde des Tages bringt für das Auge andere Beleuchtungsverhältnisse, verändert damit die Helligkeit und Farbe der Objekte; jede Änderung unseres Standortes verändert auch das Objekt – und dennoch: alles dies tangiert unser Wiedererkennen der Dinge nicht wesentlich" (Kohler 1972, S. 74).

Die als Folge der Selektion wahrgenommenen Muster (Konzepte, Schemata) werden wiederum auf bestehende Muster projiziert.

Der Mensch nimmt *Muster* wahr und handelt nach *Mustern*.

## Stereotype

*Zur Wortgeschichte*

Die für die Wahrnehmung typische selektive Aufnahme von Informationen aus der Außenwelt (Umwelt) führt im soziolinguistischen Bereich zu Stereotypen. Das Adjektiv *stereotyp* in der Bedeutung ‚feststehend, unveränderlich, ständig wiederkehrend, in der Form erstarrt, leer' ist als Bezeichnung eine Neubildung der französischen Druckersprache, später substantiviert (i. S. von ‚fest miteinander verbundene Druckzeilen') zu frz. *stéréotype* (aus gr. *stereós* ‚starr, fest' und gr. *typos* ‚Gestalt'); im 20. Jh. in übertragener Bedeutung: das *Stereotyp* im Sinne von ‚Klischee' (vgl. Pfeifer 1989, S. 1714, u. Le Robert 1998, S. 3640).

In der Soziologie und Soziolinguistik handelt es sich bei dem Stereotyp um eine kognitive Kategorie „zur Bezeichnung von gruppenspezifischen, durch

Emotionen geprägten, meist unbewußten, stark verfestigten (Vor-)Urteilen" (Bußmann 1990, S. 735), die stets wiederholt werden und auch gesellschaftlich verankert sind, z. B. „Beamte sind faul" – weitere Beispiele S. 10. Daher erzählt man entsprechende Witze, z. B.:

> *Jemand kommt in das Büro eines Beamten und sagt: „Sie haben aber viele Mücken hier!"* – *„Genau 136", antwortet der Beamte.*

Dieser Witz ist nur verständlich, wenn das negative Vorurteil als bekannt vorausgesetzt werden kann. Positive und negative Sozialerfahrungen liegen Stereopypen zugrunde, die Schank/Schoenthal (1976, S. 78 f.), bezogen auf ein Beratungsgespräch ermitteln. Sie zeigen, mit welchen Mitteln es dem Berater gelingt, die Kundin zu überzeugen, und daß es sich dabei um „zu Formeln erstarrte, im allgemeinen nicht mehr in Frage gestellte Gruppenerfahrungen" handelt, „die ihre Überzeugungskraft in erster Linie ihrer häufigen Verwendung und daher Vertrautheit verdanken. In der Sozialforschung werden diese ‚Formeln' als Stereotype bezeichnet."

Abb. 2.4: Stereotype (Daten aus: Schank/Schoenthal 1976, S. 78)

| | |
|---|---|
| 1 | das ist eine gesunde Reaktion |
| 2 | das gehört sich so für einen jungen Menschen |
| 3 | allzu golden und goldig darf man die Zukunft nicht betrachten |
| 4 | (man soll) ganz bescheiden anfangen |
| 5 | es scheint doch daß das nicht zu ändern ist was über uns hergeht |
| 6 | es wird ein bißchen viel geredet und ein bißchen wenig gearbeitet |
| 7 | die machen ja doch was sie wollen mit uns |
| 8 | ich kenne das Positive im Menschen |
| 9 | trauen soll man ja auch nicht |

In den Ausführungen dazu wird erläutert, daß z. B. die Wendung (2) typisch sei für die Einstellung alter Menschen gegenüber jungen und Wendung (7) typisch für die Haltung von Arbeitern. Diese Stereotype sind das Zeichen für Konflikte, geäußert über Sprache.

Uta Quasthoff versucht unter semantischen Gesichtspunkten eine Klassifikation (Typologie) von Stereotypen, die auf Nationalitäten bezogen sind (1987, S. 794 f.):

Typ 1     „Der Deutsche ist fleißig."
Typ 2     „Amerikaner hält man für wettbewerbsfähig."
Typ 3     „Ich habe den Eindruck, daß Türken nicht an nettem Wohnen interessiert sind."
Typ 4     „Er ist Deutscher, aber er ist nie pünktlich."

*Stereo-*
*typen-* Wie kommt es zur Stereotypenbildung? Welches Gewicht haben dabei prä-
*bildung* natale Prozesse und solche der postnatalen sozialen und lingualen Orientierung? Das pränatal angelegte Grundkonzept der Reizklassifikation und
Selektion im Sinne des neuronalen Darwinismus darf vorausgesetzt werden, ebenso die postnatale Selektion in der Wahrnehmung. Während diese
zunächst auf die gegenständliche Welt der unmittelbaren Umgebung des
Kindes bezogen ist, wird sie bei der Bildung von Stereotypen nun ausgedehnt auf die selektionale Wahrnehmung und Klassifikation der sozialen
Welt. Die Bildung und Verbalisierung von Urteilen über Mitmenschen und
Sachverhalte, die Einstellungen (Haltungen) dazu erfolgen entsprechend
selektiv.

Dazu hat Lilli einige Hypothesen formuliert (Lilli 1982, S. 14):

> (1) Sachverhalte, die das gleiche Orientierungsmerkmal („label") ent-
> halten und daher in die gleiche Klasse fallen, werden untereinander
> ähnlicher gesehen als sie es sind (*Generalisierung*: „die Schwaben
> sind geizig").

> (2) Sachverhalte, die verschiedene „labels" enthalten und daher in ver-
> schiedene Klassen fallen, werden unterschiedlicher gesehen, als sie
> es sind (*Dichotomisierung*).

Generalisierung bedeutet somit Verzerrung. Dies betrifft die Erkennung
und Wiedererkennung von Sprachlichem, von Stimmen, Sprechern, Wörtern. Aber auch die Klassifikation von Sprechern und die Urteilsbildung
über sie erfolgt dadurch, daß die Mitmenschen in eine im Geiste gebildete
oder bereits vorhandene „Schublade" – in ein Schema – eingeordnet werden. Die sozial selektive Wahrnehmung der Umwelt, die z. T. auch auf
Erfahrungswerten (bereits existierenden Schemata) basiert, führt zu sozialen Stereotypen; dies zeigen Witze, die auf Stereotypen basieren, wie der
über den Beamten oder ein anderer über die Schwaben, z. B.:

> Ein schwäbisches Ehepaar fällt in eine Gletscherspalte. Bald nahen Helfer. Ei-
> ner von ihnen ruft nach unten: „Wir sind vom Roten Kreuz." – Da ruft der
> Schwabe zurück: „Wir geben nichts!"

■ *Stereotype* sind generalisierte, daher defektive mentale Kategorien.

■ *Stereotype* sind der Ausdruck sozialer Konflikte mittels Sprache.

Bei einer Generalisierung, z. B. als „idealen Sprecher-Hörer" (N. Chomsky 1969 [1965]), als die ideale Frau oder der ideale Mann, entfallen stets
bestimmte Eigenschaften bzw. Merkmale, so daß das so entstandene Modell unvollständig bzw. defektiv ist.

Gemäß Lilli (1982, S. 7 f.) läßt sich zusammenfassend definieren:

*Stereotype* sind „Bilder in unserem Kopf" als Systeme der Orientierung, Anpassung und Aufrechterhaltung des Selbst.

Stereotype setzen die durch die Schemata vorgegebene Generalisierung der Wirklichkeit fort. Soziologisch und soziolinguistisch gesehen, ist die Bewältigung der Umwelt mittels Stereotypen (nach Bernstein) besonders kennzeichnend für die soziale Unterschicht: „Man tut das nicht!" – als Sozialisationsprinzip, wovon die erste Folge die in der betreffenden Familie herrschende „Sprachlosigkeit" ist und die weitere und zweite Folge davon die des restringierten Kodes.

## 2.1.4 Identität des Sozialen in der Sprache

*Noam Chomsky – Soziale Kontrolle – (Sprach-)Normen – Geltungsgrad – Geltungsbereich – Idiolekt – Integrative Identitätsbildung – Linguo- u. Soziogenese – Kultur*

Normen

*Noam Chomsky* Die Soziolinguistik beschreibt und erklärt die sprachliche Kommunikation in der Gegensätzlichkeit bzw. Komplementarität (als „voneinander abhängige, untrennbare Beziehung") von Identität, Differenz und gegebenenfalls Konflikt. Nach Noam Chomsky (1969 [1965]) erschließt sich das Kind mit Hilfe von angeborenen Hypothesenbildungs- und Hypothesenbewertungsverfahren sowie sprachlichen Universalien („language acquisition device", abgekürzt *LAD*) quasi von alleine die normgerechte Grammatik und damit seine sprachliche *Kompetenz* als ‚allgemeine Sprachfähigkeit' (s. Kap. 5.1.3). Aber diese Theorie ist als Grammatiktheorie konzipiert, weitgehend ohne Rücksicht auf die *Performanz* als ‚Sprachverwendung' und somit ohne Beachtung der sozialen Differenzierung der Sprachteilhaber.

*soziale Kontrolle* Gemäß den stärker soziologisch und psychologisch orientierten Theorien erwirbt das Individuum die in seiner Umwelt gesprochene Sprache u. a. über „Versuch und Irrtum", d. h., es lernt aus seinen Verstößen gegen die in der Umwelt vorgegebenen Normen, wie auch das Beispiel von Abb. 2.1 (Akkomodation einer Regel als Schema) belegt. Die Sprache des Kindes wird korrigiert, u. U. so lange, bis die zunächst kritisierte Sprachform schließlich richtig produziert wird. Das korrigierende Eingreifen der Umwelt wird im weitesten soziologischen Sinne „soziale Kontrolle" genannt.

*Soziale Kontrolle* ist die „Gesamtheit aller sozialen Prozesse u. Strukturen, die abweichendes Verhalten der Mitglieder einer Ges[ellschaft]. oder einer ihrer Teilbereiche verhindern oder einschränken."

Zu dieser Definition vgl. Hartfiel/Hillmann (1982, S. 405 f.). In der Sozio-linguistik läßt sich die soziale Kontrolle auf die Beachtung bzw. Mißachtung von Sprachnormen eingrenzen. Die *positiven* bzw. *negativen Sanktionen* (Belohnungen bzw. Bestrafungen) erfolgen meist über Sprache und sind symbolischer Art (Lob, Rüge). Sprachnormen existieren nur aufgrund ihrer sozialen Bindung, d. h., variiert z. B. die gesellschaftliche Zusammenset-zung oder Normvorstellung, variieren auch die Sprachnormen. Dabei ist allerdings die unterschiedliche Beschaffenheit von Sprachnormen zu berück-sichtigen, je nach Geltungsgrad und Geltungsbereich (s. Abb. 2.5).

*Sprachnormen* sind Maßstäbe für die Gleichförmigkeit und die Bewertung des Sprachverhaltens.

Abb. 2.5: Merkmale von Regeln und Normen

| Geltungsgrad | Geltungsbereich |
|---|---|
| Wie strikt? | Für was? |
| Mit welchen Ausnahmen? | Für wen? |
| Mit welchem Toleranzbereich? | Für welche Varietät? |
| Mit welchen Sanktionen? | Für welche Situation? |

*Gel-*
*tungs-*
*grad*

Der Geltungsgrad läßt sich so erläutern: Keine Regel ohne Ausnahme, aber ... ! Die 1998 in Kraft gesetzte reformierte Orthographie beispiels-weise räumt dem Schreiber begrenzte Toleranzbereiche ein, z. B. in der Fremdwortschreibung oder der Zeichensetzung, die in das Ermessen des Schreibenden gestellt werden. Außerdem sind die negativen Sanktionen bei Nichtbeachtung der neuen Regeln außerhalb von Schule und bestimmten Institutionen gering, da die Akzeptanz der Reform relativ niedrig ist: Die Regeln sind mangelhaft und widersprüchlich formuliert, und es gibt kein verläßliches Wörterbuch für Zweifelsfälle. Werden Regeln von einer Ziel-gruppe nicht allgemein angenommen, so ist ihr Geltungsgrad einge-schränkt, und ernsthafte gesellschaftliche Sanktionen bei Nichtbeachtung sind kaum zu erwarten.

Die zweite, für die Normdefinition wichtige Kategorie ist der *Geltungsbereich*. Angenommen, der *Geltungsbereich* von Regeln und Normen sei die
Standard*aus*sprache des Deutschen, so ist damit das *Was* eindeutig festgelegt und auch, *für wen* sie gilt: für alle, die Standarddeutsch sprechen.

Die Situationen, in denen die Standard*aus*sprache zur Anwendung kommt,
sind eingeschränkt: in erster Linie im öffentlichen Sprachgebrauch, auf der
Bühne, im Rundfunk, aus Anlaß einer Rede – nur bei manchen Personen
fast immer. Ferner ist zu berücksichtigen, daß die deutsche Standardsprache ein Komplex von Varietäten ist, zu denen Varietäten mit regionalen
Besonderheiten der Standard*aus*sprache in Österreich und der Schweiz,
aber auch in manchen deutschen Regionen zählen. Dies schränkt den Geltungsbereich der kodifizierten Standard*aus*sprache ein.

Die Anwendung von Normen in der mündlichen Kommunikation veranschaulichen zwei Beispiele:

### a) Mündliche Kommunikation am Arbeitsplatz

Soziologisch etwas enger definierte Sprecher, z. B. Arbeiter der Farbwerke Hoechst, folgen mehr oder weniger strikt ganz bestimmten kommunikativen Normen, wie sie an dem Arbeitsplatz zweckdienlich sind. Sie benutzen einfache, unkomplizierte Sätze, eventuell fachsprachliche Abkürzungen in einfachen, eventuell rudimentären Dialogen. Ihre Aussprache
trägt regionale Merkmale, Fremdsprachliches einmal ausgeschlossen.

### b) Mündliche Kommunikation in einem hessischen Dorf

Ähnlich richtet sich in einer Dorfgemeinschaft, die den Dialekt pflegt,
jeder Dialektsprecher nach Normen. Es sind die für seinen Dialekt geltenden Normen, gegebenenfalls in Konflikt mit solchen aus anderen Sprachsystemen. Diese Normen sind ebenso wenig kodifiziert wie die unter a), d.
h., sie sind nicht in einem Regelbuch schriftlich festgelegt, und dennoch
gibt es sie, wie auch diejenigen zwischen den Arbeitern der Farbwerke
Hoechst. Sie werden mündlich und stillschweigend von einer den Dialekt
sprechenden Generation zur nächsten Generation weitergegeben. Sie heißen „sprachliche Gebrauchsnormen" oder „usuelle Sprachnormen".

*Usuelle Sprachnormen (Gebrauchsnormen)* sind überlieferte, nichtkodifizierte
Maßstäbe für sprachliche Verhaltensgleichförmigkeit und für Verhaltensbewertung.

*Kodifizierte Normen* – zugleich präskriptive Normen – bestehen hingegen
für Varietäten der Standardsprache sowie – freilich in besonderer Weise –
auch für Terminologien (genormte Fachsprachen).

■ *Kodifizierte Normen* sind in einem Regelbuch schriftlich festgelegte Vorschriften.

Von den in Abb. 2.5 gestellten Fragen zum Geltungsbereich sind erläutert: „Für *was?*", „Für *wen?*", „Für *welche Varietät?*". Zu klären ist noch, für welche Situation die Norm i. e. gilt. Die *Situation* (s. Kap. 1.1.3) ist das Bezugsfeld der Orientierung des handelnden Menschen an Mitmenschen, Dingen, Sachverhalten, Reizen, Werten und Einstellungen in Raum und Zeit. Die Orientierung an Sachverhalten und Werten schließt die Orientierung an den Normen des Rechtssystems ein.

Sprachlich gesehen, ist es wichtig, zur richtigen Zeit am richtigen Ort etwas Richtiges über ein Thema zu äußern; dies ist der Wunsch vieler Redner und Politiker. Ziel ist die Akzeptanz einer Äußerung. Ein Stilbruch erregt Unwillen. Die Kommunikation ist, wie in dem Beispiel der Arbeiter in den Farbwerken Hoechst oder in dem Dorf unabdingbar auf Normen der Sprachhandlung angewiesen. Diese „bestimmen Auswahlen aus allen genannten Normentypen im Hinblick auf spezifische Gebrauchszwecke von Sprache" (Gloy 1975, S. 65). Die geschilderte Situation am Arbeitsplatz gehört ebenso hierhin wie sonstige, alltägliche Situationen des sprachlichen und nichtsprachlichen Handelns: beim Bäcker, Friseur, im Schwimmbad, in der Straßenbahn, auf dem Friedhof, im Theater. Verallgemeinert sind es alle Situationen, die zu dem Erfahrungsbereich des Individuums gehören und in denen normgerechtes Handeln erlernt und praktiziert wird. Für eine erfolgreiche Kommunikation ist die „kommunikative Kompetenz" der Kommunizierenden nötig (ein Begriff von Dell Hymes 1968, Jürgen Habermas 1971, 1981).

■ *Kommunikative Kompetenz* ist die Fähigkeit zur norm- und situationsgerechten Interaktion.


## Idiolekt

*Idio-lekt*   In Verkennung der Tatsache, daß der einzelne nicht mit sich selbst, sondern mit anderen kommuniziert, wird bisweilen die „Sprache des Individuums", der „Idiolekt" postuliert, wenn sprachliche Besonderheiten des Individuums gemeint sind, also z. B. individuelle Abweichungen von Normalformen.

So wird alles, was das Individuum sprachlich hervorbringt, stets als System gesehen: Schon vor de Saussure und ohne bereits die Bezeichnung „Idiolekt" zu verwenden, diskutiert H. Paul (1880) die „Individualsprache" (vgl.

Lieb 1998, S. 13); Hammarström (1980, S. 428) definiert *Idiolekt* als „die Sprache des Individuums". Eine solche Definition ist anfechtbar: Erstens beruht Sprache auf Konvention unter Beteiligung vieler Sprecher, die mittels Sprache soziale Beziehungen eingehen. Diese sind aber zweitens in der gegebenen Definition nicht vorgesehen; das Individuum wird sozial isoliert. Folglich kann *Idiolekt* unter dieser Prämisse nicht als „Sprache", als Sprachsystem, definiert werden. Sind hingegen die sprachlichen Realisierungen im Kommunikationsakt gemeint, die „Parole" also, dann ließe sich die Summe der sprachlichen Realisierungen des Individuums als dessen „Idiom" oder mit der gegebenen Einschränkung auch als dessen „Idiolekt" ausgeben (vgl. die Miszelle von Oksaar 2000).

*Blochs Defi- nition*
Der Terminus *Idiolekt* stammt von Bernard Bloch und wird von diesem wie folgt definiert (Bloch 1948, S. 7):

> „The totality of the possible utterances of one speaker at one time in using a language to interact with one other speaker is an idiolect."

Bloch setzt somit die Sprache voraus, die der Sprecher in einer Interaktion anwendet – und nur diese Sprachverwendung zählt zum Idiolekt. Bloch ergänzt, daß ein Sprecher gleichzeitig oder nacheinander über mehrere Idiolekte verfügen kann – *„Idiolekt"* würde dann heute und in Hallidays Sinn als *Register* zu definieren sein (Def. s. Kap. 1.1.3). Individuelle („idiolektale") Varianten eines Sprachsystems sind Varianten individueller Register.

## Integrative Identitätsbildung

Die Bildung der persönlichen und sprachlichen Identität geschieht über die Ausbalancierung der individuellen Spontaneität bzw. Sprachgestaltung einerseits und den gesellschaftlichen Verhaltenserwartungen anderseits. Dieser Balanceakt zeigt, daß das Handeln des Individuums eine ständige Auseinandersetzung ist mit anderen Individuen und Gruppen der Gesellschaft. Konflikte treten immer dann auf, wenn andere Mitglieder bzw. Gruppen der Gesellschaft von anderen Festlegungen – Schemata, Stereotypen, Normen, Werten usw. – ausgehen als das betreffende Individuum. Allerdings lassen sich sprachlich bedingte Konflikte, z. B. Mißverständnisse, mittels Sprache, z. B. durch Rückfragen, bewältigen.

- Der Weg zur persönlichen Identität heißt *„Impersonalisation"*.

- Der Weg zur sprachlichen Identität heißt *„Linguogenese"*.

- *Impersonalisation* und *Linguogenese* sind eingebettet in die Bildung der sozialen Identität, kurz: in die *Soziogenese*.

Mit der Soziogenese verschmolzen ist der Prozeß der *Enkulturation*. Dieser Begriff umgreift „die Übertragung von Grundverhaltensweisen bzw. von Regulativen für Grundverhaltensweisen in das Individuum, wie z. B. die betreffende Sprache, bestimmte kulturspezifische Emotionen, Gestik, Mimik und Verhalten im Hinblick auf den Kultur-Hintergrund überhaupt ..." (D. Claessens in Bernsdorf 1972, S. 185).

Was erfährt das soziale Wesen als Kultur?

*Kultur*   Der Soziologe Anton Burghardt (1974, S. 147) stellt dazu fest:

> „Die Kultur ist nur dann und so weit eine Wirklichkeit, als sie von Menschen aktualisiert, zumindest aber passiv abgenommen und gespeichert wird. Lediglich der Mensch vermag mittels von ihm kreierter (künstlicher) symbolischer Systeme, wie Sprache und Riten, die jeweils einen bestimmten Bedeutungsgehalt haben, Kultur zu entwerfen, ihre Muster systematisch als Geschichte zu speichern, angemessen verständlich weiterzugeben und zu erlernen."

*Kultur* „ist die relativ koordinierte Gesamtheit der von Generation zu Generation tradierten und orientierend wirkenden Denk- und Verhaltensmuster eines sozialen Systems" (Burghardt 1974, 146).

Zur Wortgeschichte und zu weiteren Definitionen s. Kap. 7.1.1. Wenn sich in einem Teilbereich der Gesellschaft „besondere Wert- und Normstrukturen und besondere kognitive Deutungsmuster und Ausdrucksformen herausbilden", so ergeben sich „ > Teilkulturen < in allen sozialen Schichten, in Stadt und Land, in verschiedenen Berufsgruppen usw." (Bahrdt 2000, S. 93). Wo spezielle „Ausdrucksformen, Deutungsmuster, Wertvorstellungen und Normen" in solchen Teilkulturen auftreten, weil „ihre Träger sich zur Abschirmung, Abwehr oder sogar zur Opposition gezwungen sehen", spricht Bahrdt von *„Subkulturen"*. Diese haben eine besondere sprachliche und nichtsprachliche Symbolik (s. Teil 3). Sie gehören, wie Abb. 1.13 veranschaulicht, in den Mesobereich, wo auch andere, vergleichbare „soziale Milieus" angesiedelt sind – Pop-, Disko-, Drogen- und andere „Szenensprachen", aber auch Arbeitersprache und „hedonistisches Milieu" (vgl. Geißler 1996, S. 79 ff.).

Zusammenfassend läßt sich feststellen: Für den Menschen typisch ist die selektive Wahrnehmung der Umwelt, die Bildung von Kategorien als kognitive Schemata und als soziale Stereotypen, wobei letztere auf der Selektion sozialer Merkmale mit Folgen für die Sprache beruhen. Selbst die Entstehung von Normen basiert auf Selektion. Sprachnormen ergeben sich daraus, daß bestimmte Varianten, auch potentielle, gegebenenfalls Varietäten, bevorzugt gebraucht und andere – bei usuellen Normen unbewußt – abgelehnt werden. Selektion auf Grund von Systemzwang, wie er im

Strukturalismus gesehen wird, kann hier nicht verfolgt werden.

Impersonalisation und Linguogenese, eingebettet in die Bildung der sozialen Identität, kurz: in die Soziogenese, sowie die Enkulturation sind Wege der individuellen Identitätsbildung.

## Literatur (Auswahl)

Edelman 1995 – Edelman/Tononi 1998 – Gloy 1975 – Lilli 1982 – Mummendey/Simon 1997 – Piaget 1972b – Quasthoff 1987 – Ramge 1975 – Veith 1980

## Kontrollfragen (Antworten in Kapitel 8, S. 223)

2.1.01   Wie wird im Alltag „Identität" bestimmt?
2.1.02   Definieren Sie „sprachliche Identität".
2.1.03   Welche Fähigkeiten erwirbt man im symbolischen Interaktionismus?
2.1.04   Definieren Sie „soziale Rolle"; geben Sie Beispiele.
2.1.05   Definieren Sie „soziale Position"; geben Sie Beispiele.
2.1.06   Definieren Sie „sozialer Rang".
2.1.07   Nennen Sie die Phasen der Identitätsbildung nach Mead.
2.1.08   Nennen Sie die Prozesse a) der sozialen, b) der sprachlichen Identitätsbildung.
2.1.09   Klären Sie den Begriff „Umwelt".
2.1.10   Was ist ein Schema?
2.1.11   Erläutern Sie a) Assimilation, b) Akkomodation.
2.1.12   Erläutern Sie den Begriff des neuronalen Darwinismus.
2.1.13   Welche Folgen hat der neuronale Informationsaustausch für die postnatale Kommunikation?
2.1.14   Definieren Sie „Wahrnehmung".
2.1.15   Definieren Sie „Stereotyp"; geben Sie Beispiele.
2.1.16   Geben Sie die Herkunft des Begriffs „Stereotyp" an?
2.1.17   Wie kommt es zur Bildung von Stereotypen?
2.1.18   Definieren Sie „Sprachnormen".
2.1.19   Was sind „usuelle Sprachnormen"?
2.1.20   Definieren Sie „kodifizierte Normen".
2.1.21   Definieren Sie „soziale Kontrolle".
2.1.22   Was ist ein „Idiolekt"? Übersetzen Sie Blochs Definition.
2.1.23   Was versteht man unter „Impersonalisation"?
2.1.24   Definieren Sie „Linguogenese".
2.1.25   Definieren Sie „Soziogenese".
2.1.26   Was versteht man unter „Kultur"?
2.1.27   Was ist „Enkulturation"?

## 2.2   Kindheit und Sprache

### 2.2.1 Sprachentwicklung und Sprachverwendung (als Modell)

*Markovas Modell zu Sprachentwicklung und -verwendung – Stufen von 0 bis 7;0 und 7;0 bis 60;0*

**Markovas Modell**

Der Überblick in dem Modell von Abb. 2.6 beruht auf einer Studie aus der russischen Wygotski-Schule und kann nicht unbesehen übernommen werden. Es fehlen Details zur Sprache nach 17;0. Die Datierung der sieben Stufen wäre, auf deutsche Verhältnisse übertragen, zu modifizieren. Die ersten fünf Stufen könnten zusammengefaßt werden als „kindliche Kommunikation"; ihnen ist die Unfertigkeit und der andauernde Prozeß der Identitätsbildung gemeinsam. Als Synopse ist diese Übersicht aber trotz der Einwände brauchbar.

*Sprach-liche Ent-wick-lung* Die von Markova bei 7.0 angesetzte Grenze ist vermutlich nicht ohne Bewandtnis, denn nach Piaget gilt als sicher, daß „erst nach dem 7. oder 8. Lebensjahr von einem wirklichen Verstehen unter Kindern" gesprochen werden kann (Piaget 1972a, S. 157), also dem anschaulichen Denken konkrete logische Funktionen des Denkens an die Seite treten. Den sieben Stufen werden vier, davon drei im engeren Sinne sprachbezogene Parameter zugeordnet, dargestellt als Spalten: a) die allgemeine kommunikative Tätigkeit, b) die sprachliche Tätigkeit, c) die Sprachfunktion und d) die sprachlichen Mittel.

In der Spalte a) wird die emotionale und – schon anfänglich – soziale Kommunikation der Kleinkinder behandelt, und es folgen die kommunikativen Tätigkeiten auf den weiteren Stufen in globaler Charakteristik. Die Ablösung der Sprache von der unmittelbaren Bindung an die Situation im Alter von 4.5 bis 5.0 (Spalte b) muß besonders beachtet werden, da diese Fähigkeit kennzeichnend ist für die elaborierte Kommunikation, in der imaginäre Situationen sprachlich hergestellt werden. Im Erwachsenenalter ist der Erwerb von Bedeutungen selektiv; deren Verarbeitung ist auf individuelle Erfahrungen gestützt. Bezüglich der Spalte „Sprachfunktion" ist zu beachten, daß das Individuum stets abhängig ist von seiner es formenden Umwelt.

## Abb. 2.6: Stufen der Sprachentwicklung und –verwendung
(n. Markova 1973, aus: Lewandowski 1978, S. 170 f., leicht modif.)

| Stufe | a) Art der allgemeinen kommunikativen Tätigkeit | b) Art der sprachlichen Tätigkeit | c) Sprach-funktion | d) Sprachliche Mittel |
|---|---|---|---|---|
| Kleinkindalter 0-1.0 | emotionale und soziale Kommunikation | emotionaler und sozialer Kontakt Bedürfnisausdruck Benennung von Gegenständen | a) kommunikative b) indikative c) nominative Sprachfunktion | Schreien Lallen Silbenkonturen von Wörtern |
| Frühes Vorschulalter 1.0-3.0 | konkret-operative bzw. gegenständliche Tätigkeit Entfaltung von Kommunikation und Kontakt | (2.0) Bedeutungserwerb Bedeutungskommunikation in Kooperation mit Erwachsenen Fragen, Wortschatz-erweiterung | frühe verallgemeinernde Sprachfunktion Ansätze zu signifikativer Sprachfunktion | Silben- und Lautstruktur des Wortes bei Rezeption und Produktion (Silbenzahl, Betonung) Kombination von Wörtern (Sätze), Situative dialogische Sprache |
| Vorschulalter 3.0-7.0 (variiert: -6.0 in Deutschland, z. T. -5.0 in Frankreich) | Spieltätigkeit (soziale) Rollenspiele nach 'Regeln' Potentielles Bewußtwerden | sozialer Kontakt mit differenzierter sprachlicher Reaktion Ablösung von unmittelbarer Bindung an die Situation (4.5-5.0) Instruktionen für andere Interiorisierung | Fremdregulation bzw. Appellation Selbstregulation: Planen einzelner sprachlicher Handlungen ('verbale Planungsstrategien') | monologische kontextgebundene (egozentrische) Sprache innere Sprache Elaboration situativ-dialogischer Sprache Lautstruktur d. Wortes wird beim Lesenlernen bewußt |
| Frühes Schulalter 7.0-10.0 | Lerntätigkeit intensive Kommunikation mit Gleichaltrigen Bewußtwerden | (7.0-8.0) Erwerb, Verarbeitung und Umstrukturierung von Bedeutungen persönlicher Ausdruck | Intensivierung der Instruktionsfunktion mit der regulativen Sprachfunktion | lautliche, lexikalische, grammatische Formen, grammatische Strukturen als Gegenstand bewußter Aufmerksamkeit Schriftsprache |
| Mittleres Schulalter 10.0-15.0 | kommunikative Tätigkeit mit motivationaler Berufsorientierung | differenziertes sprachliches Handeln. Bewußter bzw. willkürlicher Gebrauch sprachlicher Mittel | sozial vermittelte Selbstregulation zukunftsorientierte Selbstregulation | Elaboration mündlicher und schriftlicher Sprachmittel funktionale Stile Individualstil |
| Höheres Schul- bzw. frühes Jugendalter 15.0-17.0 | Lern- und Berufstätigkeit | verallgemeinernde Erarbeitung neuer Bedeutungen | perspektivische Selbstregulation | mündliche und schriftliche 'Sprachkultur' |
| Spätes Jugend-alter – Reife 17.0-60.0 | berufliche und soziale Tätigkeit | selektiver Erwerb von Bedeutungen und kreative Verarbeitung Darstellung individueller Erfahrungen | | Mittel öffentlicher Rede und schriftlicher Publikation Fach- und Sachprosa |

## 2.2.2 Sprache und Umwelt in der Frühphase

*Konvergenz – Clara u. William Stern – Passiver und aktiver Wortschatz – „baby talk" als Register*

### Konvergenz

Die Einwirkung der Umwelt ist im positiven Sinne die Störung eines potentiellen Ruhezustandes, allerdings ein unabdingbarer Normalfall im Prozeß der individuellen Identitätsbildung. Das Kind lernt. Es muß die Unterschiede zwischen den anfänglichen Lautäußerungen, den sich daraus entwickelnden Sprachformen und der Sprache in der Umwelt erkennen; diese muß es im Sinne der erörterten Assimilation bzw. Akkomodation (vgl. S. 35) bewältigen.

*Clara u. William Stern*

Ein solches Zusammenwirken heißt nach C. u. W. Stern ([1907, 4. Aufl. 1928] 1975, S. 129) *Konvergenz*:

> „Wir haben hier also den Begriff der »Konvergenz« anzuwenden: nur in dem ständigen Zusammenwirken der inneren, zum Sprechen drängenden Anlagen und der äußeren Gegebenheit der Umweltsprache, die jenen Anlagen Angriffspunkt und Material zu ihrer Realisierung bietet, kommt der kindliche Spracherwerb zustande."

*Konvergenz* ist das Zusammenwirken der inneren, zum Sprechen drängenden Anlagen und der äußeren Gegebenheit der Umweltsprache.

Die von dem Ehepaar Stern vorausgesetzten (Erb-)Anlagen werden auf ihre Ursachen hin noch nicht untersucht – Watzlawicks Feststellung, daß der Mensch nicht *nicht* kommunizieren könne, fällt ja erst mehr als ein halbes Jahrhundert später. Jedoch werden diese Anlagen auf ihre Zielrichtung und Tätigkeit des Kindes hin beschrieben: 1.) die rein expressive Tätigkeit des Kleinstkindes, die sich zunächst in Schreien, Jauchzen, Lallen äußert in Verbindung mit Arm- und Beinbewegungen; 2.) die soziale Zielrichtung, der ein „Kontaktdrang" zugrunde liegt und auf Personen gerichtet ist, denen gegenüber Zu- oder Abneigung, Bitten, Wünsche, Aufforderungen u. v. a. m. zum Ausdruck gebracht wird; 3.) später die intentionale Tätigkeit, „in einem gewissen Stadium seiner geistigen Reifung" (C. u. W. Stern 1975, S. 126). Hier werden Denkleistungen vollzogen. Man vergleiche die ähnliche Auffassung von Markova (Abb. 2.6).

### Passiver und aktiver Wortschatz

Die Sprachentwicklung erfolgt in den ersten Jahren mit großer Geschwindigkeit, was sich eindrucksvoll am Erwerb des Wortschatzes zeigen läßt (Rothweiler in Meibauer/Rothweiler (Hgg.) 1999, S. 252 f.):

> „Nach einer ersten Phase im Erwerb von Wörtern, in der Kinder alle zwei bis drei Tage ein neues Wort in ihr Lexikon aufnehmen, setzt mit 18 bis 24 Monaten ein Wortschatzspurt ein, und es werden fünf bis zehn Wörter am Tag erworben. Mit fünf bis sechs Jahren verstehen Kinder etwa 9.000 (Templin 1957) bis 14.000 Wörter (Carey 1978) und können 3.000 bis 5.000 Wörter aktiv produzieren (s. dazu Bates et al. 1994)."

■ Der *passive Wortschatz* (Verstehen) eines fünf- bis sechsjährigen Kindes umfaßt zwischen 9.000 und 14.000 Wörtern.

■ Der *aktive Wortschatz* (Verwenden) eines fünf- bis sechsjährigen Kindes umfaßt zwischen 3.000 und 5.000 Wörtern.

„baby talk"

Die Abb. 2.6 läßt die Entwicklung der Kindersprache vom anfänglichen Lallen, Gurren und Schreien über die Einwortsätze hin zu den Zwei- und Mehrwortsätzen im Alter von ca. 2 Jahren erkennen. Die Einwortsätze haben alle jene pragmatischen Funktionen, deren das Kind sich in diesem Alter bedienen kann, *Mama* kann z. B. bedeuten: ‚Mama komm zu mir', ‚Mama, ich habe Hunger', ‚Mama, tätschele mich' usw.

*„baby talk"* In der Phase der Zwei- und Mehrwortsätze benutzen die Eltern häufig ein spezielles sprachliches „Register", das „baby talk", „motherese" oder – mit Bausinger (1984, S. 60 ff.) – „Tantensprache" genannt wird. Der Begriff des sprachlichen Registers stammt von Halliday (s. z. B. Halliday 1978, S. 33). Dabei handelt es sich um etwas Temporäres, Prozeßhaftes im Gegensatz zu dem *habituellen Sprechen* (das wäre nach Halliday: Sprechen „im Dialekt"); s. die Definition in Kap. 1.1.3 und Abb. 1.12, 1.13.

Das Register „baby talk" zeichnet sich aus durch temporäre, mündliche Sprachhandlungen („mode"). Die Präsentationsform („style") ist die der Vereinfachung (u. a. in Form eines einfachen Satzbaus), des Gefühlsausdrucks, der Verdeutlichung („langsames klares Sprechen"), der häufigen Wiederholungen und Korrekturen, denn die Äußerungen des Kindes müssen sich erst noch grammatikalisch entwickeln.

Spezielle Wörter und Wendungen, wie etwa in einer Sondersprache, sind mit „baby talk" nicht gemeint. Hingegen sind die häusliche Situation, die familiären Bande, die Aktivitäten des Kindes in seinem unmittelbaren Umfeld von Bedeutung. „Die (‚nichtgrammatikalische') Äußerung *Bubi Ball?* wird von Vater oder Mutter z. B. bestätigend mit *Ja, das ist Bubis Ball* beantwortet" (Dijkstra/Kempen 1993, S. 97 f.; vgl. Kegel 1987, S. 197 f.), so daß das Register „baby talk" den Spracherwerbsprozeß des Kindes positiv beeinflußt. Jedenfalls wird in Familien, in denen diese Art von Kommunikation praktiziert wird, überhaupt kommuniziert, und dies ist eine der wichtigsten Voraussetzungen für einen normgerechten Spracherwerb des Kleinkindes.

### 2.2.3    Handlungsorientierte Identitätsbildung

*Soziales und linguales Netzwerk – Perspektive des anderen – Selbstkor-*
*rekturen*

## Soziales und linguales Netzwerk

*Soziale*
*Umwelt*
*als*
*Netz-*
*werk*
Die soziale und linguale Umwelt des Kleinkindes besteht im Regelfall aus
familialen Bezugspersonen mit Interaktionen zwischen Mutter (bzw. Vater)
und Kind; im weiteren Umkreis mit den Großeltern und eventuell Ge-
schwistern. Unbekannte Erwachsene und Kinder treten in das Gesichtsfeld
des Kleinkindes ein.

**Abb. 2.7: Dimensionen der sozialen Welt des Kindes**
(aus: Schmidt-Denter 1996, S. 21, n. Lewis/Feiring 1979)

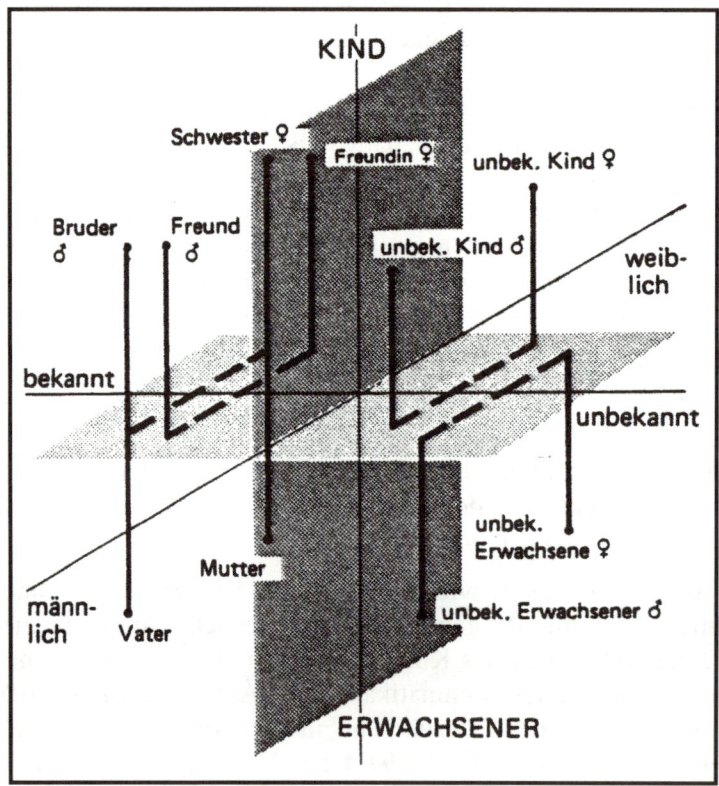

Die kindliche Sozialwelt kann dreidimensional dargestellt werden: (1) *Al-*
*ter:* Kind – Erwachsener, (2) *Bekanntheitsgrad:* bekannt – unbekannt, (3)
*Geschlecht:* männlich – weiblich. Die ersten beiden Parameter sind konti-

nuierlich, der dritte ist dichotom. Entsprechend dreidimensional ist das Diagramm in Abb. 2.7, das ein Teilsystem der sozialen Umwelt darstellt. Es wird auch als *soziales Netzwerk* bezeichnet.

Ein *soziales Netzwerk* besteht aus „Personen, Funktionen und Ereignissen" (Schmidt-Denter 1996, S. 20).

Unter soziologischen Gesichtspunkten sind die Funktionen des Netzwerks der Schutz und die Pflege des (Klein-)Kindes, die mutuelle emotionale Zuwendung der Eltern, insbesondere der Mutter, und Großeltern, spielerische Aktivitäten und ein Forschungs- und Lernverhalten seitens des Kindes, verbunden mit sozialer Kontrolle seitens der Erwachsenen. Diese Funktionen sind an soziale Einzelbeziehungen in größeren gesellschaftlichen Zusammenhängen geknüpft. So ergibt sich im Sinne von Dorothea Jansen (1999, S. 36 ff.) folgende Netzwerkdefinition:

*Soziale Netzwerke* sind netzartige Verknüpfungen von sozialen Einzelbeziehungen in gesellschaftlichen Zusammenhängen.

Abb. 2.8: Fiktives Netzwerk der Kommunikation von 6 Kindern

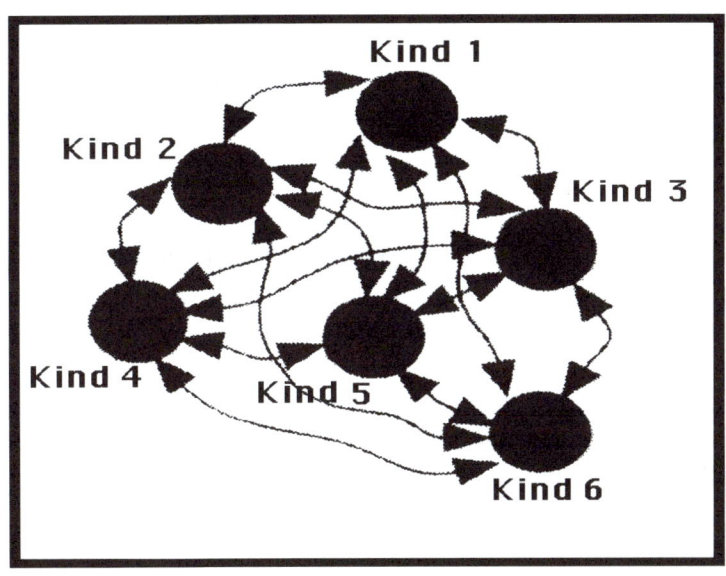

Das in Abb. 2.8 dargestellte Netzwerk ist nach dem Physiker John Hopfield benannt (vgl. Spitzer 1996, S. 184); jedes Element ist mit jedem anderen verbunden, aber nicht mit sich selbst. Es entspricht den Verfahren der Soziometrie im Sinne Morenos, bei denen man „die innerhalb von Gruppen bestehenden Präferenzen der Gruppenmitglieder ermittelt, vereinfacht: Wer wen mag oder nicht mag, wer mit wem spielen bzw. nicht spielen möchte usw." (Bellebaum 1980, S. 171); man ergänze: Zu ermitteln ist, wer mit wem wie intensiv und worüber kommuniziert.

*Soziale Beziehungen* sind das Geflecht des interaktiven, sozialen Mit- und Gegeneinander von Individuen bzw. Gruppen.

Diese *sozialen Beziehungen* sind gleichzeitig linguale Beziehungen.

*Linguale Netzwerke* sind netzartige Verknüpfungen von lingualen Einzelbeziehungen in gesellschaftlichen Zusammenhängen.

*Linguale Beziehungen* sind das Geflecht des interaktiven, lingualen Mit- und Gegeneinander von Individuen bzw. Gruppen.

### Perspektive des anderen

*Selbst-korrek-turen*

Die Sprachbeziehungen sind im Rahmen der Identitätsbildung des Kindes als symbolische Übernahmen von sozialen Rollen zu sehen, verbunden mit einem Sich-Hinein-Versetzen in die Perspektive des anderen, wofür Ramge (1976, S. 105 ff.) Selbstkorrekturen in den Äußerungen des Kindes als Indikator heranzieht. Dabei vergleicht er die Tagesprotokolle in drei Lebensabschnitten seines Sohnes Peter im Alter von: A = 2;2 – B = 2;8 – C = 3;2 (Konvention seit C. und W. Stern: Jahresangabe vor und Monatsangabe nach dem Semikolon). Es wird differenziert nach der (1) phonologischen (lautlichen), (2) syntaktischen, (3) lexikalisch-semantischen Komponente und (4) der kommunikativen Explikation.

Das Fazit von Ramge lautet (1976, S. 112 f.), daß aus den Selbstkorrekturen auch ein zunehmendes Normbewußtsein erkennbar wird, verbunden mit einer „Selbstlernfähigkeit" des Kindes, und daß

> „dieser Aspekt der Selbstlernaktivität sozial vermittelt ist: Indem die Eltern das Kind korrigieren, indem sie sich auch selbst korrigieren, vermitteln sie dem Kind den Mechanismus, mithilfe dessen es seine eigenen Äußerungen und Sprechansätze revidieren kann. Indem das Kind die Fähigkeit zur symbolischen Rollenübernahme erwirbt, bekommen die Selbstkorrekturen auch eine Funktion im Interaktionsprozeß: Sie stellen eine Strategie dar, sich mit dem Anderen über die Gültigkeit und Verbindlichkeit der eigenen intendierten Äußerung ins Benehmen zu setzen und seine Hörererwartung zu antizipieren."

## 2.2.4 Instanzen im frühen Spracherwerb

*Die Familie als Instanz – Die Schule als sozialer Einschnitt – Sprach-*
*barrieren – Retardation in der Sprachentwicklung – Familienmilieu,*
*fehlende kulturelle Werte, Erziehungsverhalten*

### Die Familie als Instanz

*Eltern-*
*aus*
*nd*
*chule*

Wie Ramges Beispiel zeigt, hat die Familie als erste Instanz der Vermittlung sozialer und lingualer Beziehungen eine zunächst elementare
Bedeutung für die Sprachentwicklung insgesamt. Hier findet die primäre
Sozialisation statt. Hier wird entschieden, welche Erstsprache dem Kind
beigebracht werden soll, was angesichts des Multilingualismus nicht unerheblich ist (vgl. Kap. 7.2). Im Rahmen des Frankfurter Projekts
„Elternhaus und Schule" sind Familien ausgewählt worden, die Schwierigkeiten in der Sozialisation ihrer Kinder haben. Die von Karen Martens
(1974) untersuchte Familie besteht aus den Eltern, beide von Beruf Finanz-
inspektoren mit Mittlerer Reife, dem dreijährigen Sohn Klaus und dem
fünfeinhalbjährigen Problemkind Wolfgang.

Abb. 2.9: Schema einer sprachlichen Eltern-Kind-Interaktion
(n. Martens 1974)

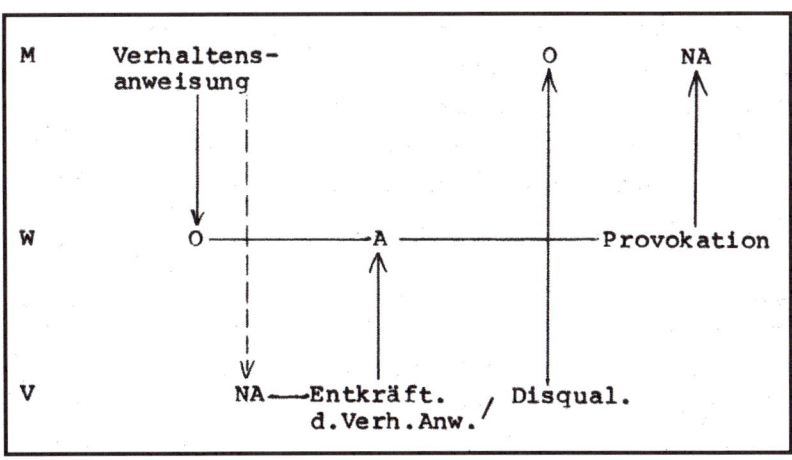

M = Mutter, V = Vater, W = Wolfgang (5 1/2 J.), A = Akzeptanz, NA = Nichtak-
zeptanz, 0 = Desinteresse

In der untersuchten Familie besteht eine sogenannte „Double-Bind"-Situation, auf deutsch: *Doppelbindung*, d. h.:

1.) Die primären Bezugspersonen (M = Mutter, V = Vater) treten als unvereinbare Gegner des Kindes in Erscheinung und nicht im Sinne einer partnerschaftlichen Harmonisierung der Sozialisationsanforderungen der Mutter und des Vaters gegenüber den u. U. davon abweichenden Bedürfnissen des Kindes.

2.) Die Erwartungen werden zwar versprachlicht, aber sie können nicht miteinander vereinbart werden, so daß das Kind mit Widersprüchlichkeiten fertig werden muß. Daher reagiert es provokativ, was auch nicht akzeptiert wird.

■ *Doppelbindungen* sind paradoxe, weil widersprüchliche Kommunikationsbedingungen.

■ *Doppelbindungen* hemmen die Sprachentwicklung (s. Delhees 1994, S. 323).

## Kommunikation und Sozialisation

Die Phase der Sprache in der frühen Kindheit ist somit gekennzeichnet durch Interaktionen des Kindes mit den Eltern als unmittelbaren Bezugspersonen und sehr bald auch mit Erwachsenen und Kindern, gleichaltrigen und älteren, wie von Ramge charakterisiert (vgl. Abb. 2.7). So verdichten sich das soziale Netz, die Kommunikationsintensität und damit das linguale Netz.

Nach Fend (1972) sind die „>sozialisierenden< Gruppen und Institutionen" (1) die Familie, (2) die Schule, (3) die Altersgruppe („Peer group"). Zu ergänzen ist, daß die Sozialisation nicht nur im soziologischen, sondern auch und gerade im linguistischen Sinne erfolgt. Dazu Ursula Weber (1982, S. 17 ff.):

■ *Die Familie* ist die primäre Sozialisationsinstanz; sie vermittelt die ersten Grundlagen der sozialen und sprachlichen Fähigkeiten des Kindes.

■ *„In der Familie* befindet sich das Kind in einer ständigen Lernsituation, die vom innerfamiliären Sprachverhalten bestimmt ist."

■ „In der Familie findet die [erste (W. H. V.)] Vermittlung des geltenden Normensystems statt".

■ *Die nicht selbst erfahrene Realität* nimmt das Kind durch die sprachliche Interaktion in der Familie *vermittelt* wahr.

■ Die *Fortsetzung der Sozialisation in der Schule* muß auf den familial vermittelten Realitätsinterpretationen und auf den dort erworbenen sozialen und lingualen Handlungsmustern aufbauen.

## Die Schule als sozialer Einschnitt

Wenn das Kind 6 (evtl. 5) Jahre alt ist, erlebt es mit dem Eintritt in die Institution *Schule* eine große soziale Veränderung. Nun lernt es, mit der Lehrperson und vor allem mit Gleichaltrigen intensiv zu kommunizieren. Neue Bedeutungen werden vermittelt, andere modifiziert. Sprache wird nun zum Gegenstand bewußter Aufmerksamkeit. Insbesondere das Schreiben und Lesen sind Lerngegenstände, und das Verhältnis von Gesprochenem zu Geschriebenem rückt in ein besonderes Licht. Auch die Differenzierung nach sprachlichen Varietäten und Sprachvarianten wird dem Kind bewußt. Im mittleren Schulalter von 10 bis 15 (16) Jahren und darüber hinaus (vgl. Augst (u. a.) 1986) erwirbt das Kind differenzierte schriftliche und mündliche Sprachmittel, insbesondere auch differenzierte Strategien der Sprachverwendung.

Das Individuum führt in der neuen Welt einen Mehr-Fronten-Kampf. Dieser betrifft a) die Repräsentanten der Institution *Schule*, b) das Elternhaus (Eltern, Geschwister, evtl. Großeltern usf.) sowie c) die Klassenkameraden als Sekundärgruppe. Damit können soziale, aber auch sprachliche Schwierigkeiten verbunden sein. In der Schule macht das Kind neue Situationserfahrungen, die zu einer Modifikation und Erweiterung seines Sprachverhaltens führen. Hat das Kind nicht die Fähigkeit, alte und neue Situationserfahrungen zu verbinden, zu generalisieren und auf unbekannte Situationen anzuwenden, so kommt es zu Sprachbarrieren. Zum sprachlichen Versagen in der Schule s. Kap. 4.2.

## Sprachbarrieren

*Eine Sprachbarriere* ist die Unfähigkeit, soziale Situationen sprachlich zu meistern.

Die Sprachbarrieren haben vielerlei Ursachen, z. B.

- physiologische, wenn Laute nicht artikuliert bzw. gehört werden können (Stammeln, Stummheit, Taubheit u. dgl.); ferner, wenn jemand nicht schreiben bzw. lesen kann (Amputation der Hände, Blindheit)

- psychopysische, z. B. bei Artikulationshemmungen (Stottern), Mutismus (Stummheit bei vorhandener Fähigkeit zu sprechen)

- psychopathologische, z. B. wegen Verlusts der Sprachfähigkeit aufgrund eines Unfalls oder einer Erkrankung (Aphasie mit der Folge des Agrammatismus, der Alexie u. dgl.)

- linguistische, z. B. bei fehlender Kompetenz bezüglich des Wissens über ein Sachgebiet oder bezüglich einer Fremdsprache

- soziolinguistische, z. B. bei widriger Sozio- und Linguogenese; diese Gründe sind hier von besonderem Interesse.

### Retardation in der Sprachentwicklung

*gene-tisch, senso-risch be-ding-te Stö-rungen*

Die Sprachentwicklung kann gestört bzw. retardiert („zeitlich verzögert") sein. Die zuerst genannten Ursachen von Sprachbarrieren werden von Knura (in Knura/Neumann 1982, S. 14) spezifiziert: Die genetisch bzw. sensorisch bedingte Störung hat viele Erscheinungsformen, z. B. als Störung „der sprachlichen Grundkräfte infolge einer Geistesschwäche", „der Sprachfähig-keit (= Sprachaufbaustörungen)" wie „Hörstummheit", „Seelentaubheit", „Taubstummheit und hochgradige Schwerhörigkeit"; „Störungen der Sprachgestaltung (= Sprech- und Redestörung)" wie Stimm-, Hör- und Lese-, Sprech- und Schreibstörungen, Legasthenie, Agrammatismus sowie Sprachverlust („Aphasie", wenn bedingt durch Hirnschäden). Sprachstörun-gen können auch durch das Ausbleiben oder die Verzögerung des auf das statische System bezogenen Spracherwerbs bedingt sein, ebenso durch die Hemmung des Transfers auf den interpersonellen Kommunikationsprozeß einschließlich der Sprechhemmungen (Stottern), und im gelindesten Fall handelt es sich um physisch bedingte Störungen der Artikulation, z. B. der *S*-Laute (Sigmatismus, Stammeln). Dies zu untersuchen, ist Aufgabe u. a. der Patho- und Neurolinguistik.

*soziale Ur-sachen*

Soziolinguistisch von Bedeutung sind hingegen die sozialen Ursachen für eine sprachliche Retardation. Die Wurzeln liegen in der Familie. Schon lange vor Bernstein (engl. Soziologe, geb. 1924), der seit etwa 1956 ent-sprechend tätig wird (vgl. Bernstein 1972, 1975), hat Hildegard Hetzer auf einen Zusammenhang von retardierter Sprachentwicklung des Kindes und Armut der Familie hingewiesen (Hetzer 1929). Sie hat Unterschiede zwi-schen Kindern aus ärmlichen und aus wohlhabenden Familien, die man später soziologisch als Unter- bzw. Mittelschichtfamilien klassifiziert hät-te, festgestellt, besonders bei deren

- *intellektuellen Leistungen*
- kindlichem *Spielverhalten*
- *Interessen*
- *Sprachentwicklung.*

Die Analyse zeigt eine Verzögerung in der Wortschatzentwicklung bei Kindern aus ärmlichen im Vergleich zu solchen aus wohlhabenden Famili-en: Im Alter von 1;6 Jahren beherrschen die untersuchten Kinder aus ärmlichen Familien 4 (vier), die aus wohlhabenden Familien 91 Wörter, und im Alter von 2;0 haben die Kinder aus ärmlichen Familien 27 Wörter erworben, diejenigen aus wohlhabenden hingegen bereits 260. Armut darf aber aus heutiger Sicht nicht als die Ursache der Retardation gelten, sondern sie ist nur eines der Charakteristika von Familien, aus denen Kinder mit retardierter Sprachentwicklung stammen (vgl. Edwards 1979, S. 3 ff., 19 ff.).

### Familienmilieu, fehlende kulturelle Werte, Erziehungsverhalten

Maßgebend ist das gesamte Familienmilieu, das heißt u. a. auch die Kinderzahl, Lärm und Streit, schlechte Ernährung, fehlende Behaglichkeit und Geborgenheit. Ebenso können negative Markierungen der kulturellen Werte entscheidend sein: keine Bücher, keine schöngeistige Literatur, keine Lehr- u. Lernmaterialien, keine formale Erziehung, keine Anreize zu kultureller Betätigung. Ebenso von Bedeutung ist das Erziehungsverhalten der Eltern, z. B. ob sie die Neugier der Kinder befriedigen, ihre Fragen beantworten, Probleme versprachlichen und durch Kommunikation steuernd einwirken.

*Negatives Familienmilieu*, fehlende kulturelle Werte und kommunikationsfeindliches Erziehungsverhalten können die sprachliche Retardation verursachen.

Abb. 2.10: Soziale Bedingungen der kindlichen Retardation

| Familienmilieu | Kulturelle Werte | Erziehungsverhalten |
|---|---|---|
| – Armut | – keine Bücher | – Neugier d. Kinder wird |
| – vielköpfige Familie | – keine schöngeistige | kaum befriedigt |
| – lärmend | Literatur | – Fragen d. Kinder wer- |
| – Streit | – keine Lehr- u. Lern- | den kaum beantwortet |
| – schlechte Ernährung | materialien | – Versprachlichung von |
| – Krankheit | – keine formale Erziehung | Problemen fehlt |
| – häusliche Unbehaglich- | – keine Anreize zu kultu- | – steuernde Kommunika- |
| keit | reller Betätigung | tion fehlt weitgehend |
| – u. a. | – u. a. | – u. a. |

*Spirale der Retardation*

Eine Folge dieser komplexen Zusammenhänge ist eine Spirale der Retardation. Zunächst ist die Ausbildung von Fähigkeiten des Kindes retardiert, die an die Wahrnehmung und Abstraktion der Umwelt sowie an die Begriffsentwicklung gebunden sind. Daraus ergibt sich eine Retardierung in der Sprachentwicklung. Dies wiederum führt, wie alles Abweichende und wie jede Behinderung, zu sozialer Ausgrenzung und Benachteiligung. Abweichungen von einem als normal geltenden Sprachverhalten werden stigmatisiert, d. h. von der Umwelt als negativ angesehen. Wer sich sprachlich schlecht oder gar nicht äußern kann, genießt nicht die Macht, die mit Sprache verbunden ist, und auch nicht die entsprechenden gesellschaftlichen Privilegien. Sprachlich retardierte Kinder müssen um einen berufstauglichen Schulabschluß fürchten.

Aus der Perspektive der Kritik an der Defizithypothese (s. Kap. 4.2) fügt Edwards (1979, S. 29) hinzu: Benachteiligte Kinder seien nicht in erster Linie deshalb benachteiligt, weil sie etwa kognitive Defizite hätten, sondern weil bestimmte Aspekte ihres Verhaltens, ihrer Einstellungen u. ä. von der Mittelschichtgesellschaft, für welche die Schule repräsentativ sei, als defizitär abgestempelt würden. Wörtlich: „Es scheint klar zu sein, daß die Benachteiligung ein Produkt der Umwelt ist." Somit ändert sich für ihn die Blickrichtung: Er meint, nicht die Defizite, die aus der Sicht der an der sozialen Mittelschicht orientierten Schule vorliegen, müßten behoben werden, sondern die sozialen Vorurteile seien zu brechen.


## Literatur (Auswahl)

Edwards 1979 – Jansen 1999 – Lewandowski 1978 – Martens 1974 – Meibauer/Rothweiler (Hgg.) 1999 – Piaget 1972a/b – Ramge 1976 – Schmidt-Denter 1996 – Spitzer 1996 – Stern 1975


## Kontrollfragen (Antworten in Kapitel 8, S. 226)

2.2.01    Wie gliedern Markova und Lewandowski die Stufen der Sprachentwicklung ?

2.2.02    Wovon ist die Linguogenese stets abhängig?

2.2.03    Was ist Konvergenz?

2.2.04    Wie groß ist der passive Wortschatz eines fünf- bis sechsjährigen Kindes?

2.2.05    Wie groß ist der aktive Wortschatz eines fünf- bis sechsjährigen Kindes?

2.2.06    Welche pragmatische Funktion haben die Einwortsätze?

2.2.07    Charakterisieren Sie das Register „baby talk".

2.2.08    Was sind „soziale Netzwerke"?

2.2.09    Was sind „linguale Netzwerke"?

2.2.10    Definieren Sie „soziale Beziehungen".

2.2.11    Definieren Sie „linguale Beziehungen".

2.2.12    Welche Funktion haben *Selbstkorrekturen*?

2.2.13    Erläutern Sie die Bedeutung der *Familie als Instanz* der Sprachbildung.

2.2.14    Welche Bedeutung hat die Schule in der Sprachentwicklung?

2.2.15    Was ist eine „Sprachbarriere"?

2.2.16    Zu welchen Problemen kann sprachliche Retardation führen?

# 3 Soziolinguale Ausgrenzung

## 3.1 Schüler und Jugendliche

### 3.1.1 Gruppenbildung und Sprache

*Gruppenbildung – Peer-Gruppe – Schülerjargon, Jugendjargon – Geheimsprachen*

Gruppenbildung

Der Schüler steht in einem multiplen Konflikt, der durch unterschiedliche Interessensphären zustande kommt:

- die Eigeninteressen, die z. B. auf Freizeit, familiäre Harmonie, leibliches, gegebenenfalls sexuelles Wohlbefinden gerichtet sein können;
- die Lehrpersonen, deren Interessen vor allem auf die Vermittlung von Lehrstoff gerichtet sind; sie wollen das Kind zu entsprechenden Tätigkeiten zwingen; Disziplinierung in der Schule;
- die Interessen der Eltern an der Schulbildung und der schulischen Beaufsichtigung des Kindes;
- die Interessen der Klassenkameradinnen bzw. –kameraden, die a) auf Spiel und Freizeit und b) gegen Lehrer und Eltern gerichtet sein können.

Peer-Gruppe Gegen jemanden und gegen etwas gerichtet zu sein, führt zur Solidarität mit anderen, welche das gleiche Ziel verfolgen, z. B. als Abgrenzung gegenüber den Eltern und dem Lehrpersonal. Die Schulklasse wird so zur „Peer-Gruppe". Diese bietet die Möglichkeit, den im Elternhaus erzeugten psychischen Druck abzubauen, als Ventil gegenüber dem Konformitätsdruck in der Primärgruppe *Familie*, der ersetzt wird durch den Konformitätsdruck in der sekundären Peer-Gruppe als „Gruppe von »Gleichen«" (zu engl. *peer* aus afrz. *peer* (980), *per* (1050), dieses zu lat. *par, paris* ‚gleich' – Le Robert 1998, S. 2525). Die Peer-Gruppe dient der sozialen Orientierung und Kontrolle beim Übergang von der familiengeprägten Kindheit zum vollen Erwachsensein. „Sie hilft Jugendlichen, ihre Identitätsprobleme auf die Gruppe zu projizieren und über die Identifikation mit Werten oder Personen der Gruppe eine Ich-Identität zu entwickeln" (Henne 1986, S. 204).

Die *soziale Gruppe* besteht aus Personen, „die regelmäßig miteinander in Beziehung treten und in diesen Beziehungen gemeinsame Ziele zu realisieren suchen" (Reimann (u. a.) 1991, S. 248).

Die *Peer-Gruppe* besteht aus etwa gleichaltrigen Jugendlichen, deren Symbolorganisation die Gruppenidentität und -kohäsion begründet.

Die *Symbole einer Peer-Gruppe* können je nachdem nichtsprachlicher und sprachlicher Natur sein.

Als nichtsprachliche Symbole fungieren Lederkluft und Kettenschmuck der Rokker; „Bovver Boots" und „Löcher-Look", Irokesen-Haarschnitt, lila-grün gefärbte Haare und Glatze von Punks bzw. Skinheads. Hess-Lüttich (1983, S. 26 u. 34) erkennt darin „Abzeichen" der sich sprachlich durch eigene Stile bzw. eine „Antisprache" ausgrenzenden Subkultur. Bausinger (1984, S. 124) weist auf den Begriff der „Kontrakultur" und analog der „Kontrasprachen" hin, gebunden an Gruppen, „die sich in wesentlichen Wertauffassungen und Verhaltensnormen gegen die sonst allgemein in der Gesellschaft anerkannte Ordnung stellen" und dadurch ausgrenzen.

### Schülerjargon, Jugendjargon

Das „Wir-Gefühl", d. h. das Gefühl der Gruppenzugehörigkeit, äußert sich in erster Linie über sprachliche Symbole, welche die Gruppenmitglieder von den Nicht-Mitgliedern unterscheiden. Daraus ergeben sich Sondersprachen, die dazu dienen, Gruppenmitglieder als solche auszuweisen, und die gekennzeichnet sind durch: a) eine besondere Aktivität der Gruppenmitglieder einschließlich der Objekte, auf die sich die Aktivität richtet; b) besondere Wörter und Wendungen (vgl. Abb. 1.12).

*Jargon und Geheimsprachen*

Zu den Sondersprachen gehört der Jargon, im 18. Jahrhundert aus dem Französischen in der Bedeutung ‚unverständliches Gerede' entlehnt (vgl. Pfeifer 1989, S. 758). Er dient, situationsabhängig, der meist emotionalen Kommunikation in Gruppen, die sich durch eine starke Gruppenkohäsion auszeichnen („Abwehr nach außen, Kohäsion nach innen", Bausinger 1971, S. 53); vgl. die Definition S. 28: Jargon als situationsabhängige Sprachform … mit saloppem Stil, emotionalen Wörtern und Wendungen. Der Jargon der Schüler besteht entsprechend a) aus einem Sonderwortschatz, der institutionell und auf die Gruppe hin (gruppenintern) orientiert ist, aber auch b) aus besonderen stilistischen Präsentationsformen, vor allem „Sprüchen" – das sind Wendungen bzw. Redensarten (Paraphrasen), die auch von Jugendlichen, die nicht mehr zur Schule gehen, gebraucht werden (s. S. 66).

Die von Bausinger (1984, S. 124) erwähnten „Geheimsprachen" der Schüler haben in erster Linie die Funktion einer „Kontrasprache" und sind insgesamt von nur peripherer Bedeutung, wie z. B. die B-Sprache, in der nach Vokal ein b eingefügt und der Vokal wiederholt wird, z. B. Deber Abaltebe ibist doboof in der Bedeutung ‚Der Alte ist doof'. Hierher gehört auch die „Hühnersprache" (Derherdefer Alhaldefal tehedefe … ‚Der Alte …') , die dem *Verlan* entspricht, dem beliebtesten französischen „Schülerargot", bei dem die Wörter umgekehrt gesprochen werden (Calvet in Moreau (Hg.) 1997, S. 290 f.); in Frankreich auch das „Javanais" und in angelsächsichen Ländern das „Pig Latin". So drückt sich das Spiel mit der Sprache aus. Zu dem anders intendierten Rotwelsch als Sprache der Fahrenden, Händler und Gauner vgl. Kapitel 3.2.

Auf einer vergleichbaren Ebene stehen Sprachspiele als Modeerscheinungen aus der Musikszene: Die heutigen Texte der „Rap-Kultur" und des „Hip-hop" (vgl. Loh/Verlan 2000) sind auch ein Spiel mit der Sprache, weil Abkürzungen wie ADAC, BBC, BMW, GEW u. dgl. in den Protestsongs, zu deren Rhythmen man tanzt, eine reimende und z. T. hypnotische Funktion haben. Diese relativ spracharme Betätigung ist soziolinguistisch nur deshalb interessant, weil sie in einen gemeinsamen Aktionsrahmen junger Leute, besonders der Vorstadtjugend, eingebettet ist und somit in ein Aggregat der gemeinsamen Sprachlosigkeit – gleich, welche Sprache benutzt wird.

### 3.1.2 Sprachliche Merkmale

*Sonderwortschatz der Schüler – „Sprüche" (Phraseologismen) – Metaphern im Sprachregister – Ein vierdimensionales Modell*

a) Sonderwortschatz

Abb. 3.1: Häufige Schülerwörter mit institutioneller Orientierung
(nach Angaben von Henne 1986, S. 161 ff.)

| Bezeichnungen | Bedeutung |
|---|---|
| Direx, Chef, Obermacker, Boß, Big Brother, Rex | Direktor |
| Pauker, Spießer, Sklaventreiber, Leerkörper | Lehrer |
| Schleimi, Anfänger, Langweiler, Refi, Depp | Referendar |
| die Kleinen, Pansen, Zwerge, Babies, Pimpfe | neue Schüler |
| Weiber, Schlampen, Tussis, Frauen, Girls | die Mädchen |
| Typen, Kerle, (Milch-)Bubis, geile Böcke | die Jungen |
| Streber, Schleimer, Primus, Genie, Könner | der beste Schüler |
| Penne, Gefängnis, Bunker, Bau, Paukerhöhle | Schule |
| Giftblatt/-zettel, (Noten-)Lappen, Hexenblatt | Zeugnis |
| Schummelzettel, Spickzettel, Spicker | unerl. Vorlage |
| Schwalbe, Flieger, Jäger, Falter | Papierflugzeug |
| klemmen, schwänzen, blau machen, (ab-)drücken | unerlaubt fehlen |

Der Schülerwortschatz ist zweifach orientiert: institutionell (die Schule als Institution, Abb. 3.1) und gruppenintern (die Schüler einer Klasse als Gruppe). Letzteres drückt sich vor allem in Attributen für Mitschüler und deren Verhalten, z. B. gegenüber der Lehrerschaft, aus, z. B. *petzen, Streber, Mekel, Sabbel* und Koseformen wie *Babsi, Gissi, Olli.* Einige dieser Wörter gehen sprachhistorisch weit zurück, z. B. *Pauker* aus mhd. *pûken* ,schlagen', seit dem 18. Jh. für den Lehrer; oder *Penne* (und das veraltete Wort *Pennäler,* zu mlat. *pennale* ,Federbüchse' und *penna* ,Feder'), seit der Mitte des 19. Jhs. (vgl. Pfeifer 1989, S. 1244 u. 1249).

Die Bezeichnungen in Abb. 3.1 sind nach Häufigkeit geordnet, gemäß den Angaben von 99 Jungen und Mädchen aus je zwei Klassen der Jahrgänge 8 und 11 einer Braunschweiger Schule, aufgelistet in Henne (1986).

b) „Sprüche"

Bereits Wilhelm Grimm notierte sich „Sprüche und eigentümliche Redensarten des Volkes", manche Darstellungen gehen von einer „Sprüchekultur" aus (Henne 1986, S. 115 ff.). Was die Schüler und Jugendlichen formulieren, sind – linguistisch gesehen – Phraseologismen.

*Phraseologismen* sind feststehende Formulierungen mit übertragener Bedeutung.

*Phra-*
*seo-*
*logis-*
*men*

Sie sind vielfach sprachliche Stereotypen. Das Adjektiv *stereotyp* in der Bedeutung ,feststehend, unveränderlich, ständig wiederkehrend, in der Form erstarrt, leer' und das Substantiv sind in Kap. 2.1.3 erläutert, u. a. als generalisierte, daher defektive mentale Kategorien, als „Bilder in unserem Kopf" zur Orientierung und als Ausdruck sozialer Konflikte mittels Sprache, z. B. „Er ist Deutscher, aber er ist nie pünktlich."

Abb. 3.2: „Sprüche" (Phraseologismen)
(nach Angaben von Henne 1986, S. 118 ff.)

| „Spruch" | Bedeutung |
|---|---|
| Ich glaub, mein Hamster bohrt. | „Wenn ich etwas verrückt/doof finde." |
| Ich glaub, mich knutscht ein Elch. | Verwunderung, Überraschung |
| Ich glaub, meine Oma geht mit Ziwis. | etwas Unmögliches |
| Ich glaub, ich steh im Wald. | Ärger, Überraschung |
| Alles Chicago. | Nichts verstanden |
| Ich kann a hessisch babble. | Drohung |
| Geh nach Bagdad Schnee schippen. | „Wenn jemand Unsinn spricht." |
| Mein Holzbein kriegt Äste. | „Wenn man entzückt ist." |
| Jetzt geht's rund, sprach der Specht und flog in den Ventilator. | Verblüffung, Freude |

Nach Henne (1986) werden solche Phraseologismen bei jeder Gelegenheit, aber meist innerhalb der eigenen Gruppe und seltener gegenüber Fremden, vielfältig eingesetzt, u. a. um:

- abzuwehren (*„Jeder hat ein Recht auf Arbeitslosigkeit. "*)
- andere zu ärgern oder ihnen zu drohen (*„Ich kann a hessisch babble. "*)
- andere zu akzeptieren (*„Der hat es ja voll drauf. "*)
- Gefühle wie Freude, Überraschung, Entsetzen auszudrücken (*„Ich glaub, s'hackert. "*)
- sich zu profilieren und komisch zu sein (*„Hallo Petra! Wie fliegt die Sau so bei Dir, hoch oder tief? "*).

Diese Beispiele belegen situativ orientierte Kommentare als Register. Sie sind nicht im Sinne der Soziologie die „meist unbewußten, stark verfestigten (Vor-) Urteile", durch die Mitmenschen in eine im Geiste gebildete oder bereits vorhandene „Schublade" – in ein Schema – gesteckt werden, sondern der Ausdruck der Gruppenzugehörigkeit. Dafür dient die Sprache als Symbol. Wie die anderen – auch die nur vermuteten – Gruppenmitglieder sprechen, so will sich auch der bzw. die einzelne verhalten. Die Kommunikationspraxis der Jugendlichen verfolgt sowohl das Ziel der Ausgrenzung gegenüber den Erwachsenen als auch das Spiel mit der Sprache und die Lust an der Originalität. So ließen sich viele, auf den Alltag bezogene „Sprüche" hinzufügen, z. B. (s. Ehmann 1992a, S. 20 ff.):

- *Lieber arm dran als Arm ab.*
- *Lieber 'ne Flasche in der Hand als im Bett.*
- *Da fiel ihm ein Ei aus der Hose.*
- *Keine Panik, alles ganz easy.*
- *Ich muß mir dringend ein paar Kohlen ergeiern.*
- *Der Bulle wollte mich plomben, aber ich bin ja voll fit.*
- *Ich laß dir auf jeden Fall 'nen geilen Gruß rüberwachsen.*

## Metaphern im Sprachregister

„Die Jugendsprache lebt zu einem großen Teil von sprachlichen Bildern. Der Religionslehrer wird als >blecherner Heiland< abgetan … ein fester Freund als >Scheich< …" (David 1987, S. 34). Weitere Beispiele von David (aus der Zeit ca. 1960-1980): Träne ‚langweiliger Junge', Schnecke ‚langweiliges Mädchen', Kotelettlokomotive ‚dicke Frau', Schnitzelranch ‚Art Restaurant', jammern ‚Geige spielen', angraben ‚flirten', satt ‚eindrucksvoll', schaurig, unheimlich ‚sehr'.

Typisch für den Jargon Jugendlicher ist der Gebrauch von Bildern, unter denen die Metaphern als Stilmittel besonders hervorstechen. Die Begründung dafür ist das Experiment mit der Sprache und die Ausgrenzung durch Sprache.

Sprach-
register

Die Register der Jugendlichen sind vielfältig, von Henne (1986, S. 208 ff.) so zusammengefaßt:

- eigenwillige Grüße, Anreden und Partnerbezeichnungen
- griffige Namen- und Spruchwelten
- flotte Redensarten und stereotype Floskeln
- metaphorische (,übertragene'), zumeist hyperbolische (,vergrößernde') Sprechweisen
- Repliken mit Entzückungs- und Verdammungswörtern
- Lautwörterkommunikation (Onomatopoetika)
- Prosodische (die Lautstruktur betreffende) Sprachspielereien
- Lautkürzungen und Lautschwächungen
- Neuwort (z. B. *Mucke*), Neubedeutung (z. B. *ätzend*), Neubildung (z. B. *Pazi* für ,Pazifist', *O-Saft* ,Orangensaft', *Wisch* für *Papierwisch* ,Zeugnis', $H_2O$-*K.O.P.F.* für ,Wasserkopf').

Henne (1986) unterscheidet vier Dimensionen der „Jugendsprache": je eine funktionelle, strukturelle, pragmatische und varietätenspezifische Dimension. Abgrenzung – Identifikation – Identität, ausgedrückt in Sprache, sind die Grundfunktionen und dienen der „Sprachprofilierung".

### 3.1.3  Gibt es die „Jugendsprache"?

*Der Begriff „Jugendsprache" – Anglizismen in den Jugendszenen – ey – „Sprachwechsel" – Arealität der Jugendjargons*

**Der Begriff „Jugendsprache"**

Die in Abb. 3.2 dargestellten Phraseologismen und viele andere dieser Art sind für den Jargon der Jugendlichen schlechthin typisch, wenngleich die Häufigkeit des Gebrauchs nicht überbetont werden darf; in Jugendzeitschriften wie *Bravo* treten sie nur sporadisch und in ganz bestimmten Sparten auf (vgl. Schlobinski (u. a.) 1993, S. 34 f.). Die Ersetzung standardsprachlicher Bezeichnungen durch andere Wörter und Wendungen betrifft theoretisch alle Ebenen. Beispielsweise kommt die Partikel *sehr* kaum vor, statt dessen: *ätzend, echt (geil, stark), unheimlich (cool), irrsinnig (froh), total (abgefuckt), voll (nüchtern), tierisch (wehtun)* u. a. (Hess-Lüttich 1983, S. 33). Aber die Jugendlichen beschränken sich nicht auf Phrasen und lexikalische Besonderheiten. Es gibt Kommunikationsrituale, Beschimpfungen, und Frotzeln, „Joking Relationships" (vgl. Augenstein 1998, S. 89 ff., u. Henne 1986, S. 207 ff., Jakob 1988).

Außerdem ist zu konstatieren: „Der subkulturelle Wortschatz nährt sich meist aus den terminologischen Beständen mehrerer >Szenen< zugleich;

Begriffe der Musikszene (wie *Drive, Riff, Take*) und der Musiktechnik (*Phase-Shifter, Wah-wah, Vibrator*), der Drogenszene (*grooven, hot, Acid, Dope, Speed, Shit, H, stoned, straight, abfahren, antörnen, abfliegen*), der Alpha-Szene [der Spiritisten und Okkultisten] (*good/bad vibrations, Holly Thorn, mystical scene, celtic twilight*) oder der Ökoszene …" (s. Hess-Lüttich 1983, S. 31 ff.).

Die meisten der Lexeme in der Sprache Jugendlicher entstammen dem Englischen, viele sind bisher nicht in einem Lexikon aufgeführt („nicht kodifiziert"), und z. T. flüchtiger Natur. In der sehr umfassenden Untersuchung der Deutschen Jugendsprache von Androutsopoulos (1998) werden solche Fremdwörter nach Wortarten und Sachgruppen dargestellt. Abb. 3.3 bezieht sich nur auf Substantive. Im einzelnen wird angegeben, wie sich 388 Jargonismen auf die acht Sachgruppen verteilen. Man erkennt, daß die Musikszene in der Datensammlung (dem Korpus) von Androutsopoulos mehr als ein Drittel der Anglizismen stellt.

Abb. 3.3.: Anglizismen in den Jugendszenen: Substantive
in acht Sachgruppen (aus: Androutsopoulos 1998, S. 551)

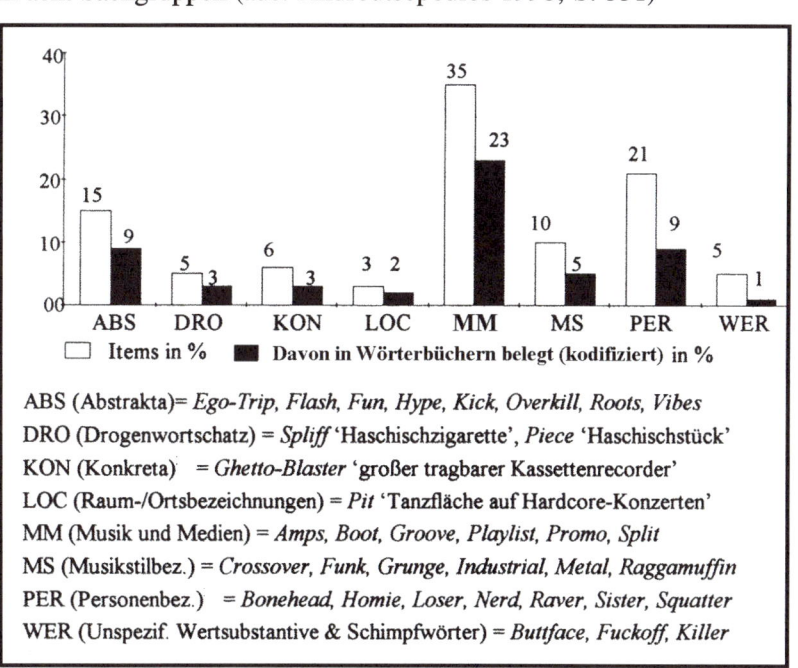

ABS (Abstrakta)= *Ego-Trip, Flash, Fun, Hype, Kick, Overkill, Roots, Vibes*
DRO (Drogenwortschatz) = *Spliff* 'Haschischzigarette', *Piece* 'Haschischstück'
KON (Konkreta)   = *Ghetto-Blaster* 'großer tragbarer Kassettenrecorder'
LOC (Raum-/Ortsbezeichnungen) = *Pit* 'Tanzfläche auf Hardcore-Konzerten'
MM (Musik und Medien) = *Amps, Boot, Groove, Playlist, Promo, Split*
MS (Musikstilbez.) = *Crossover, Funk, Grunge, Industrial, Metal, Raggamuffin*
PER (Personenbez.)   = *Bonehead, Homie, Loser, Nerd, Raver, Sister, Squatter*
WER (Unspezif. Wertsubstantive & Schimpfwörter) = *Buttface, Fuckoff, Killer*

Die Frage ist, ob von Jugendsprache schlechthin die Rede sein kann: „Es gibt so viele *Jugendsprachen* wie es Jugendgruppen und Situationen gibt … oder anders ausgedrückt: Der Vielzahl gruppenspezifischer und individueller Lebensstile entspricht eine ebenso große Zahl unterschiedlicher Sprechstile" (Schlobinski (u. a.) 1993, S. 93). Jugendliche Sprechweisen sind von der jeweiligen Gruppenstruktur und den Situationen abhängig, in denen kommuniziert wird. Wenn die Schüler und Jugendlichen unter sich sind, in erweiterter Privatsphäre, sind Jargons wahrscheinlicher als in der Kommunikation mit soziologisch anders einzustufenden Personen und auch vielfach anders als in der Öffentlichkeit (vgl. Schlobinski (u. a.) 1993, S. 175 ff.).

## ey

In die so apostrophierte erweiterte Privatsphäre der Kommunikation gehört die Partikel *ey*, der Schlobinski ((u. a.), 1993, S. 134-144) ein Unterkapitel ihres Buches widmen. In dem von ihnen zu Grunde gelegten Korpus ist die Partikel relativ häufig und eine junge Erscheinung, wie ein Vergleich mit Korpora zur Sprache älterer Sprecher zeigt. Sie hat aus der Sicht der Sprecher „Signalcharakter" zum Zeichen der Gruppenzugehörigkeit. Pragmatisch gesehen hat sie vier Funktionen: 1.) Bekräftigung, z. B. nach einem Kraftausdruck: scheiße *ey*; 2.) Erhaschen von Aufmerksamkeit, z. B. bei der Einleitung von Sprechhandlungen: *ey* da sitz ich; 3.) Kommentierung: ich muß so lachen, *ey*, ich konnt nich mehr; 4.) Rückversicherung: is doch gar nicht so schlecht *ey* (Beispiele aus Schlobinski (u. a.), 1993, S. 135 ff).

## Sprachprofilierung

Das Experimentieren mit der Sprache führt zur Veränderung von Äußerungen in der zugrunde liegende Standardsprache ebenso wie solche in dem bereits bestehenden Gruppenjargon, m. a. W. zur „Sprachprofilierung" der Gruppenmitglieder (Henne 1986, S. 123):

> *Mögen täten wir schon wollen, aber haben dürfen wir uns nicht getraut.*
> *Odder nett, odder doch?! Otter net, otter doch?!*

Ähnlich äußern sich Schlobinski ((u. a.) 1993, S. 211 f.), wonach der spielerische Umgang mit der Sprache „ein Erproben der sozialen und diskursiven Kompetenz" ist.

Die Art der Jugendlichen zu sprechen wird „im konkreten Kontext eigentlich nicht erwartet" und daher als „markiert" bezeichnet. Diese „Marker" bilden, wenn sie regelmäßig auftreten, nach der Ansicht von Augenstein (1998, S. 20 ff.) den *Sprechstil* einer Gruppe. Er deckt sich mit den hier bereits charakterisierten Kommunikationstypen *Jargon* und *Register* (s. Kap. 1.2).

„Jugendsprache" gibt es daher (so auch Henne 1986, S. 208 u. 211) nur in Anführungszeichen mit Gemeinsamkeiten, die gruppenübergreifend sind, aber „Jugendsprache" zerfällt auch „in zahllose ,Teilsprachen‘".

## Arealität des Jugendjargons

Im Gegensatz zu manch konventionalisierter Sondersprache besteht für die meisten Jargons eine areale Differenzierung sowohl der Lexik als auch der Phraseologismen.

*Areal differenzierte* Sprache heißt: „unterschiedlich im Sprachraum".

Abb. 3.4: Arealität des Jugendjargons: ‚schnell wegrennen'
(nach Beispielen von Ehmann 1992b, S. 156)

| Hamburg | *wegschiffen, abdampfen, losschippern, abdüsen* (u. v. a.) |
|---|---|
| Berlin | *die Socken qualmen lassen, sich wegkieken, wegmeiern* |
| Ruhrgebiet | *sich wegklinken, wehklickern* |
| Leipzig | *fürzeln, rumwuseln, die Hufe wetzen, fetzen* |
| München | *einen Abgang machen, abzischen, abjetten* |
| Bayer. Alpen | *wegbrettern, abbuttern, pretsch'n, fickl'n* |
| Wien | *abpaschen, sich in die Schuach haun, sich abseilen* |
| Bern | *d'Finke chlopfe, sich nach Mekka putzen, abdechle* |

Die Arealität belegen empirische Untersuchungen von H. Ehmann (1992b) auf Grund von Befragungen Jugendlicher (s. Abb. 3.4). Die Arealität ist für die Jargons der unterschiedlichen Szenen, z. B. der Drogen-Szenen, lange vorher vermutet worden. Insofern besteht eine Parallele zu den Umgangssprachen, aber auch zu den traditionellen Fachsprachen und deren arealer Differenzierung. Die Beispiele von Abb. 3.4 könnten genauso gut als umgangssprachlich eingeschätzt werden.

## 3.1.4. Einige Jargons

*Sonderwortschatz der Drogen-Szenen – Disko-Deutsch – Jugendjargon und Presse - „smiley" - SMS*

### Sonderwortschatz der Drogen-Szenen

Soziolinguistisch nicht ganz so peripher wie die „Geheimsprache" der Schüler ist der Sonderwortschatz der Drogen-Szenen, denn dieser dient tatsächlich der Kommunikation, unabhängig von der Anzahl derjenigen, die sich dieses Wortschatzes bedienen. Die soziale Ausgrenzung der Drogenabhängigen gegen die Gesamtgesellschaft, aber auch gegen Jugendliche außerhalb der Szene, manifestiert sich deutlich in ihren Wörtern und Wendungen. Da die Sprachträger einer z. T. verbotenen Tätigkeit nachgehen, hat deren Sprache Züge einer Geheimsprache. Die Differenzierung in viele Drogen-Szenen mit lokaler Bindung und folglich die areale Sprachdifferenzierung sind besonders evident. Die meisten Lexeme sind Entlehnungen aus dem Englischen und anderen Fremdsprachen oder Lehnübersetzungen der Quellwörter.

Einige Beispiele, zumeist aus Harfst 1986, belegen dies: *antörnen* ‚in gehobene Stimmung versetzen‘ (engl. *to turn on*), *ausschießen*, bis zum körperlichen Ruin Opiate zu sich nehmen‘ (engl. *to shoot out*), *Gras* ‚Marihuana‘ (engl. *grass*), *Junkee* ‚Konsument von >Junk<, d. h. Opiaten‘, *kiffen* (arab.-amerikan.) ‚Haschisch oder Marihuana rauchen‘, *Piece N.* ‚etwas (ein Stück) Haschisch‘, *Puscher* ‚jemand, der Opiate in Verkehr setzt‘, *Schnee* (zu *snow*) ‚weißes Pulver, meist Heroin, Kokain‘, *Shit* ‚Haschisch‘.

Der *Sonderwortschatz der Drogen-Szenen* orientiert sich vor allem an englischen Quellwörtern.

Die ständige Angst vor der Polizei – der Rauschgiftbesitz ist illegal – und das gemeinsame Erleben von „Trips“ (das sind ‚illusionäre >Reisen< im Drogenrausch‘) führen zu einer Stärkung des Solidaritätsgefühls und des gemeinsamen Sonderwortschatzes.

### Disko-Deutsch

Die an die Musik-Szenen geknüpfte Sondersprache ist jugendtypisch. Überregionale Zeitungen wie die F.A.Z. und *Die Zeit* haben einst die über Töchter und Söhne leicht zugängliche Sondersprache der jugendlichen Diskothekengänger in ihren Feuilletonspalten aufs Korn genommen. Solche Presseartikel suggerieren allerdings, daß Jugendliche immer so und nur so sprechen. Unberücksichtigt bleibt das in der Kommunikationspraxis erfolgende Wechseln zwischen mehreren sprachlichen Varietäten. Trotz solcher Einwände wird hier ein Beispiel aus der F.A.Z. (4. 1. 1979) gegeben (zit. nach Hess-Lüttich 1983, S. 30), aber mit Zeilennumerierung versehen. Der Originaltext ist erheblich länger. Die auftretenden Wörter und Wendungen sind in Abb. 3.5 unterstrichen und in Abb. 3.5‘ kurz erklärt. Was in solchen Pressetexten nicht zum Ausdruck kommt, aber unabdingbar zu dem

Jargon gehört (vgl. die Definition in Kap. 1.2.4 u. Abb. 1.12), ist die Situation, in der kommuniziert wird. Jargons sind ohne Situation und Milieu nicht denkbar.

Abb. 3.5: Disko-Deutsch

1) Als ich neulich mit Peter <u>in die City</u> <u>drückte</u>, <u>macht</u> der <u>mich</u> <u>unheimlich an</u> aufs Tilbury.

2) Na, schon <u>bohren</u> wir <u>dahin</u>, obwohl ich eigentlich <u>auf Lollipop stand</u>.

3) Ich <u>Chaot</u> hatte <u>keine Matte</u> mit, weil ich meinen <u>Kaftan</u> vergessen hatte, und sagte zu Peter, er solle mal <u>ausklinken</u>.

4) In dem <u>Schuppen</u> <u>zogen</u> <u>ein paar People</u> schon eine <u>heiße Show</u> <u>ab</u>.

5) Wir machten eine kurze <u>Fleischbeschauung</u> und Peter machte sich sofort daran, <u>eine riesige Tussi</u> <u>anzugraben</u>.

6) Die war <u>echt einsam</u>, aber ich <u>hatte</u> einfach <u>keinen Schlag bei</u> ihr.

Abb. 3.5‘: Wörter und Wendungen im „Disko-Deutsch" von Abb. 3.5

1) <u>in die City</u> ‚in die Innenstadt‘, <u>drückte</u> ‚ging‘, jmdn. <u>anmachen auf</u> ‚jmdn. animieren, etw. zu tun‘, <u>unheimlich</u> ‚sehr‘, <u>Tilbury</u> [eine Diskothek].

2) <u>dahin bohren</u> ‚sich dahin wenden‘, <u>stehen auf</u> ‚ganz für etwas sein‘, <u>Lollipop</u> eine Diskothek, eigentlich ‚Dauerlutscher‘.

3) <u>Chaot</u> ‚Unordentlicher‘, <u>keine Matte</u> ‚keine Börse‘, <u>Kaftan</u> ‚Mantel‘, <u>ausklinken</u> ‚bezahlen‘.

4) <u>Schuppen</u> ‚Lokal‘, <u>abziehen</u> ‚präsentieren‘, <u>eine heiße Show abziehen</u> ‚sichtbar aktiv sein‘, ‚für Stimmung sorgen, <u>ein paar People</u> ‚einige (aus der Szene)‘

5) <u>Fleischbeschauung</u> ‚Sondierung nach dem Aussehen der Anwesenden‘, <u>eine riesige Tussi</u> ‚eine herausragende weibliche Person‘, <u>angraben</u> ‚Kontakt suchen (mit erotischem Hintergedanken)‘.

6) <u>echt</u> ‚sehr‘, ‚wirklich‘, <u>echt einsam</u> ‚einmalig‘, <u>ich hatte keinen Schlag bei ihr</u> ‚sie sprach nicht auf mich an‘.

*smiley* – eine neue „Sondersprache" im Internet

Die Sprachträger dieser an das neue Medium gebundenen Kommunikationsform sind jugendliche E-Mail- und Internet-Benutzer.

Abb. 3.6: Nachrichten in *smiley*
(übersetzt aus der Zeitschrift *m* Nr. 18, 1999, Auswahl)

| Kodierung | Mitteilung |
|---|---|
| : - ) | Ich bin zufrieden. |
| : - p | Ich bin belustigt. |
| : - o | Ich bin erstaunt. |
| : - ) ) | Ich bin sehr zufrieden. |
| : - x | Großes Küßchen! |
| = ) : | Du änderst deine Meinung wie dein Hemd! |
| @ > - - - > - - - | Eine Rose für Sie/Dich! |
| C = } > * { ) ) | Ich habe getrunken, um alles zu vergessen … Wiederhole mir deinen Namen! |

Diese „Sondersprache" ist kommunikativ, entspricht der jugendlichen Phantasie und Experimentierfreudigkeit (vgl. Schlobinski (u. a.) 1993, zit. in Kap. 3.2.3). Das „Alphabet" besteht aus 23 Zeichen, nämlich:

$$( ) \{ \} < > / \mid \backslash * - = : ; 8 9 @ p o x C D I$$

Damit lassen sich, wie in Abb. 3.6 gezeigt, Mitteilungen enkodieren; diese werden besser lesbar, wenn man die Seite um 90° nach rechts dreht.

*SMS*  Dieser oder ein vergleichbarer Code wird auch z. B. von Handy-Nutzern für Kurzmitteilungen verwendet, die *SMS* (‚Short Message Service') heißen und auch mit Buchstaben kombiniert werden können (vgl. Späth 2001):

- WZTSD?:-@ Bedeutung: ‚WO ZUM TEUFEL STECKST DU?'
- KO15MISPÄ;-) Bedeutung:‚KOMME 15 MINUTEN SPÄTER'

:-@ bedeutet ‚ich bin böse', ;-) bedeutet ‚*smile* mit Augenzwinkern'. Informationen, die in der direkten mündlichen Kommunikation der Mimik (nonlingual) oder der Stimmlage (paralingual) entnommen werden können (vgl. Abb. 1.8), werden mit Hilfe dieses Codes alphabetisiert.

Das so Dargestellte besteht aus Piktogrammen und ist insofern vergleichbar mit Bildinformationen in Flughäfen oder U-Bahn-Stationen. Jedoch unterliegt die Verstehbarkeit von *smiley* der Konvention durch die Benutzer.

■ *Piktogramme* sind bildliche Abstraktionen der Wirklichkeit zur Informationsvermittlung.

Das soziolinguistische Problem, das mit *smiley* oder SMS als medialer Sondersprache verbunden ist, besteht darin, daß die Sprachträger nicht mit üblichen soziologischen Methoden identifizierbar sind. Nur einige wenige Merkmale haben sie gemeinsam: den Spaß an verschlüsselten Botschaften, evtl. an der Anonymität von E-Mail und Internet und ihre Jugend.

Die mediale Kommunikation der Schüler und Jugendlichen wirft neue Probleme auf und verlangt nach neuen Antworten. Die junge, an den Medien orientierte Gesellschaft weist kommunikative Defizite auf, die als Sprachbarrieren in Erscheinung treten, welche aber nicht – wie seit den sechziger und siebziger Jahren – durch die Zugehörigkeit der Sprecher zu unterschiedlichen Sozialschichten und die damit zusammenhängenden unterschiedlichen Sozialisationsbedingungen erklärt werden können. Die neue „Sprachlosigkeit" ist unter anderem zurückzuführen auf die einseitige, unpersönliche und z. T. anonyme Kommunikation über Medien wie das Internet und den Mangel an erlebten, sprachlich bewältigten Situationen.

## Literatur (Auswahl)

Androutsopoulos 1998 – Augenstein 1998 – Ehmann 1992a, b – Henne 1986 – Hess-Lüttich 1983 – Schlobinski (u. a.) 1993.

## Kontrollfragen (Antworten in Kapitel 8, S. 227)

| | |
|---|---|
| 3.1.01 | Definieren Sie „soziale Gruppe". |
| 3.1.02 | Definieren Sie „Peer-Gruppe". |
| 3.1.03 | Nennen Sie nichtsprachliche Kennzeichen von Peer-Gruppen. |
| 3.1.04 | Definieren Sie *Jargon*. |
| 3.1.05 | Geben Sie ein Beispiel für sogenannte Geheimsprachen der Schüler. |
| 3.1.06 | Geben Sie Beispiele für Gruppen mit Sondersprachen. |
| 3.1.07 | Nennen Sie einige Schülerwörter. |
| 3.1.08 | Was sind „Phraseologismen"? |
| 3.1.09 | Geben Sie ein Beispiel für Phraseologismen. |
| 3.1.10 | Nennen Sie einige Sprachregister der Jugendlichen. |
| 3.1.12 | Woran orientiert sich der Sonderwortschatz der Drogen-Szene? |
| 3.1.13 | Was bedeutet „areal differenzierte Sprache"? |
| 3.1.14 | Was sind „Piktogramme"? |

## 3.2 Sondersprachen Erwachsener

### 3.2.1 Subkulturen und Rotwelsch

*Subkulturen – Rotwelsch – Jenisch – Überreste des Rotwelschen*

**Subkulturen**

Aus soziologischer Sicht bestehen in Subkulturen ausgrenzende Wert- und Normstrukturen. Ihnen liegen besondere Deutungsmuster der (Um-)Welt (kognitiv) zugrunde, die zu besonderen Ausdrucksformen führen. Nach Bahrdt (2000, S. 93) ist die Subkultur als Teilkultur dadurch geprägt,

> „daß ihre Träger sich zur Abschirmung, Abwehr oder sogar zur Opposition gezwungen sehen und dies noch einmal zur Herausbildung spezieller Ausdrucksformen, Deutungsmuster und Wertvorstellungen führt."

*Subkulturen* sind Teilkulturen, deren Normen und Werte von denen der Gesamtkultur abweichen.

Die diskutierten Schüler- und Jugendgruppen bilden weitgehend Subkulturen als Teilkulturen, während zu den Antikulturen z. B. Straßengangs zu zählen sind. In die kriminellen Subkulturen gehören die Milieus von Prostituierten, Zuhältern, „Pushern" und „Knastis". Die Subkulturen mit Geheimsprachen, die von Kluge angeführt werden, aber heute weitgehend der Vergangenheit angehören, sind u. a. die der fahrenden Händler, Hausierer, Korbflechter, Besenbinder, Bürstenmacher, Diebe und Dirnen, früher auch Handwerksburschen („auf der Walz") – vgl. Kluge 1987 (S. 275 ff.). Bezeichnenderweise besteht das Werk Kluges aus der Wiedergabe schriftlicher Zeugnisse zwischen 1250 und 1899. Im 19. und 20. Jh. gibt es noch einige Reste solcher Subkulturen mit einem Sonderwortschatz in einer Art Rotwelsch (vgl. Siewert 1996 u. Wolf 1993).

**Rotwelsch**

Das Rotwelsch war die Geheimsprache der deutschen „Fahrenden", vorwiegend der Händler, Hausierer, Landstreicher und Bettler. Eine eigene Grammatik besitzt es nicht. Dafür ist der Sonderwortschatz des Rotwel-

schen **sehr umfangreich**. Er besteht aus Wörtern **jiddischen, zigeneri-
schen und deutschen** Ursprungs. Daneben gibt es, **vereinzelt bis heute,
graphische Zeichen als Logogramme, sogenannte „Zinken"**, die z. B. an
**Türen oder Hauswände** gekritzelt sind und anzeigen, **ob man feindlich**
gesinnt ist, **ob es einen bissigen Hund oder ob es kauffreudige Bewohner**
gibt. Viele **Wörter des Rotwelschen** sind mit der **Zeit in die Alltagssprache**
eingedrungen und haben sich, stilistisch markiert, bis heute erhalten, aber
einen Funktionswechsel vollzogen und werden nicht mehr nur subkulturell
gebraucht (vgl. Wolf 1993, S. 13).

Abb. 3.7: Rotwelsch (modif. Auszug aus: Grahs/Humann 1979, S. 18)

| Textauszug | Erläuterungen |
|---|---|
| 01 Der ist ganz im <u>Eimer</u>. <br> 02 Der hat mit der <u>kessen</u> Biene, <br> 03 die du auch <u>duft</u> fandst, <br> 04 <u>geschickert</u> … jetzt ists mit d. <br> 05 <u>Schinagl Essig</u>. Er hat einen <br> 06 <u>blauen</u> Brief bekommen, die <br> 07 <u>Schickse</u> ist ihm auch <u>flöten</u> <br> 08 gegangen, hat ihn aber erst <br> 09 ordentlich auf die <u>Schippe</u> <br> 10 genommen, und <u>gezastert</u> hat <br> 11 er wie <u>meschugge</u>, jetzt hat ers <br> 12 <u>Schlammassel</u>. | 01 jidd. *emo* ‚Furcht'; 02 *kess*: Anfangs- <br> buchstabe v. jidd. *kochem* ‚klug'; *Biene*: <br> zig. *pen* ‚Schwester'; 03 *duft(e)*: jidd. *tow* <br> ‚gut'; 04 jidd. *schickern* ‚trinken'; 05 <br> *schin*: Anfangsbuchstabe von jidd. *schofel* <br> ‚schlecht' + jidd. *agole* ‚Wagen'; *Essig*: <br> jidd. *hesek* ‚Schaden'; 06 rw. *blau* ‚sehr <br> schlimm'; 07 jidd. *schicksel* ‚Nichtjüdin'; <br> *flöten*: jidd. *pleite* ‚fort'; 09 jidd. *chiba* <br> ‚Liebe', „süße Tour"; 10 zig. *saster* ‚Ei- <br> sen'; 11 jidd. *meschuggo* ‚verrückt'; 12 <br> dt. *schlimm* + jidd. *masol* ‚Stern, <br> Glück' = *Schlammassel*. |

**Gaunersprache** und *Rotwelsch* werden **gleichgesetzt**. Das Bestimmungswort *Rot* ist bereits im 13. Jh. in *rotwalsch* ‚betrügerische Rede' belegt.
Etymologisch verwandt mit *Rotte* ‚Schar, Menge', seit dem 14. Jh. ‚Hau-
fen, Horde, üble u. verbrecherische Bande'. *Rotte* – vgl.: *sich zusammen-
rotten* – ist hervorgegangen aus mlat. *rupta, rut(t)a, rot(t)a* ‚Schar, Abteilung, Räuberhaufen', im Rotwelschen dann: *rot(t)* ‚schlauer Bettler'.

Das Grundwort *-welsch* galt ursprünglich der **keltischen Bevölkerung**
(Wales!), wurde dann auf die **römischen Eroberer** bezogen und erhielt die
Bedeutung ‚romanisch', dann besonders ‚italienisch', im 16. Jh. in über-
**tragener Bedeutung: ‚unverständliche Sprache der Gauner und Landstrei-
cher'** (Pfeifer 1989, S. 1443 f. u. 1959). Rosemarie Lühr (in Siewert
1996, S. 15 ff.) leitet in einer Wortgeschichte den Bestandteil *Rot-* von
mndl. *rot* ‚faul' ab, zunächst zur Charakterisierung der französischen

Sprache (allerdings hypothetisch und daher mit Asterisk, S. 31): *rot waalsch* ‚dreckiges [besser wohl: ‚heruntergekommenes‘] Französisch‘.

Die Bezeichnung *jenisch* in der Bedeutung ‚rotwelsch‘ ist seit dem 18. Jh. belegt (Wien), bei Jean Paul (1800) als *jänisch*. Das Wort stammt aus dem Zigeunerischen und bedeutet ursprünglich ‚wissend‘; das Jenische ist somit die ‚Sprache der Wissenden, der Eingeweihten‘ (Kluge/Mitzka 1967, S. 332).

Abb. 3.8: Überreste des Rotwelschen im 19. u. 20. Jh. (Auswahl) (einige Zentren n. Angaben in Kluge 1987 u. Siewert 1996)

| Bezeichnung | Lokalisation |
|---|---|
| Wiener Diebssprache | Wien |
| Wiener Dirnensprache | Wien |
| Mattenenglisch | Bern |
| Killertäler Pleißen/Pleißlen | Südschwaben |
| Schwäbisches Jenisch | Ostschwaben (Öhringen u. a.) |
| Lachoudisch in Schopfloch | b. Dinkelsbühl/Franken |
| Schillingsfürster Jenisch | Frankenhöhe |
| Pfälzer Händlersprache | Pfalz bis Schwaben |
| Frickhöfer Hausierersprache | Mittlere Lahn |
| Manisch | Gießen |
| Hallescher Lattcherschmus | Halle/Saale |
| Eifeler Rotwelsch | Kreise Bitburg – Daun – Euskirchen |
| Henese Fleck | Breyell (Nettetal, Ndrh.) |
| Schlaußmen (Sensenhändler) | Hochsauerland, Winterberg |
| Bargunsch /Tiöttensprache/ Humpisch | Nordwestfälisch (Mettingen), Einzugsgebiet bis Mecklenburg |
| Masematte | Münster/Westf. |

## 3.2.2   Argot und „Slang“ als Sondersprachen

*Argot – Argot in der Diastratik des Französischen – Slang – „Slang“ in der medizinischen Praxis*

### Argot

Ein ähnliches Schicksal wie dem Rotwelschen ist dem Argot in Frankreich widerfahren. Dieser entspricht (n. Bußmann 1990, S. 96) dem engl. *cant.*

*Argot* ist ursprünglich eine Sondersprache der französischen Bettler und Gauner, belegt seit dem Mittelalter.

*Argot und die Alltags- sprache*

Im weiteren Sinne ist der *Argot* „jede Form v. Sondersprache (>Geheimsprache<) einer sozial abgegrenzten (häufig als asozial abgestempelten) Gruppe, die vor allem durch ihren spezifischen Wortschatz von der Standardsprache abweicht" (Bußmann 1990, S. 96). *Argot* bedeutet zunächst ‚Gebiet, Königreich der Unterwelt' und ist lange als Geheimsprache der Verbrecher, Taschendiebe, Bettler und Gauner angesehen worden. Im 19. Jh. treten soziale Veränderungen ein, welche dem ursprünglichen Milieu weitgehend den Boden entziehen, so daß die unterschiedlichen Argots ihre Funktion als Geheimsprache verlieren und der Wortschatz allmählich partiell in die Alltagssprache eindringt. An diesem Prozeß ist auch die schöne Literatur nicht ganz unbeteiligt (vgl. Le Robert 1998, S. 197). Der sondersprachliche Argot gehört heute in das Umfeld der Prostitution, der Straffälligen (Kriminalität) und Subkulturen, aber auch der einfachen Gaststätten (Bistrots); er benötigt ein „Milieu".

Abb. 3.9: Argot in der Diastratik des Französischen
(n. Radtke 1982, S. 163, um 90° gedreht)

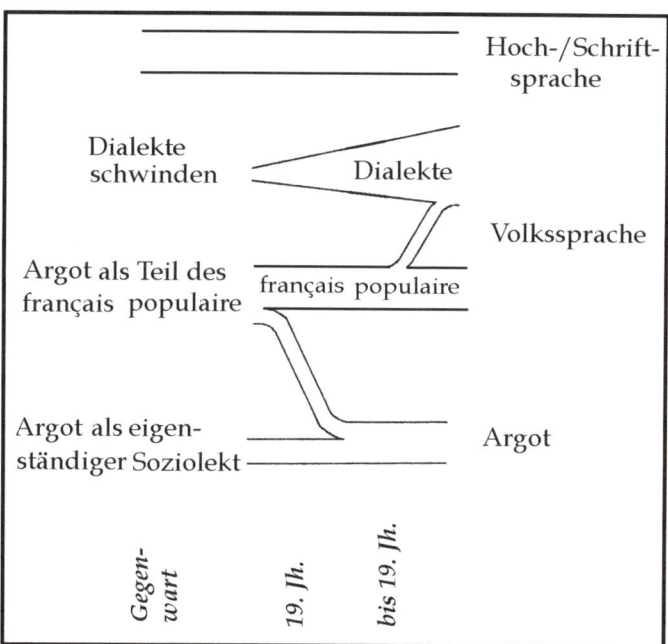

Nach E. Radtke (1982) ist der Argot (1) eine Sonder- bzw. Gruppensprache mit „technischem" Vokabular und (2) Teil der Volkssprache und

drückt u. a.  die Gefühlswelt aus (im positiven wie negativ-pejorativen
Sinn). Diese Definition hängt mit dem Funktionswechsel des Argot im 19.
Jh. zusammen. Im heutigen gesprochenen Französisch sind seitdem viele
Argotwörter üblich. Man vergleiche dies mit dem Eindringen von Wörtern
des Rotwelschen in die stilistisch niedere Umgangssprache des Deutschen
wie in Abb. 3.7 u.v.a.m.

Radtke versucht, mit Hilfe eines Modells den französischen Argot a) innerhalb der sprachlichen Schichtung („Diastratik") des heutigen Französisch und b) in seiner historischen Entwicklung darzustellen. Daran wäre
aus romanistischer Sicht vielleicht einiges zu verbessern. Radtke (1982, S.
162) erläutert:

> „Mit der zunehmenden Regression der Dialekte dringt der Argot als besonders
> reichhaltiges Expressivitätspotential verstärkt in die Volkssprache vor, gleich-
> zeitig erleichtert die rasch anwachsende Verstädterung und Metropolenbildung
> (im Falle von Paris) diesen Vormarsch, denn der Dialekt als ländlich abge-
> schiedenes, konservatives Sprachregister findet keine Anwendung mehr in den
> städtischen Unterschichten der Bevölkerung, die sich früher als die Landbe-
> wohner mit dem sprachlichen Anpassungsprozeß an das *français courant* aus-
> einandersetzen müssen und Argotelemente zur Wahrung des Expressivitätska-
> taloges als Ersatz der verlorengegangenen Dialektdynamik absorbieren."

Die daraus resultierende umgangssprachliche Dynamik zeigt sich in „lexikalischer Innovation, Schnellebigkeit, Expressivität, Spontaneität". Es gibt
sogar einen Argot der Priester, was zeigt, daß die Grenzen zur Gemeinsprache fließend sind. Man hat daher den Terminus *Jargot* vorgeschlagen, um
die Nähe zum Jargon anzuzeigen. „Offensichtlich stehen die Argots und
Fachjargons in einer polaren Beziehung, die auf dem Spiel zwischen dem
eingeweihten und nicht eingeweihten Gesprächsteilnehmer beruht" (Denise
François-Geiger in Colin/Mével 1990, S. XIII f.). Der Einfluß des Argot
auf die französische Gegenwartssprache ist also unübersehbar. Die fließen-
den Übergänge zur Umgangssprache gelten auch für den *Slang*, der im angelsächsischen Sprachraum z. T. dem Argot entspricht.

■ *Der Slang* ist ein gesucht originelles, lässiges, affektorientiertes Register der
Umgangssprache mit sondersprachlichen Merkmalen.

### „Slang" in der medizinischen Praxis

Der „Slang" ist im Unterschied zum *Jargon* häufig „Spiel und scherzhafter
Übermut" (Porzig 1986, S. 254), gerichtet gegen die traditionelle Aus-

drucksweise. Die „Sprüche" der Schüler (s. Kap. 3.1.2) sind vergleichbar; während jene aber eine relative Konstanz und weite Verbreitung aufweisen sowie an mehrere Schülergenerationen gebunden sein können, werden Slang-Ausdrücke häufig ad hoc gebildet und wieder fallengelassen – für ein und denselben Vorgang wurden in einer medizinischen Praxis dreizehn Ausdrücke gehört. Diesen Slang versucht Wilma Mahler (1978, S. 4 ff.) zu klassifizieren. Demzufolge hat er mindestens drei Erscheinungsformen:

- als *Laborslang*, der ausschließlich von Frauen benutzt wird,
- als *Röntgenslang*, von Ärzten und Assistentinnen gleichermaßen gebraucht;
- als *OP-Slang*, der von Männern geprägt wird („reiner Männerslang"), ohne Beteiligung der OP-Schwestern.

Diese Klassifikation ist soziologisch orientiert, weil die Benutzer a) Frauen, b) Ärzte und Assistentinnen und c) ausschließlich Männer sind. Daneben kann die kommunikative Reichweite als Kriterium gelten; dann wird unterschieden zwischen:

a) national verständlichem „Stammslang",
b) Regionalslang und
c) Kleinstgruppenslang, der von Praxis zu Praxis unterschiedlich, äußerst spontan und ständigen Veränderungen unterworfen ist. Dieser ist erhebungstechnisch schwer zu fassen und entsprechend schwer zu beschreiben.

Ein Beispiel für a) ist *Motten* in der Bedeutung ‚Tuberkulose', für b) süddeutsch *Stäge klettere* versus norddeutsch *Hühnerleiter machen* in der Bedeutung ‚eine Verdünnungsreihe herstellen' und für c) *der näßt ein, der läßt sich aus, der baut 'nen Wasserfall* (u. v. a. m.) in der Bedeutung ‚er gibt Urin in ein Glas'.

Die Ausdrücke treten häufig in Kurzform auf, z. B. *Halsnagel* für ‚Oberschenkelhalsnagelung', *SGOT* bzw. *OT* für ‚Substrat-Glutamat-Oxalacetat-Transaminase', *Diffs* für ‚Differentialblutbilder'. Benennungsmotive für den Wortschatz des Laborslangs können aus vielen Bereichen stammen, z. B. denen der *Nahrungsmittel*, der *Handarbeit* und der *Kinderbetreuung* sowie des *Kochens* und *Putzens*.

In dem von Wilma Mahler (1978, S. 14, vgl. Abb. 3.10) aufgezeichneten Dialog werden die Unterschiede in der Kommunikation zwischen den Medizinisch-Technischen Assistentinnen („Kolleginnen") in einem Labor deutlich, und zwar a) untereinander und b) mit einem Patienten. Mahler bezeichnet den Slang der „Kolleginnen" als derb, aber nach „zwei Stunden *Publikumsverkehr*" auch als entspannend.

Abb. 3.10: Laborslang und Umgangssprache
(aus: Mahler 1978)

| | |
|---|---|
| Zum Patienten: | *Würden Sie bitte etwas Urin abgeben?* |
| Zur Kollegin: | *Der muß noch ins Glas pinkeln.* |
| Zum Patienten: | *Ich muß Ihnen noch etwas Blut abnehmen.* |
| Zur Kollegin: | *Ich zapf den noch schnell an.* |
| Zum Patienten: | *Ich drücke Ihnen jetzt diesen Stempel in den Oberschenkel. Das ist ein Test auf Tuberkulose. Sie brauchen keine Angst zu haben. Es geht ganz schnell und tut nicht weh.* |
| Zur Kollegin: | *Ich geh stempeln.* |
| Zum Patienten: | *Wir brauchen einen Harnröhrenabstrich von Ihnen.* |
| Zur Kollegin: | *Draußen sitzt`ne Triefnase.* |
| Zum Patienten: | *Gedulden Sie sich bitte noch etwas. Wir haben sehr viel zu tun.* |
| Zur Kollegin: | *Das dauert! Wir stehen bis zum Hals in Blut.* |

### 3.2.3   Massenjargon

> *Massenjargon in der Fußballreportage? – kognitiv und emotional bedingte Stereotypen – Fachjargon*

**Massenjargon in der Fußballreportage?**

Charakteristisch für den Jargon ist dessen ausgrenzende Funktion: Die in dem Jargon Kommunizierenden haben ein „Wir"-Gefühl. Typisch ist ferner – wie im Argot – die Emotionalität. Die Fußballreportage erfolgt vielfach im Jargon. Auch Fachausdrücke werden emotional paraphrasiert; beispielsweise wird die Bezeichnung *den Ball schießen* – Ausdruck eines wichtigen Begriffs der Fußballwelt – in der Sportberichterstattung ersetzt durch ein anderes Verb: *bomben,* durch die Substantivierung des Verbs: *ein Bombenschuß!* oder durch Weglassen des Verbs: *knapp am Tor vorbei.*

Von der relativ einseitigen Kommunikationsrichtung abgesehen, erfolgt in der Sportberichterstattung keine Kommunikation von Gruppen, sondern die Masse der Fußballanhänger ist Rezipient der Reportage. Es handelt sich weitgehend um „Fachleute", denen das Spielgeschehen über einen Jargon vermittelt wird. Dieser Fachjargon ist somit ein Massenjargon. Er zeichnet sich durch stets wiederkehrende Stilmerkmale aus: den ständigen Gebrauch von bestimmten Metaphern und Redewendungen, durch grelle

Effekte, extreme Hyperbolik und emotionale Aufgeladenheit. Charakteristisch sind – ähnlich wie im Jargon der Jugendlichen – bestimmte Stereotype kognitiver und emotionaler, nicht sozialer Natur: *Angst und Schrecken, Trauer, Leid, Enttäuschung, Ärger, Wut, Zorn* (vgl. Abb. 3.11).

**Abb. 3.11: Emotional bedingte Stereotype in der Sportberichterstattung** (Zeitungsreportagen Mai/Juni 1978, eigene Quelle)

| Stereotype: Angst und Schrecken | Quelle |
|---|---|
| Italien ist zum Fürchten kalt. | Bild |
| … die zitternden argentinischen Fans. | Kicker |
| Der … ‚Empfang des Schreckens‘ fand nicht statt. | AZ |
| Die Favoriten fürchten sich. | NZ |
| **Stereotype: Nervosität und Verwirrung** | **Quelle** |
| Offensichtlich ein Akt psychologischer Kriegsführung. | Kicker |
| Er erlag dem Psychoterror der Sprechchöre und wechselte die Farbe. | Kicker |
| **Stereotype: Trauer, Leid, Enttäuschung** | **Quelle** |
| Weinend verzieht sich Kaabi nach dem Spiel auf sein Zimmer. | Bild |
| Die Mexikaner haben … nach ihrer 1:3 Pleite … geweint. | Bild |
| … gingen gesenkten Hauptes davon. | Kicker |
| … die Schotten mit hängenden Köpfen vom Platz schlichen. | Kicker |
| **Stereotype: Ärger, Wut, Zorn** | **Quelle** |
| Der Bundestrainer tobt. | Bild |
| Manchmal flucht er so gotterbärmlich wie ein Kanalarbeiter aus Köln-Kalk. ‚Leck mich in de Täsch!‘, ist noch was Harmloses. | Bild |
| **Stereotype: Jubel und Stimmung** | **Quelle** |
| … am Nachmittag weinte ganz Argentinien vor Freude mit. | AZ |
| … frenetische Sprechchöre, Argentina, Argentina! | Kicker |
| War das ein Fußballabend, da lachte das Herz. | Bild |
| **Stereotype: Unabwendbares** | **Quelle** |
| Ein fast unheimliches Gesetz der Serie: Zum vierten Male … | Kicker |
| Höllischer Rasen in Mendoza. | NZ |
| **Stereotype: Gewalt** | **Quelle** |
| Das blutigste Endspiel. Nase und Zeh gebrochen, Zähne wackeln. | Bild |
| Tarantini lief das Blut aus der Nase, färbte sein Trikot, als wäre er ins Herz getroffen. Erbarmungsloser Fußball! | Bild |

AZ = Allgemeine Zeitung Mainz    NZ = Nordseezeitung Bremerhaven
Außerdem: *Bild* (= Bildzeitung) und die Sportzeitschrift *Kicker*.

Die Lektüre von Sportberichten in den Sportrubriken von Tageszeitungen bzw. in speziellen Sportzeitschriften soll den Leser veranlassen nachzuvollziehen, wie es zu den Ergebnissen gekommen ist. Der Vergleich mit den eigenen Eindrücken des Sporterlebnisses – direkt miterlebt oder über Rundfunk und Fernsehen vermittelt – sowie die verwendete Sprache, die Fachausdrücke enthält, geben dem Leser nicht nur das Gefühl, ein Fachmann zu sein, sondern die Vorgänge, fachmännisch vermittelt, erneut zu erleben.

Wegen der metaphorischen und emotionalen Prägung des Wortschatzes einerseits und der sach- und fachgerechten Vorgangsbeschreibung andererseits wird die Sprache der Fußballreportage als *Fachjargon* bezeichnet.

*Der Fachjargon* trägt die Merkmale von Jargons und Fachsprachen, d. h., er ist situationsbezogen, hat emotional orientierte Wörter und Wendungen und ist zugleich präzise in der Vorgangsbeschreibung.

### 3.2.4   Fachsprachen als Sondersprachen: Macht und Herrschaft

> *Macht und Herrschaft soziologisch, linguistisch – Fachsprachen – Vertrautheitsstufen des Sachwissens – Macht und Kommunikationskonflikte*

**Macht aus soziologischer Sicht**

Nicht zu unrecht wird behauptet, daß ein „Zusammenhang von Sprache und Herrschaft" besteht (z. B. Sobetzko: „Sprache ohne Herrschaft?" 1984). Soziologisch ist der Begriff *Herrschaft* an Institutionen gebunden (Familie, staatliche Institutionen), somit auch an Amtspersonen, die legitim Gehorsam fordern dürfen (vgl. Burghardt 1974, S. 202 f.). *Macht* ist der Oberbegriff „im Sinne der Überlegenheit von Menschen über andere Menschen" (dies und das folgende Zitat aus Hradil 1999, S. 254).

*Macht* ist „jede wesentliche Beeinflussung …, die ein Bestandteil der Gesellschaft über einen anderen ausübt bzw. ausüben kann, ohne daß dieser in der Lage ist, sich der Einwirkung zu entziehen."

Ergänzend dazu die Definition von Burghardt (1974, S. 199):

*Die Macht* „ist die Chance einer Person (Machthaber), als Folge einer bestimmten Position in einem sozialen System (Machtposition), im Rahmen von Entscheidungen auf andere Menschen (Machtunterworfene) einen Einfluß, auch gegen deren Widerstand, ausüben zu können, sie zu belohnen oder zu bestrafen."

Eine besondere Form der Macht ist die *institutionalisierte Macht* oder *Herrschaft*.

*Herrschaft* ist der an Institutionen gebundene Anspruch, für einen Befehl „bei angebbaren Personen Gehorsam zu finden" (Hradil 1999, S. 254).

Beispiele dafür, daß mit Sprache Macht ausgeübt wird, finden sich leicht. Man denke an die eigene Fähigkeit oder Unfähigkeit, eine Fremdsprache zu verstehen, selbst zu sprechen und zu schreiben, an die Propagandasprache in totalitären Staaten (z. B. an die Sprachlenkung im Nationalsozialismus) oder an Macht und Herrschaft im militärischen Bereich, sprachlich als Befehle realisiert.

## Macht aus linguistischer Sicht

Auch in der alltäglichen Kommunikation wird je nach Situation Macht ausgeübt, wie z. B. die Untersuchung von Verständigungsproblemen zwischen Fachleuten und Laien zeigt, die Els Oksaar am Beispiel der Arzt-Patienten-Interaktion verdeutlicht hat (Oksaar 1988a, S. 171 ff.). Der Arzt kann Laien gegenüber Fachwörter gebrauchen, um

a) seine Macht als „Halbgott in Weiß" zu demonstrieren,

b) sein Nichtwissen zu verbergen (er ist sich über eine Diagnose nicht schlüssig),

c) dem Patienten die Wahrheit zu verheimlichen,

d) dem Patienten gefällig zu sein (dieser möchte die Wahrheit verklausuliert erfahren).

Els Oksaar fragt: „Warum, wie und auf welchen kommunikativen Ebenen entstehen Schwierigkeiten bei der Arzt-Patienten-Interaktion?" Es ließe sich weiterhin fragen: „Sind Kommunikationskonflikte u. a. dadurch bedingt, daß Macht- und Herrschaftsverhältnisse sprachlich zutage treten?" Für die Interaktion zwischen Arzt und Patienten anläßlich der Visite auf Krankenstationen ist dies nachgewiesen (vgl. auch Bliesener 1982, Lörcher 1983). Dazu wird in Kapitel 4 noch Näheres ausgeführt.

## Fachsprachen

*Fachsprachen* dienen der optimalen Kommunikation unter Fachleuten (vgl. die Formulierung in Kap. 1.2.4). Der Vergleich von Fach- und Nicht-Fachsprache (Gemeinsprache) ergibt aber viele Überschneidungen, da a) ein Teil des Fachwortschatzes bezüglich der Form gemeinsprachlich und nur inhaltlich spezifiziert ist (z. B. *Pferd* ≡ *Pferd*, Bedeutung: ‚Zug- und Reittier' ≠ ‚Turngerät') und b) die Inhalte von vielen Fachwörtern den Sprechern der Gemeinsprache wenigstens partiell bekannt sind. Beispielsweise wissen die meisten Sprecher, was die Bezeichnungen *Wein, (Wein-) Lese, (Wein-) Presse, Blume* bedeuten, auch wenn sie fachsprachlich nicht vorgebildet sind; das gleiche gilt für Autoteile wie *Katalysator, Vergaser, Auspuff, Kerzen.*

Schräder (1991, S. 116) unterscheidet fünf Stufen der Vertrautheit mit Fachwörtern:

    1  Laie – 2 leicht Informierter – 3 gut Informierter –
    4  fachlich Versierter – 5 Experte.

Befragungen Schräders ergeben statistische Werte (Quantitäten) über die Sachkenntnis von zehn Probanden, z. B. zur Funktionsweise, zu den Bauteilen, dem Material, der Anbaustelle von KFZ-Teilen wie:

> *Motor, Katalysator, Tachometer, Drehzahlmesser, Bremspedal, Schalthebel, Batterie, Luftfilter, Lichtmaschine, Kühler, Vergaser, Bremsscheibe, Bremsbelag, Nockenwelle, Kolben, Federkugel, Automatic, P. Injection* u. a.

Den Autofahrern sind diese Bezeichnungen wohlbekannt, die Funktionen der bezeichneten Dinge aber nicht.

Einige Ergebnisse sind in Abb. 3.12 und 3.12' wiedergegeben. Den Diagrammen läßt sich entnehmen, wie die allmähliche „Verfachlichung" von den laienhaften hin zu den Expertenkenntnissen erfolgt, d. h. in welchem Umfang die Sach- und Fachkenntnis zunimmt; linguistisch gesehen: in welchem Maße die an das Objekt gebundene semantische Spezifikation zu- oder abnimmt, d. h. in Richtung auf die Fachsprache (Kategorie 5) ansteigt bzw. in Richtung auf die Gemeinsprache abfällt (Kategorie 1). Das Mittelfeld hat eine Fachkenntnis zwischen 40,6 und 71,6 %. Man sieht aber auch, daß selbst „Experten" nicht perfekt sind.

Weil Experten sich immer streiten, welche Inhalte sie den Fachausdrücken zuschreiben sollen, ist dies, soziolinguistisch gesehen, kein außergewöhnlicher Vorgang. Der Streit ist metakommunikativ und vielfach unendlich. Von größerer Bedeutung hingegen ist der Konflikt zwischen Experten einerseits und Nicht-Experten andererseits.

Abb. 3.12: Fachsprachliches Sachwissen abhängig von der Vertrautheitsstufe
(Schräder 1991, S. 213)

| Vertrautheitsstufe | 1 | 2 | 3 | 4 | 5 |
|---|---|---|---|---|---|
| Funktion | 48,9 | 60,0 | 83,3 | 90,0 | 94,2 |
| Funktionsweise | 19,5 | 35,3 | 43,1 | 62,1 | 76,7 |
| Bauteile | 8,3 | 22,9 | 39,6 | 54,2 | 68,8 |
| Material | 24,4 | 46,2 | 61,5 | 76,9 | 82,7 |
| Anbaustelle | 26,8 | 38,4 | 75,0 | 75,0 | 92,0 |
| Durchschn. Sachwiss. | 25,6 | 40,6 | 60,5 | 71,6 | 82,8 |

Abb. 3.12': Fachsprachliches Sachwissen (als Diagramm)
abhängig von der Vertrautheitsstufe (Schräder 1991, S. 214)

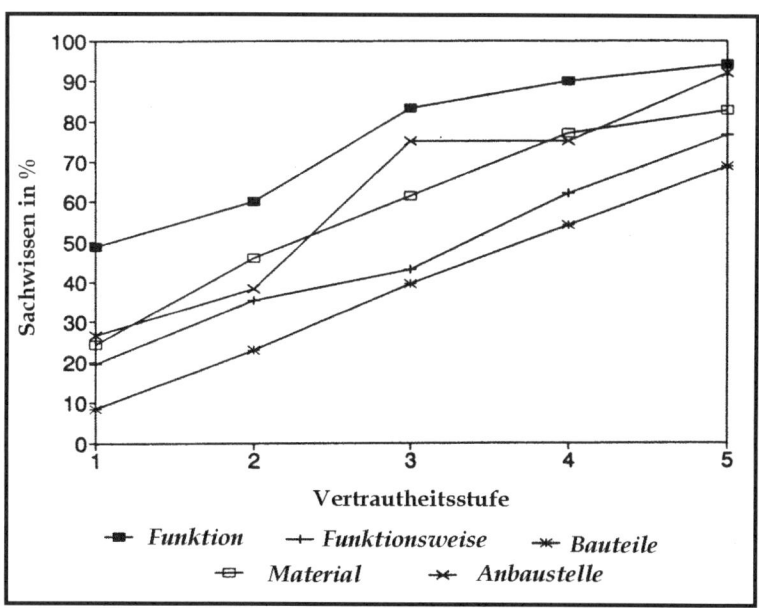

## Macht und Kommunikationskonflikte durch Fachsprachen

Die Gradation von Abb. 3.12 bzw. 3.12' zeigt, wie ein Sprecher das
Nichtwissen des Hörers ausnutzen könnte. Das alltagssprachliche Stereotyp „Wissen ist Macht" scheint sich zu bestätigen. Man kann die Hypothese aufstellen, daß die Macht, die ein Kommunikationspartner theoretisch
über andere besitzt, proportional ist zu seinem Sachwissen bzw. dem Grad
seiner Vertrautheit mit einer Sache.

Wie Kommunikationskonflikte durch Fachsprachen entstehen, hat Wiegand (1979) erläutert. Er bezeichnet die Verwendung von Fachausdrücken als Hauptursache für „Sprachverstehenskonflikte". Die Voraussetzung einer geglückten Kommunikation zwischen Experten und Laien ist, daß der Experte daran interessiert sein muß, daß der Laie ihn versteht. Denn wenn der Experte keine „kontrakonfliktäre" Haltung einnimmt, ist der „akute Kommunikationskonflikt" nicht lösbar (Begriffe n. Wiegand 1979, S. 39).

Kommunikationskonflikte sind somit nicht lösbar, wenn der Experte nicht bereit ist, sich laienhaft auszudrücken und die Fachwörter umgangssprachlich zu paraphrasieren. Dieser muß von seiner Machtposition ablassen und darf den Vorteil seiner Fachkenntnisse gegenüber dem Laien sprachlich nicht ausnutzen. Ebenso darf die Fachsprache auch nicht zur „Imponiersprache" werden, indem Fachwörter bewußt gewählt und Dialoge wortreich aufgebläht werden, weil der Fachmann imponieren will (vgl. Ickler 1997, S. 338 ff.).

## Literatur (Auswahl)

Colin/Mével 1990 – Hradil 1999 – Mahler 1978 – Oksaar 1988a – Radtke 1982 – Schräder 1991 – Siewert 1996 – Wiegand 1979 – Wolf 1993

## Kontrollfragen (Antworten in Kapitel 8, S. 228)

3.2.01   Definieren Sie „Subkulturen".
3.2.02   Geben Sie die Etymologie von Rotwelsch.
3.2.03   Nennen Sie einige, im 20. Jh. noch bestehende Reste des Rotwelsch.
3.2.04   Definieren Sie „Argot".
3.2.05   Welche Funktion hat der Argot heute?
3.2.06   Was ist unter „Slang" zu verstehen?
3.2.07   Nennen Sie Klassifikationskriterien für den Slang in der medizinischen Praxis.
3.2.08   Geben Sie Beispiele für  emotional bedingte Stereotype in der Sportberichterstattung.
3.2.09   Definieren Sie „Fachjargon".
3.2.10   Definieren Sie „Macht".
3.2.11   Definieren Sie „Herrschaft".
3.2.12   Erläutern Sie die Vertrautheitsstufen im fachsprachlichen Sachwissen.

# 4 Kommunikationskonflikte in Institutionen

## 4.1 Öffentliche Ordnung und Verwaltung

### 4.1.1 Soziale Institutionen

*Definition von „Institution"– Bereiche und Sparten – Ein Modell*

Definition von „Institution"

Die Familie ist eine Institution. Andere Institutionen sind z. B. das Krankenhaus, das Sozialamt, die Bundeswehr, Kirchen, Gewerkschaften.

Wolfgang Lipp (in Schäfers 2000, S. 148) definiert die (*soziale*!) Institution:

Eine *Institution* ist eine „soziale Einrichtung, die auf Dauer bestimmt, ‚was getan werden muß‘."

Soziolinguistisch gesehen, können Institutionen auch „als Mechanismen beschrieben werden, die ‚Spannung‘ stabilisieren" bzw. Konflikte, die zwar über die Kommunikation deutlich werden, aber oft wegen der üblichen Kommunikationspraxis so nicht zu lösen sind – z. B. im Rahmen eines Arzt-Patienten-Gesprächs im Krankenhaus oder als „Deutungsschemata des Sozialamts" (vgl. Klaus Gloy in: Klein/Presch (Hgg.) 1981, S. 87-125). In den öffentlichen Institutionen kommunizieren Akteure, a) die Dienstleistungen erbringen und ein relativ hohes Wissens- und Machtniveau haben, und b) solche, die dies nicht haben und Dienstleistungen in Anspruch nehmen.

Bereiche und Sparten

*ünf*
*3e-*
*eiche*
Ehlich/Rehbein (1980) versuchen eine verbale Systematisierung der Bereiche von linguistisch relevanten Institutionen. Hier werden fünf Bereiche ausgewählt, von denen insbesondere die *Produktion und Zirkulation* sowie die *Religion* einer Vervollständigung bedürfen (vgl. Abb. 4.1). Zu ergänzen wäre auch ein Bereich „Massenmedien".

Unter *Produktion und Zirkulation* werden die Herstellung und der Vertrieb von Waren verstanden, so daß die Sparten „Wirtschaft" und „Verkehr" zu nennen und dann weiter zu spezifizieren wären (Arbeitgeber- und Arbeitnehmerverbände, Gewerkschaften, Firmen der Automobil-, Chemie-, Stahlbranchen, Bahn, Post, Telekommunikation usf.). Die Liste der von

Reimann (1991, S. 173 f.) aufgeführten „strategischen Einrichtungen zur Erfüllung von individuellen und kollektiven Bedürfnissen" hat den Vorteil, daß Funktionen und Funktionsüberschneidungen genannt werden sowie Rollen der Repräsentanten, z. B. „Konsument, Produzent, Arbeiter, Unternehmer, Händler" – sämtlich der „Institution Wirtschaft" zugeordnet. Der Nachteil der Reimannschen Tabelle besteht darin, daß nicht eigentlich Institutionen aufgezählt werden, sondern noch näher zu spezifizierte Bereiche wie „Wirtschaft", „Freizeit" u. dgl.

Institutionen des Bereichs „Religion" sind kirchliche Institutionen und die Kirchenverwaltung, diverse karikative und missionarische Einrichtungen u. dgl. Der von Ehlich/Rehbein so bezeichnete Bereich „Individuelle Reproduktion und Ausbildung" wird unter dem Titel „Erziehung und Ausbildung" geführt und modifiziert; er bildet hier einen Schwerpunkt wie auch der Bereich „Öffentliche Ordnung und Verwaltung" (bei Ehlich/Rehbein „Juristische und politische Institutionen") – ein Bereich, dessen Institutionen funktional die „Aufrechterhaltung der geltenden gesellschaftlichen Ordnung nach innen und außen" wahrnehmen.

### Ein Modell

Abb. 4.1: Kommunikation in Institutionen – Auswahl
(Daten n. Ehlich/Rehbein 1980 u. Reimann 1991, modif. Systematik)

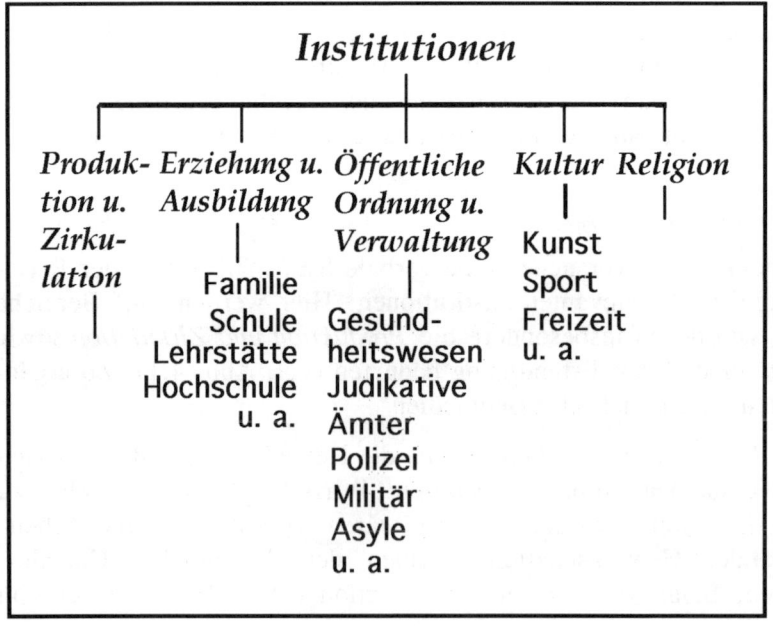

## 4.1.2 Institution Klinik

*Kommunikationsbedingungen – Strategien der Abweisung und Gegenstrategien – Machtstrategien der Ärzte (Modell)*

### Kommunikationsbedingungen

Die Arzt-Patienten-Interaktion wird verschiedentlich analysiert, z. B. durch Bliesener (1982), Lörcher 1983, Bliesener/Köhle (1986), Oksaar (1988a), Johanna Lalouschek in Redder/Wiese (Hgg.) 1994 sowie in vielen weiteren Einzelstudien, die z. T. in Sammelschriften herausgegeben worden sind – vgl. Becker-Mrotzek 1992/93. Hier steht die frühe Arbeit von Bliesener im Mittelpunkt.

In der Kommunikation zwischen Arzt und Patienten tritt der Fachwortschatz zurück, ebenso der Berufsjargon, der bei dem Personal üblich ist. Dennoch ist der Arzt in der Lage, durch die Kommunikation Macht auszuüben. Mit welchen Mitteln geschieht dies? Folgende Kommunikationsbedingungen sind in der Klinik bei der Visite anzunehmen:

1.) die Intention des Nachrichtenaustauschs – der Arzt möchte Informationen gewinnen für Diagnose und Therapie, der Patient bzw. die Patientin gibt Auskunft über die persönliche Lage, eventuell verbunden mit Wünschen, und gegebenenfalls gibt das Begleitpersonal (z. B. MTA) dem Arzt weitere Informationen;

2.) die soziale Beziehung – es besteht eine Rollenverteilung Arzt – Patient(in) und damit verbunden sind Machtverhältnisse, denn der Arzt ist der „Machthaber", der Patient bzw. die Patientin hat die Rolle des bzw. der Machtunterworfenen;

3.) die psychischen Bedingungen – am entscheidendsten ist die Aufrichtigkeitsbedingung, die weder von dem Arzt noch von dem Patienten bzw. der Patientin immer respektiert wird, weil der Arzt z. B. nicht offen über seine Krankheitsdiagnose sprechen will, und aus diversen Gründen wollen auch die Patienten nicht immer;

4.) die physischen Bedingungen – das psycho-physische Kommunikationsvermögen aller beteiligten Kommunikationspartner vorausgesetzt, ist der Arzt stabil und aktiv, der Patient bzw. die Patientin hingegen labil, bettlägerig und passiv;

5.) die sprachlichen (medialen) Bedingungen – der Arzt versucht in der Regel, sich sprachlich auf den Patienten bzw. die Patientin einzustellen, je nachdem also eine elaborierte Sprache und Fachwörter zu vermeiden, während der Patient bzw. die Patientin in der Sprachwahl einen gewissen Freiraum hat.

Strategien der Abweisung und Gegenstrategien

Außer diesen notwendigen Kommunikationsbedingungen sind für Bliesener die Strategien aller, die an der Kommunikation beteiligt sind, von Relevanz. Besonders auffallend sind Strategien der Abweisung.

Abb. 4.2: Strategien eines Arztes und einer Patientin
(Daten n. Bliesener 1982)

| Strategie | *Patientin* | *Arzt* | Strategie |
|---|---|---|---|
| Initiativkern | *Nur die Kost schmeckt mir nicht.* | *Haha. Was hätten Sie denn lieber?* | Vorfrage |
| Präzisierung. Vage Wunschformulierng | *Das Geschlappere da. Bißle was Festes unter den Zähnen.* | *Nein, das ist nicht gut für den Magen.* | Stellungnahme |
| Erneute Präzisierung | *Aber doch wenigstens ein Stückle äh* | *Was Stückle? Blutwurst oder was?* | Vorgriff auf endgültige Stellungnahme |
| Wiederholng. u. Präzisierng. d. Wunschs | *Nein, nein, sell nit. Aber ein bißle Knäkebrot und ein bißchen Käse drauf.* | [Zur Schwester:] *Was kriegt sie denn jetzt?* *[Schwester:]* *Ulcus I.* | Vorfrage zur Kost<br><br>Antwort |
| Frage zwecks Präzisierung | *Das Erbrechen?* | *An sich hat sie das Ulcus ja schon länger, nicht? Wie lange hat sie –* *haben Sie das jetzt? Sechs Wochen, nicht?* | Vorfrage zum Zustand |
| Bestätigung | *Ja, das ist schon weg.* | *Ja, aber das Erbrechen hat sich jetzt gegeben bei der Kost, gell?* | Vorfrage zur Antwortbegründung |
|  |  | *Dann warten wir jetzt erst mal zu.* *Und dann warten wir auch den Eisenwert ab …* | Antwortkern<br><br>Präzisierung |

Aspekte der Strategien der Kommunikationspartner rangieren in einem mehrdimensionalen Kommunikationsmodell stets zwischen a) Situation als Funktion von Pragmatik und b) Ausdruck als Funktion von Syntaktik. Meist handelt es sich um Komplexe von Strategien, im Falle des hier gegebenen Beispiels um den Komplex der „Abweisung" und nicht etwa den der „Konflikt-Befriedung" (vgl. Bliesener 1982, S. 188 ff.).

*Wir-*
*kung*
*er*
*Macht*

In vielen Kommunikationssituationen besteht ein kommunikatives Ungleichgewicht. In der „offensichtlichen Spannung zwischen Patientenerwartungen einerseits und in klinischen und arbeitsorganisatorischen Funktionsabläufe eingebundener Routineabwicklung andererseits" liegt ein „latenter Konfliktgehalt" (Fehlenberg 1983, S. 31).

**Abb. 4.3: Machtstrategien der Ärzte und ihre Wirkung**
(leicht modif. aus: Bliesener 1982, S. 196)

| Text-Nr. | Gesprächs-gegenstand | Struktur-elemente-typ | Planungs-form | Wirkungs-weise | Strategie d. Arztes | Effekt bei Patienten |
|---|---|---|---|---|---|---|
| 1 | Intensives Training | I | | | Abriegeln | Zermürbung |
| 2 | Beine tun weh | II | | | Überfahren | Perplexität |
| 3 | Was Festes essen | III | | | Hinhalten | Desillusionierung |
| 4 | Verlegung in Klinik | IV | Assoziation | Summation | Leerlaufen lassen | Entmutigung |
| 5 | Punktion vor 1 Jahr | V | | | Abwinken | Irritation |
| 6 | Schmerzen damals | VI | | | Stillegen | Einschüchterung |
| 7 | Beschwerde | VII | | | Problematisierung | Verunsicherung |
| 8 | Fast Herzschlag | III/IV | Gradation | Komposition | Abbiegen | Ablenkung |
| 9 | Enkel eingeliefert | III/II | | | Verlagern | Verblüffung |
| 10 | Knoten entfernen | II | | | Filibustern | Übersättigung |
| 11 | Geschwulst | III | Elaboration | Superisation | Abgleiten | Zerstreuung |
| 12 | Magengeschwür | V | | | Sich rausreden | Resignation |

Während die Visite „in erster Linie eine Arbeitsbesprechung über den Patienten, nicht ein Gespräch mit ihm" ist, erwartet der Patient ein Gespräch. Auch darin liegt ein „latenter Konflikt". Mit Recht versuchen der Patient bzw. die Patientin, auf ihre Bedürfnisse hinzuweisen, während der Arzt bzw. die Ärztin in den Fällen, die in Abb. 4.2 und 4.3 skizziert sind, „den Patienten mit bestimmten, hochwirksamen Abweisungsstrategien mundtot macht" (Bliesener 1982, S. 7). Auch wenn Strategien, die sich an Konformität orientieren, verwendet werden, bleibt doch das Faktum „Macht und Herrschaft" seitens des Klinikspersonals (vgl. S. 84 f.).

■ *Handlungsstrategien* dienen der Ausübung von Macht und Herrschaft.


### 4.1.3. Institution Gericht

*Zwei Fälle – Verhandlung und Urteil – Sozialschicht und Strafverfahren*

Zwei Fälle

Wie in der Klinik besteht auch vor Gericht ein Ungleichgewicht der Kommunizierenden. Dies läßt sich besonders an Verhandlungen zeigen, in denen ein Richter und ein Angeklagter die Akteure sind.

**Abb. 4.4: Zwei Fälle vor dem Verkehrsgericht (n. Leodolter 1975)**

| D. Angeklagte | Fall A | Fall B |
|---|---|---|
| Alter | 27 Jahre | 29 Jahre |
| Beruf | Universitätsassistent Fach: Reine Philosophie | Hausfrau, Ehemann: Flugzeugwart |
| Schulbildung | Studium | Berufsschule |
| Tathergang | Verkehrsunfall mit Todesfolge bei zu hoher Geschwindigkeit | Verkehrsunfall mit Todesfolge bei zu hoher Geschwindigkeit |
| Unfallgegner | nicht auf d. Zebrastreifen | Mißachtung d. Vorfahrt |
| Schilderung des Tathergangs | umfassend, zusammenhängend, konsistent | Gegenteil v. A: *nicht* umfassend ... (usw.) |
| Orientierung an den Normen d. Richters | ja | nein |
| Geschehen am Tatort | objektiviert | nicht objektiviert |
| Rede | fließend | nicht fließend |
| Schuldeinsicht | ja | nein |
| Image | positiv | negativ |
| Strafzumessung | 14.000 Schilling (ca. DM 2.000) | 3 Monate Haft (ohne Bewährung) |

Wer an Verkehrsunfällen beteiligt ist, wird nicht von vornherein mit einem bestimmten Milieu bzw. einer bestimmten Sozialschicht identifiziert – anders als bei Raub und Einbruch, assoziiert mit niederem bzw. Korruption, assoziiert mit hohem Sozialmilieu. Daher läßt sich anhand von Verkehrsunfällen unverzerrt überprüfen, ob und in welchem Maße die soziale Herkunft und das daran gebundene Sprachverhalten maßgebend sein können für den Verlauf und das Ergebnis einer Gerichtsverhandlung. Die Strafzumessung gibt dieser Hypothese Recht.

### Sozialschicht und Strafverfahren

*Ver-*
*hand-*
*ung*
*nd*
*Jrteil*

Ruth Leodolter (1975) hat dies in einem österreichischen Gericht anhand von zwei Verkehrsunfällen mit Todesfolge überprüft. Abb. 4.4 enthält die wesentlichen Daten. Unter Berücksichtigung weiterer Fälle konstatiert Leodolter (1975, S. 234 f.) die folgenden Ergebnisse:

1.) Hinsichtlich des Gerichtsverfahrens – die Verhandlung ist eine Folge von Kommunikationsakten – besteht eine Benachteiligung für Angeklagte aus der sozialen Unterschicht.

2.) Die Benachteiligung wird auf die unterschiedliche Sozialisation zurückgeführt: Im Gegensatz zu Unterschichtangehörigen haben die Angeklagten aus der Mittelschicht die vor Gericht erforderlichen Handlungsstrategien in anderen Situationen gelernt und können diese transferieren. Folglich werden sie positiver beurteilt als die Angeklagten aus der Unterschicht.

3.) Die Verschiedenheit in der Sozialisation läßt sich auf das Vorkommen bzw. Fehlen entsprechender Lernprozesse reduzieren. Denn vorbestraften Unterschichtangehörigen, die Situationen vor Gericht erfahren haben, gelingt es ebenfalls, ein positives Image aufzubauen und dadurch relativ günstig beurteilt zu werden.

Das Beispiel des vorbestraften Unterschichtangehörigen zeigt, daß dieser sich auf die Erwartenshaltung des Richters eingestellt hat. Hier gelten die bezüglich der reflexiven Co-Orientierung (Abb. 1.6) gemachten Feststellungen: Der Angeklagte (A) orientiert sich an dem Sachverhalt X in bezug auf die vermeintliche Orientierung des Richters (B) an der Orientierung des Angeklagten (A) an dem Sachverhalt X. Entsprechend orientiert sich auch der Richter (B) an dem Sachverhalt X in dem Maße, in dem sich vermeintlich der Angeklagte (A) in bezug auf die Orientierung des Richters (B) an dem Sachverhalt X orientiert.

*Handlungsstrategien* werden im Verlauf der Sozialisation erworben.

■ *Handlungsstrategien* werden durch erfahrene Situationen erworben.

■ *Erlernte Handlungsstrategien* werden auf neue Situationen übertragen.

### 4.1.4. Ämter und Verwaltung

> *Sozialamt – Verständnisfördernde und verständnisfeindliche Strate-*
> *gien – Behördendeutsch – Verständigungsprobleme in der Behörde –*
> *Syntax – Sprache der Verwaltung und mündliche Alltagssprache*

## Sozialamt

Wie in den bisher behandelten Institutionen werden auch in den - öffentlichen – Ämtern, z. B. dem Sozialamt, bestimmte Strategien in der Kommunikation zwischen den Vertretern der Institution und den sogenannten Klienten angewandt. Angelika Wenzel (1984) hat 50 Gespräche und damit
verbundene Handlungsabläufe zwischen Bürgern und Beamten an drei So-
zialämtern in verschiedenen Städten Süddeutschlands analysiert.

Aus der Sicht des Beamten des Sozialamts unterscheidet sie zwei Typen
von Strategien: verständnisfördernde und verständnisfeindliche. Die ver-
ständnisfördernden Strategien beruhen auf dem Ziel des Büroleiters (Beamten), a) sich gut über die Bedürfnisse des Klienten zu informieren und
b) ihm den Verwaltungsprozeß durchsichtig zu machen.

*Ver-*
*ständ-*
*nisför-*
*dernde*
*Strate-*
*gien*

Zu a) gehören Strategien der Verstehens- und Einverständnisabsicherung,
erkennbar aus Rück- und Vergewisserungsfragen, aber auch aufmerksames
Zuhören gehört dazu, ausgedrückt durch Signale wie „hm", „ja". Ein
weiteres Mittel ist die Wiederholung in Form einer „rekonstruierenden
Paraphrase" (Wenzel 1984, S. 84). Zu b) gehören Begründungen und
Handlungsanweisungen, die durch institutionelle bzw. persönliche Daten
abgesichert werden:

> „Die Arbeitsunfähigkeitsbescheinigung müßten Sie uns noch bringen, die
> brauch ich ja, das ist für die Hilfe zum Lebensunterhalt auf jeden Fall von
> Bedeutung".

■ *Rekonstruierende Paraphrasen* sind Umschreibungen der Gedankengänge von
Gesprächsteilnehmern (Klienten) seitens des Gesprächsleiters.

Ver-
ständ-
nis-
feind-
liche
Strate-
gien

Die verständnisfeindlichen Strategien sind:

a) ungeduldiges Zuhören (Unterbrechungen, Simultansprechen u. a.);
b) direktive Gesprächsführung – Dominanzhaltung des Beamten (Verhörstrategien);
c) Abwimmeln durch den Gebrauch von Stereotypen („… ein Sprichwort, es heißt, wie man in den Wald reinschreit, so hallt es wider, ne? Wir sind alle nur Menschen …");
d) falsche Rekonstruktion in Paraphrasen (Auslassungen gegenüber den seitens der Gesprächspartnerin bzw. des Gesprächspartners geäußerten Gedanken).

Die Untersuchung hat u. a. folgendes Ergebnis (Wenzel 1984, S. 44 f.):

> „Der Aushandlungsprozeß wird in überwiegendem Maße vom Beamten gesteuert … Er ist es auch, der vom Klienten eingeführte Themen ausklammert … Der Klient hat dagegen nicht die Möglichkeit, das Gespräch so stark zu steuern, sondern muß auf alle vom Beamten eingeführten thematischen Aspekte eingehen. [Trotzdem] handelt es sich doch insoweit um einen gemeinsamen Aushandlungsprozeß, als der Beamte dem Klienten immer die Möglichkeit gibt, sein Verständnis der behandelten Gegenstände zu korrigieren und abzusichern."

## Verwaltung

Be-
hörden-
deutsch

Anläßlich einer Arbeitstagung „Bürger – Formulare – Behörde" hat man sich mit dem Behördendeutsch befaßt und festgestellt, daß die in der Verwaltung übliche Sprache vor allem von rechtlichen und administrativen Belangen bestimmt ist, „als künstliche Sprache – von der gleichsam ‚natürlichen' Alltagssprache wesentlich unterschieden. Insofern tritt den meisten Menschen diese besondere Sprache zunächst als etwas Fremdes entgegen" (Richard Albrecht in Grosse/Mentrup (Hgg.) 1980, S. 76).

Vergleichbare Ergebnisse einer Untersuchung von Hildegard Wagner (1970) lassen sich wie folgt zusammenfassen:

1.) Die Sprache der Behörden beschränkt sich nicht wie die Fachsprachen auf einzelne Berufsgruppen, sondern sie ist fachübergreifend.

2.) Da jeder Bürger in irgendeiner Form mit Behörden zu tun hat, muß er neben der in der Kindheit erlernten Gemeinsprache und der berufsbezogenen Fachsprache Kenntnisse in der Verwaltungssprache erwerben.

3.) Durch die Komplexität der Verwaltungssprache und deren mangelnde aktive und passive Beherrschung seitens der Bürger können entscheidende Kommunikationsbarrieren entstehen.

Um eine Verbesserung zu erreichen, müßten die in dem Sammelband von
Grosse/Mentrup (1980) verlangten Vereinfachungen seitens der Behörden
besser und über bescheidene Anfänge hinaus berücksichtigt werden, insbesondere bei der Gestaltung von Fragen und Anweisungen in Formularen.
Margret Selting (1987) hat in einem Modell (vgl. Abb. 4. 5) Typen „lokaler" und „globaler" Verständigungsprobleme aufgezeigt.

**Abb. 4.5: Typik von Verständigungsproblemen in der Behörde**
(Selting 1987, S. 52, ergänzt u. leicht modif.)

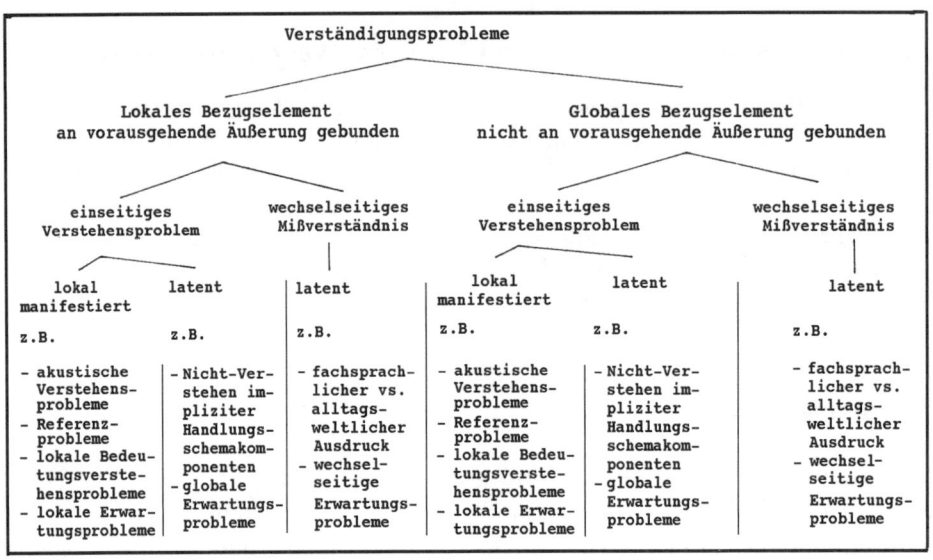

„Lokale" Verständigungsprobleme i. S. von Abb. 4.5 sind an eine voraus-
*Ver-* gehende Äußerung gebunden (man versteht nicht, was der Gesprächspart-
*ständi-* ner bzw. die Gesprächspartnerin soeben gesagt hat), „globale" Verständi-
*gungs-* gungsprobleme sind nicht an eine vorausgehende Äußerung gebunden. Ge-
*pro-* genüber dem Originalmodell von Selting wird ergänzend angegeben, was
*bleme* bei einseitigen Verstehensproblemen lokal latent und global manifest ist
und welche Beispiele es für latente, wechselseitige Mißverständnisse gibt.
Das Wiederauftreten der gleichen Beispiele ergibt sich aus der Spiegel-
bildlichkeit lokaler und globaler Bezugselemente.

Selting bezieht sich z. T. auf Gesprächsnotationen:

Am wenigsten gravierend und z. T. komisch sind die protokollierten Mißverständnisse, die durch „Fehlfestlegung" zustande kommen, z. B. dadurch, daß der Verwaltungsbeamte nicht direkt versteht, daß der schwer-
behinderte Klient von ihm die Bescheinigung des Verlusts eines Eisen-

bahnverkehrsausweises wünscht, damit dieser beim Versorgungsamt neu beantragt werden kann; statt dessen versucht der Verwaltungsbeamte eine Klärung über das Fundbüro herbeizuführen, ob der Ausweis dort vielleicht abgegeben worden ist.

Folgenschwerer können hingegen andere falsche Annahmen des Verwaltungsbeamten sein, z. B. bezüglich der Voraussetzungen für eine Gebührenbefreiung (Selting 1987, S. 184 ff.).

Ein Text von Hildegard Wagner (1970, S. 51) dokumentiert globales Nichtverstehen in der Verwaltungssprache, und zwar bedingt durch einen zu komplexen Satzbau:

> „Der Verfassungsgerichtshof Bremen entschied mit Urteil vom (...), daß die Nichterfüllung steuerlicher Verpflichtungen dann einen Gewerbetreibenden als unzuverlässig erscheinen läßt, wenn diese nicht nur auf schlechte wirtschaftliche Verhältnisse zurückzuführen ist, sondern wenn zu erkennen ist, daß der Gewerbetreibende allgemein nicht gewillt ist, die ihm obliegenden Pflichten gewissenhaft zu erfüllen."

*Zu komplexe Syntax*

Dieses Satzgefüge hat eine mehrfache Verschachtelung und ist schon deshalb nicht von jedem auf Anhieb zu verstehen. In einer graphischen Kurve, die die Zahl der Wörter pro Satz auf Textbasis vergleicht, ist dies Satzgefüge mit insgesamt 49 Wörtern entschieden zu lang. Dies gilt, wenn man diesen Text an der Satzlänge der „normalen" Verwaltungssprache mißt (Gipfel bei 15 Wörtern), ebenso im Vergleich mit Texten der Autoren der als schwierig geltenden F.A.Z. (Gipfel der Kurve auch bei 15) und auch der Autoren der Sachbuchreihe *rde* („rowohlts deutsche enzyklopädie", Gipfel bei 16 bis 18 Wörtern, wie Hans Eggers festgestellt hat) - s. Abb. 4.6.

### Sprache der Verwaltung und Alltagssprache

Erst wenn man sich vorstellt, daß täglich Tausende von Menschen, die im Normalfall hauptsächlich mündlich kommunizieren, mit einer solch komplexen Schrift-, konkret: Verwaltungssprache konfrontiert sind, lassen sich deren Schwierigkeiten, die qualitativ näher zu bestimmen wären, richtig einschätzen. Vergleicht man Texte der durchschnittlichen mündlichen Kommunikation, d. h. Texte der einfachen Frau und des einfachen Mannes, mit Texten der Verwaltungssprache, dann wird der Gegensatz besonders klar.

Texte der gesprochene Sprache legt Christel Leska (1965) ihrer Untersuchung zugrunde. Darin wird u. a. die Anzahl der Wörter je Satz in Texten
der gesprochenen deutschen Gegenwartssprache wiedergegeben. Methodisch unterscheidet Leska zwischen einer schriftnahen, einer schriftfernen
und einer mittleren Schicht der gesprochenen Sprache i. S. der Alltagssprache. Berücksichtigt man davon nur die schriftferne, gegebenenfalls die
mittlere Schicht (normale Alltagssprache), so ergibt sich die zu erwartende
enorme Diskrepanz gegenüber den in Abb. 4.6 dargestellten Varianten der
Schriftsprache: Die Verwaltungssprache ist in etwa vergleichbar mit der
schwierigen Sprache der F.A.Z. und wird nur überflügelt durch Rowohlts
Deutsche Enzyklopädie (rde), aber alle Varianten sind weit entfernt von
der einfachen Syntax der mündlichen Kommunikation.

In Zahlen ausgedrückt: In der schriftfernen Schicht Leskas liegt der Kulminationspunkt bei 9 (neun) Wörtern pro Satz; die Sätze zwischen 7 und 9
Wörtern machen 43 % der erfaßten Sätze aus; diejenigen mit bis zu 6 und
diejenigen zwischen 10 und 12 Wörtern je Satz bilden jeweils 28,5 % aller
Sätze der gesprochenen schriftnahen Sprache in der Untersuchung Leskas,
womit der bei 15 Wörtern im Satz liegende Kulminationspunkt der Verwaltungssprache bei weitem unterschritten wird.

Trotz aller Einschränkung, die sich aus der Kritik an den zugrunde gelegten Korpora ergeben könnte, ist die Tendenz offenkundig:

1.) Zwischen schriftlich und mündlich realisierter Sprache bestehen erhebliche Unterschiede.

2.) Die schriftliche Verwaltungssprache ist wesentlich komplexer als die
mündliche Alltagssprache.

Das Problem ist somit evident: Wie sollen und können Menschen, die einfache Sätze zu sprechen und zu verstehen gewohnt sind, ohne vorherige
Schulung mit x-fach längeren Sätzen der Verwaltungssprache zurechtkom-
men? Dieser Konflikt erwächst wie bei den Schülern (vgl. Kap. 4.2) aus
der Unfähigkeit, die soziale Situation sprachlich zu meistern. Dies genau
ist die Definition für eine *Sprachbarriere* (vgl. Kap. 2.2.4). Der Vergleich
mit den Schwierigkeiten von Schülern in der Institution *Schule* ist daher
nicht von der Hand zu weisen. Daraus ist zu ersehen:

■  „Bürgerfreundlichkeit" besteht in der einfachen Sprache.

■  *Lange und verschachtelte Sätze* entsprechen nicht dem Usus der Alltagssprache; sie sind nur mit Übung sofort dekodierbar.

■  *Eine komplexe Verwaltungssprache* ist bürgerfeindlich, führt zu kommunikativen Konflikten und sollte daher vermieden werden.

Abb. 4.6: Satzlänge in der Verwaltungssprache verglichen
mit Texten von F.A.Z. u. rde (leicht modif. aus Wagner 1970)

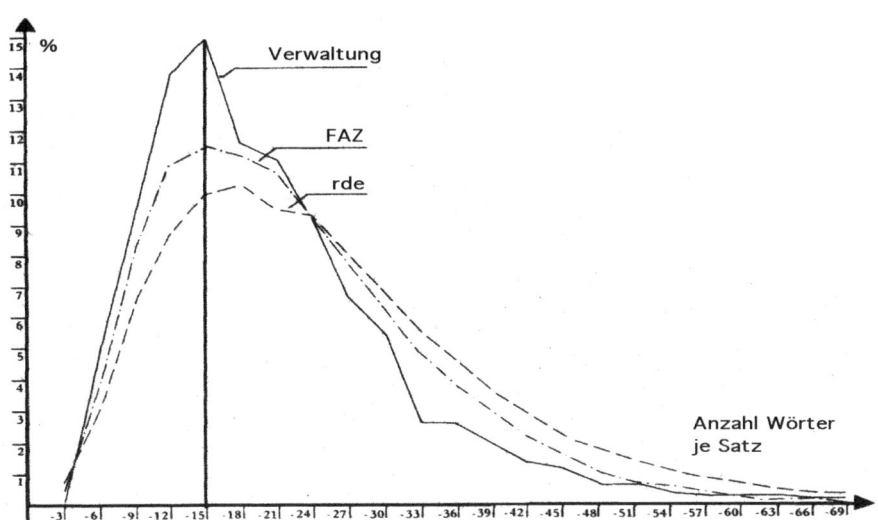

Literatur (Auswahl)

Bliesener 1982 – Ehlich/Rehbein 1980 – Grosse/Mentrup (Hgg.) 1980 – Klein/Presch (Hgg.) 1981 – Leodolter 1975 – Leska 1965 – Reimann 1991 – Selting 1987 – Wagner 1970 – Wenzel 1984

Kontrollfragen (Antworten in Kapitel 8, S. 229)

| | |
|---|---|
| 4.1.01 | Definieren Sie „Institution". |
| 4.1.02 | Geben Sie Beispiele für soziale Institutionen. |
| 4.1.03 | Nennen Sie einige Kommunikationsbedingungen bei der Visite. |
| 4.1.04 | Nennen Sie einige Machtstrategien des Arztes in der Klinik. |
| 4.1.05 | Welchen Vorteil haben Mittelschichtangehörige bei Gericht? |
| 4.1.06 | Nennen Sie zwei gegensätzliche Strategien im Sozialamt. |
| 4.1.07 | Was sind „rekonstruierende Paraphrasen"? |
| 4.1.08 | Nennen Sie einige Charakteristika der Verwaltungssprache. |
| 4.1.09 | Wie unterscheidet sich die mündliche Alltagssprache von der der Verwaltung? |
| 4.1.10 | Welche Schwierigkeiten sind mit langen und verschachtelten Sätzen verbunden? |

## 4.2 Schule: Theorien über sprachliches Versagen

### 4.2.1 Kode-Theorie und Schule

*Bernsteins Grundgedanke – elaborierter und restringierter Kode – Merkmale – Ein Text – Mündlichkeit – Alltagssprache – Sprach-, Sozial-, Bildungsbarrieren – Sozialisation in der Familie*

### Grundgedanke

*Bernsteins Grundgedanke*

Bernsteins Grundgedanke besteht in der Annahme, daß die soziale Differenzierung zu unterschiedlichen sprachlichen Kodes führt. Die Beschaffenheit der Kodes ist somit abhängig von der Beschaffenheit der Sozialbeziehungen ihrer Sprecher bzw. Benutzer. Die Sozialbeziehungen kondensieren sich als soziale Schichten. Dichotom werden zwei Sozialschichten unterschieden, denen zwei Codes entsprechen.

Die Bezeichnung *Code* (neudeutsch: *Kode*) wird aus altfranzös. *code* ins Englische übernommen mit den Bedeutungen a) ‚Signalsystem‘ z. B. in der Flaggensprache des Schiffsverkehrs, b) ‚Chiffrierbuch‘ z. B. für Telegramme oder zur Umsetzung von Normal- in Geheimschrift und umgekehrt; *Code* ist seit Ende des 19. Jhs. in diesen Bedeutungen auch im Deutschen belegt (vgl. Pfeifer 1989, S. 872).

*Code* hat im Englischen ursprünglich die Bedeutungen ‚Signalsystem‘, ‚Chiffrierbuch‘.

Von Anfang an unterscheidet Bernstein zwei dichotome „Sprechweisen“, die seit etwa 1970 „elaborierter“ und „restringierter“ Kode heißen. Der leistungsfähigere ist der elaborierte, der weniger leistungsfähige der restringierte Kode. Diese Kodes resultieren aus zwei Sozialschichten (*„classes“* – engl. *class* ist in der deutschen Soziologie svw. *Schicht*): aus der Mittelschicht gegenüber der Arbeiterschicht (Unterschicht) – später etwas mehr differenziert.

Angehörige der *Arbeiterschicht* beherrschen nur den restringierten Kode.

Angehörige der *Mittelschicht* beherrschen den elaborierten und den restringierten Kode.

*Defizit-hypo-these* Wegen der geringeren Leistungsfähigkeit des restringierten Kodes weisen die Angehörigen niederer Sozialschichten gegenüber denen aus höheren Sozialschichten ein sprachliches Defizit auf. Dies macht sich bereits in der Vorschule, ernstlich aber mit dem Eintritt in die Grundschule negativ bemerkbar. Wegen dieses sprachlichen Defizits der Arbeiterschicht gegenüber den Sprechern der Mittelschicht wird die Kode-Theorie auch „Defizithypothese" genannt.

Die Folgen des Defizits sind Mängel in Lernfortschritt und sprachlicher Weiterentwicklung in der Schule, so daß sich dort das anfänglich in sprachlichen Fächern auftretende Defizit auf andere Fächer ausdehnt und weiter akkumuliert („kumulatives Defizit" nach Martin Deutsch – vgl. Deutsch in Klein/Wunderlich 1971, S. 27). Dies hat wiederum Auswirkungen auf die Berufswahl und den Beruf selbst.

Abb. 4.7: **Die Bernsteinschen Kodes (ausgewählte Merkmale)**

| Kriterium | elaborierter Kode | restringierter Kode |
|---|---|---|
| a) SYNTAX | | |
| Satzbau | komplex | einfach |
| Satzlänge | relativ lange Sätze | relativ kurze Sätze |
| Satzmuster | nicht festgelegt | stereotyp |
| Präpositionen | relativ häufig | relativ selten |
| b) WORTSCHATZ | | |
| Variationsbreite | groß | gering |
| Adjektive, Adverbien | differenziert, zahlreich | starr, begrenzt |
| c) PRAGMATISCHE BZW. KOGNITIVE BEZÜGE | | |
| Affektivität | indirekt | direkt |
| Fragen, Befehle | relativ selten | relativ häufig |
| Pausen z. Nachdenken | häufig | selten |

Diese Merkmale findet Ursula Böse in den Äußerungen von vier Schülerinnen der 5. Klasse eines Mädchengymnasiums in Herten bestätigt (Abb. 4.8); die Schülerinnen berichten mündlich über ein Mobile. In dem Beispiel beschreibt ein Kind das Mobile seiner Schwester.

*Pausen* (Satzende, Stocken) = „xpx", *Starkton* = ' ; S = Schülerin, L = Lehrerin.

Abb. 4.8: Text in restringiertem Kode (Böse 1970)

---

S: meine schwester die hatn 'ganz schönes!

L: ja? wie sieht es denn aus?

S: oben sind die nicht aus holz sondern aus draht die stäbe

xpx und dann xpx so ganz wie aus plastik sind die

xpx ist der faden und unten hängen so kleine xpx figuren dran

xpx da sind so kleine männchen dran xpx aus kugeln sind die

gemacht worden so wie man xpx ketten macht und so wie im

weltraum so schweben die daher xpx einer liegt grade auf dem

bauch xpx der andere läuft da so rum xpx noch einer wie xpx

irgendwie so wie mit der astronautenkapsel so sieht der aus.

---

### Mündlicher und schriftlicher Sprachgebrauch

*Münd-lich-keit*

Viele Merkmale des restringierten Kodes, wie sie in Abb. 4.8 auszugsweise angeführt werden, lassen sich in dem Text von Abb. 4.9 wiederfinden. Aber dies gilt auch für andere mündliche Texte, wie z. B. für den Dialog des Verkaufsgesprächs in einem Warenhaus (Abb. 1.4, S. 7). Die in Abb. 4.8 angegebenen Merkmale des restringierten Kodes sind somit nicht auf die Sprache unterer Sozialschichten beschränkt, sondern gelten für die mündliche Kommunikation schlechthin.

*All-tags-sprache*

Sie gelten auch für die normale Alltagssprache, wie sie z. B. von Porzig (1986, S. 251 f.) definiert wird: „Erstens dient sie der unmittelbaren Verständigung in praktischen Lebenslagen" und zweitens der emotionalen Entladung. Die Folgen sind: „einfachste Satzbildung, die nur das Wesentliche ausspricht, und nachlässige Wortwahl, da es auf Genauigkeit entweder nicht ankommt oder die Lage [= „Situation", W. H. V.] die notwendigen Ergänzungen liefert." Für den Text von Abb. 4.9 gilt aber darüber hinaus, daß die „verbale Planung", soweit sich überhaupt von „Planung" sprechen läßt, ad hoc geschieht und daher schlecht ist.

■ *Die Alltagssprache* dient der direkten Kommunikation in praktischen Lebenslagen sowie der emotionsbetonten Kommunikation.

■ Kennzeichen der *Alltagssprache* sind einfache Sätze und eine lässige Wortwahl.

■ Die *Strategien* von Sprechern des restringierten Kodes sind Strategien von Sprechern der Alltagssprache.

Der Dialog in der folgenden Abb. 4.9 trägt Merkmale des „restringierten" Kodes. Er besteht nicht aus vollständigen Sätzen, sondern nur aus Wortgruppen. Es handelt sich um sieben, mit etwa doppelt so vielen Wörtern ausgedrückte Begriffe (alphabetisch): *bißchen, gut, Hammer, links, Nagel, stärker, tiefer.* Die für das Verstehen notwendige Klammer ist - wie auch in Abb. 1.4 - etwas Nonlinguales: die Situation. Sie braucht nicht versprachlicht zu werden, weil sie im Bewußtsein der Sprecher präsent ist: Sprecher 1 steht auf der Leiter und will ein Bild aufhängen, Sprecher 2 steht unten und gibt ihm Handreichungen und Anweisungen.

**Abb. 4.9: Dialog (Situation wäre zu ergänzen)** (vgl. Porzig 1986, S. 251)

| Sprecher 1 | *n Hammer! n stärkern Nagel! ... so recht?* |
|---|---|
| Sprecher 2 | *n bißchen tiefer! noch ne Idee links! ... gut!* |

Kinder versagen, wenn sie nicht darin geübt sind, Situationen a) überhaupt und b) der Schriftsprache angemessen zu versprachlichen, z. B. wenn sie in der Schule schildern sollen, wie ein Bild aufgehängt wird, oder wenn sie das Geschehen eines Films nacherzählen sollen. Denn dabei müssen komplexe Situationen sprachlich dargestellt werden, und das muß eingeübt werden. Auch Mittelschichtkinder können das nicht von vornherein leisten. Dies wird gut belegt durch die Untersuchungen von Rickheit (1975), die in 4.2.4 kurz erörtert werden.

*Sprach-, Sozial-, Bildungsbarrieren*

Die Bedeutung der Schule als Sozialisationsinstanz wird auch in Zusammenhang mit der Identitätsbildung und den dabei auftretenden Sprachbarrieren diskutiert. Dieser Begriff ist seit Basil Bernsteins Forschungen (nach 1958, „linguistic barrieres") in der Linguistik, aber auch in der Pädagogik bedeutsam geworden. In Deutschland ist früh, u. a. in Verbindung mit dem Deutschen Germanistenverband, eine Kommission „Sprachbarrieren" etabliert worden (vgl. Böse 1970), und diverse Bücher tragen diesen Titel (Badura 1971, Bühler 1972 u. a.). Sprachbarrieren sind aus der Sicht der Kode-Theorie „Hindernisse, die sich der Sozialisation bzw. Enkulturation derjenigen entgegenstellen, die durch ihre Zugehörigkeit zu einer unterprivilegierten Bevölkerungsschicht dem restringierten Kode verhaftet sind" (Böse 1970, S. 17). Damit sind sie zugleich Sozialbarrieren und nach Böse außerdem Bildungsbarrieren, weil „der Schulerfolg weitgehend von sprachlicher Geschicklichkeit abhängt."

Alle diese Barrieren sind dieser Auffassung zufolge bedingt durch die Gegensätzlichkeit der beiden Kodes und der sich dahinter verbergenden unterschiedlichen Verbalisierungsmöglichkeiten, d. h., sie spiegeln die Gefangenheit des Menschen in Sozialschicht und Kode wider. Diese Sicht ist wenig dynamisch und realitätsfern, denn weder Sprache noch Gesellschaft existieren wie geologische Sedimente in zwei streng geschiedenen Schichten alias Kodes. Das Faktum, daß mit Sprache gehandelt wird und daß in diesem Zusammenhang Konflikte auftreten, muß in der Definition berücksichtigt werden, die hier wiederholt wird (s. Kap. 2.2.4):

Eine *Sprachbarriere* ist die Unfähigkeit, soziale Situationen sprachlich zu meistern.

### Sozialisation in der Familie

*Die Familie als Institution*

Schwierigkeiten, die sich aus der bloßen Zuordnung von Sozialschicht und Sprachkode ergeben, begegnet Bernstein, wie auch seine Mitarbeiter am Londoner Institute of Education (Walter Brandis, Dorothy Henderson, Denis Lawton, William Peter Robinson), durch die Einbindung des Erziehungs- und Sprachverhaltens der Eltern, insbesondere der Mütter.

Abb. 4.10: Hypothesen über Sozialisationsbedingungen in der Familie

1.) In der Sozialiation ist die Familienerziehung entscheidend.

2.) Zwei Typen von Familien sind zu unterscheiden: statusorientierte und personenorientierte.

3.) Der *Status* ist Ausdruck des Prestiges, das Inhaber einer sozialen Position (vgl. Kap. 2.1.1) genießen und das sich nach Merkmalen wie Einkommen, Bildung, Macht richtet.

4.) In statusorientierten Famlien herrscht ein geschlossenes Rollensystem vor; die Verpflichtung aus der Rolle.

5.) In einem geschlossenen Rollenstystem sind die Verbalisierungsmöglichkeiten gering, in einem offenen Rollensystem sind sie groß.

6.) Geschlossene Rollensysteme können in statusorientierten Familien zu einem restringierten Kode des Kindes führen. Dieser Familientyp ist für die soziale Unterschicht charakteristisch.

7.) In personenorientierten Familien (an die Person gerichteter Appell) herrscht ein offenes Rollensystem vor, was bei dem Kind zu einem elaborierten Kode führen kann; dieser Familientyp ist für die soziale Mittelschicht charakteristisch.

Eine elementare Bedeutung für die Sprachentwicklung insgesamt hat die Art, wie und wie intensiv die Mutter mit dem Kind kommuniziert (vgl. Bock 1972, S. 52 ff.). Die Kommunikationsintensität der Mutter mit dem Kind wird mit Hilfe eines Kommunikationsindex (*maternal index score*) gemessen; die Werte von Unter- und Mittelschichtmüttern werden verglichen.

Die enge soziale und linguale Welt des Kleinkindes ist primär entscheidend. Sekundär ist auch der weitere Umkreis zu berücksichtigen (vgl. Abb. 2.7). Wie die Mutter – z. B. durch das „Baby Talk" – übt auch die sonstige Umwelt eine soziale und linguale Kontrolle über das Kleinkind aus. Die soziale Kontrolle erfolgt über Sprache, und zwar seitens der Mutter entweder durch einen imperativen Modus (des Typs „unterlaß das") oder durch einen permissiven Modus („wenn du immer weinst, muß ich auch weinen").

## 4.2.2   Soziale Schichtung

*Schichtenmodelle – soziale „Lagen" der Westdeutschen*

### Soziologische Modelle

*Schich-*
*ten-*
*mo-*
*delle*
Bernsteins Schichtenmodell ist zunächst dichotom. Es wird später etwas stärker differenziert (untere und aufwärts-mobile „Arbeiterklasse" u. dgl.), aber im Prinzip konkurrieren die „Arbeiter-" und die „Mittelklasse" (s. Bernstein 1972, S. 108 ff.), wobei allerdings „Klasse" besser mit „Schicht" übersetzt wird, da soziale Merkmale zur Klassifikation herangezogen werden. Dies Gesellschaftsmodell entspricht zwar der Dichotomie einer Zwei-Klassen-Gesellschaft, im Sinne von Karl Marx etwa der Einteilung in Proletariat und Bourgeoisie, aber die Marxschen Klassen dürfen nicht mit Schichten gleichgesetzt werden, denn die Ersetzung des Begriffs der sozialen „Klasse" in der bürgerlichen Gesellschaft des 20. Jhs. durch den Begriff der „Schicht" ist auch eine inhaltliche Ersetzung. Peter Meyer (in Reimann u. a. 1991, S. 65 resp. 55):

Eine *soziale Klasse* „besteht aus Individuen, die eine Beziehung zu den Produktionsmitteln, zur politischen Machtstruktur und den herrschenden Ideen gemeinsam haben."

Eine *soziale Schicht* „besteht aus einer Vielzahl von Individuen, die irgendein erkennbares gemeinsames soziales Merkmal haben."

*Geigers*  Theodor Geiger (1932) unterscheidet in der „Rohgliederung" drei Schich-
*Schich-*  ten: unten die „Proletarische Lage", oben die „Kapitalistische Lage" und
*tenmo-*  dazwischen die „Mittlere Lage". Dieser Rohgliederung entspricht eine
*dell*  „Tiefengliederung", bei der fünf Schichten das Ergebnis sind, die allerdings nicht mit den späteren Schichtmodellen wie dem von Kleining/
Moore (1968) konform gehen. Das deutsche Proletariat, das sind „Lohn-
und Gehaltsbezieher minderer Qualifikation", macht 1932 ca. 50 % der
Bevölkerung aus.

Noch bei Dahrendorf (1965, vgl. Geißler 1996, S. 84) ist Geigers Gliede-
rung in etwa erkennbar: Den „Kapitalisten" entsprechen „Eliten" (ca. 1
%), der „Mittelstand" umfaßt ca. 20 % und die „Arbeiterschicht" 45 %
der Bevölkerung. Jetzt schon liegen aber 34 % der Bevölkerung quer zu
diesen Schichten. Bereits in den 80er Jahren hat sich dann die Gesellschaft
im Vergleich zu den Sechzigern weiter verändert. Die Arbeiter sind quantitativ in etwa gleich geblieben (45 %), aber differenziert als un- und angelernte, als Facharbeiter und Arbeiterelite; ausländische Arbeiter und
Facharbeiter kommen hinzu; die Dienstleistungsberufe erstrecken sich auf
alle „Schichten" mit zusammen etwa 37 % der Bevölkerung. Damit ist die
dichotome Ko-Varianz von zwei Sozialschichten und zwei Sprachschichten
(Kodes) hinfällig.

**Abb. 4.11: Soziale Lagen in Westdeutschland 1994**
(n. Daten v. Geißler 1996, S. 80)

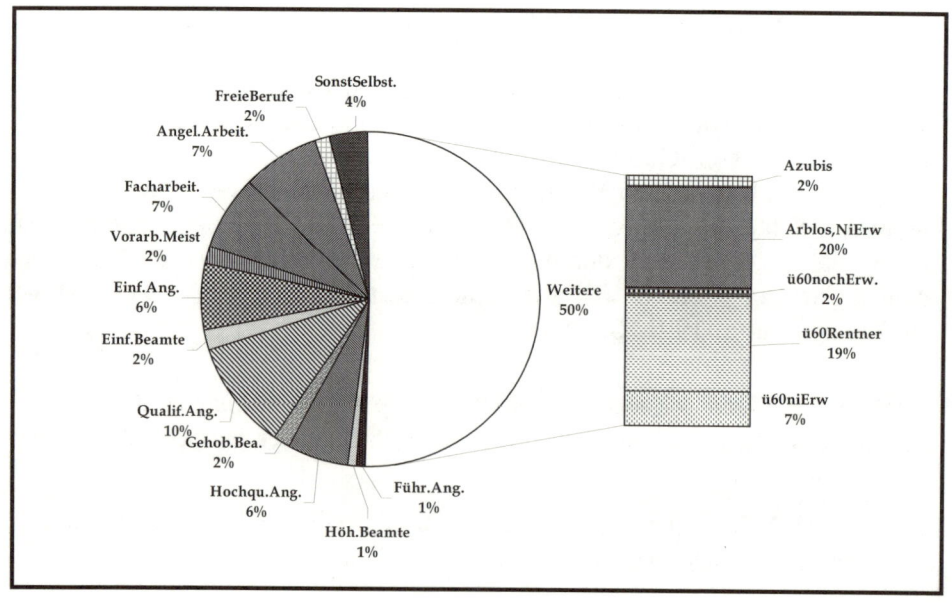

Wie rasant die Dynamisierung der westdeutschen Gesellschaft weitergeht, zeigen die Modelle von Abb. 4.11 und 4.12 für die Mitte der 90er Jahre.

**Abb. 4.12: Soziale Milieus und Schichten (90er Jahre)**
(Quelle: Geißler 1996, S. 81)

### Ostdeutschland

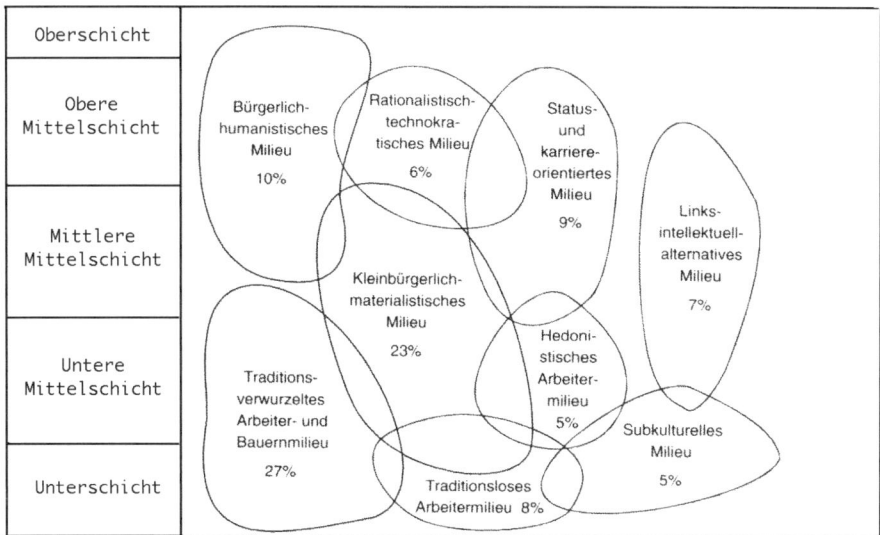

### Westdeutschland

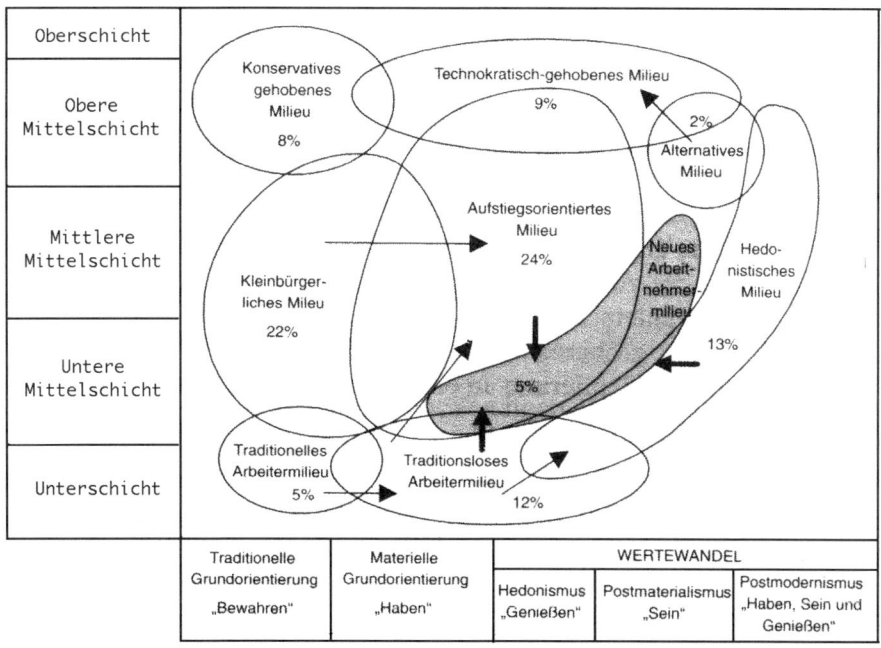

Die Hälfte der Bevölkerung arbeitet, die andere Hälfte besteht aus Azubis (2 %), Arbeitslosen und sonstigen Nicht-Erwerbstätigen wie Kindern usw. (20 %), Rentnern über 60 (19 %) sowie 9 % Personen über 60 Jahre, die aber nicht Rentner sind – dies macht zusammen 50 % der Bevölkerung aus (Säule und rechte Hälfte des Kreises von Abb. 4.11). Der Kreis ist im Uhrzeigersinn zu lesen, damit eine gewisse Statushierarchie nachvollzogen werden kann. Die un- bzw. angelernten Arbeiter, dem früheren Proletariat entsprechend, bilden nur noch 7 % der Bevölkerung. 20 % der sozialen Lagen werden von gehobenen und einfachen Beamten, qualifizierten und einfachen Angestellten bestritten.

Abb. 4.11 belegt, daß das Schichtenmodell in der traditionellen Form nicht mehr besteht und daß schon allein deswegen der Bezug auf Sozialschichten, wie er in der Kode-Theorie angenommen wird, korrigiert werden muß. Abb. 4.12 belegt zudem, daß die jetzige Gesellschaft sich aus z. T. vernetzten Milieus zusammensetzt. Dies ist nicht ohne Folgen.

■ Die *Kode-Theorie* verliert an Gültigkeit, weil die traditionellen Sozialschichten nicht fortbestehen.

In dem Gesellschaftsmodell stimmen Soziologen und Linguisten überein. Im täglichen Sprachverkehr werden die Kommunizierenden mit einer Vielzahl von Kodes, die u. a. den in Abb. 4.12 dargestellten sozialen Milieus entsprechen, konfrontiert, so daß ein Kodewechsel („*Codeswitching*") schon fast normal ist.

■ „*Codeswitching*" ist die Fähigkeit, die „Codes" nach Bedarf zu wechseln.

### 4.2.3   Restringiertes Denken?

*Relativität – Kognitives Defizit – Sapir und Whorf – Modell der Enkodierung: Denken/Fühlen, Mitteilen, Ausdrücken*

**Relativität**

*Kogni-*
*tives*
*Defizit*
Bernstein hat das auf innersprachliche Verhältnisse übertragen, was aus dem Vergleich mehrerer Sprachen (u. a. Indianersprachen im Verhältnis zu Englisch und generell europäischen Sprachen) abgeleitet worden ist: die Relativitäts- oder „Sapir-Whorf-Hypothese". Sie besagt, vereinfacht ausgedrückt: Sprache determiniert die Wahrnehmung und das Denken. Daraus läßt sich im Sinne Bernsteins ableiten: Wer restringiert spricht, nimmt restringiert wahr, denkt restringiert und hat folglich ein kognitives Defizit gegenüber elaboriert Sprechenden.

Edward Sapir (amerikan. Linguist, 1884-1939; s. Sapir 1921/1971), Schüler des Erforschers von Indianer- und Eskimosprachen, Franz Boas (1858-1942), betrachtet Sprache einerseits als die nach außen gekehrte Seite des Denkens. Andererseits ist Denken von Sprache abhängig. Letzterer Aspekt wird von Sapirs Schüler Benjamin Lee Whorf (1897-1941) radikalisiert: Die wahrgenommene (Um-)Welt wird sprachspezifisch organisiert, d. h. durch den Filter „Sprache" werden die kognitiven Kategorien fixiert (vgl. Whorf 1956 [1941] u. Lehmann 1998, S. 33), so daß Erkennen und Denken nur in Relation zu den ausdrucks- und inhaltsseitigen Gegebenheiten einer Sprache möglich sind (Relativität). Vertreter dieser Hypothese sind ferner der gebürtige Pole Bronislaw Malinowski (gest. 1942), der die Südseesprachen (Neuguinea u. a.) erforscht hat (s. Beispiel 4a) in Abb. 4.13), und der Amerikaner Harry Hojer.

Abb. 4.13: Beispiele zur Sapir-Whorf-Hypothese

| Nr. | Sprachbeispiele | Sprache(n) |
|---|---|---|
| 1 | a) *Sie gingen am 11. Mond.* | Hopi (Indianerspr.) |
| | b) *Sie blieben 10 Tage.* | Europäische Spr. |
| 2 | a) *Wie Quellen bewegt sich das Weiße abwärts.* | Hopi (Indianerspr.) |
| | b) *Es ist ein Wasserfall.* | Europäische Spr. |
| 3 | a) *pohko* ‚Kuh, Hund, Schaf' usw. | Navaho (Ind.-Spr.) |
| | b) ‚zahmes Tier' | Europäische Spr. |
| 4 | a) *Wir paddeln am Ort.* | Neuguinea |
| | b) *Wir sind gleich da.* | Europäische Spr. |
| 5 | a) Singular u. Plural nicht unterschieden | Navaho (Ind.-Spr.) |
| | b) *sein Pferd ≠ seine Pferde* | Europäische Spr. |
| 6 | a) *schwarz I ≠ schwarz II – blaugrün* | Navaho (Ind.-Spr.) |
| | b) *schwarz – blau ≠ grün* | Europäische Spr. |

Den Ausdrücken in Abb. 4.13 liegen unterschiedliche Denkweisen zugrunde. Beispiel 1a) präsupponiert, daß sie da waren, und expliziert, wann sie gingen, während 1b) expliziert, wie lange sie blieben, und impliziert, daß sie danach gingen; entsprechend unterschiedlich ist die Zählweise – in europäischen Sprachen gibt es ungefähr Vergleichbares, z. B. *15 Tage* im Französischen heißt *14 Tage* auf deutsch. Auch die Wahrnehmung ist verschieden, z. B. Bewegung bzw. Dynamik in 2a) und 4a) gegen Statik in 2b) und 4b). Entsprechendes gilt für die Sammelbezeichnung in 3a), die mühsam mit 3b) ins Deutsche übersetzt wird. Verschiedene Formen der Wahrnehmung schlagen sich in grammatischen Strukturen und Bezeichnungsfeldern (Beispiele 5 und 6) nieder. Was auf diese Weise gezeigt werden kann, ist somit eine Unterschiedlichkeit (Differenz) des Wahrnehmens und Denkens mit Folgen für den Ausdruck. Der Konflikt tritt erst auf in der Konfrontation mehrerer Sprachsysteme, deren Träger gezwungen sind, in der jeweils anderen Denkweise zu formulieren (zu enkodieren). Somit determiniert der Ausdruck (die „Sprache" i. S. Bernsteins) das Denken nur insofern, als das Sich-Ausdrücken-Wollen in S₂, dem fremden Kode, den Prozeß der Enkodierung vorherbestimmt. Ein kognitives Defizit ist nicht erkennbar, sondern eine Differenz.

### Erkenntnisse durch Denken neben sinnlichem Wahrnehmen

Die Zusammenhänge sind, wie man inzwischen weiß, wesentlich komplexer: Wahrnehmungen sind erstens auch ohne Sprache möglich, wie jeder Autofahrer bestätigen wird; zweitens werden *Erkenntnisse* enkodiert, die kognitiv, d. h. über Denkprozesse, zustande kommen bzw. erschlossen werden; ebenso „Gefühle", die emotional bedingt sind. Vom Denken bzw. Fühlen gesteuert sind z. B. soziale Vorurteile und Stereotype (vgl. Kap. 2.1.3). Eine eventuelle Relativität wäre zudem von Kultur zu Kultur verschieden mit der Forderung nach Variablen, welche eine stärkere Differenzierung zu beschreiben gestatten (s. Lehmann 1998, S. 319 f.).

*Denken,* Ferner ist die vielfach, auch von Bernstein, angenommene Dichotomie
*Fühlen,* *Denken – Sprache* anfechtbar. *Sprache* besteht nicht nur a) aus dem, was
*Mit-* ausgedrückt wird, also der Bedeutung bzw. dem *signifié* und b) dem Aus-
*teilen,* druck bzw. *signifiant* im Sinne von de Saussure (2001, S. 76 ff.), sondern
*Aus-* darüber hinaus sind alle kognitiven Prozesse Teil von Sprache (vgl. Veith
*drücken* 1975, S. 6, und Abb. 4.14). Dies ist auch bei de Saussure (2001 [1916], S.
14, 78) bereits angelegt, wenn von der im Kopf existierenden Vorstellung
(*concept*) und dem ebenfalls im Kopf existierenden Lautbild (*image acoustique*) die Rede ist. Kognitive bzw. emotionale Prozesse, die zu einer Mitteilung (Nachricht) führen, z. B. die Absicht des Sprechers bzw. der Sprecherin, durch das, was er bzw. sie sagt, ein bestimmtes Ziel zu erreichen, sind also zu berücksichtigen.

Alle Strategien des sprachlichen Handelns beruhen auf kognitiven bzw. emotionalen Prozessen, die dem vorausgehen, was der Hörer bzw. Leser

materiell als Laute oder Buchstaben wahrnimmt. Diese Prozesse müssen
also integriert werden. Alle außersprachlichen Bedingungen, wie Raum,
Zeit, Gesprächspartner, äußere Umstände (Situation), Wissen, Welterfah-
rung u. dgl. sowie die sprachlichen Bedingungen wie Mündlichkeit und
Schriftlichkeit, Varietät, Grammatik u. dgl. sind von Relevanz. Die Enkodierung, die Wahl der Mitteilung und des Ausdrucks werden durch die
Kognition bzw. Emotion gesteuert. Bei der Dekodierung ist die Richtung
umgekehrt, aber Denken bzw. Fühlen sind von Anbeginn auch beteiligt.

Abb. 4.14: Denken/Fühlen – Mitteilen – Ausdrücken (Enkodierung)

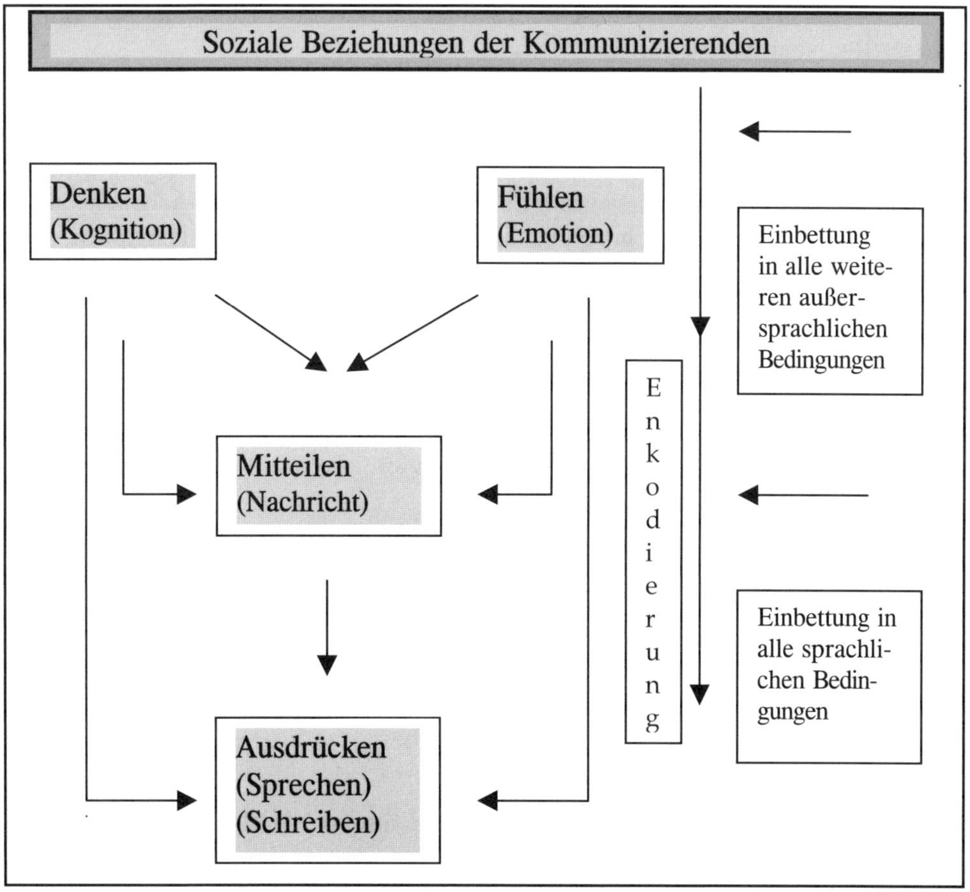

*Die sprachliche Enkodierung* ist die Translation kognitiver bzw. emotiver
Prozesse in eine Mitteilung und die Translation dieser Mitteilung in einen Ausdruck.

### 4.2.4. Zur Rezeption der Kode-Theorie in Deutschland

*Die soziologische Untersuchung von Ulrich Oevermann (1972) –*
*Linguistische Untersuchungen*

**Die soziologische Untersuchung von Ulrich Oevermann (1972)**

*Daten-*
*grund-*
*lage*
Die 1965 durchgeführten Sprachanalysen fußen auf schriftlichen Sprach-
daten und ergänzen somit die an vorwiegend mündlichen Äußerungen orientierten Daten Bernsteins. Es werden Aufsätze zu zwei Themen ausge-
wertet, geschrieben von 31 Schülern – geplant waren 130 – aus 4 Frankfurter Realschulklassen.

Bei der Auswertung werden die linguistischen Befunde auf die Sozialdaten
und die Intelligenz der Schüler projeziert. Dabei wird zunächst an Bernsteins
Dichotomie des elaborierten vs. restringierten Kodes festgehalten, jedoch modifiziert: „Teilweise im Gegensatz zu Bernsteins theoretischen Arbeiten, aber
im Einklang mit der Forschungstechnik seiner Untersuchungen fassen wir den
»restringierten« und den »elaborierten Typ« der verbalen Planung nicht als
zwei qualitativ verschiedene, in sich geschlossene Formen auf, sondern als
relative Positionen auf einem Kontinuum sprachlicher Merkmale in der Dimension »restringiert« – »elaboriert«" (Oevermann 1972, S. 93).

*Varia-*
*blen*
In Hypothesenform wird vorausgesagt, welche Ergebnisse normalerweise
in bezug auf 104 linguale Variablen zu erwarten sind. Ein Auszug aus den
Variablengruppen illustriert dies:

(1) Aufsatzlänge (Gesamtzahl der Wörter und „Satzgerüste", d. h. der
    Subjekt-Prädikat-Einheiten).

(2) Komplexität der syntaktischen Beziehungen, ermittelt durch Quotien-
    ten, z. B.: Die Variable 19 ist der Quotient, gebildet aus der *Zahl der*
    *Nebensätze 2. u. 3. Grades, dividiert durch die Zahl der Nebensätze*
    *insgesamt*, in Abb. 4.15 veranschaulicht.

**Abb. 4.15: Beispiel eines Quotienten in der Studie Ulrich Oevermanns**

$$V_{19} = \frac{\text{Zahl der Nebensätze 2. u. 3. Grades}}{\text{Zahl der Nebensätze insgesamt}}$$

Bei doppelter Gewichtung der Nebensätze 3. Grades scheint sich zu zeigen: Es wird „die Fähigkeit zur komplexeren Konstruktion von Satzgefügen bei den Mittelschichtkindern sichtbar, wenn auch nicht so eindeutig" (S. 199).

*Wei-*
*ere*
*Ergeb-*
*nisse*
Die linguistische Analyse bestätigt nach den Worten Oevermanns i. w. die in Anlehnung an Bernstein formulierten Hypothesen, obwohl eine genaue Zählung ergibt, daß ca. 73 bis 74 % der Variablen negativ sind im Vergleich zu diesen Ausgangshypothesen. Dies verwundert nicht, da die Schüler zum Zeitpunkt der Datenerhebung bereits fünf Jahre Muttersprachenunterricht hinter sich hatten.

Unabhängig davon stellt Oevermann, z. T. mehr theoretisch, fest:

- Der Unterschicht-Mittelschicht-Raster ist zu grob.

- Die Kodes sind an soziale Rollen gebunden.

- Rollen manifestieren sich in Handlungssituationen, so daß sie zur Untersuchung subkultureller Milieus herangezogen werden können.

- Sprachunterschiede sind aus Unterschieden der Handlungssituation erklärbar.

- Auch nichtsprachliche Kommunikationsmittel sind einzubeziehen.

- Nicht die Kodes bestimmen die kognitiven Prozesse, sondern die aus den Kodes entstehenden manifesten Sprachmuster, die von unterschiedlichem Abstraktionsniveau sind.

### *Linguistische* Untersuchungen

#### Schichtspezifischer Sprachgebrauch nach der Grundschule minimal

*Rick-*
*heits*
*Daten-*
*rund-*
*age*
Rickheit (1975) untersucht 2.400 mündliche Texte von Grundschulkindern im Alter von 6;0 bis 9;11 Jahren (Braunschweiger Korpus). Nach vorgegebenen Themen mußten die Kinder Erlebniserzählungen machen sowie einen Unfallbericht und die Beschreibung einer Kasperlpuppe. Die Zuordnung der Kinder zu einer Sozialschicht erfolgt aufgrund der Berufsbezeichnung des Vaters bzw. der Mutter.

*Aus-*
*ver-*
*ung*
Die Auswertung des Textkorpus geschieht nach: 1) verschiedenen linguistischen Modellen, 2) dem formalen Bau der Sätze, 3) Satzbauplänen, 4) der Verwendung von Aktiv und Passiv, 5) der Verwendung von Haupt-

und Nebensätzen (weiter differenziert), 6) der Verwendung von Parenthese, Extraposition und Anakoluth u. a. Bemerkenswert ist das Teilergebnis: „Signifikante schichtspezifische Unterschiede in der Verwendung der Satzarten sind – auch bei Schulanfängern – nicht festzustellen" (S. 155). Anfängliche Differenzierungen nivellieren sich bald.

*Baldige Nivellierung*
Zu ähnlichen Ergebnissen kommt Veith (1975). Seine Daten entstammen archivierten Aufsätzen der Schuljahre 1970/71 und 1971/72, bezogen auf alle neun Jahrgangsstufen eines Neuwieder Gymnasiums. Schichtenspezifische Fehler sind nur noch in der Sexta (d. i. die fünfte Klasse), danach nicht mehr verifizierbar. Dies entspricht den Ergebnissen von Rickheit, die nicht verwundern, wenn die Schule ihren Bildungsauftrag erfüllt.

Somit läßt sich feststellen: Wenn – meist minimale – Unterschiede im schichtspezifischen Sprachgebrauch auftreten, sind diese mit Ablauf der Grundschuljahre weitgehend beseitigt. Ähnliches gilt für geschlechtsspezifische Unterschiede. Lediglich die Themenwahl bzw. die Textsorte hat nach Rickheit Auswirkungen auf die Syntax. Die Fähigkeit, eine Textsorte in Aufsätzen zu bewältigen, liegt aber auch an den Lesegewohnheiten.

## Lesegewohnheiten sind abhängig von der sozialen Lage

Im Rahmen der Untersuchung von Veith (1975) zeigt sich ein Ergebnis, das die Lesegewohnheiten betrifft. Diese sind an die soziale Lage gebunden, damals (Datengrundlage von 1970-1972) aber durchaus noch schichtspezifisch zu deuten. Diese Lesegewohnheiten haben Folgen für die Aufsatzbeurteilung.

*Schichtspezifisches Lesen*
Verstöße gegen die pragmatische Erwartungshaltung des Lehrers treten nach der Sexta nur dann auf, wenn die Schule auf vertraute Lesegewohnheiten Bezug nimmt, wenn zum Vorteil der Schüler aus unteren Sozialschichten die ihnen vertrautere Trivialliteratur sprachlich und aufbaumäßig nachvollzogen werden soll und wenn zum Nachteil dieser Schüler die sogenannte schöne Literatur, die vorwiegend in der sozialen Mittelschicht gelesen wird, in den Mittelpunkt des Unterrichts rückt.

## Stigmasignale benachteiligen Kinder aus unteren Sozialschichten

*Stigma* ist aus griech.-lat. *stigma* ‚Stich, Brandmal, Kennzeichen' übernommen, ist eines der Wundmale Christi und hat seit dem 19. Jh. die Bedeutung ,**Kennzeichen,** Merkmal, Schandmal' (Pfeifer 1989, S. 1721). Steinig verwendet diesen **Ausdruck zur negativen Kennzeichnung von Sprachvarianten und deren Sprecher,** d. h. Sprecher der sozialen Unterschicht.

*Beur-*
*teilung*
*von*
*Stigma-*
*sig-*
*alen*
Die Untersuchung von Steinig (1976) wird bei zwei Gruppen von Informanten vorgenommen: Das erste Sample wird gebildet aus 98 Mädchen und Jungen des vierten Schuljahrs von vier Grundschulen in Dortmund und Recklinghausen. Das zweite Sample besteht aus 60 Dortmunder PH-Studenten, welche Filmnacherzählungen der Grundschüler zu beurteilen haben. Dabei werden den 60 Probanden je 10 Texte mit bzw. ohne Stigmasignale zur Beurteilung vorgelegt.

**Stigmatisierte Varianten in seinem Ruhrgebiet-Korpus** sind der Zusammenfall von Dativ und Akkusativ (*mir/mich)*, Verschleifungen, Kontraktionen und die *dat/das*-Ersetzung. Daneben werden andere soziolektale Signale unterschieden.

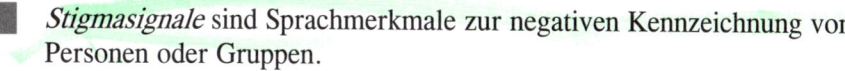

*Stigmasignale* sind Sprachmerkmale zur negativen Kennzeichnung von Personen oder Gruppen.

*Weite-*
*e Er-*
*eb-*
*isse*
Das wichtigste Ergebnis ist, daß die soziale Herkunft der Kinder aufgrund der Stigmasignale richtig erraten worden ist. **Dies bedeutet:** Das *Wie* des Geäußerten **kann** entscheidender sein als das *Was*. So können Kinder, im weiteren Sinne aber auch Erwachsene, welche die Stigmasignale gebrauchen (und unteren Sozialschichten zugeordnet werden), Nachteile erleiden. Diese Ergebnisse sind auch in Zusammenhang mit Messungen von Einstellungen und Vorurteilen (Attitüden, Haltungen) von Bedeutung (vgl. Kap. 7.2.2).

### Standard- und Umgangssprache als Sprachbarriere

Ammon/Kellermeier (1997, S. 21) haben darauf hingewiesen, daß das Problem „Dialekt als Sprachbarriere" nach 25 Jahren immer noch akut sei:

> „Nach wie vor kommen in beträchtlichen Teilen des deutschen Sprachgebiets Kinder – aufgrund ihrer Sozialisation im Dialekt – mit geringen aktiven Fertigkeiten des Standarddeutschen zur Schule ..."

Diese Kinder sind sozial benachteiligt, denn in der Schule werden sie nach wie vor sprachlich und sprachdidaktisch unangemessen behandelt. Somit ist die eigentliche Sprachbarriere nicht der Dialekt, sondern die durch Lehre nicht beseitigte Unfähigkeit, in die verlangte Standardsprache (als Zweitsystem) zu wechseln.

*Standard als Sprachbarriere*

In einer außerschulischen Situation wird diese Inkompetenz deutlicher. Ein Beispiel von Ammon/Kellermeier (1997) schildert die Erleichterung des mühsam standarddeutsch sprechenden, etwa 60 Jahre alten Schwaben, als sein Besucher auf schwäbisch antwortet und er auf schwäbisch fortfahren kann. Hier wird klar, daß nicht der Dialekt für den Dialektsprecher die Sprachbarriere bildet, sondern die Standardsprache, die immer dann eine Sprachbarriere verursacht und damit ein gesellschaftliches Konfliktpotential, wenn Sprecher nicht darin geübt sind, den Kode zu wechseln. Die damit verbundenen negativen Sanktionen sind in der Lehr- und Lerninstitution Schule anders als im täglichen Leben.

*Umgangssprache als Hindernis*

Die neue schulische Sprachbarriere wird allerdings mehr und mehr begründet durch die „Umgangssprache", mit den Worten von Niebaum/Macha (1999, S.183):

„Auch bei den regional-umgangssprachlich beeinflußten Schülern sind – partiell anders dimensionierte – Nonstandard-Phänomene zu erwarten, die als mögliche Schulschwierigkeiten einzukalkulieren sind."

Dies ist auch ein Ergebnis der Mainzer Dissertation von Müller-Dittloff (2001, S. 357):

„Sekundäre Dialektmerkmale, die bei den meisten Sprechern auch in standardnahen Sprechlagen noch zu beobachten sind, stellen eine der Hauptschwierigkeiten bei der Abfassung schriftlicher Texte in der Schule dar. Solche Merkmale sind typisch nicht nur für einen oder wenige Orte, sondern erstrecken sich in der Regel über den ganzen westmitteldeutschen, oft sogar über den gesamten hochdeutschen Sprachraum ... Für die meisten Schüler sind also weniger die Basisdialekte ihrer Heimatorte als vielmehr die zwischen Dialekt und Standardsprache situierten »mittleren« Lagen der gesprochenen Umgangssprache ein Hindernis beim Erwerb der Schriftsprache."

Die von Ammon/Kellermeier genannten Beispiele aus dem Ruhrdeutsch als einer neuen, gesprochenen Umgangssprache bezeugen dies ebenfalls.

## Literatur (Auswahl)

Ammon/Kellermeier 1997 – Bernstein 1972, 1975 – Bock 1972 – Lehmann 1998 – Oevermann 1972 – Rickheit 1975 – Steinig 1976 – Veith 1975

Kontrollfragen (Antworten in Kapitel 8, S. 230)

| | |
|---|---|
| 4.2.01 | Worin besteht Bernsteins Grundgedanke? |
| 4.2.02 | Welche Bedeutungen hat „Code" ursprünglich im Englischen? |
| 4.2.03 | Charakterisieren Sie den Unterschied zwischen dem elaborierten und dem restringierten Kode a) pauschal, b) nach linguistischen Kriterien. |
| 4.2.04 | Wie sind Sozialschichten und Kodes einander zugeordnet? |
| 4.2.05 | Warum heißt die Kode-Theorie auch „Defizithypothese"? |
| 4.2.06 | Erläutern Sie „kumulatives Defizit". |
| 4.2.07 | Nennen Sie Kriterien zur Unterscheidung von elaboriertem und restringiertem Kode. |
| 4.2.08 | Wofür gelten die Merkmale des restringierten Kodes außerdem? |
| 4.2.09 | Welchen Zweck erfüllt die Alltagssprache? |
| 4.2.10 | Kennzeichen Sie die Alltagssprache als „statisches" System. |
| 4.2.11 | Vergleichen Sie die Strategien von Sprechern des restringierten Kodes mit denen von Sprechern der Alltagssprache. |
| 4.2.12 | Definieren Sie „linguistische Strategien". |
| 4.2.13 | Was wird in der direkten Kommunikation nicht versprachlicht? |
| 4.2.14 | Was ist das Besondere an Geigers Schichtenmodell? |
| 4.2.15 | Welche Folgen haben die Veränderungen in den Sozialschichten für die Kode-Theorie? |
| 4.2.16 | Nennen Sie die beiden Familientypen i. S. Bernsteins. |
| 4.2.17 | Was drückt der soziale Status aus? |
| 4.2.18 | Welches Rollensystem ist welcher Schicht zuzuordnen? |
| 4.2.19 | Wozu können geschlossene Rollensysteme beitragen? |
| 4.2.20 | Wozu kann ein offenes Rollensystem führen? |
| 4.2.21 | Welche Folgen hat nach Bernstein restringiertes Sprechen für das Denken? |
| 4.2.22 | Definieren Sie „Code-Switching" und erläutern Sie den Zusammenhang. |
| 4.2.23 | Nennen Sie Beispiele für die Sapir-Whorf-Hypothese. |
| 4.2.24 | Was bedeutet „sprachliche Relativität"? |
| 4.2.25 | Definieren Sie „sprachliche Enkodierung". |
| 4.2.26 | Nennen Sie einige Variablengruppen in der Untersuchung Oevermanns. |
| 4.2.27 | Nennen Sie einige Ergebnisse der Untersuchung Oevermanns. |
| 4.2.28 | Was gilt für die Sprache der Schüler bezüglich ihrer sozialen Herkunft? |
| 4.2.29 | Welche Auswirkungen haben die Lesegewohnheiten? |
| 4.2.30 | Was sind „Stigmasignale"? |
| 4.2.31 | Welche Folgen haben sprachliche Stigmasignale? |
| 4.2.32 | Welches Sprachsystem ersetzt den Dialekt als schulisches Hindernis? |

# 5    Sprachliche Varietäten

## 5.1    Theorie und Empirie

### 5.1.1    Erste Forschungen

*Defizit versus Differenz – Varietätenlinguistische Begriffe – Variable – Varietätenraum*

**Defizit versus Differenz**

*Hypo-the-sen*

Die Kodetheorie wird aus der Perspektive der Institution Schule formuliert und wegen der ungleichen Voraussetzungen, welche Schüler aus der Unter- bzw. der Mittelschicht mitbringen, als Defizithypothese bezeichnet: Das sprachliche Defizit haben die Kinder unterer Sozialschichten. Demgegenüber ist die im Umkreis von Uriel Weinreich und Charles Ferguson in den USA entwickelte Untersuchung sprachlicher Varietäten zunächst rein deskriptiv, d. h. wertneutral. Man beschreibt die Andersartigkeit sprachlicher Systeme (Deviation) in Abhängigkeit von außersprachlichen (sozialen) Fakten. Lediglich im Kontrast mit der Defizithypothese wird dieser Forschungsansatz auch als Differenzkonzeption bezeichnet (vgl. Dittmar 1980, S. 128 ff.).

Die Anfänge liegen Mitte bis Ende der 50er Jahre des 20. Jhs. in Arbeiten zum *Nonstandard Negro English* in Washington, D. C., zum *-ing/-in*-Gebrauch, orientiert an Situation, Sozialstatus und biologischem Geschlecht, und zu phonologischen Variablen, getestet an Sprechern aus 31 nordindischen Kasten (vgl. Dittmar 1980, S. 240 ff.). Hervorstechend ist dann aber das umfangreiche Werk von William Labov (amerikan. Linguist, geb. 1927) zur „sozialen Schichtung" des Englischen in New York (Lower East Side, Manhattan, Washington, D. C. 1966).

**Labov**

Der Untersuchung Labovs zu New York werden fünf phonologische Variablen zugrunde gelegt, die korreliert werden mit a) Erhebungsmodi („styles") und b) den Sozialdaten der Sprecher.

Eine *Variable* ist eine empirische Veränderliche des Metabereichs in einer Menge von Veränderlichen.

Die von Labov gewählten Variablen lauten: /r/, /eh/, /oh/, /th/, /dh/. Jeder dieser Variablen entspricht eine begrenzte Menge von Realisierungen (Varianten), gebunden an die Erhebungsmodi („styles") und den Sozialstatus der Sprecher. Für die Variable /eh/ beispielsweise hat Labov sechs Realisierungen – nämlich (eh-1) bis (eh-6) – festgestellt (Labov 1966, S. 52): [ɪə], [ɛə], [æˈ], [æː], [aː], [ɑː].

Abb. 5.1: Varietätenlinguistische Begriffe

| Terminus | Kurzdefinition | Beispiel |
|---|---|---|
| Variablen | Empirische Veränderliche   a) infralingual b) extralingual | /eh/(eh-1) bis (eh-6) Sozialdaten, „styles" |
| Varianten | Alternative Ausdrucksmöglichkeiten | [ɪə],[ɛə],[æˈ],[æː],[aː]. [ɑː] zu /eh/ |
| Varietäten | Sprachsysteme, eingebunden in Sprachsysteme | Englisch in Manhattan Deutsch in Frankfurt Bairisch |
| Variablenregel | Bedingungen für Varianten in Regelform | x = f (a, b ...), wenn gilt: x = /r/, a = Sozialschicht, b = „style" |

Varietätenraum

Wolf-
gang
Klein

Gegenüber der Systematik von Abb. 5.1 wäre noch der Begriff des „Varietätenraums" zu ergänzen, der von W. Klein (1974) geprägt worden ist, wobei i. S. von E. Coseriu ([1969] – s. Coseriu 1988, S. 280 ff.) die Zeit (Diachronie), der geographische Raum bzw. das Areal (Diatopik), die soziale Schichtung (Diastraktik) und Situation bzw. Stil (Diaphasik) zu berücksichtigen sind. Was fehlt, sind die Funktionen, um z. B. die Fachsprache und auch andere Varietäten (vgl. Abb. 1.13) gegenüber der Gesamtsprache abzugrenzen.

Vereinfacht läßt sich definieren:

Ein *Varietätenraum* ist eine Funktion der diachronen, arealen, sozialen, situativen und funktionalen Faktoren eines sprachlichen Makrosystems.

Innerhalb eines Varietätenraums besonders hervorgehobene – „ausgezeichnete" – Varietäten können die Standardsprache bilden. Der Begriff der Auszeichnung ist allerdings zu global, denn die einzelnen Ebenen der Standardsprache können sich auf unterschiedliche Varietäten beziehen. Ein Teil der Lautung der deutschen Standardsprache (Vokalismus) stützt sich beispielsweise auf die einstige ostmitteldeutsche Verkehrssprache (Thüringen – Obersachsen – Schlesien), ein anderer Teil auf eine ehemalige oberdeutsche Verkehrssprache (Ostfränkisch – Mittelbairisch), während die Standardaussprache auf der niederdeutschen (= norddeutschen) Aussprache des Hochdeutschen beruht. Viele Bereiche, z. B. der Syntax der deutschen Standardsprache, müssen losgelöst von aller Regionalität betrachtet werden, und somit wäre die innersprachliche Dynamik stärker zu berücksichtigen. Zu den varietätenlinguistischen Begriffen s. a. Lieb (1998).

## 5.1.2     Sozialstatus und „Style"

*Soziologische Klassifikation – Indexskala - soziale Stufe bei wechselnden Parametern – „Styles" und Stile*

### Soziologische Klassifikation

*Para-*
*meter*
Wie für Bernstein ist auch für Labov die Annahme maßgebend, daß die soziale Differenzierung zu einer differenzierten Sprache führt. Nur wird der Komplexität der Sozialbeziehungen dadurch eher Rechnung getragen, daß nicht von vornherein und quasi dichotom zwei Sozialschichten unterschieden werden, denen zwei Codes entsprechen. Vielmehr lassen sich durch eine unterschiedliche Gewichtung soziologischer Parameter unterschiedliche soziale Lagen miteinander vergleichen, was der Wirklichkeit eher zu entsprechen scheint (vgl. zu deutschen Gegebenheiten Abb. 4.12).

Als Parameter zur soziologischen Klassifikation gelten das Einkommen, die (Schul-)Bildung und der Berufsstatus mit je vier Subformen (IV = hoch bis I = niedrig). Die sich daraus ergebende soziologische Klassifikation ist an eine Indexskala gebunden, die aus zehn Einheiten besteht (zwischen 9 und 0). Dies Verfahren hat sich als sehr praktikabel erwiesen (s. Abb. 5.2).

Zum Vergleich mit anderen Modellen werden die Indexzahlen sozialen Schichten zugeordnet; es entsprechen: Index 0 = Unterschicht, 1 = gemischte Unter- und Arbeiterschicht, 2-5 = Arbeiterschicht, 6-8 = untere Mittelschicht, 9 = obere Mittelschicht, „-" = Oberschicht. Allerdings ist zu fragen, ob der Bezug auf das relativ starre Schichtenmodell nicht einen Rückschritt gegenüber der Arbeit mit den dynamischen Indexskalen bedeutet, denn die Skalierung stellt eine größere Beschreibungsadäquatheit dar als die platte Zuordnung zu Sozialschichten.

**Abb. 5.2: Indexskala zur soziologischen Klassifikation**
(Labov 1966, S. 216)

| | | hoch | | | ⇐ | Einkommen | | ⇒ | | | | niedrig | | |
|---|---|---|---|---|---|---|---|---|---|---|---|---|---|---|
| | | IV | | | | III | | | | II | | | | I |
| | | Berufsstatus | | | | Berufsstatus | | | | Berufsstatus | | | | Berufsstatus |
| | | hoch | | niedrig | | hoch | | niedrig | | hoch | | niedrig | | hoch | | niedrig |
| Bildungs-status | | IV | III | II | I | IV | III | II | I | IV | III | II | I | IV | III | II | I |
| hoch | IV | 9 | 8 | 7 | 6̲ | 8 | 7 | 6̲ | 5 | 7 | 6̲ | 5 | 4 | 6̲ | 5 | 4 | 3 |
| | III | 8 | 7 | 6̲ | 5 | 7 | 6̲ | 5 | 4 | 6̲ | 5 | 4 | 3 | 5 | 4 | 3 | 2 |
| | II | 7 | 6̲ | 5 | 4 | 6̲ | 5 | 4 | 3 | 5 | 4 | 3 | 2 | 4 | 3 | 2 | 1 |
| niedrig | I | 6̲ | 5 | 4 | 3 | 5 | 4 | 3 | 2 | 4 | 3 | 2 | 1 | 3 | 2 | 1 | 0 |

Man vergleiche einmal die Zahl 6 in allen Bereichen, so daß man sieht, wie unterschiedlich die Parameter kombiniert werden können, um die Mitglieder der Gesellschaft auf die gleiche Stufe „6" zu stellen; in Abb. 5.2 ist die Zahl 6̲ doppelt unterstrichen, in Abb. 5.3 erscheint sie in der Kopfleiste, wobei die Parameter *Einkommen, Berufsstatus, Bildungsstatus* variieren. Es ist zu berücksichtigen, daß der höchste Status durch IV, der niedrigste durch I wiedergegeben wird. Auch das Problem der sozialen Chancen bei unterschiedlicher Qualifikation ist auf diese Weise erklärbar.

**Abb. 5.3: Gleiche soziale Stufe (6) bei wechselnden Parametern**

| Parameter | Soziale Stufe | | | | | | | | | |
|---|---|---|---|---|---|---|---|---|---|---|
| | 6 | 6 | 6 | 6 | 6 | 6 | 6 | 6 | 6 | 6 |
| Einkommen | IV | IV | IV | IV | III | III | III | II | II | I |
| Berufsstatus | IV | III | II | I | IV | III | II | IV | III | IV |
| Bildungsstatus | I | II | III | IV | II | III | IV | III | IV | IV |

„Styles"

*„Styles"* Die zur Konstatierung der unterschiedlichen Aussprache gewählten Er-
*und* hebungsmodi („styles") Labovs sind:
*Stile*

         A    zwangloses Sprechen
         B    sorgfältiges Sprechen
         C    lesen
         D    Wortlisten
         D'   Minimalpaare (z. B. b<u>ee</u>r vs. b<u>ea</u>r).

■  Ein *Style* ist ein Erhebungsmodus.

■  Ein *Stil* ist eine Summe besonderer Ausdrucksformen in kommunikativen
Zusammenhängen.

Der Schreiber bzw. Sprecher wählt aus alternativen Ausdrucksmöglichkeiten – in dem gegebenen Beispiel von Abb. 5. 4 zwischen den Sätzen 1) bis
5) einen Ausdruck aus und will damit gegenüber dem Leser bzw. Hörer
eine bestimmte Wirkung erzielen. Auf alle Texte dieses Autors oder auch
einer literarischen Epoche bezogen, ergibt sich eine Summe besonderer
Ausdrucksformen, des Stils dieses Autors oder dieser Epoche.

*Styles* hingegen werden auch „Kontextstile" genannt (vgl. Ditt-
mar/Rieck (Hgg.) 1980, S. 56 ff., und Dittmars „ethnographischen"
Stilbegriff in Dittmar/Schlobinski (Hgg.) 1988b, S. 118 ff.); sie sind
somit keine Stile im Sinne der Stilistik, wo Stilschichten (Stilebenen)
unterschieden werden, z. B. auf einer Skala zwischen *hoch* und *niedrig*:

Abb. 5.4: *Stil*-Schichten

| | |
|---|---|
| hoch | 1) Sie eilte leichten Fußes davon. |
| | 2) Sie eilte rasch davon. |
| | 3) Sie rannte schnell davon. |
| | 4) Sie kratzte die Kurve. |
| niedrig | 5) Sie hat sich schnell verschissen. |

Labov setzt die linguistischen Variablen zu den soziologischen in Beziehung. Die pro Sozialschicht und „style" festgestellten Varianten einer Variablen, z. B. die Aussprachevarianten der Variablen /r/, ergeben statisti-

sche Durchschnittswerte zwischen den standardnahen und den standardfernen *r*-Varianten. In einem Diagramm als Kurve dargestellt, bildet jede
davon eine Schicht.

Abb. 5.5: „Style"-Schichtung der Varianten von /r/ und soziale
Zugehörigkeit der Sprecher (n. Labov 1966, S. 238)

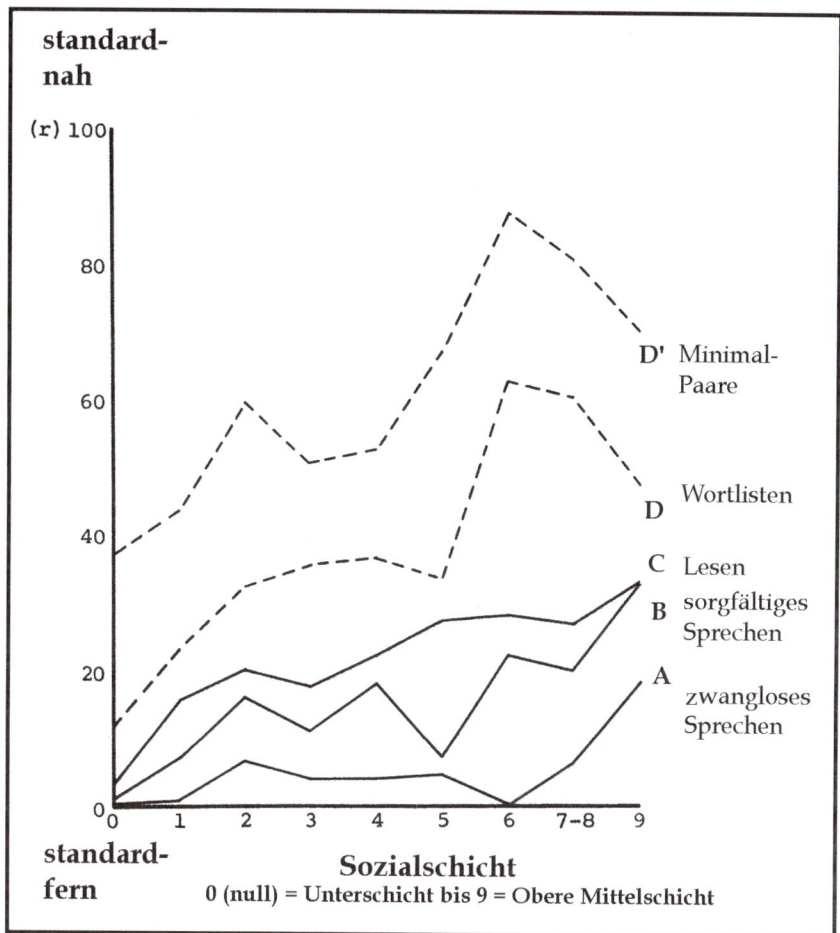

Abb. 5.5 zeigt eine deutliche Hierarchie vom zwanglosen Sprechen (A) bis
hinauf zum formellen Nachsprechen von Minimalpaaren, aufsteigend in
etwa proportional der Sozialschicht. Auffallend ist die größte Nähe zu der
Standardaussprache von /r/ in der unteren Mittelschicht und eine vergleichsweise größere Entfernung davon in der oberen Mittelschicht (9) bei
den Wortlisten und Minimalpaaren.

## 5.1.3   Skalierungsverfahren

*Kritik an Labov – DeCamp – mono- vs. polysystemar – Synonyme – Heteronyme – Implikationsanalyse – Quantifizierung – Beispiele*

### Kritik an Labov

*De-Camp*  Das Skalierungsverfahren in den Untersuchungen Labovs wird von einigen Forschern modifiziert (u. a. DeCamp 1971 [1970], Fasold 1971 [1970]). Zunächst ist dieser Ansatz eine Kritik an Labov und eine Ergänzung zu der Theorie der generativen Grammatik von N. Chomsky (1965); derzufolge besitzt ein idealer Sprecher-Hörer die „Kompetenz",

  a) eine theoretisch unbegrenzte Anzahl von Sätzen zu erzeugen und zu verstehen,
  b) die „Wohlgeformtheit" eines Ausdrucks zu beurteilen und
  c) grammatikalische Ähnlichkeiten und Unterschiede zu erkennen und zu beurteilen.

Dies ist eine monosystemare, an einer Standardsprache orientierte Anschauung. Nach DeCamp beherrscht der kompetente Sprecher aber außerdem die an seine soziale Erfahrung gebundenen Varianten der Sätze, was die „Diversität" einschließt. Eine solche Sprachbeschreibung könne von der generativen Theorie geleistet werden, denn sie könne „gleichzeitig eine Sprache darstellen, alle Dialekte dieser Sprache und alle Übergangsoperationen (>switching operations<), die die Sprache und ihre Dialekte miteinander verbinden" (DeCamp 1971, S. 236). Daraus läßt sich ableiten:

■ *Sprachkompetenz* besteht nach DeCamp in der Fähigkeit eines Sprechers, auch die an seine soziale Erfahrung gebundenen Varianten von Sätzen zu erzeugen und zu verstehen.

Dies ist eine Abkehr von der Betrachtung der theoretischen Fähigkeit eines Sprechers als *Sprachkompetenz* im Sinne Chomsky und eine Hinwendung zu dessen Sprachhandeln (*Performanz* im Sinne Chomskys), denn nur das in vielen Situationen praktizierte Sprachhandeln baut seine Sozialerfahrung und damit seine Kompetenz, sprachlich und nichtsprachlich zu handeln, auf.

*mono-versus poly-syste-mar*  Gegen den linguistischen Strukturalismus wendet DeCamp ein, Sprachvarianten würden dort entweder ein und demselben System zugeordnet – dann handele es sich um „freie Variation" (monosystemar) – oder die Alternativen gehörten verschiedenen Sprachsystemen und damit vielen Grammatiken an (polysystemar).

Dies läßt sich für das Deutsche sehr leicht anhand des Beispiels *Samstag / Sonnabend* erläutern: In der Standardsprache können diese Bezeichnungen alternativ gebraucht werden, sie bedeuten das gleiche, stehen in „freier Variation" und sind somit *Synonyme*. Bezogen auf die vielen Dialekte des Deutschen, muß die Bezeichnung *Samstag* den südwestlichen und die Bezeichnung *Sonnabend* den nordöstlichen Dialektsystemen zugeordnet werden; in einem einzelnen Dialektsystem („Basisdialekt") gilt nur eine Bezeichnung, d. h., im Vergleich der Dialektsysteme sind die beiden Bezeichnungen *Heteronyme*.

- *Synonyme* sind verschiedene Bezeichnungen mit der gleichen Bedeutung in ein und demselben System.

- *Heteronyme* sind verschiedene Bezeichnungen mit der gleichen Bedeutung in verschiedenen Systemen.

Dazu ist anzumerken, daß sich in einem einzelnen Ort mehrere Systeme überlagern bzw. daß mehrere Varianten gleichzeitig, aber abgestuft nach Bevölkerungs- bzw. Spreceranteilen benutzt werden können. Dies zeigt z. B. die Wortgeographie der städtischen Alltagssprache in Hessen (Friebertshäuser/Dingeldein 1988), mit einem abgestuften Prozentsatz des Gebrauchs konkurrierender Wörter in nord- gegenüber ost- und südhessischen Städten.

## Implikationsanalyse

*Quantifizierung*

Gegen die starre Dichotomie von Varianten im Strukturalismus wendet sich DeCamp nicht zuletzt, weil der Sprachgebrauch tatsächlich vielfältige Übergänge zeigt. In dem konkreten Beispiel *Samstag/Sonnabend* folgt daraus eine Quantifizierung des Gebrauchs dieser Bezeichnungen. Dies wird in neueren Forschungen auch entsprechend gehandhabt, z. B. gilt, wie Friebertshäuser/Dingeldein (1988, Karte 174) feststellen, in der Alltagssprache von Kassel, daß *Samstag* doppelt so häufig gebraucht wird wie *Sonnabend*. Auf unterschiedliche Sprecher bezogen, lassen sich solche „Diversitäten" mit Hilfe von Implikationsskalen oder auch anderen statistischen Methoden darstellen.

*Implikation*

Die *Implikationsanalyse* geht nach Dittmar methodologisch auf eine Veröffentlichung von Louis Guttman (1944) zurück. Die Varianten in Implikationsskalen sind hierarchisch strukturiert, d. h., einige werden bevorzugt – sie sind vorhanden (Kennziffer *1*), andere werden vernachlässigt – sie fehlen (Kennziffer *0*). *Implikation* und das Verb *implizieren* in der Bedeutung ‚mit einschließen, einbeziehen' stehen zu lat. *implicare* und bedeuten in diesem Forschungsansatz, daß bestimmte Merkmale vorhanden sind, was das Vorhandensein weiterer Merkmale in der angegebenen hierarchischen Folge impliziert. Ein Maximum z. B. impliziert die Existenz eines Minimums.

*Implikation* heißt, daß die Existenz bestimmter Merkmale das Vorhandensein weiterer Merkmale in der hierarchischen Folge einschließt.

Abb. 5.6: Tilgung des Pluralsuffixes in der Sprache von 12 Negern in Washington D. C. (n. Fasold 1971, dieser n. Schwester Kessler 1969)

| | Soziale Schichten | | | |
|---|---|---|---|---|
| | obere Mittelschicht | untere Mittelschicht | obere Arbeiterschicht | untere Arbeiterschicht |
| K # __ ## (V) | 1 | 1 | 1 | 1 |
| K # __ ## K | 0 | 1 | 1 | 1 |
| V # __ ## | 0 | 0 | 1 | 1 |
| V # __ ## V | 0 | 0 | 0 | 1 |
| V # __ ## K | 0 | 0 | 0 | 0 |

**K = *Konsonant*   *V = Vokal*      *# = Morphemgrenze***

**( ) = *fakultatives Auftreten*      *## = Lexemgrenze***

Die dazu gehörige Regel lautet:

**[+PL] → (Ø) in d. Umgeb. 4 V # __ ##{1 Ø od. 2 V od. 3 K}**

Lies:

a) *Regel.* „Ein Pluralsuffix [+PL] wird Null (Ø) in der Umgebung zwischen (__) einem auf Vokal endenden Stamm (4 V# – das Zeichen # bedeutet: ‚Morphemgrenze') und Lexemgrenze (d. i. ##), wenn entweder *1* Null (Ø) (=Pause) folgt oder *2* das folgende Wort mit Vokal (V) beginnt oder *3* mit Konsonant (K)" (vgl. Fasold 1971, S. 257).

b) *Tabelle.* „Wenn der Wert eines beliebigen Schnittpunktes der Matrix, das Produkt von S̲ [= S̲ozialschicht] X [= mal] U̲ [= phonologische U̲mgebung], 1 [eins] ist (d.h.: das Merkmal ist vorhanden), so impliziert dies, daß jeder Wert, der *über* oder *rechts* neben diesem Wert liegt, auch 1 ist. Ein Wert 0 [null] impliziert, daß jeder *links* oder *unter* ihm liegende Wert ebenfalls 0 ist" (vgl. Dittmar 1980, S. 187 f.).

Von DeCamp und Fasold wird dies Verfahren als hierarchische Relation zwischen linguistischen und nichtlinguistischen *Merkmalen* (u. U. *Va-*

*rietäten*, auch „styles") begriffen; es läßt sich anhand von Abb. 5.6 nachvollziehen. Die beiden Parameter sind die Sozialschicht und die jeweilige phonologische Umgebung, in der das Pluralsuffix getilgt wird. Dessen Tilgung in den untersuchten Sozialschichten kommt als Hierarchie zum Ausdruck, d. h., in der ersten markierten Umgebung besteht die Tilgung in allen, in der letzten aber in keiner dieser Sozialschichten.

In *soziolinguistischen Implikationsskalen* werden linguale und soziale Beziehungen quantifiziert und hierarchisiert.

*Di-stanz, Diffe-renz*

Eine andere Möglichkeit der Skalierung ist die Angabe von Distanzen. *Distanz* bedeutet ‚Abstand', ‚Entfernung' und indiziert in einem sozialen Netz die Ferne oder Nähe zu Personen bzw. Dingen von einem Bezugspunkt bzw. einer Bezugsgröße aus. In einem Beispiel werden die Sprecher in einer deutschen Sprachinsel (dem Ort *Kant* in Kirgisien mit niederdeutscher Mundart) in fünf Altersgruppen eingeteilt, und es wird dargestellt, in welchem Maße sich die jüngeren Sprecher von den ältesten im Tempusgebrauch unterscheiden.

In Abb. 5.7 ist das Bezugsalter der nach Altersstufen dargestellten Sprecher das Alter einer Ausgangsgruppe, nämlich von Sprechern über 65 Jahre. Die Darstellung erfolgt nicht exakt nach Distanzen zu diesem Bezugsalter, sondern zur besseren Information nach Differenzen, d. h., es wird gegenüber Distanzzahlen zusätzlich durch Plus- bzw. Minuszeichen angegeben, in welchem Maße eine Erscheinung zu bzw. abgenommen hat. Die Zahlen geben an, daß der Gebrauch des Präteritums umgekehrt proportional zu dem Alter ab- und der des Perfekts entsprechend zunimmt.

Abb. 5.7: Tempusgebrauch und Alter in einer deutschen Sprachinsel (n. Zahlen v. Hooge 1983, S. 1217 [nd. Mda. im Dorf *Kant* in Kirgisien])

| Tempusgebrauch in % d. Äußerungen | Bezugs-alter: über 65 | Altersstufen | | | |
|---|---|---|---|---|---|
| | | 64-45 | 44-30 | 29-16 | 15-10 |
| Präteritum | 77 % | -8 | -6 | -16 | -27 |
| Plusquamperfekt | 05 % | +4 | 0 | -1 | -4 |
| Perfekt | 18 % | +5 | +6 | +17 | +31 |

### 5.1.4  Graphen und Netzwerke

*Soziometrie – Graphen – Graph eines Zweiwortsatzes – Grundform eines Netzwerks – soziales Netzwerk – biogenetische Vorgaben*

**Graphentheoretisches**

*Gra-*
*phen*

Die Wiedergabe von Sachverhalten in der Form von Graphen ist keine originär soziolinguistische Darstellungsmethode. Die mathematische Graphentheorie und die soziologische Netzwerktheorie, die auf Graphen basiert, sind die Paten. Die Soziometrie als Wissenschaft von der Messung sozialer Beziehungen und sozialen Verhaltens wendet die mathematische Graphentheorie seit Moreno (1934) an.

■ Die *Soziometrie* ist die Wissenschaft von der Messung sozialer Beziehungen und sozialen Verhaltens.

Jansen (1999, S. 87) gibt die folgende Definition für einen Graphen:

■ Ein *Graph* ist mathematisch „ein Set von Knoten N und einem zweiten Set der zwischen ihnen definierten Beziehungen, Kanten, Linien L."

■ *Einfache Graphen* bestehen aus einer Beziehung zwischen zwei Knoten.

Ein Beispiel für einen einfachen Graphen läßt sich aus der Grammatiktheorie von Tesnière (1959) ableiten. Dort besteht der Satz „Alfred spricht" nicht aus zwei, sondern aus drei Teilen: dem zentralen Knoten des Verbs I [$N_1$] als übergeordnetes „Regens", dem des Substantivs O [$N_2$] als untergeordnetes „Dependens" und der Konnexionsbeziehung [$L$] zwischen beiden Knoten:

**Abb. 5.8: Graph eines Zweiwortsatzes von Tesnière (1959)**

$$\textit{spricht} \qquad [\text{I} = N_1]$$
$$| \qquad\qquad [L]$$
$$\textit{Alfred} \qquad [\text{O} = N_2]$$

Die Matrix in Abb. 5.8 ist eine binäre Matrix. Der Zweiwortsatz ist zugleich die primitivste Form eines systemlinguistischen Netzwerks. Entsprechendes gibt es in soziologischen Netzwerken, wenn eine prestigereiche Statusgruppe ($S_1$) Objekt vieler Beziehungen ist, diese die eigenen Beziehungen aber auf die eigene Gruppe beschränkt, d. h. die Beziehungen aus anderen Gruppen mit niedrigerem Prestige (S2) nicht erwidert – man denke an die Abhängigkeitsbeziehung der Patientin bzw. des Patienten gegenüber dem Arzt bzw. der Ärztin. Zu den sozialen Beziehungsformen und zu Abb. 5.9 vgl. Jansen (1999, S. 145 f.).

Abb. 5.9: Matrix der Grundform eines sozialen (Status 1,2) und lingualen (Knoten 1, 2) Netzwerks

|  | Status 1 (S1)<br>Knoten 1 (N1) | Status 2 (S2)<br>Knoten 2 (N2) |
|---|---|---|
| Status 1 (S1)<br>Knoten 1 (N1) | 1 | 0 |
| Status 2 (S2)<br>Knoten 2 (N2) | 1 | 0 |

In der Graphentheorie wird auch der Grad der Verbundenheit ausgedrückt. Dafür gibt es besondere Techniken. Wird nur untersucht, ob eine Beziehung existiert oder nicht, wird dies in einer Matrix durch die Zahlen *1* (für ‚vorhanden') und *0* (für ‚nicht vorhanden') ausgedrückt, so wie in Abb. 5.9 gezeigt. Dies ist dann eine „binäre" Matrix oder auch „Berührungsmatrix" (vgl. Jansen 1999, S. 94).

Netzwerke

Soziale Netzwerke hat es schon immer gegeben, aber Umwälzungen, insbesondere informationstechnologische, haben zu einer Fokussierung der Netzwerkforschung geführt. So gesehen ist die Gesellschaft eine vernetzte Gesellschaft („Network Society" – vgl. Castells 1998 [1996], S. 525). Netzwerke überziehen alle sozialen Bereiche, folglich auch die soziolingualen Mikro-, Meso- und Makrogebilde (vgl. Abb. 1.14). Hierfür wird mit Abb. 5.10 ein Beispiel aus amerikanischen Forschungen gegeben. Es sind zwei kohäsive Gruppen von Frauen deutlich unterscheidbar, die mit Außenseiterinnen verbunden sind. Gemessen wird die Kommunikationsintensität, d. h. Häufigkeit und Dauer der Kommunikation. Die Zahlen sind Kodenummern der Informantinnen. Die Linien orientieren sich an einem bestimmten Gewichtungsverfahren.

Ein *Netzwerk* ist ein Set von Knoten N und von Linien L.

Ein *Netzwerk* ist ein Komplex miteinander verknüpfter Knoten.

Frühkindliche soziale Netzwerke werden in Kap. 2.2.3 angesprochen (vgl.
auch Abb. 2.8 und 2.9). Eine der Definitionen für ein *soziales Netzwerk*
wird hier wiederholt:

Ein *soziales Netzwerk* besteht aus „Personen, Funktionen und Ereignissen."

Abb. 5.10: Soziales und linguales Netz der Frauen in Old City
(Freeman 1992, aus: Jansen 1999, S. 198)

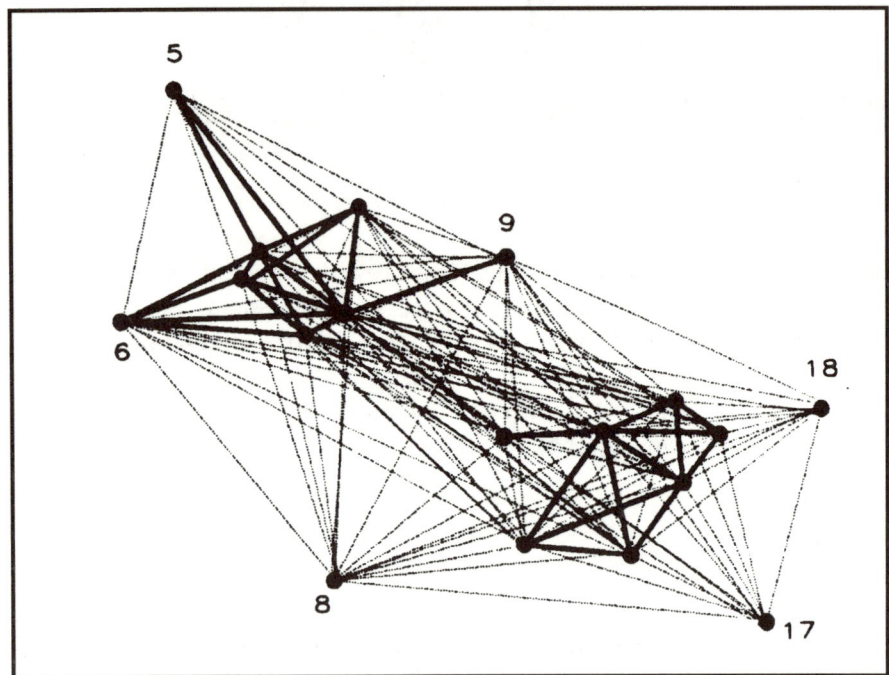

Zur theoretischen Fundierung der Netzwerke

*Bio-*
*gene-*
*tische*
*Vor-*
*gaben*

Partikulare – d. h. an Individuen, Gruppen, Einzelgesellschaften, soziale
Netze u. dgl. gebundene – Realisierungen von Sozialität und Lingualität
sind, so die Hypothese, als virtuelle biogenetische Möglichkeiten vorgegeben und damit in der allgemeinen Form universal. Laufende wechselseitige
Interaktionen zwischen Neuronengruppen (vgl. Abb. 2.2), i. w. S. zwischen dem biologischen System und seiner Umwelt, sind im kleinen, was
die sozialen Beziehungen im großen ausmachen. Aktivierte und nichtakti-
vierte Neuronen bilden Konfigurationen, die auf der Oberfläche der Hirnrinde als kortikale „Karten" erkennbar sind. Eine *kortikale Karte* ist eine

neurobiologische Struktur zur Abspeicherung, Weitergabe und Anwendung von Informationen. Sie ist die Repräsentation von geordneten Merkmalen. Aus einfachen werden immer komplexere neuronale Konfigurationen, im Endeffekt neuronale Netzwerke, d. h. Neuronen in Korrelation (vgl. Spitzer 1996, S. 8 ff.). Vernetzt sind z. B. Karten der visuellen Areale, und auch die Farb- und Bewegungskarten. Diese universalen Gegebenheiten sind nicht unerheblich für den Vergleich mit entsprechenden, aber partikularen Sozialstrukturen, obwohl soziale Netze gänzlich andere Funktionen erkennen lassen als die neuronalen. Allein die Existenz von Netzwerken ist entscheidend, so daß mikrobiologisch und biologisch das Prinzip einer wie auch immer gearteten sozialen Netzwerkbildung vorgegeben ist.

Literatur (Auswahl)

DeCamp 1971 – Dittmar 1980 – Dittmar/Rieck 1980 – Dittmar/Schlobinski (Hgg.) 1988b – Fasold 1970 – Jansen 1999 – Klein 1974 – Lieb 1998

Kontrollfragen (Antworten in Kapitel 8, S. 232)

5.1.01    Erläutern Sie den Begriff „Differenzkonzeption".
5.1.02    Definieren Sie den Begriff „Variable".
5.1.03    Geben Sie Beispiele für „freie" Varianten in der deutschen Standardsprache.
5.1.04    Zählen Sie allgemein einige Varietäten auf.
5.1.05    Was versteht man unter einer „Variablenregel"?
5.1.06    Was versteht man unter einem „Varietätenraum"?
5.1.07    Welche Parameter wählt Labov für die soziologische Klassifikation?
5.1.08    Wie unterscheiden sich *Style* und *Stil*?
5.1.09    Womit korreliert Labov seine fünf Variablen?
5.1.10    Worin besteht nach DeCamp die Sprachkompetenz eines Sprechers?
5.1.11    Was sind „Synonyme"?
5.1.11    Was sind „Heteronyme"?
5.1.12    Definieren Sie „Implikation".
5.1.13    Wozu dienen soziolinguistische Implikationsskalen?
5.1.14    Was bedeutet und indiziert „Distanz" in einem sozialen Netz?
5.1.15    Womit befaßt sich die Soziometrie?
5.1.16    Definieren Sie „Graph".
5.1.17    Was sind „ einfache Graphen"?
5.1.18    Geben Sie zwei Definitionen für „Netzwerk"?
5.1.19    Woraus besteht ein „soziales Netzwerk"?
5.1.20    Worin bestehen die biogenetischen Vorgaben für soziale Netzwerke?

## 5.2   Soziolinguistik der Stadt

### 5.2.1 Forschungsüberblick

*Amerikanische und deutsche Forschungen – Neuere deutsche Stadtsprachenforschung – Forschungsschwerpunkte – Ethnographie der Kommunikation*

**Amerikanische und deutsche Forschungen**

*Stadt-*
*spra-*
*chen-*
*for-*
*schung*
Am Center for Applied Linguistics in Washington D. C. ist seit den sechziger Jahren eine ganze Forschungsreihe zu dem Thema „Stadtsprachen" („Urban Language Series", hg. von Roger W. Shuy) veröffentlicht worden, zu der Labovs New Yorker Dissertation (Columbia University, 1964) im Jahre 1966 den stolzen Auftakt bildet. Nicht nur in den USA, auch in Europa und Deutschland sind Stadtsprachen seither in den Brennpunkt gerückt. Obwohl man den Objektbereich besser „sprachliche Varietäten in der Stadt" nennen sollte, hat sich analog dem amerikanischen Ausdruck die griffige Bezeichnung „Stadtsprachen" eingespielt und in verschiedenen Veröffentlichungen niedergeschlagen.

Bereits lange vor und auch parallel zu den durch Labovs Werk beeinflußten Forschungen hat in Europa und Deutschland ein Interesse an Stadtsprachen bestanden. Allein die vielen Wörterbücher zu deutschsprachigen Städten bezeugen dies, etwa für (alphabetische Auswahl): Aachen, Basel, Bern, (Brandenburg-)Berlin, Frankfurt, Hamburg, Köln, Leipzig, Mainz, Straßburg, Trier, Wien u. a. (s. Kühn 1978, S. 125-141). Diese sind vielfach aus dialektologischer Sicht zu verstehen wie auch manche Studie, welche die hervorstechende Rolle der Stadt in ihrem von Basisdialekten geprägten Umland beschreibt – linguistische „Stadt-Umland-Forschung" (vgl. Veith 1967) oder z. B. die „Wortgeographie der städtischen Alltagssprache in Hessen" (Friebertshäuser / Dingeldein 1988).

In seinem Überblick über die soziolinguistische Stadtsprachenforschung stellt Kallmeyer fest (Kallmeyer in Kallmeyer (Hg.) 1994, S. 14 f.):

> „Studien über städtische Subgruppen und ihre Kultur betrachten die Stadt als multi-ethnischen und multi-lingualen Raum. Wanderung und soziale Segregation setzen soziale Prozesse in Gang, die zu kultureller Assimilation und Sprachangleichung führen oder zu mehr oder weniger geschlossenen ethnisch zentrierten Gruppen in Ghettos oder in >urban villages<."

Für Sprache und Gesellschaft ist die Stadt Katalysator und Seismograph zugleich, wenn es sich um sprachliche Veränderungen handelt. Mit entscheidend ist dabei die Dichte der Sprachträger und die Vielfalt der Gruppen, die in der Stadt präsent sind. Sprachveränderungen, die von einer Gruppe ausgehen, werden gegebenenfalls beschleunigt an andere Gruppen weitergegeben und, bedingt durch das Prestige der Stadt, in das Umland ausgestrahlt. Andererseits führt die Kohäsion der Gruppen zur Beharrung in tradierten Werten und Konventionen, wobei die Benutzung des Dialekts in der sprachlichen Identitätssymbolik nicht unerheblich ist (vgl. Gumperz in Kallmeyer (Hg.) 1994, S. 631 ff.).

### Neuere deutsche Stadtsprachenforschung

*Syste-natisie-rung*   Diesen Gegebenheiten versuchen die neueren Forschungsansätze Rechnung zu tragen. Schwerpunkte sind Studien 1) zur monolingualen Variation, gebunden an innergesellschaftliche Differenzierungen, und 2) zur polylingualen Variation, gebunden an ethnische und kulturelle Differenzierungen. Bei monolingualer Variation werden in Abb. 5.11 andere Sprachen als die deutsche ausgeschlossen, bei der polylingualen Variation sind diese der Gegenstand.

In einer Reihe von Forschungen wird die städtische Alltagssprache als ganze weitgehend phonetisch und phonologisch, z. T. auch morphologisch betrachtet. Weitere Themen sind die Diastratik (Sprachschichtung), die Diatopik (Stadtteile als Areale und Städte im Vergleich), das Dialektniveau, die differenzierte Kommunikation und die kommunikative Stilistik. Anwendungsbezogen (applikativ) wird untersucht, welche Fehlerbereiche in Diktaten und Aufsätzen besonders häufig sind.

In Arbeiten, in denen die polylinguale Variation thematisiert wird, ist z. B. die Überdachung des Elsässischen durch das Standardfranzösische in Straßburg von Interesse; ferner die Interferenzen zwischen Deutsch und Türkisch in Mannheim, dort auch die Formen des Sprechens; bedeutend sind ebenso die Einstellungsmessungen, die in Berlin resp. Fribourg/ Freiburg i. Ue. und Bienne/Biel vorgenommen werden. Darauf wird in Kapitel 7 noch i. e. Bezug genommen. Die folgende Übersicht präsentiert eine Auswahl mit den Schwerpunkten zur mono- und zur polylingualen Variation („Mehrsprachigkeit in der Stadt").

*Ethno-graphie der Kommu-nikation*   Von den in Abb. 5.11 genannten Studien ist das Projekt zu Mannheim am umfangreichsten. Die „Kommunikation in der Stadt" enthält auch „Ethnographien von Mannheimer Stadtteilen". Die Deutung des Sprachverhaltens setzt, so gesehen, „eine weitreichende Kenntnis der Lebensumstände und der Vorstellungssysteme der beobachteten Population" voraus.

Unter Berufung auf **Lévy-Strauss** (1969) wird *Ethnographie* folgendermaßen verstanden (Kallmeyer in Kallmeyer (Hg.) 1995, S. 14):

Ethnographie ist „eine Form der Beobachtung, Dokumentation, Analyse und
Darstellung der Kultur menschlicher Gruppen …"

Abb. 5.11: Richtungen der Stadtsprachenforschung (exemplarisch)

| Forschungsschwerpunkte | Ausgewählte Literatur | |
|---|---|---|
| **1   Monolinguale Variation** | Titel | Stadtsprache von |
| 1.1  Phonetik und Phonologie (Stadtsprache als ganze) | Frey 1975 | Stuttgart |
| | Froitzheim 1984 | Köln |
| | Moosmüller 1987 | Wien |
| | Auer 1990 | Konstanz |
| | Hofer 1997 | Basel |
| | Schönfeld 1997 | Berlin |
| 1.2  Diastratik | Veith 1983 | Frankfurt/M. |
| 1.3  Diastratik u. Gebrauch | Brinkmann 1986 | Frankfurt/M. |
| 1.4  Diatopik 1: Mikrobereich (Stadtteile) | Dittmar u.a. 1986 | Berlin |
| | Kallmeyer (Hg.) 1994 | Mannheim |
| 1.5  Diatopik 2: Makrobereich (Städtevergleich) | Huesmann 1998 | je 6 Groß- u. Kleinstädte |
| 1.6  Dialektniveau | Steiner 1994 | Mainz |
| 1.7  Dialektniveau je Alter, Texte | Stellmacher 1977 | Osterholz-Sch.-b. |
| 1.8 Kommunikation, Sprachver- halten, Stilistik | Dittmar u.a. 1988 | Berlin |
| | Kallmeyer (Hg.) 1994; Keim 1995; Schwitalla 1995 | Mannheim |
| | Werlen (Hg.) [u. a.] 1995 | Bern |
| 1.9 Applikation (Schule, Fehler) | Rosenberg 1986 | Berlin |
| **2   Polylinguale Variation** | Titel | Stadtsprache von |
| 2.1  Elsässisch u. Französisch | Ladin 1982 | Straßburg |
| 2.2  Türkisch u. Deutsch | Keim 1978 | Mannheim |
| 2.3  Attitüden (Einstellungen) | Kolde 1981, 1982 | Fribourg, Bienne |
| | Dittmar u.a. 1986 | Berlin |
| 2.4  Ethnographie (d. Sprechens) | Kallmeyer (Hg.) 1995 | Mannheim |

In der gegebenen Definition von „Ethnographie" sind die Prämissen ähnlich wie in der „Anthropologie" von Franz Boas und Edward Sapir zu Be-

ginn des 20. Jhs.; sie stehen dort aber in Verbindung mit den untersuchten Indianersprachen. Erst durch Dell Hymes hat sich seit etwa 1962 eine Modifikation zur kommunikationsorientierten Ethnographie hin ergeben, die aber etwas irreführend „Ethnographie der Kommunikation" genannt wird. Coulmas (in Hymes 1979, S. 10) präzisiert den auch für die Beschreibung von Stadtsprachen wichtigen Forschungsansatz:

Die *Ethnographie der Kommunikation* untersucht die Gesamtheit der Kommunikationsgewohnheiten einer Gemeinschaft, zu deren Realisierung die Sprache als ein Instrument unter anderen gilt.

### 5.2.2 Diastratische und diatopische Varianz

*Diastratik – Standardsprache – Substandard – Basisdialekt – Dialekte - Diatopik 1: Mikrobereich (Stadtviertel) – Diatopik 2: Makrobereich (Städtevergleich) – Sprachlagen*

### Diastratik

*Standard-spra-che*

Das Schichtenmodell und dessen Anwendung in der Kodetheorie führt – den Sozialschichten analog – zu der Unterscheidung von Sprachschichten, z. B. durch Leska (1965: Umgangssprache), Veith (1983) und Brinkmann (1986) – beide zur Stadtsprache von Frankfurt/Main.

Die höchste Sprachschicht ist in einem solchen Modell die der Standardsprache. Mit einer mündlichen und einer schriftlichen Realisierung, der *Hochsprache* und der *Schriftsprache,* ist die Standardsprache ein Komplex von Varietäten, die im Vergleich zu anderen Varietäten die größte kommunikative Reichweite (den größten Kommunikationsradius, vgl. Kap. 5.2.3) haben, multifunktional, d. h. nahezu uneingeschränkt anwendbar sind und deren Normen das höchste Prestige haben (vgl. Abb. 7.3).

Die *Standardsprache* ist ein multifunktionaler Varietätenkomplex mit der größten kommunikativen Reichweite und dem höchsten Normenprestige.

Wenn die Sprachschichten, die unter der standardsprachlichen liegen, nicht näher spezifiziert werden sollen, spricht man wertend von „Substandard". So definiert Bellmann (1983, S. 124):

■ *Substandard* ist der Oberbegriff „für den sprechsprachlichen Gesamtbereich unterhalb des Standards."

Abb. 5.12: Schichtung deutscher Kommunikationssysteme
(Auswahl in Anlehnung an Bausinger 1984, S. 35)

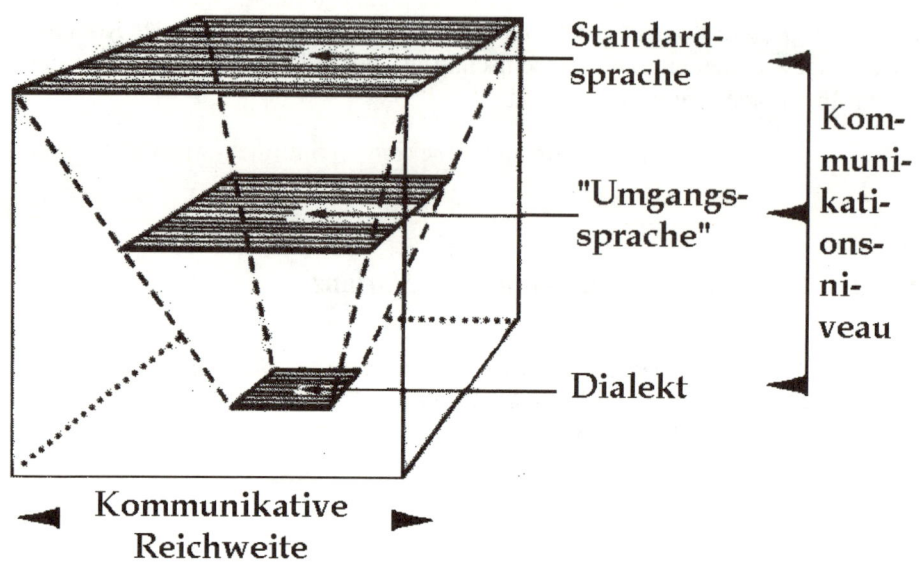

In einem Modell von Sprachschichten hat – aus der Perspektive der Standardsprache – die Sprachschicht die größte Distanz zu ihr, die sich durch eine maximale Zahl von Regeln von ihr unterscheidet, m. a. W.:

■ Die *Sprachschicht*, die am weitesten von der Standardsprache entfernt ist, unterscheidet sich von ihr durch eine maximale Zahl von Regeln.

■ Die *Sprachschicht*, die sich von der Standardsprache durch eine maximale Zahl von Regeln unterscheidet, heißt Basisdialekt.

Die Definition des Basisdialekts ist somit abhängig von einer überdachenden Standardsprache. Varietäten, die sich durch weniger – mit der Standardsprache kontrastierende – Regeln als die Basidialekte auszeichnen, sind keine Basisdialekte, sondern befinden sich in dem Spektrum *Basisdialekt – Standardsprache*. Mit dem Begriff „Grunddialekt" geht H.-H. Lieb (1998, S. 13) über die Definition des Basisdialekts hinaus, begreift die historische Entwicklung und somit Stammesdialekte wie Alemannisch und Bairisch ein.

*Dialekte* sind Sprachvarietäten mit: a) arealer Bindung, b) Mündlichkeit, c) usuellen Normen, d) großer bis maximaler Distanz zu einer überdachenden Standardsprache.

Abb. 5.13: Sprachschichtung in Frankfurt/M. anhand von Regeln zum Konsonantismus (Standardsprache als Bezugssystem, n. Veith 1983)

| Sprachschicht (=N Regeln) | Regeln: obligatorisch | | | fakultativ angewandt | | |
|---|---|---|---|---|---|---|
| | Summe | primär | sekundär | Summe | primär | sekundär |
| Standardsprache | 0 | 0 | 0 | 01 | 01 | 0 |
| standardnahe | 07 | 04 | 03 | 04 | 03 | 01 |
| mittlere | 10 | 07 | 03 | 09 | 08 | 01 |
| standardferne | 16 | 16 | 0 | 06 | 03 | 03 |
| Stadtdialekt | 19 | 19 | 0 | 0 | 0 | 0 |

Zur Kontrastierung des Stadtdialekts mit der Standardsprache kommen 19 Regeln obligatorisch zur Anwendung; zur Darstellung der standardfernen Schicht werden 16 Regeln benötigt, zu der der mittleren 10 und zu der der standardnahen Schicht nur 07.

Somit lassen sich die verschiedenen Schichten des Substandards quantifiziert über die Zahl der Regeln darstellen. Im phonologischen Bereich gilt z. B. als Abweichung von der Standardlautung:

Regel (5): „Ein Plosiv wird lenisiert und verstimmhaftet vor Konsonant."

D. h.: a) /pl/ wird zu /bl/, b) /pr/ wird zu /br/, c) /tr/ wird zu /dr/, d) /kl/ wird zu /gl/, e) /kn/ wird zu /gn/, f) kr wird zu /gr/ … (usw.)

Beispiele: a) plagen, Platz, b) prasseln, Preis, c) treiben, trinken, d) Kleider, klein, e) Knall, Knie, f) Kraft, krumm … (usw.).

Durch *sekundäre Regeln* wird z. B. standardsprachlich */pf-/*, dem dialektalen */p-/* entsprechend, zu */f-/* (*Pfeffer* entspricht *Feffer* u. ä.). Es besteht die Wahl, fakultative Regeln anzuwenden oder auch nicht. Standardsprachlich fakultativ ist z.B. die im Dialekt obligatorische Regel des Zungenspitzen-R neben dem Zäpfchen-R. In der standardnahen Sprachschicht sind von der Wahlmöglichkeit z. B. folgende Regeln betroffen:

> (18) „/r/ wird getilgt zwischen tiefem, dunklem Vokal und Konsonant",
>      z. B. in: *Korb, schwarz*
> (19) „Auslautendes *-er* wird als /ä/ realisiert",
>      z. B.. in: *aber, lieber, Kinder*

Bestimmte Regeln, z. B. die Regel zur Lenisierung, lassen im Verein mit Vokalregeln den Westmitteldeutschen erkennen. Sie dienen aber auch der innerstädtischen Identifizierung des Sprechers als jemanden, der dazugehört, oder als Fremden. Dies kann, wie auch die Studien über das Sprachverhalten in Mannheim belegen (Kallmeyer (Hg.) 1994, Keim 1995, Schwitalla 1995), den Verlauf der Kommunikation erheblich beeinflussen.

## Diatopik 1: Mikrobereich (Stadtviertel)

*Mann-heim* In großen Städten bestehen sprachliche Unterschiede in der Diatopik, d. h. bezüglich des geographischen Raums bzw. des Areals. Diese Differenzierungen sind an die Sprachträger gebunden, die bestimmte Stadtviertel bewohnen. In der Studie zu Mannheim läßt sich dies z. B. für „die Filsbach" nachweisen, einem Stadtviertel mit Resten einer Arbeiterkultur; ferner für den 1899 eingemeindeten Vorort *Neckarau*, einem ehemaligen „Arbeiterbauerndorf" mit der heutigen Infrastruktur einer Kleinstadt; ferner für die Neubausiedlung „Vogelstang" mit viergeschossigen „Kettenhäusern", in denen ca. zwei Drittel der Bevölkerung der Vogelstang wohnt, und Hochhäusern für knapp ein Viertel der Bevölkerung (s. Kallmeyer/Keim, Bausch, Schwitalla in Kallmeyer (Hg.) 1994).

*Berlin* Ähnliches wird von Dittmar ([u. a.] 1986) für Berlin festgestellt, besonders deutlich als sprachlicher Kontrast bei dem Vergleich der Stadtviertel *Wedding* und *Zehlendorf*. Diese werden als „sozialhomogene" Stadtgebiete bezeichnet und sind doch als Gegensätze „wie abgeschlossene Welten" voneinander getrennt (S. 73). Geographisch sind die Stadtviertel nicht unmittelbar benachbart. Wedding ist ein traditioneller Arbeiterbezirk mit hohem Ausländeranteil, die Bevölkerung von Zehlendorf hingegen rekrutiert sich Anfang der achtziger Jahre vorwiegend aus der sozialen Mittelschicht (konservativ-gehobenes bis kleinbürgerliches Milieu). Die Gründe für die unterschiedlichen Antworten auf die Frage: „Sprechen Sie in der Regel Berliner Dialekt?" liegen in dieser sozialen Verschiedenheit.

### Diatopik 2: Makrobereich (Städtevergleich)

*Sechs Groß- und sechs Klein- städte*

Anette Huesmann (1998) vergleicht die Daten zu je sechs Groß- und Klein-städten – leider nur deutschen: München, Stuttgart, Dresden, Köln, Ro-stock und Bremen sowie Laufen (Krs. Berchtesgaden), Gammertingen (Krs. Sigmaringen), Bad Liebenwerda (Elbe-Elster-Kreis), Prüm/Eifel, Sternberg (Krs. Parchim, Mecklenburg-Vorpommern) und Freren/ Ems-land. Die Daten sind mittels eines Fragebogens gewonnen worden und beruhen somit weitgehend auf Einschätzungen der Befragten.

Auf einer Skala mit sieben Feldern müssen die Informanten den Standort einer Varietät bestimmen, z. B. zwischen Dialekt und „Hochdeutsch" („Multiple choice" mit 7 Items). In Anlehnung an eine Untersuchung zum Sprachverhalten in ländlichen Gemeinden (Eva Klein 1983) wird der durch Befragung fixierte Standort einer Varietät deren „Sprachlage" genannt.

Eine *Sprachlage* ist ein empirisch gewonnener Durchschnittswert zur Indizie-rung der Position eines Sprachsystems auf einer Skala.

Bei Huesmann (1998) rangieren die Skalenwerte zwischen 1 (Dialekt) und 7 (Hochdeutsch). Der Formulierung einiger Fragekomplexe geht die sprachliche Gestaltung einer Situation voraus, so daß die Befragung sich auf einen situativ von vornherein fixierten Sprachgebrauch richtet:

> „Stellen Sie sich ein zwangloses Gespräch unter Ihren Freunden oder Nach-barn in Ihrem Heimatort vor, d h. dem Ort, in dem Sie den überwiegenden Teil Ihrer Jugend, bis Sie ca. 10 Jahre alt waren, verbracht haben. Die Nach-barn leben schon lange in diesem Ort und unterhalten sich in der am Ort übli-chen Sprechweise."

Ein solche Art zu fragen unterscheidet sich sehr von traditionellen Erhe-bungsverfahren, bei denen z. B. bis in jüngste Zeit hinein reine Wort- und Satzübertragungen verlangt worden sind.

Nach der Explikation der Redesituation folgt die Frage:

> „An welcher Stelle auf einer Skala zwischen Dialekt/Platt und Hochdeutsch ordnen Sie die Sprechweise ein, die in einem solchen Gespräch in Ihrem Hei-matort gesprochen wird?"

Das Diagramm von Abb. 5.14 belegt, daß sich – auf diese Frage hin – ein sehr hoher Prozentsatz der Befragten süd- bzw. südwestdeutscher Klein-städte für das Feld zwischen 1 und 2 entschieden hat, im nordwestdeut-schen Freren/Emsland hingegen mit knapp über 20 % weit weniger.

**Abb. 5.14: Kleinstädtische Sprachlagen in einem zwanglosen Gespräch (aus: Huesmann 1998, S. 97)**

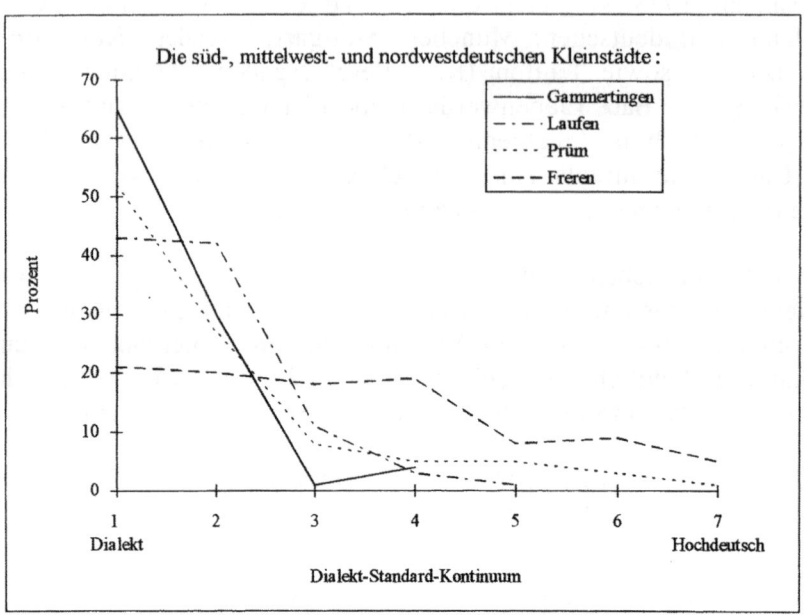

**Abb. 5.15: Sprachlagen in einem zwanglosen Gespräch, erfragt in süd- und mitteldeutschen Großstädten (aus: Huesmann 1998, S. 100)**

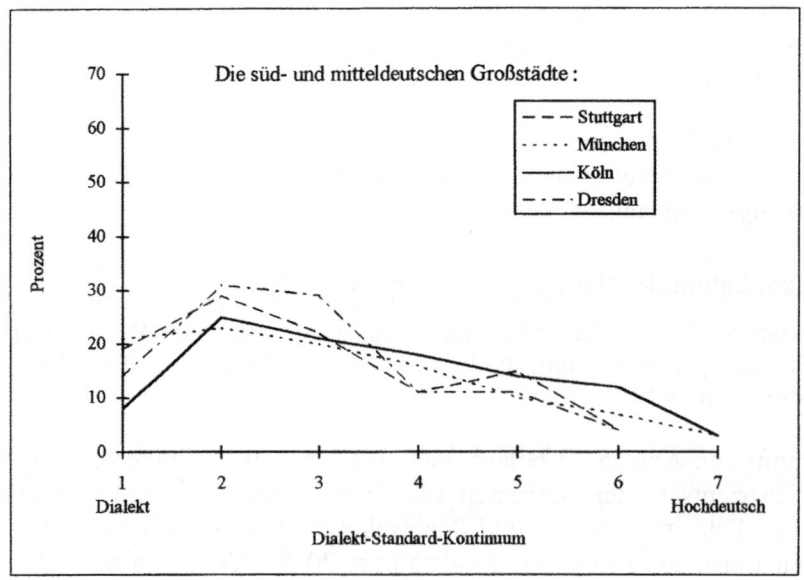

Abb. 5.16: Sprachlagen in einem zwanglosen Gespräch, erfragt
in norddeutschen Großstädten (aus: Huesmann 1998, S. 101)

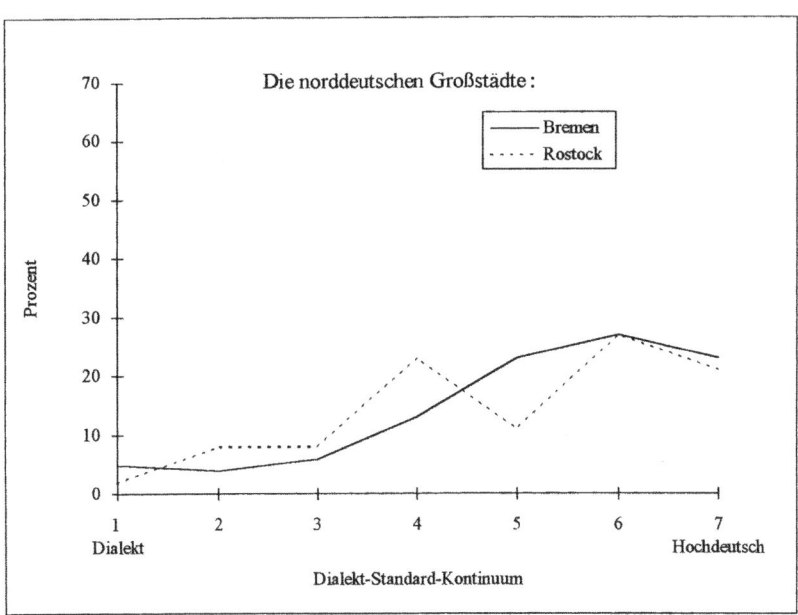

So läßt sich empirisch erneut, aber exakter als bisher, bestätigen, was aus
anderen Quellen (z. B. durch die Allensbach-Umfragen) bekannt ist, nämlich daß – bezogen auf die Kommunikation unter Nachbarn – a) in der
Kleinstadt mehr Dialekt gesprochen wird als in der Großstadt und b) mehr
im süd- und mitteldeutschen Raum als im norddeutschen.

## 5.2.3   Dialektniveau

*Forschungen zum Dialektniveau – Kommunikationsradius – System- und
Hörerurteil-Dialektalität – Osterholz-Scharmbeck – Generationen*

### Forschungen zum Dialektniveau

*Zahlen-
skala*  Der Begriff des Dialektniveaus ist ähnlich dem der Sprachlage ursprünglich auch ein Terminus der Dialektologie und wird von Ammon (1973, S.
61) wie folgt definiert: „Das Dialektniveau soll ausgedrückt werden in
einem Zahlenwert, der auf einer Zahlenskala fixiert ist, welche die Di-

mension Dialekt – Einheitssprache repräsentiert." Wie ein solcher Zahlenwert gewonnen werden kann, ist bei den einzelnen Autoren, die damit arbeiten, unterschiedlich.

*Kom-*
*muni-*     Ammon liest ein Dialektniveau an sogenannten *dialektalen Stufenleitern*
*kati-*     ab, deren Stufen um so dialektaler sind, je geringer ihre *kommunikative*
*ons-*      *Reichweite* ist (z. B. Stufe 1 = Dialekt, Stufe 4 = „Einheitssprache").
*radius*    Dies ist allerdings ein methodisches Problem, da die kommunikative
            Reichweite anhand von intersubjektiv überprüfbaren Parametern festzule-
            gen wäre. Zunächst ist daran lediglich die subjektive Vorstellung von der
            Klein- bzw. Kleinsträumigkeit des Dialekts gebunden.

Auf der phono-, morpho- und lexikologischen Ebene werden die Teil-
Dialektniveaus bestimmt, indem die Summe der auf jeder dialektalen Stu-
fenleiter auftretenden Dialektniveaus durch die Anzahl der einzelnen Einheiten in der Redekette dividiert wird, ein Quotient also mit Paradigmati-
schem im Zähler und Syntagmatischem im Nenner und somit methodisch
ebenfalls fragwürdig.

Neutraler als *kommunikative Reichweite* ist der Terminus des *Kommuni-*
*kationsradius*, durch den nicht nur die geographische Reichweite des Gebrauchs einer kommunikativen Einheit angeben wird. Beispielsweise gilt in
der Varietät *A* (dies sei der Ort Oberbieber) die Variante *s* (dies sei ein
epenthetisches *s* in der Äußerung *wenns de dat dais* ‚wenn du das tust‘);
der Kommunikationsradius umfaßt dann alle Varietäten mit der Variante *s*,
d. h. er erstreckt sich a) geographisch auf alle Orte in der Umgebung von
Oberbieber mit der Variante *s*, b) soziologisch auf alle Sprecher, die die
Variante *s* gebrauchen, c) systemlinguistisch auch auf die Umgangssprache, soweit darin die Variante *s* vorkommt.

Der *Kommunikationsradius* gibt den Umfang der Varietäten und Sprachteilhaber an, für die eine kommunikative Einheit gilt.

Andere Methoden, das Dialektniveau zu bestimmen, wählen Herr-
gen/Schmidt (1985, S. 21 f.), nämlich: 1.) durch den Vergleich von Dialektsystemen mit dem System der Standardsprache und 2.) durch empirisch
verifizierte Hörerurteile, d. h., man läßt Ausdrücke als bekannt oder weniger bekannt, richtig oder falsch einstufen. Die erste Methode nennen sie
*Systemkontrast-Dialektalität*, die zweite *Hörerurteil-Dialektalität*.

*Hörerurteil-Dialektalität* ergibt sich durch empirisch gewonnene Hörerurteile.

*Systemkontrast-Dialektalität* wird durch den Vergleich von Dialektsystemen mit
dem System der Standardsprache festgestellt.

Abb. 5.17: Dialektalität von vier Städten im Westmitteldeutschen (Herrgen/Schmidt 1989, S. 325)

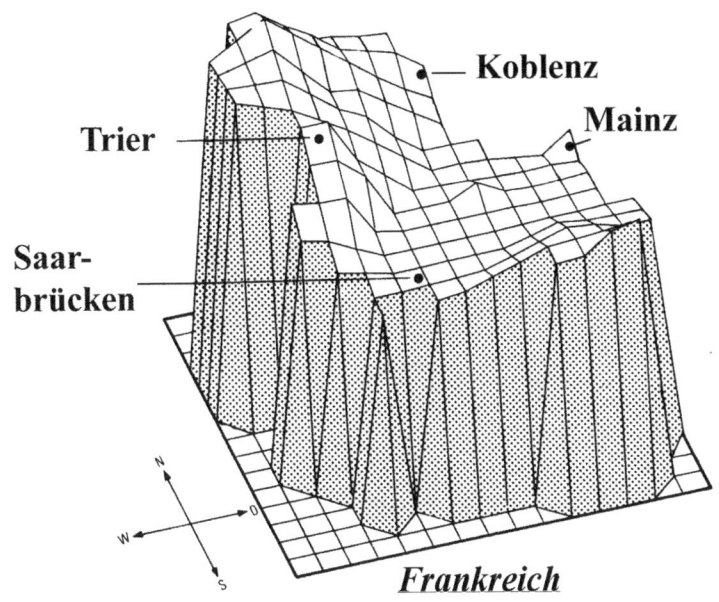

Mit der Methode der Systemkontrastierung stellen Herrgen/Schmidt (1989) die Dialektalität von vier Städten gegenüber (Abb. 5.17). Deren Dialektalität ist eingebettet in diejenige der Belegorte des Mittelrheinischen Sprachatlas (1989 ff., s. Bellmann u. a. 1994). Dessen gesamte Fläche ist mit dem Umfang des Diagramms von Abb. 5.17 identisch. Die phonetische Distanz zur gesprochenen Standardsprache (Hochsprache) als Indiz für die Dialektalität ergibt sich durch Auszählen und Addieren der Unterschiede von Lautmerkmalen der älteren Generation im Vergleich mit der Standardsprache. Die Höhe der Säulen gibt die Höhe der Dialektalität an, d. h., je höher die Säule ist, desto mehr Dialekt wird gesprochen. Insgesamt läßt sich feststellen, daß in den Randgebieten – z. B. in der nordwestlich gelegenen Eifel – eine höhere Dialektalität besteht als sonst.

### Osterholz-Scharmbeck

System-
kon-
trast

Die Bestimmung des Dialektniveaus im Sinne einer *Systemkontrast-Dialektalität* wird auch von Stellmacher (1977) in der Untersuchung einer Stadtsprache (Osterholz-Scharmbeck) praktiziert (s. Abb. 5.18).

Abb. 5.18: Dialektniveau in Osterholz-Scharmbeck
(nach Angaben von Stellmacher 1977, S. 123)

| Unterhal-tungs-gespräch | Variable | | mittleres Dialekt-niveau |
|---|---|---|---|
| Nr. | Formen, Beispiele | | Wert |
| (07) | *ei, au, eu* in *mein, Haus, heute* (als Monophthong) | | 0,02 |
| (02) | *pf-, ts-, -ch* in *Pflanze, Zahn, ich* (unverschoben) | | 0,03 |
| (11) | *g-* in *Gang* (wird zu *j-*) | | 0,04 |
| (12) | *-ø* (wird zu *s*-Plural) in *Deckel* | | 0,05 |
| (13) | Dativ zu Akkusativ bei *mir, mich* | | 0,1 |
| (05) | offenes *o* in *Hahn* | | 0,1 |
| (08) | *ei, au* in *kein, Baum* (wird zu *ee, oo* u. ä.) | | 0,11 |
| (01) | *t-* in *Tag* (wird zu *d-*) | | 0,18 |
| (15) | Präposition + Artikel: *auf der* ( > *aufe*, kontrahiert) | | 0,2 |
| (04) | *s-* in *stehen, Spiel, schlecht* (bleibt *s-*) | | 0,35 |
| (14) | zusammengesetztes Adverb *dafür* | | 0,37 |
| (06) | *a/o* in *Tag, Hof* (wird zu Kurzvokal) | | 0,39 |
| (03) | *-p, -k* in *Korb, Weg* (wird zu *-f, -ch*) | | 0,4 |
| (10) | *-η* in *Ring* (wird zu *-ηk*) | | 0,62 |
| (09) | *-b-* in *aber* (wird zu *-v-*) | | 0,77 |

| Dialektniveau: | 1 = 100 % Dialekt | 0 = Standardsprache |
|---|---|---|

Stellmachers Arbeit ist neben der von Trudgill (1974) über Norwich eine der ersten größeren europäischen Rezeptionen von Labovs Forschungsansatz. Dabei werden neben den von Ammon berücksichtigten Parametern der Berufs-, Alters- und Geschlechtszugehörigkeit bestimmte Gesprächstypen als Bezugsgrößen eingeführt. Die Meßmethode ist anders als die von Herrgen/Schmidt, denn es wird die durchschnittliche Übereinstimmung einer Äußerung mit einer vergleichbaren dialektalen Äußerung in Texten angegeben (Meinungsaustausch-, Unterhaltungs-, Dienstleistungsgespräch). In der Praxis erhalten die standardsprachlichen Varianten den Wert 0 und die dialektalen den Wert 1, so daß sich der Mittelwert aller Realisierungen einer Variablen auf der Skala 0 bis 1 bewegt. Liegen z. B. zehn Realisierungen der Variablen „standardsprachlich *ts* zu dialektal *t*" vor, davon achtmal standardsprachliches *ts* und zweimal dialektales *t*, so errechnet sich daraus der Wert des Dialektniveaus 2:10 = *0,2* (Stellmacher 1977, S. 103).

■ Das *Dialektniveau* ist der Durchschnittswert der Übereinstimmung einer Äußerung mit einer vergleichbaren dialektalen Äußerung in Texten.

*5 Varialen* Stellmacher unterscheidet 15 Variablen, welche die typischen Abweichungen des Dialekts von der Standardsprache, vorwiegend im lautlichen Bereich, thematisieren. In der Liste von Abb. 5.18 sind diese aufsteigend nach dem Dialektniveau geordnet.

Abb. 5.19: Dialektniveau (%) pro Variable (s. Abb. 5.18) und Generation (nach Daten von Stellmacher 1977)

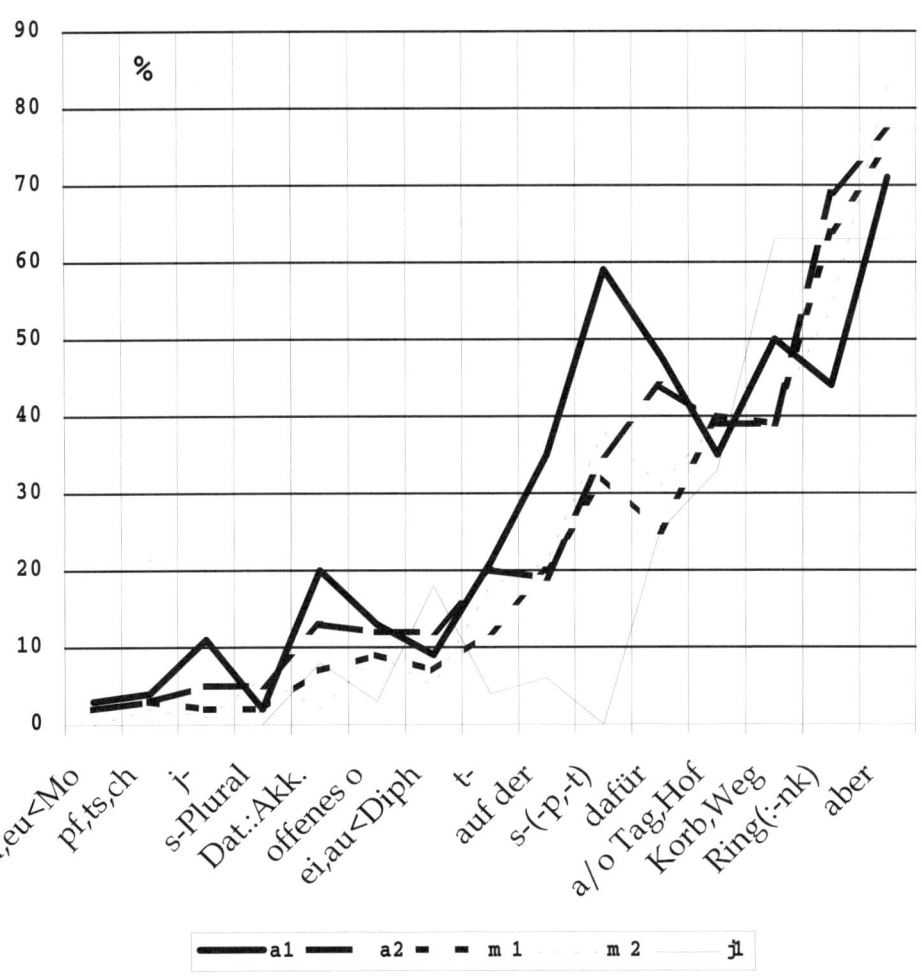

a1 = älteste Generation, a2 = geb. nach 1900,
m1 = geb. nach 1915, m2 = geb. nach 1930, j1 = geb. nach 1945

Die Darstellung in Abb. 5.19 bezieht sich auf Abb. 5.18: Die Kennziffern der Items von Diagramm und Tabelle entsprechen sich. Das Diagramm zeigt, daß von einer Sprachschichtung im idealisierten Sinn nicht mehr die Rede sein kann, wenn man sich a) auf das konkrete Sprechen – in diesem Fall auf Unterhaltungsgespräche – und b) auf verschiedene Generationen bezieht, wobei zwei ältere, zwei mittlere und zwei jüngere Generationen verglichen werden. Außerdem ist festzustellen, daß insbesondere die Dialektvarianten zu den Variablen 3, 9 und 10 in allen Generationen, auch in der jüngsten, vertreten sind (3: *b* in Kor*b* und *g* in *Weg* werden zu Frikativen: *–f, –ch*; 9: *-b-* in *aber* wird zu *–v-*; 10: *-ŋ* in *Ring* wird zu *-ŋk*). Sie dürfen somit als Bestandteile der lokalen und vermutlich der ganzen norddeutschen Umgangssprache angesehen werden; auch darauf weist Stellmacher (1977, S. 122) in Anlehnung an weitere, großräumige Forschungen hin.

Eine typisch norddeutsche Variable ist z. B. [ŋk] in *Ring*. Entsprechend der norddeutschen Ausspracheregel, nach der Schrift zu sprechen, wird < g > in *Ring* als [k] artikuliert, analog der Auslautverhärtung von [g] zu [k] in *Berg* ([bɛrk]). Der Fehler besteht darin, daß das < g > in *Ringe* – anders als in *Berge* nur geschrieben, aber nicht gesprochen und folglich im Auslaut auch nicht verhärtet wird. Dieser Fehler ist ein Stilmerkmal des norddeutsch geprägten Bildungsbürgertums und hat daher eine Prestigefunktion, die die Variante konserviert.

Die Sprachentwicklungen im norddeutschen und im westmitteldeutschen Raum verlaufen vergleichsweise ähnlich, wie Müller-Dittloff (2001) feststellt. Dieser Arbeit zufolge überwiegen bei weitem Normabweichungen des Substandards, die durch sprachliche Erscheinungen mit relativ hoher kommunikativer Reichweite verursacht sind (s. Zitat in Kap. 4.2.4).

## 5.2.4   Kommunikation in der Stadt und Applikation

*Berliner Vernacular – Koine – zwei Berner „Kommunikationskulturen"*
*– Verbosität – Funktionalität – Phatisches Antworten – Applikation:*
*Berliner Dialekt – Fehleranalyse*

### Vernacular

*Verna-*
*cular*   Ausgehend von allgemeinen Faktoren, die den sozial bestimmten Sprachgebrauch regieren, gelangen Dittmar (u. a. 1988, S. 117 ff.) zur Beschreibung der Kommunikation im Rahmen der Berliner städtischen Vernacular. Nach Dittmar läßt sich diese Bezeichnung, die ursprünglich für antike Sprachverhältnisse gegolten hat, problemlos auf die Gegenwart übertragen.

Es werden analysiert: die soziale Integration der Sprecher, deren kommunikative Kompetenz bezüglich der sozialen Handlung sowie deren Identität, die Strukturen sprachlicher Variation, die regionale Verteilung der Äußerungen und der Sprachwandel.

■ *Vernacular* ist die Sprache der Ortsansässigen, im Gegensatz zur *Koine.*

■ *Koine* ist ursprünglich die ü b e r den Mundarten stehende „allgemeine Ausdrucksweise" im Griechenland Alexanders d. Gr. (4. Jh. v. Chr.).

Allerdings sind nicht alle Beispiele typisch für die Berliner Vernacular, sondern Koine, da sie auch anderswo gelten, z. B. das „Rezipientenpassiv" mit *kriegen* in der Äußerung (Dittmar (u. a.) 1988, S. 96): *„Der kriegt von mir so eine auf die Schnauze, daß die nach hinten fliegt."* Solche Formulierungen zeigen auch keine innerstädtische Sprachvariation, ebenso wenig das für Berlin typische Vokabular und die Stilformen, die zur Vernacular zu zählen sind. In der Stadtsprache von Bern hingegen gelten zumindest für einige pragmatische Aspekte innerstädtische Sprachunterschiede, die an soziale Differenzierungen gebunden und somit soziolinguistisch als Kommunikationskulturen relevant sind.

*Stadt-sprache von Bern*

In dem Berner „Breitenrainquartier" werden Interviews von zwei Gruppen gemacht: einer Gruppe „von politisch und alternativ aktiven Personen", die sich als „Spätachtundsechziger Linke" selbst *Chueche* ‚Kuchen' nennen, und der Gruppe der *Gwärbler* ‚Gewerbetreibenden'. Es ergeben sich Unterschiede u. a. in der Selbstdarstellung, Themeneinführung und Themenbehandlung der Gruppen. Zum besseren Verständnis ist zu ergänzen, daß die Autoren u. a. zwischen *Verbosität* und *Funktionalität* unterscheiden (Lieverscheidt/Werlen [u. a.] in Werlen (Hg.) 1995, S. 206).

■ *Verbosität* ist die Strategie, in einem Interview das Rederecht exklusiv in Anspruch zu nehmen und für die Gruppe zu sprechen.
■ *Funktionalität* ist für Lieverscheidt/Werlen die Strategie, die Antworten auf den unterstellten Zweck des Interviews hin auszurichten.
■ *Phatisches Antworten* beinhaltet Abschweifungen und Anekdoten statt präziser Antworten.

Die untersuchten Handlungsmaximen, verbunden mit Handlungsstrategien, sind keine eigentlichen Vorschriften, sondern dienen dazu, die Handlungsweise der Gruppen deskriptiv nachzuvollziehen. Terminologisch erinnert dies an die vier „Konversationsmaximen" von Grice (1968), mit denen die Konversation erfolgreich verläuft und bei Nichtbeachtung scheitert.

Z. B. gilt für die ‚Kuchen'(68er Linke): a) Verbosität „Sage nicht mehr als nötig." b) Funktionalität „Antworte sachdienlich." Hingegen gilt für die

Gewerbetreibenden: a) Verbosität „Sorge dafür, dass gesprochen wird." b)
Funktionalität „Antworte sachdienlich, unterhalte aber deine GesprächspartnerInnen."

**Applikation (Fehler der Schülerinnen und Schüler)**

*Ber-*
*liner* Wegen der Unterschiede zwischen der in der Schule verlangten Standard-
*Dia-* sprache und den dialektalen Varietäten hat man den Lehrern mit den
*lekt* Sprachheften „Dialekt/Hochsprache – kontrastiv" (Besch / Löffler / Reich
1976 ff.) praktische Hilfen an die Hand gegeben. Die Hefte betreffen allerdings nur die alte Bundesrepublik Deutschland ohne Berlin. In diese
Lücke stößt die empirische Untersuchung der Schulprobleme dialektsprechender Berliner Schüler von Rosenberg (1986).

*Fehler-*
*ana-* Der häufigste morphosyntaktische Fehler betrifft die Identität von Dativ
*lyse* und Akkusativ im Stadtdialekt mit der Folge von Verwechslungen in der
Standardsprache. Dies ist ein ganz typischer Fehler für Dialekte mit Ein-
heitskasus, allgemein für das Niederdeutsche, das sich hier als zugrunde-
liegendes „Substrat" bemerkbar macht. Ebenso wird das Suffix auf *-er*
stets als *–a* realisiert. Verschiedene Vokalöffnungen und Quantitäten fallen
zusammen. Im Konsonantismus werden Sibilanten und Nachbarlaute ver-
wechselt: >s, sch< : >z, ch< u. a., z. B. *Seit* ‚Zeit'. Die unterschiedliche Fehlergewichtung bei Diktaten und Aufsätzen ist in den Textsorten
begründet: Das Diktat verlangt eine präzise Aussprache des Diktierenden,
was viele potentielle Schreibfehler eliminiert.

Soziolinguistisch gesehen gelten die Ergebnisse, die in Kapitel 4.2 beschrieben werden: Schüler, die eine starke stadtsprachliche Interferenz mit
der Schriftsprache aufweisen, entstammen meist den unteren sozialen Lagen, so daß daraus deren gesellschaftliche Benachteiligung deduziert wird.
Das Faktum, daß mit Sprache Handlungen vollzogen werden und daß in
diesem Rahmen Konflikte auftreten, gilt hier für die schriftliche Kommunikation, insbesondere für die Orthographie, auf die sich die Aussprache
auswirkt; so sind auch Fehler auf höheren Beschreibungsebenen – Morphologie, Lexik usw. – zu erklären, dann aber auch die Barriere bei dem
Verfassen von Texten allgemein.

**Literatur (Auswahl)**

Ammon 1973 – Dittmar u. a. 1986 – Herrgen/Schmidt 1985 – Huesmann 1998 –
Kallmeyer (Hg.) 1994, 1995 – Rosenberg 1986 – Stellmacher 1977 – Veith 1983
– Werlen (Hg.) 1995   °

Kontrollfragen (Antworten in Kapitel 8, S. 234)

5.2.01 Wie beginnt in Deutschland die frühe Erforschung der Stadtsprachen?
5.2.02 Nennen Sie einige Ansätze neuerer Stadtsprachenforschungen.
5.2.03 Was ist unter „Ethnographie der Kommunikation" zu verstehen?
5.2.04 Definieren Sie „Standardsprache".
5.3.05 Definieren Sie „Substandard".
5.2.06 Wie lassen sich extreme Sprachschichten einer Stadt unterscheiden?
5.2.07 Begründen Sie die Unterschiede des Dialektgebrauchs in den Berliner Stadtteilen Wedding und Zehlendorf!
5.2.08 Definieren Sie „Sprachlage".
5.2.09 Vergleichen Sie den Dialektgebrauch in: a) der Klein- gegenüber der Großstadt und b) Süd- und Mitteldeutschland gegenüber Norddeutschland!
5.2.10 Definieren Sie „Kommunikationsradius".
5.2.11 Wie wird die Systemkontrast-Dialektalität festgestellt?
5.2.12 Wie wird die Hörerurteil-Dialektalität festgestellt?
5.2.13 Was wird unter „Dialektniveau" verstanden?
5.2.14 Erläutern Sie das „Maß der Übereinstimmung".
5.2.15 Definieren Sie „Vernacular".
5.2.16 Definieren Sie „Koine".
5.2.17 Definieren Sie „Verbosität".
5.2.18 Was ist „Funktionalität" in dem Modell von Lieverscheidt/Werlen?
5.2.19 Was bedeutet „phatisches Antworten"?
5.2.20 Was läßt sich durch eine Fehleranalyse belegen?

# 6 Geschlechts- und altersspezifische Sprach-konflikte

## 6.1 Geschlecht und Sprache

### 6.1.1 Zur Terminologie

*Geschlecht als Superkategorie – Geschlechterrollen – biosoziale Kate-gorien – Feminismus und Linguistik – „Genderlinguistik" – „Sex(o)lekt" vs. „Genderlekt"*

### Geschlecht als Superkategorie

*Sexus, Gender, Genus*
Unter „biosozialen Superkategorien" werden zwei Objektbereiche erfaßt, die in der Soziologie und mithin in der Soziolinguistik eine Sonderstellung haben: Geschlecht und Alter. Sie sind gebunden a) an die biologischen (natürlichen) Gegebenheiten des Menschen (*Sexus, natürliches Alter*) und b) an die Zuschreibung von „sozialen Rollen" oder besser: komplexen Rollenstrukturen (*Gender, Altersrollen*). Die *soziale Rolle* wird als die an den Inhaber einer sozialen Position gerichteten (Verhaltens-) Erwartungen definiert (vgl. Kap. 2.1.1).

„Weiblichkeit" oder „Männlichkeit" bildet allein keine soziale Rolle, vielmehr wird die Rolle jeweils konstituiert im Verein mit diesen bzw. anderen Eigenschaften einer Person bzw. Attributen, die ihr zugeschrieben werden, auch in Kontrast mit Personen, die eine solche Rolle nicht ausfül-len.

Beispielsweise stellt die Gesellschaft (hier einmal in dieser anonymen Form) an einen Arzt ($P_m$) wie an eine Ärztin ($P_f$) bestimmte Verhaltens- und damit Rollenerwartungen; dies seien übereinstimmend die Erwartun-gen $e_1$ bis $e_n$. An den Arzt stellt man darüber hinaus die Erwartungen $m_{1-n}$, die sich von den Erwartungen, die an die Ärztin gerichtet sind und als $f_{1-n}$ bezeichnet werden sollen, unterscheiden: $P_m (e_{1-n} + m_{1-n}) \sim P_f (e_{1-n} + f_{1-n})$. Die jeweilige Rollenstruktur des Rollenträgers $P_m$ bzw. der Rollenträgerin

P$_f$ unterscheiden sich somit nur durch die Rollenattribute *m$_{1-n}$* bzw. *f$_{1-n}$*. Diese können allerdings bedeutend sein bezüglich der Verhaltenserwartungen an den Rollenträger bzw. die Rollenträgerin und damit auch für das Verhalten der Mitmenschen – z. B. ob sie sich in bestimmten Fällen für die Ärztin oder den Arzt entscheiden.

Abb. 6.1: Rollenattribute von „Arzt" und „Ärztin"

| Rollenattribute (Auswahl) | Arzt | Ärztin |
|---|---|---|
| medizinisch kompetent | + | + |
| Fähigkeit zu heilen | + | + |
| untersucht Körperbereiche | + | + |
| läßt Blut entnehmen | + | + |
| gibt Spritzen | + | + |
| verschreibt Arznei | + | + |
| bemutternd | – | + |
| kinderfreundlich | weniger | eher |
| zuständig für Frauenkrankheiten | weniger | eher |
| zuständig für Männerkrankheiten | eher | weniger |

Der Abb. 6.1 läßt sich entnehmen, daß von den zehn ausgewählten Rollenattributen vier differenzierend wirken: Insbesondere *bemutternd* und *kinderfreundlich* scheinen weibliche Attribute zu sein; eine weitere Unterscheidung ergibt sich durch die vermutete größere Zuständigkeit für Frauen- resp. Männerkrankheiten. Daraus ist zu ersehen, daß „Frau-Sein" bzw. „Mann-Sein" a) aus Rollenattributen besteht und b) je nach Rollenstruktur mehr oder weniger stark *gewichtet* wird.

■ *Gewichtung* ist Bevorzugung in einer Rangordnung.

■ Eine *Rollenstruktur* ist ein Verband gewichteter Rollenattribute.

■ *Rollenattribute* sind einzelne Erwartungen an den Inhaber einer sozialen Position, sich zu verhalten und in Erscheinung zu treten.

Neben „Sexus" und „Gender" gibt es ein grammatisches „Geschlecht":
das *Genus*. Der Ausdruck *Geschlecht* hat somit eine dreifache Bedeutung:

1) das natürliche Geschlecht (der Sex(us)),

2) das soziale Geschlecht als eine Kategorie von sozialen Erscheinungen (das Gender, amerikan.-engl. *gender*),

3) das grammatische Geschlecht (das Genus).

Allerdings wäre eine dichotome Zweiteilung in die Attribute „männlich"
und „weiblich" und umgekehrt in allen drei Fällen problematisch: a) bezüglich des natürlichen und des sozialen Geschlechts, weil auch die Ge-
schöpfe berücksichtigt werden müssen, die noch nicht geschlechtsreif sind,
obwohl sie zu Frauen oder Männern heranwachsen, b) bezüglich des
grammatischen Geschlechts, weil – wie im Deutschen – in vielen Sprachen
mehr als zwei Genera bestehen.

**Abb. 6.2: Grammatisches Geschlecht: die drei Genera im Deutschen**
(Auswahl im Nominativ Singular und Nominativ Plural)

| Maskulinum | Femininum | Neutrum |
|---|---|---|
| der nette Arzt | die nette Ärztin | das nette Kind |
| ein_ netter Arzt | eine nette Ärztin | ein_ nettes Kind |
| die netten Ärzte | die netten Ärztinnen | die netten Kinder |
| (viele) nette Ärzte | (viele) nette Ärztinnen | (viele) nette Kinder |

In der deutschen Sprache gilt die Genusunterscheidung vorrangig für die
Substantive und deren Artikel sowie für die Personalpronomen der 3. Person Singular. Nach Substantiv und Artikelwort richten sich die weiteren
Pronomen und die Adjektive. Auf ein *der*-Wort folgt die regelmäßige
(„schwache") und auf *ein*-Wörter die unregelmäßige („starke") Adjektiv-
flexion. Es wäre müßig, in diesem Zusammenhang nach weltanschaulichen
Hintergründen zu suchen. Zu diesem Umfeld s. Bußmann 1995. Die Differenzierung *stark* ‚aus eigener Kraft' – *schwach* ‚mit Hilfe (eines Suffixes)'
zeigt sich am besten in der Konjugation, z. B. *singen ~ sangen* („stark") :
*machen ~ machten* („schwach"). Sie ist auch auf die Deklination übertragen worden und geht auf die Männerwelt Jacob Grimms zurück (vgl.
Bußmann 1990, S. 732 f.).

Für den Gebrauch der „geschlechtigen" Personalpronomina gilt, daß das natürliche Geschlecht des Menschen und das grammatische Geschlecht des Pronomens im Normalfall übereinstimmen (Mann – er, Frau – sie, Kind – es). Wenn in bezug auf die Verwendung von Pronomina aber z. B. gefordert worden ist, im Deutschen möge das Indefinitpronomen *man* durch *frau* ergänzt oder gar ersetzt werden, weil es von *Mann* abgeleitet ist, so bleibt der Wortartenwechsel unberücksichtigt, und außerdem werden die drei skizzierten Bereiche – Sex, Gender, Genus – vermischt. Auch absurde Forderungen sind in diesem Zusammenhang zu nennen, z. B. statt das feminine Suffix *-in* zu gebrauchen, die biologischen Geschlechtsunterschiede mittels des Artikels als Unterschiede des grammatischen Geschlechts auszudrücken: *die* Professor/*der* Professor – bei Gefahr von Diskriminierung sogar als Neutrum: *das* Professor (Pusch 1980, S. 72).

*Gender und Alter*

Geschlecht und Alter prägen durchgängig das soziale und kulturelle Leben, da das Geschlecht als Gender und das Alter als Altersdistanz und damit beide als *soziale Rollenattribute* bestehen. Was *Frau sein* bzw. *Mann sein* oder was *alt sein* oder *jung sein* jeweils bedeutet, wird in der Rollenstruktur gewichtet.

*Gender* und *Alter* sind soziologische Rollenattribute.

*Biosoziale Kategorien*

Der Soziologe Helmut Schelsky hat die Geschlechtstypisierung „soziale Superstruktur" genannt (vgl. Ostner in Schäfers 2000, S. 108). Die Bezeichnung „Struktur" wäre allerdings zu vermeiden, weil das Gender als Rollenattribut anzusehen ist und somit als Kennzeichen des Verhaltens und der Verhaltenserwartung. Daher ist dem soziologischen Begriff der *Kategorie* der Vorzug zu geben.

Nach dem Grad der Organisiertheit lassen sich soziologisch unterscheiden: *Kategorie* als nicht physisch, sondern nur statistisch abgrenzbare soziale Einheit, z. B. alle Fußballfans unter 30 Jahren, alle Frauen unter 40, alle alten Menschen über 65 Jahren u. dgl. im Vergleich zu *Aggregat* als Masse der Zuschauer in einem Stadion – *Kollektiv* als Fußballverein – *Gruppe* als Fußballmannschaft (vgl. Berger in Endruweit/Trommsdorff (Hgg.) 1989, S. 3). Wird die Definition von *Kategorie* allgemeiner gefaßt – alle Frauen, alle Männer, alle jungen Menschen, alle alten Menschen –, so handelt es sich um eine umfassendere Größe – „Super-" im Sinne Schelskys: um eine *Superkategorie*, mit der die naturgegebenen Eigenschaften und die sozialen Rollenattribute – *Geschlecht* (Gender) und *Alter* – bezeichnet werden.

*Biosoziale Superkategorien* umfassen die naturgegebenen Eigenschaften und die entsprechenden sozialen Rollenattribute.

### Feminismus und Linguistik

Das Bild der Frau in der Literaturgeschichte, vom Mittelalter bis zur Gegenwart, zu untersuchen, hat Tradition. Aber nun werden auch die Qualität der Frauendichtung sowie „*Gender* als Analysekategorie der Literaturwissenschaft" an hervorragender Stelle berücksichtigt (vgl. Renate Hof 1995a). In einer Sammelschrift werden sogar 17 Disziplinen diskutiert, in denen Gender-Studien betrieben werden (Braun/Stephan (Hgg.) 2000).

*Sprach-* In der Soziolinguistik besteht das Ziel darin, die Abhängigkeit der Sprache
*politik* von sozialen Gegebenheiten darzustellen. Daher dienen soziologische Kategorien als Grundlage der linguistischen Beschreibung. Die Beschäftigung mit der „Sprache der Frau" steht so undifferenziert in Deutschland zunächst unter amerikanischem Einfluß, wo der Feminismus im Rahmen der „neuen" Frauenbewegung und der „feministischen Sprachwissenschaft" eng miteinander verknüpft sind; letztere ist

> „nicht ohne ihre Veränderungsabsicht – ein sprachpolitischer Aspekt mit speziell feministischem Hintergrund – zu denken. So ... hat der Feminismus das Anliegen, die patriarchalisch-sexistischen Verhältnisse, wie sie sich in der Sprache widerspiegeln, sichtbar zu machen. In der feministischen Sprachwissenschaft wird für Frauen aktiv Partei genommen, was als politisches Handeln zu verstehen ist" (Samel 2000, S. 40 f.).

Abgesehen davon, daß alles Handeln einen politischen Aspekt haben kann, gerät man mit dieser Stellungnahme in Gefahr, das gesamte Forschungsziel weg von der Linguistik und hin zur Politik zu verlagern; die Linguistik würde dann Mittel zum Zweck und es stellte sich ein ähnliches Problem wie in dem Verhältnis von Sprachsoziologie und Soziolinguistik (s. S. 2 ff.): In der angestrebten Sprachpolitik handelt es sich um *Politik* mit linguistischen Mitteln. Die Vermischung beider Zielsetzungen – einer politischen mit einer linguistischen – unter der Bezeichnung „-linguistik" ist nicht akzeptabel. Demgegenüber wäre ein Verfahren relativ wertneutral, das - wie in den skizzierten Forschungen zur Varietätenlinguistik - die soziale Rolle als Variable ansehen würde. Dazu müßten alle Rollenstrukturen untersucht werden, in denen Rollenattribute im Umfeld von „weiblich" bzw. „männlich" verschieden gewichtet sind. Dieser Aspekt aber ist in der *Genderlinguistik* leider noch peripher. Zur kontroversen Diskussion s. a. Hof (1995b).

*Genderlinguistik* ist die Richtung innerhalb der Soziolinguistik, welche die Abhängigkeit der Sprache vom sozialen Geschlecht untersucht.

„Sex(o)-" vs. „Genderlekt"

*,-lekt"*
*als*
*System*
Die auf *-lekt* gebildeten Spracheinheiten (z. B. *Dialekt, Soziolekt*) sind
*Varietäten*, d. h. *Systeme* (s. Kap. 1.2.4). Die Bezeichnungen „*Sex(o)lekt*"
(vgl. Löffler 1994, S. 128: ‚Frauensprache' als ‚Sexolekt') *vs. „Genderlekt"* könnten dann paraphrasiert werden als „Sprachsysteme in Abhängigkeit von dem a) natürlichen (biologischen: *Sex*), b) dem sozialen Geschlecht (*Gender*)" (zu der vergleichbaren Bezeichnung „*Ger(ont)olekt*" s.
Kap. 6.2). Die bereits monierte Verwechslung von biologischem und sozialem Geschlecht veranlaßt zu der Forderung, der Bezeichnung *Genderlekt* gegenüber *Sexolekt* den Vorzug zu geben. Verschiedentlich wird aber
auch bezweifelt, daß man überhaupt von Systemen – von einem *-lekt* –
ausgehen kann (s. Günthner 1992, S. 140). Daraus wäre dann zu folgern,
daß man auch nicht „Frauen-" bzw. „Männersprachen" unterscheiden
sollte, sondern entsprechende Register, deren Unterschiede z. B. in unterschiedlichen Strategien sichtbar werden, die Frauen bzw. Männer in Gesprächssituationen anwenden.

*Genderlekt* ist ein hypothetisches Sprachsystem als Funktion des
sozialen Geschlechts.

## 6.1.2   Forschungslage zur „Genderlinguistik"

*Die Anfänge der Forschung – Die 70er und 80er Jahre – amerikanische
Veröffentlichungen – Gegen Sexismus in der Sprache*

### Die Anfänge der Forschung

*Mauth-
ner,
Jesper-
sen*
Zu Beginn des 20. Jhs. äußert sich der Sprachphilosoph Fritz Mauthner
(1921 [1913]) über Unterschiede des Sprachverhaltens zwischen Frauen
und Männern, die in bezug auf die Frau aber nicht überwiegend positiv
bewertet werden. Otto Jespersen (1925 [1922]), der der Frau in seinem
Buch über die Sprache ein besonderes Kapitel gewidmet hat (S. 220-238),
legt erste, linguistisch mehr oder weniger fundierte Ergebnisse vor. Nach
Jespersen machen sich Differenzierungen vor allem auf den Ebenen des
Wortschatzes, des Stils, der Syntax und Gedankenführung bemerkbar.
Demnach zeigen Frauen eine Vorliebe für „feinere, auf gewissen gebieten
verhüllte und mittelbare bezeichnungen", da sie gefühlsmäßig vor groben
und derben Ausdrücken zurückschrecken. Auch ist der Wortschatz der
Frauen in der Regel kleiner als der der Männer und darüber hinaus ver-

schieden: „Das mag zum teil seine erklärung in der weiblichen erziehung finden, die bis herauf in die neueste zeit weniger umfassend und gründlich war als die männliche" (S. 232). Wegen dieser unterschiedlichen Erziehung bezieht sich der Wortgebrauch der Männer mehr auf die Öffentlichkeit, der der Frauen mehr auf die Familie.

Männer bevorzugen die Hypotaxe, Frauen neigen hingegen zur Parataxe und lassen ihre Sätze häufiger „unvollendet". Die Begründung für diese unvollständigen Sätze (Ellipsen) liegt nach Jespersen in der unvollständigen Gedankenführung, abwertend formuliert: „... weil sie zu sprechen anfangen, ohne das, was sie sagen wollen, auch zu ende zu denken." Das Sprachverhalten der Frauen insgesamt sei konservativer und für Neuerungen weniger aufgeschlossen als das der Männer. Trotz des begründeten Vorwurfs der Voreingenommenheit und Vorwissenschaftlichkeit (Claudia Schmidt 1988, S. 6) werden die Darlegungen Jespersens vielfach zum Ausgang späterer Studien genommen (s. Samel 2000, S. 27 ff.). Zu kritisieren ist ferner, a) daß Frauen und Männer grob biosoziologisch, nicht aber nach ihren gesellschaftlichen Funktionen differenziert und b) daß vermutlich höhere bis mittlere Sozialschichten als typisch angesehen werden.

**Abb. 6.3: Die Sprache der Frau (n. Daten von Jespersen 1925)**

| Wortschatz | Stil | Syntax |
|---|---|---|
| Bezeichnungen sind feiner, verhüllend, mittelbar | keine Grobheiten, keine Flüche, gefühlsorientiert | Sätze häufig unvollständig (Ellipsen) |
| eigene Benennungen f. das Geschlechtsleben | keine Wortspiele, keine Neologismen | Parataxe, insgesamt einfacher als die der Männer |
| Umfang kleiner, familienorientiert | redegewandter (wegen kleineren Wortschatzes) | einfache Gedankenführung, emotionale Sprechmelodie |

*Die 70er und 80er Jahre*

In der Zeit nach Jespersen hat sich erst die junge Soziolinguistik dieses Themas wieder angenommen, beeinflußt durch die neue Frauenbewegung in den USA (vgl. Samel 2000, S. 31 ff.). Besondere Beachtung hat das Buch „Language and Women's Place" von Robin Lakoff (1975) gefunden. Demzufolge ist die untergeordnete soziale Rolle der Frau die Ursache für deren defizitäre Sprache. Nicht weniger bedeutend ist das im gleichen Jahr erschienene Buch von Mary Ritchie Key (1975), weil darin der Sexismus in der Sprache angeprangert und gefordert wird, diesen zum wissenschaftlichen Forschungsgegenstand zu machen.

In Deutschland verdient das Heft 8 der Osnabrücker Beiträge zur Sprachtheorie (OBST) eine besondere Beachtung, wo 1978 bereits von mehreren Autorinnen (u. a. Helga Andresen, Gisela Klann) das Thema „Sprache und Geschlecht" angesprochen wird. Schließlich erlassen Ingrid Guentherodt u. a. (1980/1981) „Richtlinien zur Vermeidung sexistischen Sprachgebrauchs". Eine der beteiligten Autorinnen, Senta Trömel-Plötz, gibt später Beispiele für diese – sprachsoziologische – Perspektive der gesellschaftlichen Diskriminierung der Frau mittels Sprache (1982, S. 36):

> „Die Diskriminierung besteht gerade sehr oft darin, wie eine Frau angeredet oder nicht angeredet wird, wie ihr Redebeitrag abgetan, nicht gehört, mißverstanden, falsch paraphrasiert, unterbrochen und ignoriert wird, wie sie lächerlich gemacht, bevormundet oder entwertet wird, und nicht zuletzt darin, wie man über sie redet."

Hier zeichnen sich schon zentrale Fragestellungen und Ergebnisse späterer Forschungen ab: die Konzentration auf die Sprachhandlung, auch im Sinne der Gesprächsforschung, allerdings immer vorausgesetzt, daß es sich um Gespräche zwischen Frauen und Männern handelt und nicht um solche, an denen nur Frauen oder nur Männer beteiligt sind.

## Gegen Sexismus in der Sprache

*Splitting*

Unabhängig davon haben aber – möglicherweise als Folge der Studentenbewegung und der damit verbundenen Neuordnung der öffentlichen Verwaltungen – bereits ab 1970 Veränderungen im öffentlichen Sprachgebrauch stattgefunden, z. B. dahingehend, die Anrede „Fräulein" durch „Frau" zu ersetzen. Viel später folgten dann Erlasse, Frauen in die Anrede einzubeziehen und möglichst das weibliche Suffix bei Berufsbezeichnungen zu gebrauchen.

§ 611b BGB enthält „Besondere Vorschriften für Klagen wegen geschlechtsbedingter Benachteiligung", so daß z. B. bei öffentlichen Ausschreibungen die „Beidbenennung", das sogenannte „Splitting", vorgenommen wird, etwa: „zu besetzen ist die Stelle eines *Professors/einer Professorin*", oder: „*einer Sekretärin/eines Sekretärs*". Dies bedeutet eine Abkehr von der sonst üblichen Gattungsbezeichnung, so daß es auch im Plural nicht mehr *Lehrer, Schüler, Studenten* heißt, sondern (alphabetisch): *Lehrer und Lehrerinnen, Schüler und Schülerinnen, Studenten und Studentinnen*. Auf diese Weise wird das Bewußtsein für potentielle Diskriminierungen und deren Vermeidung geschärft. Der damit verbundene Konflikt der Kommunizierenden, sich umgewöhnen zu müssen, ist überwindbar.

Die Änderungen gelten eingeschränkt, nämlich nur für die Bezeichnung herausgehobener Berufe und Tätigkeiten, ansonsten bestehen die Gattungsbezeichnungen fort, z. B. im Plural *Landstreicher*, nicht: *Landstreicher und *Landstreicherinnen; Gäste,*, nicht: *Gäste und *Gästinnen; Ziegen,* nicht: *Ziegen und Ziegenböcke.*

■ *Gattungsbezeichnungen* sind Klassenbezeichnungen für Gleichartiges.

*Neue Wortbildung, „Sparschreibung"* Die komplexe Formulierung: *Studentinnen und Studenten* hat – z. B. in Studienordnungen und offiziellen Schreiben – zu der vereinfachenden Neubildung „Studierende" geführt, wodurch stilistisch unschöne Textungeheuer vermieden werden. Wenn eine Tätigkeit zugrunde liegt, läßt sich die Vereinfachung durch ein Verb ausdrücken; dies Wortbildungsverfahren wird auch in weiten Gesellschaftskreisen übernommen, z. B.: *Mitstreitende* für *Mitstreiter und Mitstreiterinnen*. Diese Ausdrucksmöglichkeit gibt es bei Zuständen nicht (nicht: *Bürger seiende*, sondern *Bürger und Bürgerinnen*).

Ein Überrest aus solchen Vereinfachungsversuchen ist der gegen die alten wie die neuen Rechtschreibregeln verstoßende Gebrauch des Großbuchstabens „I" mitten in einem Wort: *StudentInnen*, (Werlen 1995:) *GesprächspartnerInnen* (s. das Zitat S. 150, vgl. auch Samel 2000, 77 ff.) und die „Sparschreibung" *Vertreter/innen, Student(inn)en* und (allerdings orthographisch und grammatisch falsch): *die Student/innen*.

Folgende Möglichkeiten, letztere z. T. gegen orthographische und grammatische Regeln verstoßend, ergeben sich somit als Neuerungen:

1) *die Studentinnen und Studenten*   2) *die Studierenden*
3) *die StudentInnen*   4) *die Vertreter/innen*
5) *die Student/innen*   6) *die Student(inn)en*

Karsta Frank wendet sich gegen die deutsche Gründlichkeit, in jedem Text feminine und maskuline Formen zu gebrauchen, da dies zu Lasten der Zwanglosigkeit und Schönheit der Sprache gehe (Frank 1992, S. 136).

### 6.1.3    Theorie der zwei Kulturen

*Kontextualisierung – Deborah Tannen – Interaktionsebenen –    Kritik*

Kontextualisierungshinweise

*John J.* Die Theorie der zwei Kulturen wird zurückgeführt auf John J. Gumperz
*Gum-* (1982), der sprachliche Interaktionen zwischen Angehörigen verschiedener
*perz* Ethnien (Inder, Briten) studiert. Bei solchen Sprachhandlungen kann es aufgrund unterschiedlicher Kontextualisierungskonventionen zu Mißverständnissen kommen, z. B. wenn eine Inderin auf dem Londoner Flughafen Tee serviert und sich in der Wahl ihrer Ausdrucksweise nach indischen, aber nicht nach britischen Konventionen richtet.

Dabei werden *Kontextualisierungshinweise* („contextualization cues") benutzt, um zu signalisieren, wie die Äußerungen zu interpretieren sind. Diese *Kontextualisierungshinweise* können sowohl sprachlicher als auch nichtsprachlicher Natur sein (vgl. Abb. 1.8, S. 12). Sie sind ethnisch bzw. soziokulturell unterschiedlich.

 *Kontextualisierung* ist nach Gumperz ein Verfahren, mit welchem Interaktionspartner in ihren Sprechhandlungen Kontext herstellen.

*Mini-* Beispielsweise geben nach Maltz/Borker 1991 [1982] Frauen in Ge-
*mal-* sprächen mehr Kontextualisierungshinweise als Männer. Diese sind
*hin-* Minimalreaktionen als Zeichen der Aufmerksamkeit („hm", „aha",
*weise* „Kopfnicken"); bei Männern bedeuten solche Minimalreaktionen in erster Linie ‚Zustimmung'. Auch dies wird von Günthner (1992, S. 134) differenzierter gesehen. Minimalreaktionen können weitere Funktionen erfüllen, z. B. die der Ermunterung fortzufahren oder der Bekundung des Desinteresses. Sie können auch ein Verstehen vorgeben oder Erstaunen markieren. Auch können Männer wie Frauen sich derartiger Mittel bedienen, so daß die geschlechtsspezifische Wertung auf Schwierigkeiten stößt.

Dies nehmen ebenfalls 1982 Daniel N. Maltz/Ruth A. Borker (1991 [1982]) zum Anlaß für Ihre Theorie der zwei Kulturen. Folgende Hypothesen werden zugrunde gelegt:

1.) Frauen und Männer wachsen in unterschiedlichen Kulturen auf. Die Regeln der Interaktion werden im Alter zwischen 5 und 15 Jahren in getrenntgeschlechtlichen Peergruppen erworben („world of girls" vs. „world of boys").

2.) Die Kommunikation zwischen Frauen und Männern ist folglich eine interkulturelle Kommunikation. Die Übertragung geschlechtsspezifischer Kontextualisierungskonventionen auf gemischtgeschlechtliche Interaktionen sorgt für Mißverständnisse und Konflikte. Diese sind folglich interkultureller Natur.

*Debo-*
*rah*
*Tannen*

Die Genderlinguistik ist Anfang der 90er Jahre in Deutschland durch die Rezeption dieser Forschungen geprägt. Dazu zählen auch die Arbeiten einer weiteren Hauptvertreterin der Theorie der zwei Kulturen: die von Deborah Tannen. Ihre 1986 und 1990 auf englisch verfaßten Schriften sind 1991 und 1992 ins Deutsche übersetzt und damit einem größeren Leserkreis zugänglich gemacht worden, z. B. Tannen 1991 [1990].

Tannen hat den Ansatz von Maltz/Borker (1991 [1982]) erweitert um zwei Interaktionsebenen, die durchaus unter dem Aspekt sprachlicher Handlungen auch von allgemeiner Bedeutung sind: die der *Berichtsebene* („Berichtssprache": *report-talk*) und die der *Beziehungsebene* („Beziehungssprache": *rapport-talk*). Vergleichbare Dichotomien bestehen auch in der Psychologie und Pragmatik: *Sinn-* vs. *Beziehungsebene*, bei Watzlawick (1973, S. 53): *Inhalts-* vs. *Beziehungsaspekt*; sowie in der Philosophie und Soziologie: *Universalität* (z. B. mit dem Thema ‚Geld') vs. *Partikularität* (z. B. bezogen auf ‚Liebe'), *Extraversion* vs. *Introversion* u. a. (vgl. Bernd Six in Endruweit/Trommsdorff (Hgg.) 1989, S. 84 ff.).

Nicht neu ist Tannens Hypothese, daß Männer die Berichts- und Frauen die Beziehungsebene bevorzugen. Allerdings ist einzuwenden, daß weder die jeweilige Situation noch das Thema noch die Kommunikationspartner als Variablen berücksichtigt werden. In Gesprächen kann theoretisch einmal die eine, einmal die andere Ebene dominieren. Folglich muß von Gesprächsvariablen und daran gebundenen Gesprächszyklen ausgegangen werden.

*Inter-*
*aktions-*
*ebenen*

An der Bezeichnung *Berichtsebene (report-talk)* ist das Bestimmungswort „Bericht" zu kritisieren, denn ein Bericht zeichnet sich aus durch Sachlichkeit, Unpersönlichkeit, Exaktheit, Klarheit und Kürze. Ein dominantes Sprachverhalten von Männern (vgl. Claudia Schmidt 1988, S. 162, Samel 2000, S. 153 ff., und den folgenden Abschnitt) – oder auch ein ebensolches von Frauen - hat andere Stilzüge, so daß statt von „Berichts-" besser von „Inhalts-" oder „Sinnebene" die Rede sein sollte. Dabei ist *Sinn* entsprechend der Definition von Luhmann 1971 zu verstehen („Sinn ist die Ordnungsform menschlichen Erlebens, die Form der Prämissen für Informationsaufnahme und bewußte Erlebnisverarbeitung", s. S. 23) bzw. von Roggero und Hymes, wonach Sinn sich aus der konkreten Äußerung ergibt, die durch die Parameter des Ortes, der Zeit, des ins Auge gefaßten Objekts und der Kommunikationspartner bestimmt wird.

Ein soziolingualer Konflikt entsteht somit durch die unbewußte oder auch ganz bewußte Vermischung der Sinn- und der Beziehungsebene seitens der Gesprächspartnerinnen und Gesprächspartner, was eventuell gezielt mit einem Themenwechsel verbunden ist (s. u. S. 165).

- Die *Berichtsebene* ist gekennzeichnet durch sachliche Information über Vorgänge, Ereignisse, Handlungen.

- Die *Sinnebene* ist gekennzeichnet durch die Parameter des Ortes, der Zeit, des ins Auge gefaßten Objekts und der Kommunikationspartner.

- Die *Beziehungsebene* ist gekennzeichnet durch persönliche Kontaktaufnahme, zwischenmenschliche Annäherung oder Distanzierung.

*Kritik an der Zwei-Kulturen-Theorie* Die Zwei-Kulturen-Theorie einschließlich der Hypothese Tannens über das Gesprächsverhalten von Männern und Frauen läßt sich aus sozialisationstheoretischer und aus linguistischer Sicht nicht verifizieren. Der Spracherwerb beginnt in der frühen Kindheit und nicht erst im Rahmen von Peergruppen, und er findet in westlichen Gesellschaften auch nicht in vorwiegend getrenntgeschlechtlichem Raum statt, wie dies in einigen Gesellschaften, z. B. einer indischen, der Fall sein mag. Kinder und Jugendliche werden mit einer Vielzahl von Lebens- und Darstellungsmöglichkeiten von Weiblichkeit und Männlichkeit in gesellschaftlich vorstrukturierter Form konfrontiert. Dies ist für die Auseinandersetzung mit den sozialen Rollen einschließlich des Rollenattributs für ein Geschlecht maßgebend (vgl. Helga Bilden 1991, 279 ff.).

Mit Recht wird verschiedentlich darauf hingewiesen, daß viele dieser Hypothesen auch deswegen nicht haltbar sind, „da sich zumindest im Berufsleben die Bereiche von Frauen und Männern immer stärker angleichen" (Samel 2000, S. 162). Man bedenke die rapiden Veränderungen im Bildungswesen des 20. Jhs., die zunehmende Angleichung von Frau und Mann, nicht nur im Beruf, und die spürbar abnehmende Diskriminierung der Frau in westlichen Gesellschaften gegen Ende des 20. Jhs.

## 6.1.4    Gesprächskonflikte – Gesprächsstile

*Unterbrechungen als Zeichen von Interaktionsstörungen – Themenwechsel – Kontextualisierungshinweise – Temporäre und habituelle Sprechhandlungen – Geschlechtstypische Gesprächsstile*

### Unterbrechungen

Ein zählbares Indiz für dominantes Sprachverhalten des Mannes gegenüber der Frau anführen zu können, ist das Ziel des Aufsatzes von Zimmerman/West (1975), der im gleichen Jahr wie die Arbeiten von Lakoff und Key veröffentlicht wird. Darin wird die Zahl der Unterbrechungen in gemischtgeschlechtlicher Konversation ausgezählt und gewertet: 96 % der Unterbrechungen stammen von Männern!

In einen Artikel von Christine Bauers (1996, s. Abb. 6.4) werden 42, davon 27 erfolgreiche Unterbrechungen des Mannes und 34, davon 10 erfolgreiche Unterbrechungen der Frau gezählt, was ein unterschiedliches Gesprächsverhalten dokumentiert (vgl. auch Samel 2000, S. 181 ff.).

**Abb. 6.4: Unterbrechungen als Zeichen von Interaktionsstörungen**
(Zahlen aus Bauers 1996, S. 27)

| Unterbrechungen: | mit Erfolg | ohne Erfolg |
|---|---|---|
| Frau unterbricht Frau | 3 | 5 |
| Frau unterbricht Mann | 7 | 19 |
| Frau unterbricht (total) | 10 | 24 |
| Mann unterbricht Frau | 20 | 8 |
| Mann unterbricht Mann | 7 | 7 |
| Mann unterbricht (total) | 27 | 15 |

Die Ergebnisse von Margit Pohl (1996, S. 136) stehen allerdings etwas im Widerspruch zu denen von Bauers. Andererseits sind ihre 16 Informantinnen insofern ein Spezialfall, als sie „sich in irgendeiner Form der Frauenbewegung zugehörig fühlen" und „ihrer Diskriminierung in Gesprächen entgegenwirken wollen" (S. 136 f.).

Gegen ein solches Verfahren wendet Susanne Günthner unter Hinweis auf neuere Untersuchungen schon 1992 ein, das rein mechanische Zählen von Unterbrechungen sei kein adäquates Mittel, um Aussagen über das Gesprächsverhalten zu machen. Vielmehr ist es nötig, die Funktion der Unterbrechungen zu analysieren, um beurteilen zu können, ob diese als *kooperativ* – im Sinne einer Zustimmung – oder *kompetitiv* – als „Wettbewerb" im Sinne eines Einwandes – zu werten sind. Kooperative Unterbrechungen können z. B. eine Art Zwischenrufe sein wie „toll!", „phantastisch!" oder eine Art Nachfrage bei Verstehensproblemen wie „hm?" Letzteres kann auch als Einwand gelten, je nach Intonation. Auch Nichtsprachliches wie ein Kopfschütteln kann als zustimmende oder ablehnende Unterbrechung gelten. Dies wäre aus der Situation heraus im einzelnen zu bewerten.

*Unterbrechungen* können eine kooperative (zustimmende) und eine kompetitive (ablehnende) Funktion haben.

## Themen, Themenwechsel

Nach Tannen (1991, S. 190) sind es vor allem Männer, die zu einem abrupten Themenwechsel neigen. Das oft zitierte Beispiel, daß der ehemalige amerikanische Präsident Nixon plötzlich auf die Kleidung der Journalistin zu sprechen kam, anstatt sachlich fortzufahren, ist ein solcher, bewußt gewollter Themenwechsel; er ist zugleich ein rüder Wechsel der Interaktionsebenen (von der Sinn- zur Beziehungsebene, weil die Kleidung die Persönlichkeitssphäre betrifft).

In ihrer neuen Studie hat Margit Pohl keine Anzeichen dafür finden können, „daß Frauen sich eher mit submissiven, positiven und emotional expressiven Themen beschäftigen" als Männer (1996, S. 155). Alle von ihr ausgewählten Themen werden von Frauen und Männern ähnlich behandelt. Allerdings gilt auch hier das Faktum, daß die Frauengruppe, deren Gesprächsverhalten Pohl analysiert, emanzipatorisch orientiert ist. Darüber hinausgehende, von ihr nicht angeregte Themen werden in dem Augenblick geschlechtsspezifisch differenziert, wo es sich um spezielle Tätigkeitsbereiche von Frauen bzw. Männern oder um Politik handelt. Außerdem ist „das Sprechen über andere ... Personen" typisch für die Frau, was Pohl als „Ausdruck der sozialen Grundtendenz weiblicher Persönlichkeiten" deutet (1996, S. 155).

Temporäre und habituelle Sprechhandlungen

*Bestä-*
*tigende*
*Par-*
*tikel*
Nachdem die meisten, auf das Geschlecht zurückgeführten Unterschiede im Sprachgebrauch sich so radikal und vielfach undifferenziert, wie sie vorschnell angenommen worden sind, als nicht haltbar erweisen, hat Margit Pohl (1996) in einer umfangreichen Untersuchung informeller Gesprächssituationen zwischen Frauen und Männern neue, empirisch verifizierte Ergebnisse festgestellt. Besonders geschlechtsspezifisch scheinen bestätigende Partikeln zu sein, da sie in erster Linie von Frauen gebraucht werden, woraus Pohl (1996, S. 218) auf einen kooperativen Charakter des weiblichen Gesprächsstils schließt; ähnlich auch Samel (2000, S. 216 ff.; bereits in der 1. Aufl. 1995, S. 196 ff.).

Signifikant ist darüber hinaus die Redezeit: Frauen sprechen quantitativ weniger (ca. ein Drittel weniger) als Männer (Pohl 1996, S. 218). Zu ähnlichen Schlüssen kommt auch Samel 2000, S. 220): „Frauen sind aktive Hörerinnen", „Männer liefern häufiger Redebeiträge ohne Bezug." Hier müßte allerdings auch wieder die jeweilige Gesprächsfunktion beleuchtet werden.

Von den diskutierten, geschlechtstypischen Unterschieden in dem weiblichen gegenüber dem männlichen Sprachverhalten bleiben im Endergebnis unterschiedliche Register, die zu verschiedenen „Gesprächsstilen" führen können. Dabei wird „Gesprächsstil" verstanden als eine Summe besonderer Ausdrucksformen in kommunikativen Zusammenhängen, konkret: im Gespräch. Die wichtigsten, diesbezüglichen Ergebnisse Samels sind in Abb. 6.5 zusammengetragen.

Der *Gesprächsstil* ist die Summe besonderer Ausdrucksformen im Gespräch.

Auf den Begriff des Registers ist vielfach verwiesen worden; vgl. Abb. 1.13 und die Definition in Kap. 1.1.3: *Register* sind Formen temporärer Sprachhandlungen, eingebettet in die Parameter *Gegenstand* („field"), *Erscheinungsform* („mode", z. B. mündlich) und *Präsentationsform* („style"). Somit wird dem Umstand Rechnung getragen, daß das Sprachverhalten sich mit wechselnden Parametern ändert. Die in der Übersicht von Abb. 6.5 gegebenen Möglichkeiten können auch z. T. unterdrückt werden.

Die Übersicht von Abb. 6.5 dient der Kontrastierung, so daß das Gegeneinander im Vordergrund steht und das Miteinander gänzlich vernachlässigt wird.

**Abb. 6.5: Geschlechtstypische Register und Gesprächsstile
(n. Angaben v. Samel 2000 [[1]1995])**

| Frauen | Männer |
|---|---|
| sind aktive Hörerinnen: mehr Satzvollendungen, mehr Unterstützungen | liefern häufig Redebeiträge ohne Bezug, stellen häufig Scheinbezüge her |
| gebrauchen Abschwächungen: mehr Fragen statt Aussagen, häufig „mögen", „denken" | bevorzugen statusmanifestierende Sprachmittel wie „wir Ärzte" |
| nicht dominant | dominant |
| ausgeprägt kommunikativ orientiert: gemeinsame Themenbearbeitung, Berücksichtigung fremder Beiträge; kooperativ | unterstützende Verhaltensweisen im Hintergrund: Darstellung eigenen Wissens; nonkooperativ |
| Fragen halten das Gespräch in Gang | Fragen dienen der Informationsbeschaffung |
| Bezüge zw. Redebeiträgen sind wichtig | Bezüge sind zu ignorieren |
| verbale Aggression ist zerstörerisch | verbale Aggression treibt d. Gespräch voran |
| bevorzugen progressive Themenentwicklg. | bevorzugen abrupte Themenentwicklung |
| diskutieren Probleme und bieten Rückhalt | erzählen von Problemen, zugleich Bitte um Lösungsvorschläge |
| lassen Männer gewinnen | kämpfen |
| reden, um Gemeinsames herzustellen | reden, um sich darzustellen, um sich mit anderen zu messen, um zu gewinnen |
| bevorzugen private Gespräche in kleinen Gruppen über persönliche Themen | reden öffentlich; es geht ihnen um Wettstreit, Kampf ums Wort, Gewinnen |
| unterstützen die Redebeiträge anderer | dominieren das Gesprächsthema |

Das Sprachverhalten der Geschlechter ist nicht nur Konfliktverhalten. Jedoch können die skizzierten geschlechtsspezifischen Unterschiede in Gesprächen zu sprachlichen Konflikten führen. Pohl hat den Gesprächsverlauf in einer nur aus weiblichen Personen bestehenden Kontrollgruppe analysiert und kommt zu dem nicht überraschenden Ergebnis (1996, S. 186, 219), daß das Sprachverhalten in gleichgeschlechtigen Gruppen – z. B. Frauen unter sich – anders verlaufen kann als in gemischtgeschlechtigen Gruppen. Analoges ist sicherlich für reine Männergruppen ebenso gültig. Hier zeigt sich ein Desideratum: die Untersuchung der „Männersprache".

## Literatur (Auswahl)

Bauers 1996 – Bußmann/Hof 1995 – Günthner 1992 – Hof 1995b – Jespersen 1925 [1922] – Maltz/Borker 1991 [1982] – Pohl 1996 – Pusch 1980 – Samel 1995 – Schmidt 1988 – Tannen 1991 [1990] – Trömel-Plötz 1982

## Kontrollfragen (Antworten in Kapitel 8, S. 236)

6.1.01   Nennen Sie Objektbereiche der biosozialen Superkategorien.
6.1.02   Was ist für den Ausdruck „Geschlecht" inhaltlich zu unterscheiden?
6.1.03   Welche Wortarten unterscheiden ein grammatisches Geschlecht?
6.1.04   Was kennzeichnet Geschlecht und Alter soziologisch?
6.1.05   Was umfassen biosoziale Superkategorien?
6.1.06   Welche Ziele verfolgt die „feministische Sprachwissenschaft"?
6.1.07   Definieren Sie „Genderlinguistik".
6.1.08   Welche Einwände ergeben sich gegen „Sexolekt"? Alternativen?
6.1.09   Definieren Sie „Genderlekt".
6.1.10   Nennen Sie zwei Forscher in der Frühphase der Genderlinguistik.
6.1.11   Nennen Sie amerikanische Autorinnen zur feministischen Linguistik.
6.1.12   Nennen Sie Beispiele für die Diskriminierung der Frau mittels Sprache.
6.1.13   Geben Sie Beispiele für die „Beidbenennung", das „Splitting".
6.1.14   Definieren Sie „Gattungsbezeichnungen".
6.1.15   Geben Sie ein Beispiel für „Sparschreibung".
6.1.16   Definieren Sie „Kontextualisierung".
6.1.17   Skizzieren Sie die Theorie der „zwei Kulturen".
6.1.18   Definieren Sie a) die Berichts-, b) die Sinn-, c) die Beziehungsebene.
6.1.19   Welche Funktion können Unterbrechungen haben?
6.1.20   Welche Funktion können bestätigende Partikeln haben?
6.1.21   Definieren Sie „Gesprächsstil".
6.1.22   Nennen Sie a) weibliche, b) männliche Register und Gesprächsstile.

## 6.2 Alter und Sprache

### 6.2.1 Aspekte des Begriffs „Alter"

*Zur demographischen Bestimmung: Altersaufbau in Deutschland – Anteile von Frauen und Männern – Soziologische Aspekte: „Alter" in der Gesellschaft – Parameter der Analyse*

**Zur demographischen Bestimmung: Altersaufbau in Deutschland**

*Altersaufbau* Wird der Altersaufbau der heutigen deutschen Gesellschaft mit dem von 1910 oder dem der indischen bzw. brasilianischen Bevölkerung verglichen (zu 1910 vgl. Geißler 1996, S. 343, u. Schulze 1998, S. 26), so zeigen sich erhebliche Abweichungen; dies betrifft die gesamte Struktur, die der als Normalfall angesehenen *Alterspyramide* nicht mehr ähnelt.

Abb. 6.6: Altersaufbau der Bevölkerung in Deutschland
(aus: Schulze 1998, S. 31)

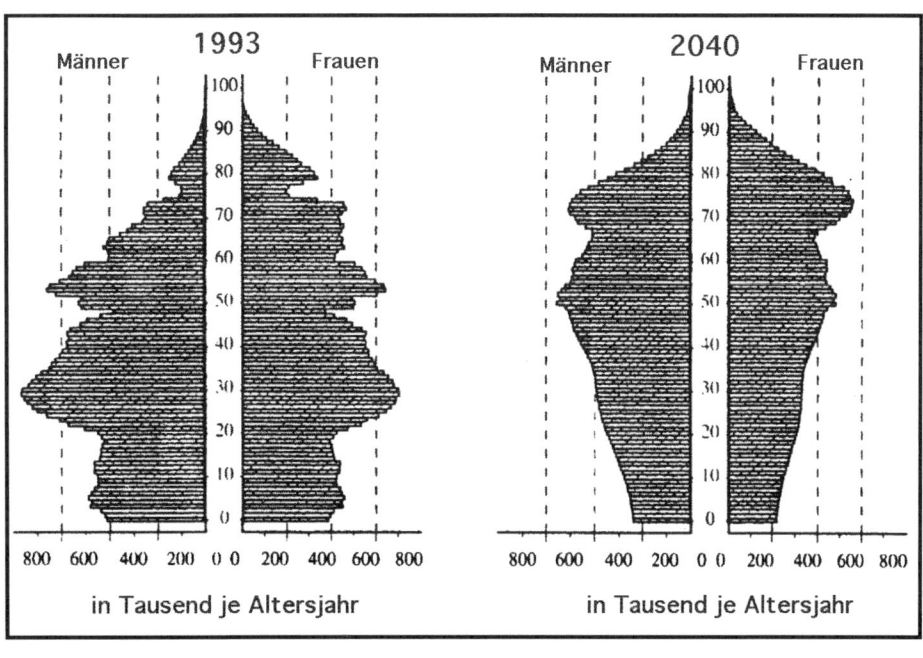

Die Besonderheiten bestehen u. a.: a) in dem zahlenmäßig geringen Umfang der knapp 50jährigen – dies hängt mit dem Zweiten Weltkrieg zusammen – sowie b) in dem der etwa 20jährigen, was durch die geburtenschwachen Jahrgänge ab etwa 1970 bedingt ist. Für 2040 wird eine gänzliche Umkehr der Pyramide prognostiziert, d. h., dann wird die Zahl der Personen fortgeschrittenen Alters verhältnismäßig hoch sein, die der Nachkommen geringer (s. Abb. 6.6), was erhebliche, jetzt noch gar nicht recht abschätzbare soziale und sprachliche Folgen haben wird.

## Anteile von Frauen und Männern

*Frauen und Männer* Während die Männer in jüngeren und mittleren Jahrgängen gegenüber den Frauen bisweilen leicht in der Überzahl sind, nimmt ihr Anteil mit zunehmendem kalendarischen Alter ab. Im Jahre 2040 werden 38 % der Frauen und 32 % der Männer über 60 Jahre alt sein (Gesamtzahl, vgl. Schulze 1998, S. 32). Für die Einschätzung der kommunikativen Verhältnisse zu diesem Zeitpunkt sind diese Zahlen nicht unerheblich, da Menschen fortgeschrittenen Alters – und insbesondere dann die Frauen – wesentlich mehr als bisher an den Kommunikationsprozessen partizipieren werden. Die geschlechtsspezifischen Sprachverhältnisse sind unter diesen Gesichtspunkten bisher kaum untersucht worden, bestenfalls als „geschlechtsspezifische Altersbilder" (Thimm 2000, S.43 ff.). Auch das i. e. zu diskutierende Sprachverhalten jüngerer Sprecher gegenüber älteren steht bisher noch nicht unter diesem Vorzeichen.

■ *Alter* und *Geschlecht* sind soziologisch durch die Zuweisung sozialer Rollen gekennzeichnet.

## „Alter" in der Gesellschaft

*Soziales und natürliches Alter* Soziologisch gesehen ist das *Alter* immer an soziale Rollen gebunden, d. h. an bestimmte, an die Summe der an den Inhaber einer sozialen Position gerichteten (Verhaltens-)Erwartungen (vgl. S. 33). Dies sind Erwartungen gerichtet an Kinder unterschiedlichen Alters, an Jugendliche, erwachsene Frauen und Männer, Greise.

Analog zu der sozialen Superkategorie „Geschlecht" muß zwischen „sozialem" und „natürlichem Alter" unterschieden werden.

■ Das *natürliche Alter* ist die Zeitspanne, die seit der Geburt vergangen ist.

Das natürliche Alter wird auch kalendarisches Alter oder Lebensalter genannt. Dies ist in der Demographie ein Kriterium, den Altersaufbau einer
Gesellschaft darzustellen (s. Abb. 6.6). Aus statistischer Sicht lassen sich
Altersschichten unterscheiden, die mit Generationenschichten gleichgesetzt
werden können. Deren Größe ergibt sich „aus dem durchschnittlichen Altersabstand zwischen Eltern und Kindern" (Gukenbiehl in Schäfers 2000,
S. 103).

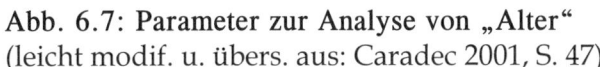 *Generation* heißt die Gesamtheit der etwa Gleichaltrigen mit erlebnisbedingt
ähnlichen Orientierungen, Einstellungen und Verhaltensformen.

Die *Größe von Altersschichten* ergibt sich „aus dem durchschnittlichen Altersabstand zwischen Eltern und Kindern."

Abb. 6.7: Parameter zur Analyse von „Alter"
(leicht modif. u. übers. aus: Caradec 2001, S. 47)

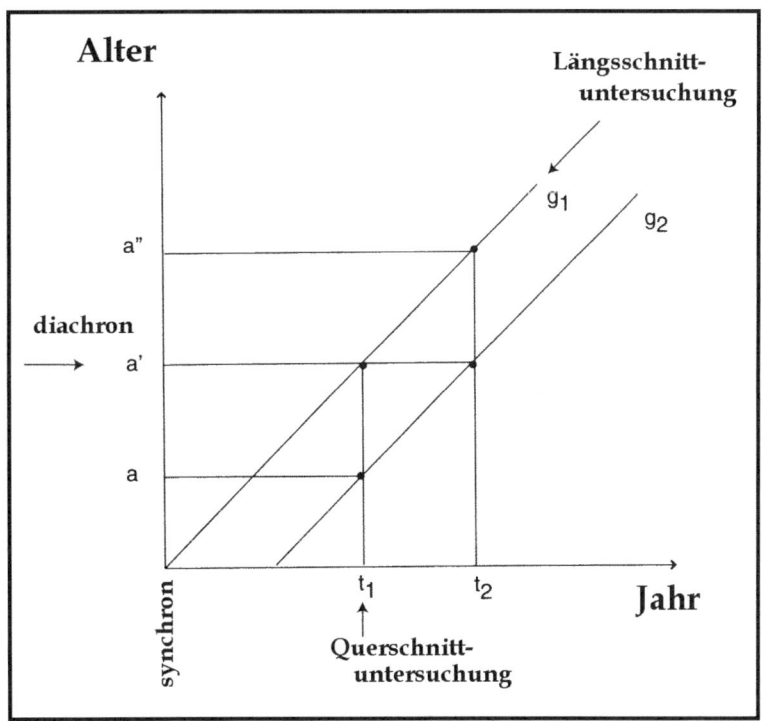

Der Wert dieses Modells besteht u. a. darin, daß der Begriff „Alter" in einen
soziologischen Kontext gestellt wird, der sich für diverse Analysen eignet.

*Para-*
*meter*
*zur*
*Ana-*
*lyse*
*von*
*„Alter"*
In diesem Modell stehen die Abkürzungen *a*, *a'*, *a"* für „Altersstufen", die Abkürzungen *t1*, *t2* jeweils für einen „Zeitpunkt" (*temps*) und *g1*, *g2* für *„Generation"1 bzw. 2*. Je nach der gewählten Perspektive ergibt sich eine unterschiedliche Betrachtung von „Alter": Aus der Sicht z. B. von *t1* ist die Periode (das „Jahr") neutralisiert zu Gunsten der Altersstufen und der Generationen. Aus der Sicht z. B. von *a'* sind die Altersstufen invariabel, aber die Generationen und „Perioden" variabel. Entsprechendes gilt für Längsschnittuntersuchungen, bei denen die jeweilige Generation feststeht und die anderen Parameter variabel sind.

## 6.2.2    „Gerontolinguistik"

*Fortgeschrittenes Alter – „Gero-" bzw. Gerontolinguistik" – „Gerolekt" –*
*Soziales Netz – Altersdiskurs - Soziale und linguale Stereotype – Altersstereo-*
*type - Positive und negative Stereotype in Interaktionen*

### Fortgeschrittenes Alter

Die besonderen Kennzeichen, die nach Caradec (2001, S. 48 f.) für die drei Parameter von Abb. 6.7 gelten, sind bei ihm stark an dem fortgeschrittenen Alter orientiert: 1) die physische Alterung, 2) der veränderte Lebensrhythmus, 3) die Lebensdauer, 4) die noch verbleibende Lebensdauer. Dies ist aber nur ein Aspekt des Begriffs „Alter", so daß die – auch in dem Modell zugelassenen - Differenzierungen sowohl des natürlichen wie des sozialen Alters berücksichtigt werden müßten. Allerdings ist die Sprache von Altersstufen – „Kinder-", „Jugend-" und „Erwachsensprache" – keine heile Welt. Realität sind vielmehr die Konflikte, die in der Kommunikation zwischen den Angehörigen verschiedener Altersschichten bzw. Generationen auftreten, insbesondere zwischen Alt und Jung.

Die Kommunikation zwischen den Generationen bedeutet, daß „ältere und jüngere Menschen sich im Gespräch durch Annahmen und Erwartungen geleitet aufeinander einstellen und dies in Form >kommunikativer Akkomodation< sprachlich wirksam wird" (Thimm 2000, S. 112). Geschieht dies nicht, so kommt es zu gestörter Kommunikation und u. U. zu einem Kommunikationskonflikt, der einen sozialen Konflikt zwischen Alt und Jung auslöst bzw. verschärft.

Der Begriff des Alters wird in der „Gerontolinguistik" auf den des fortgeschrittenen Lebensalters eingeengt. Der Begriff ist formal analog zu dem bereits bestehenden Begriff „Gerontologie" gebildet – dies ist die Wissenschaft von den Alterungsvorgängen, die Erforschung des Alterns – und ist ein Kunstwort des 20. Jhs, zu griech. *geron* ‚alt, bejahrt', als Substantiv *geron*, Gen. *gerontos* ‚des Greisen' (vgl. Le Robert 1998, S. 1584). Es gibt auch die Kurzform „Gerolinguistik". Damit wird also nicht die Sprache unterschiedlicher Altersstufen assoziiert, etwa die Altersstufen von Kindern, Jugendlichen, Erwachsenen, sondern nur die von Menschen fortgeschrittenen Alters.

Die *Gero-* bzw. *Gerontolinguistik* untersucht innerhalb der Soziolinguistik die Abhängigkeit der Sprache vom sozialen Alter, gezielt angewendet auf das fortgeschrittene Alter.

Ein *Gerolekt* ist ein hypothetisches Sprachsystem als Funktion des sozialen Alters, angewandt auf das fortgeschrittene Alter.

Der Begriff des „Gerolekts" ist deshalb hypothetisch, weil damit die Kommunikation von Menschen im fortgeschrittenen Alter als abgeschlossenes System definiert wird und nicht das Kommunikationsverhalten mit „Alter" als Variable bei u. a. variablen Kommunikationspartnern, variablen Situationen und variablen Themen. Insofern gelten für die Bezeichnung *Ger(ont)olekt* die gleichen Einwände wie gegenüber *Genderlekt*.

### Eingeschränkte Sozialbeziehungen

Einschnitte im Sozialbereich des „alten" Menschen sind: a) die Aufgabe des Berufs und b) Umgestaltungen im privaten Bereich (Familie, Freunde). Mit Punkt a) sind oft Veränderungen in formellen, mit b) solche in informellen Sozialbeziehungen verbunden (s. S. 56):

*Soziale Beziehungen* sind das Geflecht des interaktiven, sozialen Mit- und Gegeneinander von Individuen bzw. Gruppen.

*Soziales Netz*

Bei weniger als acht Kontaktpersonen erscheinen die alten Menschen als sozial isoliert (Schulze 1998, S. 42). „Das durchschnittliche soziale Netzwerk älterer Menschen ist zumeist auf fünf bis acht Kontaktpersonen begrenzt, mit denen Sozialbeziehungen gepflegt werden." Hier stehen die Familie und im weiteren Sinne die Verwandtschaft – alternativ und komplementär dazu die Freunde und Nachbarn – an erster Stelle. Die Reduktion der Kommunikationspartner hat zur Folge, daß die Kommunikationsintensität ebenfalls reduziert wird, und zwar in allen Bereichen, wovon auch die Themen und Situationen betroffen sind.

Abb. 6.8: Ein „Altersdiskurs" (Thimm 2000, S. 309)

---

A$_1$: #ich hab das so bewUndert an einer nAchbarin von mir–
    (ATMET SCHWER AUS) die dort in einem kleinen häuschen wohnte–
    ** die * na wann is se gestOrbn? letztes jAhr– da war se *
    siebnundAchtzig. (BEWEGT)# * (HOLT LUFT) die hat also Immer
    versucht * a andern leuten zu hElfen

[ A$_1$:       is da un dOrt hingegangen oder– * sie war Immer– unterwEgs.
[ A$_2$: hm

[ A$_1$:       #aber sie war#⫽ * Immer #hIlfsbereit–# * und: * hAt auch
[ A$_2$: hilfs#berei:t–#                      #ja. jaja.#

A$_1$: * sEhr viel unternOmmen– so– trotzdEm sie schon so Alt war– * und
    das fand ich gAnz toll. dadurch war die auch * nIE * so allei:n–
    und dann– * bevor sie ins Altersheim kam so den lEtztn sOmmer da
    hatte Ich immer was für sie gekOcht– * und dann hat sie essen auf
    rÄdern bestellt–

[ A$_1$: #aber# dann gIngs nicht mehr.                 und– * des
[ A$_2$: #hmhm#                           ╲ja dann–

A$_1$: is halt dOch schwer. wenn einer ganz allein is– * das is– *

[ A$_1$:          #(– –)#
[ A$_2$: jaa– des #kann# isch bestÄtign. ich besuch jetz| * (HOLT LUFT)
    (HÄLT LUFT KURZ AN) als| * die Alte dame die wird jetz dieses
    jahr nEUnzig– * und wir kennen uns schon ** fast vierzisch jAhre.

---

*Alters-*
*dis-*
*kurs*

Von einiger Bedeutung ist die Kommunikation mit Menschen der unmittelbaren Umgebung, das Gespräch, die Unterhaltung mit Familienangehörigen, Nachbarn, Freunden über Probleme des Alltags: der Diskurs. Dieser kann bei älteren Menschen, die sich zurückziehen, je nach Mentalität weniger häufig sein als bei jüngeren, ist aber a) ausgeprägt selbstbezogen und b) verstärkt vergangenheitsorientiert. Das Thema dieses Diskurses ist die eigene und die fremde Hilfsbereitschaft sowie das Schicksal der stets hilfsbereiten Dame, die schließlich selbst in ein Altersheim ziehen mußte. Über die Thematisierung des Schicksals anderer wird indirekt das Selbst in den Vordergrund gerückt.

Zu dem komplexen Begriff „Diskurs" s. A. McHoul in Mey 1998 (S. 225-236). Thimm (2000, S. 327) spricht von „Altersdiskursen".

■ Ein *Diskurs* ist ein Bedeutungsganzes als kommunikative Grundeinheit.

Soziale und linguale Stereotype

„Alter", auf das fortgeschrittene Lebensalter eingeengt, erhält aus der Sicht des Außenstehenden Rollenattribute bzw. attribuierte Stereotype (vgl. die Definition in Kap. 2.1.3).

**Abb. 6.9: Positive und negative Stereotype in Interaktionen**
(Übers. u. generalisiert aus Thimm 2000, S. 111, diese n. Hummert 1994)

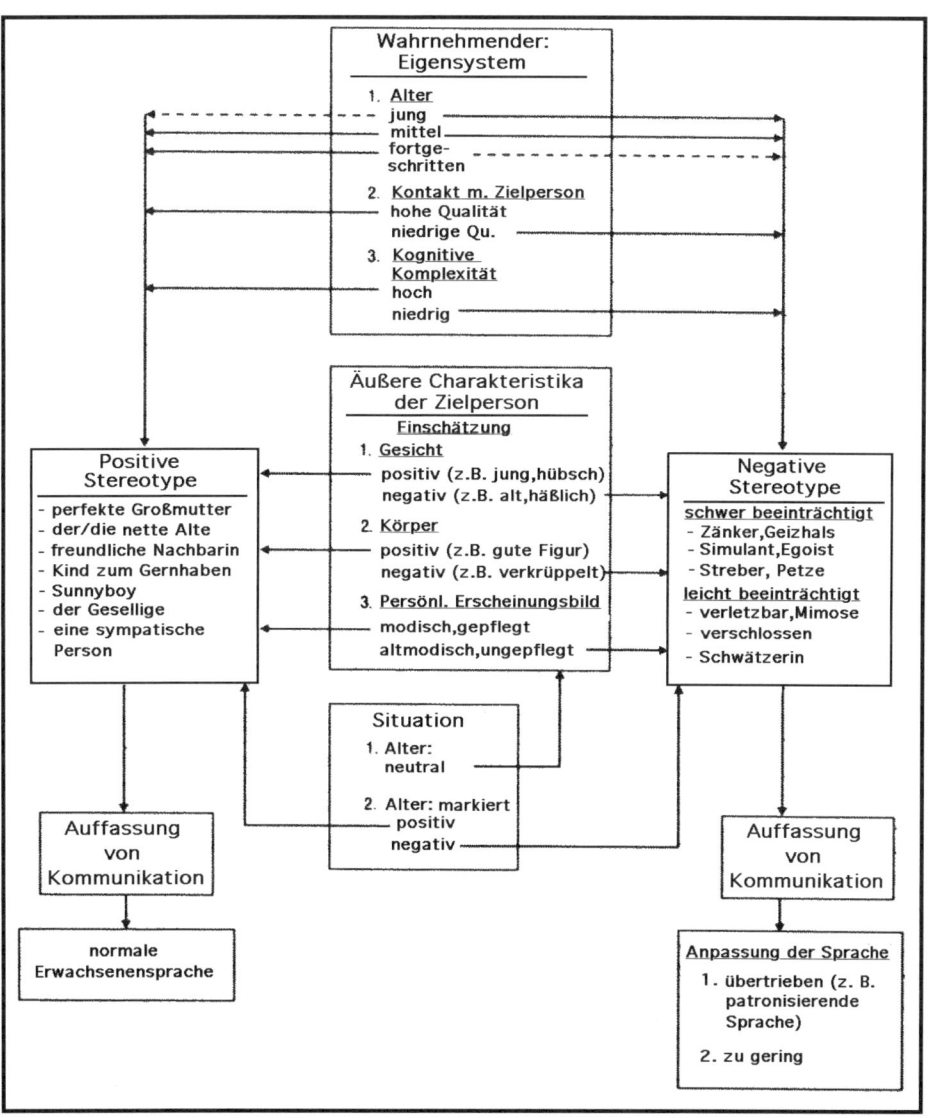

Das Bild der alternden Frau bzw. des alternden Mannes kann positive und negative Assoziationen wecken, aber vorwiegend negative sind die Regel (Dieter Voigt/ Sabine Meck in Endruweit/ Trommsdorff (Hgg.) 1989, S. 12):

> Vereinsamung, Isolation, Hilfsbedürftigkeit, Abhängigkeit, Leistungsschwäche, ohne sexuelle Potenz, wachsende Unzurechnungsfähigkeit, Langsamkeit, Vergeßlichkeit, Krankheit, nicht anpassungsfähig, konservativ, zerstreut, wirr, inaktiv, starrköpfig, uneinsichtig, intolerant, kontaktscheu, ruhebedürftig, unaufmerksam, leicht ermüdbar.

Ganz im Sinne von Abb. 6.7 ist das Alter eine Variable, für die in dem Modell von Abb. 6.9 drei Stufen angesetzt werden: *jung, mittel, fortgeschritten,* bezogen auf das Eigensystem. In Verbindung mit den Parametern „Kontakt" und „Kognitive Komplexität" wird die Selbsteinschätzung des eigenen Alters zu dem Fremdsystem in Beziehung gesetzt und führt entweder zu positiven oder negativen Stereotypen. Die äußeren Charakteristika der Zielperson und die Situation sind mit entscheidend für die Art von Stereotype, die aufgerufen wird. Danach richtet sich das kommunikative Verhalten.

In Abb. 6.9 werden auch die äußeren Charakteristika der Zielperson genannt. Die geschlechtsspezifisch gültige Definition von Rollenattributen trifft auch auf die Altersattribute zu: Rollenattribute sind einzelne Erwartungen an den Inhaber einer sozialen Position, sich zu verhalten und in Erscheinung zu treten.

### 6.2.3 Kommunikationskonflikte mit Menschen fortgeschrittenen Alters

*Kommunikationsdilemma des Alterns – Jüngere und ältere Personen –*
*Altersmarker – Patronisieren – Kommunikative Charakteristika*

#### Mißachtete kommunikative Kompetenz

So harmonisch und unkompliziert, wie die kommunikative Adaption einer bzw. eines Jüngeren an eine ältere Person auf Grund von Abb. 6.9 erscheinen mag, ist die Wirklichkeit meist nicht. Häufig entsteht dabei eine Diskrepanz zwischen der tatsächlichen kommunikativen Kompetenz der älteren Person und deren negativer Wahrnehmung durch andere. Das Erkennen von äußeren Zeichen fortgeschrittenen Alters führt bei Jüngeren zur Reduktion ihrer Sprache auf das niedrige Niveau, das sie bei den Alten zu erkennen glauben.

Abb. 6. 10: Kommunikationsprobleme jüngerer und älterer Personen
(Modell aus Thimm 2000, S. 109, nach Ryan u. a. 1995)

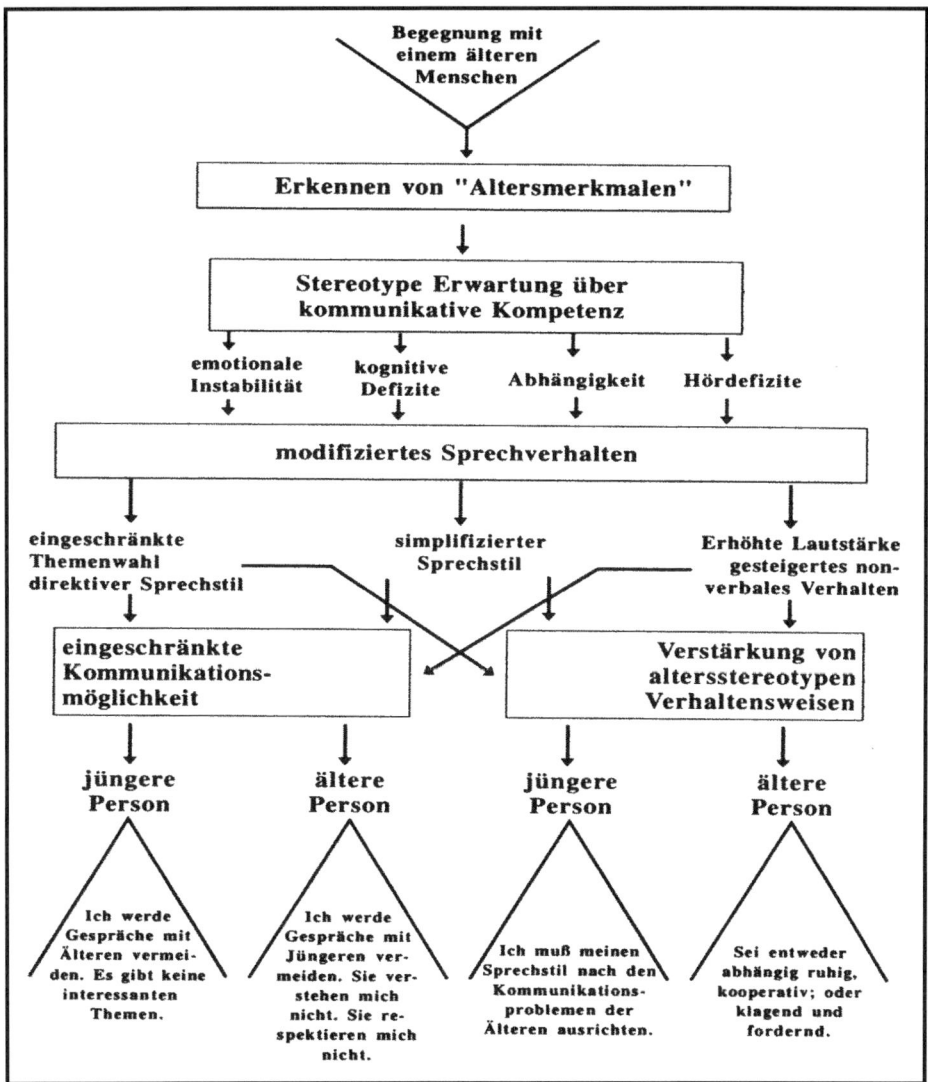

Die in Abb. 6.10 angegebenen „Altersmerkmale" sind als Rollenattribute zu verstehen, welche die Jüngeren zu erkennen glauben. Die betroffenen Älteren empfinden das daran anknüpfende Verhalten der Jüngeren als Blockade ihrer Selbstentfaltung. Sie entwickeln eine negative Einstellung gegenüber den Jüngeren und hegen andererseits Zweifel an ihren Fähigkeiten, verbunden mit einer nach außen erkennbaren negativen Veränderung der Persönlichkeitsmerkmale (der „Zeichen fortgeschrittenen Alters"). Dies hat „eine größere intergenerationelle Distanz zur Folge" – ein „Teufelskreis", der von Ryan u. a. in einem Modell als Kommunikationsdilemma dargestellt wird (vgl. Thimm 2000, S. 106 f.).

*Alters-*
*marker*

Der Begriff des „fortgeschrittenen Alters" ist relativ und je nach Perspektive der Betrachter anders definierbar. Soziolinguistisch werden Altersattribute (*age marker* ‚Altersmarker', Helfrich 1979) zur Charakterisierung der Sprache von Menschen fortgeschrittenen Alters bemüht. Dadurch lassen sich ex negativo auch die Unterschiede zu der Sprache von relativ jungen Menschen fassen (vgl. die Übersicht in Abb. 6.13 und Thimm 2000, S. 75 ff.).

## Patronisieren

*Patro-*
*nisie-*
*ren-*
*des*
*Verhal-*
*ten*

Die stereotype Erwartung bezüglich der reduzierten kommunikativen Kompetenz der älteren Person führt die jüngere Person in dem Modell von Abb. 6.11 zu einem „simplifizierten Sprechstil". Damit verhält sich die jüngere Person der älteren gegenüber ähnlich wie die Mutter gegenüber dem Kind, wenn sie sich des sehr vereinfachten „baby talk" (auch motherese, „Tantensprache") bedient (vgl. Kap. 2.2.2); auch eine Parallele zu den bewußten Simplifizierungen im „Foreigner Talk" gegenüber Ausländern (s. S. 212) ist nicht abwegig. Dies Verhalten gegenüber Älteren heißt in neueren Forschungen „Patronisieren".

Abb. 6.11: „Patronisieren" im Sozial- und Sprachverhalten

| Einschätzung des Sozialstatus | | Einschätzung der Sprachkompetenz | |
|---|---|---|---|
| selbst | andere | selbst | andere |
| hoch | niedrig | hoch | niedrig |
| Sozialverhalten: *herablassend* | | Sprachverhalten: *simplifizierend* | |

Thimm (2000, S. 126) weist darauf hin, daß ein derartiges Sprachverhalten auch gegenüber Pflegebedürftigen und Behinderten praktiziert wird. In einer solchen Situation kommunizieren eine real oder vermeintlich sozial höher stehende mit einer real oder vermeintlich sozial niedriger stehenden Person.

Das Sozialverhalten der vermeintlich höher stehenden Person ist jedoch – anders als das der Mutter bei dem „baby talk" - herablassend („patronisierend" – analog könnte man auch „matronisierend" sagen), sie schätzt ihre Sprachkompetenz als höher ein gegenüber der anderen Person und simplifiziert die eigenen Äußerungen. Somit besteht eine Ko-Varianz zwischen der Einschätzung des eigenen bzw. fremden Sozialstatus und der eigenen bzw. fremden Sprachkompetenz.

Abb. 6.12: Charakteristika patronisierender Kommunikation
(aus: Thimm 2000, S. 124)

| Verbal | Para- und Nonverbal |
|---|---|
| **A. Vokabular** | **A. Stimme** |
| - Einfach | - Hohe Stimmlage |
| - Reduzierte Silbigkeit | - Übertriebene Intonation |
| - Kindlicher Wortschatz | - Erhöhte Lautstärke |
| - Diminutiva | **B. Blick** |
| **B. Grammatik** | - Geringer Blickkontakt |
| - Einfache Konstruktionen | - Anstarren |
| - Wiederholungen | - Augenrollen |
| - Tag Questions | - Blinzeln |
| - Imperative | **C. Proxemik** |
| - Füller | - Naher Körperkontakt |
| - Fragmente | - Über der Person stehen |
| **C. Anredeformen** | - Zu weit weg stehen |
| - Anrede mit Vorname | **D. Gesichtsausdruck** |
| - Kosenamen | - Grinsen |
| - Kindliche Ausdrücke | - Übertriebenes Lächeln |
| (wie „böser Bub", „liebes Mädel") | - Erhobene Augenbrauen |
| - Referenz in der 3. Person | **E. Gestik** |
| **D. Themensteuerung** | - Kopfschütteln |
| - Eingeschränkte Themenwahl | - Arme verschränken |
| - Übertriebene Positivbewertung | - Abrupte Bewegungen |
| - Fokus auf Vergangenheit | - Hände auf den Hüften |
| - Oberflächlich, aufgabenbezogen | **F. Berührungen** |
| - Übermäßig persönlich | - Über den Kopf streicheln |
| - Unterbrechungen | - Arm oder Schulter klopfen |
| - Geringe Thementoleranz | |

„Patronisieren" ist herablassendes Sozial- in Kovarianz mit simplifizierendem Sprachverhalten.

Die charakteristischen Merkmale der patronisierenden Kommunikation können sowohl verbal (lingual) als auch paralingual (z. B. auf die Stimmlage oder Lautstärke bezogen) und nonverbal (nonlingual) sein (zur Terminologie vgl. Kap. 1.1.3).

### 6.2.4 „Alter" in der linguistischen Theorie

*Abbau der sprachlichen Leistung – Sprachliche Regression – Jakobsons Zwei-Achsen-Modell – paradigmatisch/syntagmatisch*

**Abbau der sprachlichen Leistung**

*Sprachliche Leistung* Die Charakteristika patronisierender Kommunikation, wie sie in Abb. 6.12 aufgelistet werden, gelten nicht für die alten, sondern für die jungen Kommunikationspartner und -partnerinnen. Die erwähnten Altersmerkmale ergeben sich auch aus der abnehmenden sprachlichen Leistung.

Abb. 6.13: Sprache im fortgeschrittenen Alter (Auswahl von Merkmalen)

| Beschreibungsebene | Markierte Erscheinung |
|---|---|
| Schrift/Grapheologie | „krakelige" Handschrift |
| Lautung/Phonologie | Artikulation, Tonhöhe verändert, Tonhöhenschwankungen, Sprechtempo |
| Wortschatz/Lexikologie | Kaum Reduzierung des Wortschatzes, aber Verlust der Modernität; Zunahme prestigeärmerer Wörter; leichte Wortfindungsstörungen |
| Satzbau (Syntax)/Syntaktologie | Verringerung der Satz-Komplexität |
| Diskurs/Textologie | Verstärkte Thematisierung a) des Selbst, b) der Vergangenheit |

Mit Abb. 6. 13 (vgl. auch Thimm 2000, S. 75 ff.) werden einige Kennzeichen dieses Abbaus aufgezeigt. Alle Bereiche der Sprachproduktion und -rezeption sind in irgendeiner Weise betroffen: die Schreibung, die Lautung, der Wortschatz (Lexik), die Grammatik im engeren Sinne (Syntax) sowie der Text in schriftlicher und mündlicher Form (Diskurs).

### Regressionshypothese

*Sprach-liche Re-gres-sion*

Mit seinem Buch über „Kindersprache, Aphasie und allgemeine Lautgesetze" hat Roman Jakobson (russ.-amerikan. Linguist 1896-1982) die „Regressionshypothese" begründet (s. Jakobson (1969 [1941]). Diese besagt, vereinfacht und zunächst bezogen auf das Lautliche, daß der Sprachabbau spiegelbildlich zu dem Spracherwerb erfolgt. Was zuletzt aufgebaut wurde, wird zuerst wieder abgebaut. Diese Hypothese hat sich in der apodiktischen Form nicht bestätigt und hat somit in dieser Form auch keine Gültigkeit als Erklärung der abnehmenden Sprachkompentenz mit zunehmendem Alter, anders als die Neufassung von 1955 ff.

Abb. 6.14: Sprachabbau bezogen auf Jakobsons Zwei-Achsen-Modell

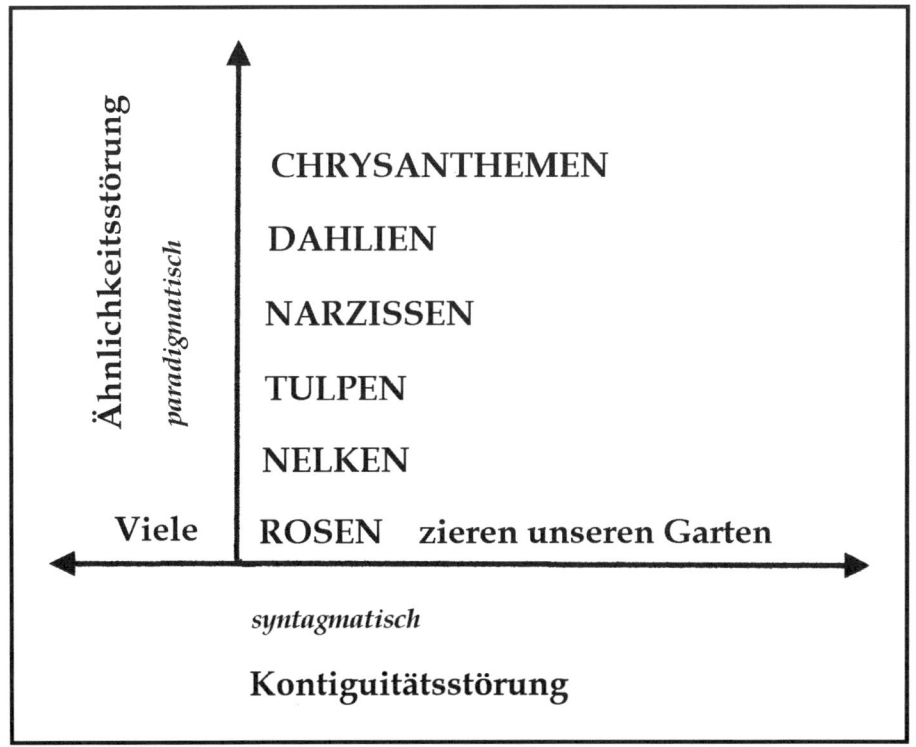

Die aus dem Jahre 1941 stammende Hypothese ist ab 1955 um das „Zwei-Achsen-Modell" erweitert worden (s. Abb. 6.14). Es besteht aus einer paradigmatischen und einer syntagmatischen Achse, ganz im Sinne des europäischen Strukturalismus.

*Paradigmatisch* heißt bei de Saussure „assoziativ". Anders als syntagmatische sind assoziative Beziehungen „nicht von der Zeiterstreckung getragen; ihr Sitz ist im Gehirn" (de Saussure 2001, S. 147 f., vgl. Holenstein 1975, S. 142 ff.). Gleichzeitigkeit, Ähnlichkeit und Austauschbarkeit kennzeichnen assoziative bzw. Ähnlichkeits- bzw. paradigmatische Beziehungen. In Abb. 6.14 stehen die Bezeichnungen *Rosen, Nelken, Tulpen, Narzissen, Dahlien, Chrysanthemen* in einer paradigmatischen bzw. logischen ODER-Beziehung; sie sind struktural austauschbar.

*Syntagmatische* Beziehungen sind bei de Saussure (2001, S. 148 ff.) *Anreihungsbeziehungen*, weil sie z. B. in einem Satz aus einer Folge von aneinandergereihten Gliedern – Wörtern – bestehen; in Abb. 6.14: *Viele Rosen (Nelken, Tulpen usw.) zieren unseren Garten.* Bei Jakobson heißen sie auch „Kontiguitätsbeziehungen" (zu lat. *contiguus* ‚angrenzend'); sie sind logische UND-Beziehungen.

■ *Paradigmatische* bzw. *assoziative Beziehungen* sind logische ODER-Beziehungen.

■ *Syntagmatische Beziehungen* sind logische UND-Beziehungen.

In Jakobsons Zwei-Achsen-Modell erfolgt der Sprachabbau entweder als paradigmatische, d. h. *Ähnlichkeitsstörung*, oder als syntagmatische, d. h. als *Kontiguitätsstörung*. Die Abnahme der Formulierungs- und Gedächtnisleistungen (fehlendes Kontiguitäts- bzw. Assoziationsvermögen) können bei alternden Menschen zu entsprechenden Symptomen führen. Am stärksten leiden ältere Menschen an solchen Wortfindungs- bzw. Assoziations- bzw. Ähnlichkeitsstörungen im Sinne Jakobsons. Bei dem Ausfall ganzer Gehirnpartien bestehen parallele Folgen für die Sprache (Aphasie): Die motorisch bedingte Kontiguitätsstörung gilt dort als *Broca-Aphasie*, die sensorisch bedingte Ähnlichkeitsstörung als *Wernicke-Aphasie*, benannt nach den Entdeckern Paul Broca (1824-1880) und Carl Wernicke (1848-1905). Beide Formen der Sprachstörung lassen sich somit durch dies Modell veranschaulichen; eine pathologische Sprachstörung wie bei Morbus Alsheimer vielleicht auch.

### Literatur (Auswahl)

Caradec 2001 – Jakobson 1969, 1971 – Mey 1998 – Saussure 2001 – Schulze 1998 – Thimm 2000

## Kontrollfragen (Antworten in Kapitel 8, S. 237)

6.2.01  Was kenneichnet Alter und Geschlecht soziologisch?
6.2.02  Definieren Sie „natürliches Alter".
6.2.03  Definieren Sie „Generation".
6.2.04  Definieren Sie „Altersschicht".
6.2.05  Definieren Sie „Gero-" bzw. „Gerontolinguistik".
6.2.06  Definieren Sie „Gerolekt".
6.2.07  Weshalb ist der Begriff des Gerolekts hypothetisch?
6.2.08  Wann erscheint der Mensch als „sozial isoliert"?
6.2.09  Definieren Sie „Diskurs".
6.2.10  Nennen Sie einige positive und einige negative Altersstereotype.
6.2.11  Skizzieren Sie das Kommunikationsdilemma des Alterns.
6.2.12  Definieren Sie „Patronisieren".
6.2.13  Nennen Sie Charakteristika patronisierender Kommunikation.
6.2.14  Nennen Sie Merkmale für den Sprachabbau im fortgeschrittenen Alter.
6.2.15  Auf wen geht die „Regressionshypothese" zurück?
6.2.16  Was besagt die Regressionshypothese?
6.2.17  Definieren Sie „paradigmatische Beziehungen".
6.2.18  Definieren Sie „syntagmatische Beziehungen".
6.2.19  Wie nennt Jakobson die paradigmatische Störung des Sprachabbaus?
6.2.20  Wie nennt Jakobson die syntagmatische Störung des Sprachabbaus?

# 7 Kulturelle und sprachliche Vielfalt

## 7.1 Multikulturelle, multiethnische, polyglossische Gesellschaft

### 7.1.1 Kulturelle Verschiedenheit

> *Kultur – Zur Begriffsgeschichte – Zivilisation - Aspekte von Kultur – Ein Modell – Normen und Werte – Werthaltungen – Ethnien – Konkurrierende Varietäten der deutschen Standardsprache – Normenkomplex*

**Kultur**

*Zur Begriffsgeschichte* Der Begriff der Kultur ist umstritten. Die Bezeichnung *Kultur* ist abgeleitet aus lat. *cultura* ‚Pflege (des Ackers), Landbau‘ und wird im Hochmittelalter, ab dem 12. Jh. in Frankreich, später auch in Deutschland in diesem Sinn verwendet. Ab etwa 1700 kommt – nicht ohne den Einfluß Kants – die übertragene Bedeutung hinzu: ‚die Ausbildung und geistige Vervollkommnung des Individuums‘. In der marxistischen Gesellschaftslehre ist Kultur ‚die Gesamtheit der Errungenschaften auf gesellschaftlicher, künstlerischer, humanitärer Ebene‘ (vgl. Pfeifer 1989, S. 943; Klaus/Buhr (Hgg.) 1972, S. 629 ff.).

▪ *Kultur* ist ‚die Ausbildung und geistige Vervollkommnung des Individuums‘.

▪ *Kultur* ist ‚die Gesamtheit der Errungenschaften auf gesellschaftlicher, künstlerischer, humanitärer Ebene‘.

Zu ergänzen ist der im Jahre 2000 von dem CDU-Politiker Friedrich Merz geprägte, brisante politische Begriff *deutsche Leitkultur*. Eine *Leitkultur* ist in dieser Ideologie eine ‚Kultur mit Vorbild- und Führungscharakter‘. In Verbindung mit dem Attribut *deutsche* impliziert dies dreierlei: 1) die Existenz einer Leitkultur überhaupt, 2) die Existenz einer speziell *deutschen* Leitkultur, 3) die notwendige Dominanz dieser sog. deutschen Leitkultur gegenüber anderen Kulturen, etwa der türkischen und anderen vorwiegend islamisch geprägten Kulturen, gegenüber den jüdischen, indischen, chinesischen usf. Kulturen, wobei unklar ist, ob sich diese Aussage auf die Gegenwart im Geltungsbereich der deutschen Staatsmacht bezieht oder einen Missionsgedanken beinhaltet.

In Konkurrenz zu „Kultur" steht seit Ende des 18. Jhs. der Begriff der *Zivilisation* zu lat. *civis* ‚Bürger, Mitbürger' in der Bedeutung: ‚auf technischem und wissenschaftlichem Fortschritt beruhende Lebensweise, durch Erziehung und Bildung geprägte Lebensart'. *Zivilisiert* bedeutet ‚gesittet, gebildet, von urgeschichtlichen Zuständen befreit'. Gegensatz: *unzivilisiert*. Das Adjektiv *zivil* gilt seit dem 16. Jh. als Rechtsbegriff für den Bürger, den Zivilisten, im Sinne von ‚nichtmilitärisch' (vgl. Le Robert 1998, S. 767, 974 f., u. Pfeifer 1989, S. 943, 2040). Somit ergeben sich die Gegensatzpaare: *zivilisiert – barbarisch* und *zivil – militärisch*.

*Zivilisation* ist die ‚auf technischem und wissenschaftlichem Fortschritt beruhende Lebensweise, durch Erziehung und Bildung geprägte Lebensart'.

*Kultur und Gesellschaft*

Kulturelle Systeme sind wie die sprachlichen in soziale Systeme eingebettet. Dies läßt sich aus der gegebenen soziologischen Definition von *Kultur* (s. Kap. 2.1.4) ableiten: Die „relativ koordinierte Gesamtheit der von Generation zu Generation tradierten und orientierend wirkenden Denk- und Verhaltensmuster eines sozialen Systems" bildet das *kulturelle System*. Beispielsweise dürfen ein französischer und ein deutscher Arbeiter nicht allein auf der sozialen Ebene verglichen und gleichgestellt werden (auf der Ebene des „Arbeiterseins"); sie unterscheiden sich durch ihre Zugehörigkeit zu verschiedenen Kulturen und verschiedenen Sprachen, wobei die kulturelle Verschiedenheit i. e. zu spezifizieren wäre, z. B. in bezug auf die unterschiedlichen Lebens- und Eßgewohnheiten, die Einstellung zum Staat u. dgl.

*Aspekte von Kultur und Behavior*

Die Kulturen unterschiedlicher Gesellschaften sind auch zeitlich fixiert, z. B. die spezielle „Kultur der Griechen". Zur Kultur gehören Weltsichten. Eine Weltsicht ist z. B., daß die Sonne auf- und untergeht. *Religion, Aberglauben, Tabus, Vorurteile, Riten, Sitten und Gebräuche, Kleidung, Essen, Arbeit, Hausbau, Mobiliar* usw. sind Aspekte einer Kultur. Diese werden u. a. auch in der Ethnographie, der Kulturanthropologie bzw. traditionell und infranational in der „Volkskunde" untersucht.

In der Linguistik schlagen Pike (1967) und abgewandelt Els Oksaar (1988b) die Bezeichnung *Kulturem* vor. Demnach ist ein *Kulturem* die Abstraktion kommunikativer Verhaltensweisen, die „soziokulturell" bedingt sind. Deren Realisierung im Kommunikationsakt nennt Oksaar (1988b, S. 27) *Behaviorem*. Dies ist eine Bezeichnung, die a) auf den amerikanischen Behaviorismus verweist, b) gemäß der Terminologie von Pike Klassencharakter hat: Alle Einheiten mit dem Suffix *-em* sind in dieser Terminologie ‚Klassen von ...'. Das Behaviorem wäre somit eine Klasse von 1 bis n *Behavior* – verstanden als konkretes Verhalten in den Situationen 1 bis n. Daher muß die von Oksaar vorgeschlagene Definition des Behaviorems korrigiert werden.

■ Ein *Kulturem* ist nach Els Oksaar die Abstraktion kommunikativer Verhaltensweisen, die soziokulturell bedingt sind.

Mit soziokultureller Bedingtheit sind z. B. religiöse Riten gemeint oder:
*Grüßen, Danken, Bitten.* Letztere sind Klassen von Realisierungen des
„Höflichkeitskulturems": *Behavioreme.* Die Art, wie gegrüßt wird, d. h.
jedes einzelne Grüßen, das Verhalten im Kommunikationsakt also, ist dann
„Behavior".

■ Das *Behaviorem* ist eine Klasse von Realisierungen eines Kulturems in
Kommunikationsakten.

Das 20. Jh. hat entscheidend zu der Erkenntnis beigetragen, daß Gesellschaft (vgl. Kap. 1.1 u. Abb. 1.2) und Kultur sich u. a. über Sprache definieren, was durch die Darstellungsform in Abb. 7.1 angedeutet wird. Für
„Sprache" wird eine linguale und eine nonlinguale Komponente (vgl. Abb.
1.8) angenommen.

Abb. 7.1: Gesellschaft, Kultur, Sprache

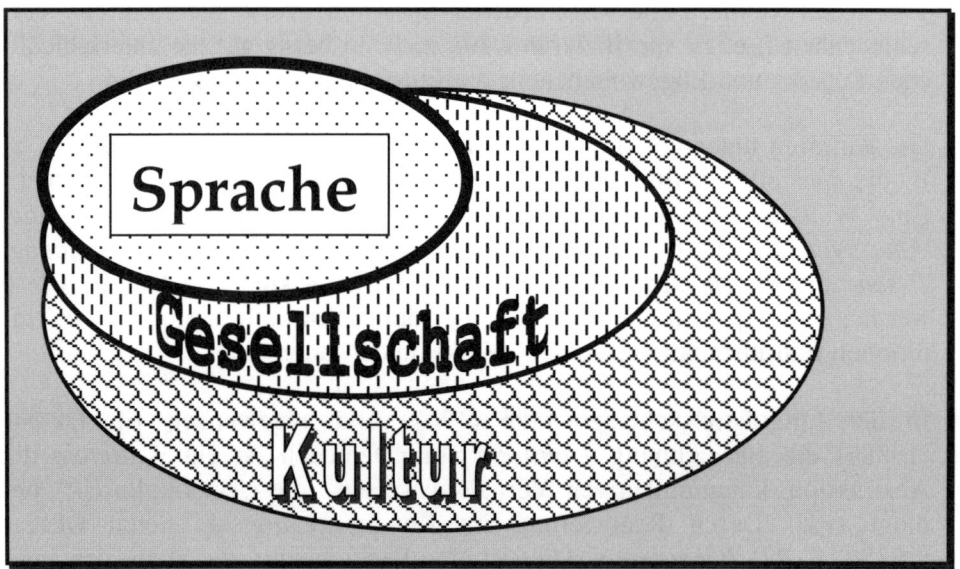

In den Kommunikationssystemen vollzieht sich neben dem sprachlichen ein
nichtsprachlicher Informationsaustausch, z. T. verbunden mit Ritualen, hierher gehören: Hände schütteln, das Kreuz schlagen, Applaus oder Pfiffe, aber
auch ein Lied summen oder eine auffällige Krawatte tragen. Dies ist jeweils

eine nonlinguale Realisierung („Behavior") eines „Kulturems" i. S. von Els Oksaar. Zu der Kommunikation gehört ebenso die Verständigung über kulturell Ererbtes: die Art der Anrede von Personen, Begrüßungsrituale, Oster-, Pfingst-, Weihnachts- und Neujahrsbräuche, Beisetzungen, Hochzeiten, Kindtaufe.

## Normen und Werte

*Maß-*
*stäbe*

„Wege der Sprachkultur" ist der Titel eines Buches, das mit einem Kapitel über Sprachnormen beginnt (Weinrich 1988). Diese sind bereits definiert worden *als Maßstäbe für die Gleichförmigkeit und die Bewertung des Sprachverhaltens* (s. Kap. 2.1.4 und Abb. 2.5). Entscheidend ist, „daß der Sinn der kulturellen Symbolsysteme (oder Kulturmuster) und ihre Beziehungen zu Handlungen immer [ ... ] *normativ* sind", nicht allein auf Sprachnormen bezogen (Goetze in Reimann (u. a.) 1991, S. 48). Die Gestaltung der Normen hängt z. T. von deren Zweckmäßigkeit, von ihrer intendierten Anwendung ab, z. T. von dem kulturellen Wertesystem. Die Werte beeinflussen wie die Normen das Handeln. Werte und Werthaltungen werden in der Soziologie mit Clyde Kluckhohn (1951, zitiert in Hradil 1999, S. 416) wie folgt definiert:

*Werte* und *Werthaltungen* sind „Auffassungen vom Wünschenswerten".

Diese Definition ist einseitig positiv. Es fehlen z. B. *Begehrlichkeiten, Korruption, Mord*: alles Negative, alles, was durch Gesetz verboten ist und rechtlich verfolgt wird. Ein Wert hat immer zwei Seiten: in der Logik *wahr* versus *falsch*, in der Philosophie (Lotze, Nietzsche) „Wert" und „Unwert" usf. Zur marxistischen *Wertlehre* (Wertträger, Leitgedanken) vgl. Klaus/Buhr (Hgg.) 1972, S. 1150 ff.

*Wert-*
*hal-*
*tungen*

Bei positiver Sicht stellt sich die Frage, was unter „Wünschenswertem" zu verstehen ist. Handelt es sich um Bedürfnisse von Individuum und Gesellschaft, z. B. „Essen wie Gott in Frankreich"? Ist alles gemeint, was von der Gesellschaft akzeptiert ist? Aber von welcher und wie strukturierten Gesellschaft? Allgemein anerkannte positive Werte sind z. B. die der französischen Revolution: *Freiheit, Gleichheit, Brüderlichkeit*; eine andere Möglichkeit wäre: *Gerechtigkeit, Wahrheit, Schönheit*. Beispiele für negative Werte – in kritischer Form angeführt – sind: *Unfreiheit, Ungleichheit, Zwist* bzw. *Ungerechtigkeit, Verlogenheit, Häßlichkeit*.

In der Übersicht von Abb. 7.2 sind alle Werte positiv besetzt, und es werden nur EG-Nationen verglichen. An sprachlichen Konfrontationen und Konflikten, z. B. in Deutschland, sind viel stärker Angehörige der türkischen sowie ost- und südosteuropäischer Kulturen und Sprachen beteiligt als westeuropäische. Dafür liegen aber leider keine vergleichbaren Daten vor. Von den Mi-

granten aus osteuropäischen Staaten (vor allem aus Rußland und anderen
Teilen der ehemaligen Sowjetunion) haben viele trotz ihrer erst im Werden
begriffenen kulturellen Integration in die deutsche Gesellschaft und ihrer
Sprachprobleme einen deutschen Paß, so daß sie statistisch nicht erfaßt werden (vgl. Luchtenberg 1999, S. 77). Sie wären hier aber – nicht nur statistisch - von Interesse, da sie ein Konfliktpotential bilden, bedingt durch die
mangelnde kommunikative Kompetenz, besonders im schriftlichen Bereich;
dies hemmt ihre soziale Integration.

In jede Länderspalte von Abb. 7.2 ist die für dieses Land ermittelte Position
des Europa-Ranges eines Werts eingetragen; z. B. sind die Werte *Toleranz*
und *Verantwortungsgefühl* in D gegenüber dem Europa-Durchschnitt in der
Reihenfolge vertauscht.

**Abb. 7.2: Werthaltungen in europäischen Gesellschaften (Auswahl)**
(Übers. u. modif. n. Angaben v. J.-M. Morin 1998, S. 143)

|                       | Europa | D  | B  | DK | F  | I  | NL |
|-----------------------|--------|----|----|----|----|----|----|
| Ehrlichkeit           | 01     | 01 | 01 | 01 | 01 | 01 | 01 |
| Toleranz              | 02     | 04 | 04 | 03 | 02 | 04 | 03 |
| gutes Benehmen        | 03     | 05 | 03 | 05 | 10 | 02 | 02 |
| Verantwortungsgefühl  | 04     | 02 | 05 | 02 | 04 | 03 | 04 |
| Höflichkeit           | 05     | 08 | 02 | 06 | 03 | 06 | 05 |
| Loyalität             | 06     | 11 | 10 | 07 | 05 | 05 | 08 |
| Selbstbeherrschung    | 07     | 09 | 08 | 11 | 08 | 10 | 06 |
| Unabhängigkeit        | 08     | 03 | 12 | 04 | 13 | 08 | 07 |
| Gehorsam              | 09     | 14 | 09 | 10 | 11 | 07 | 09 |
| fleißig arbeiten      | 10     | 12 | 07 | 16 | 06 | 14 | 14 |
| Sinn f. Sparsamkeit   | 11     | 06 | 06 | 09 | 07 | 11 | 10 |
| Ausdauer              | 12     | 10 | 11 | 12 | 12 | 12 | 11 |
| Glaube an e. Religion | 13     | 13 | 13 | 15 | 15 | 09 | 13 |
| Uneigennutz           | 14     | 17 | 14 | 08 | 09 | 17 | 16 |
| Geduld                | 15     | 15 | 15 | 14 | 16 | 13 | 12 |
| Ideen                 | 16     | 16 | 16 | 13 | 14 | 15 | 15 |
| Führungsqualitäten    | 17     | 07 | 17 | 17 | 17 | 16 | 17 |

Gemeinsames und Unterschiedliches in den Werthaltungen der Bevölkerung in den genannten Europäischen Staaten ergeben sich auf Grund der Befragungen: *Ehrlichkeit* ist ein in allen Ländern dominanter Wert, gefolgt von *Toleranz, gutem Benehmen, Verantwortungsgefühl, Höflichkeit;* die Schlußlichter bilden *Uneigennutz, Geduld, gute Ideen* und *Führungsqualitäten* (s. Abb. 7.2). Der beobachtete Wertewandel führt dazu, daß immer mehr Menschen „Selbstverwirklichung und Kommunikation für wünschenswert" halten (Hradil 1999, S. 417).

Eine Darstellung von Werten, auf die Interna einer Gesellschaft bezogen, wäre stärker zu differenzieren. Mit Sicherheit sind die sogenannten bürgerlichen Werte etwas anderes als diejenigen von Arbeitern, Handwerkern oder Bauern. Damit überkreuzen sich die kulturellen und die sozialen Gegebenheiten in einer Gesellschaft.

Abb. 7.3: Konkurrierende Varietäten der deutschen Standardsprache

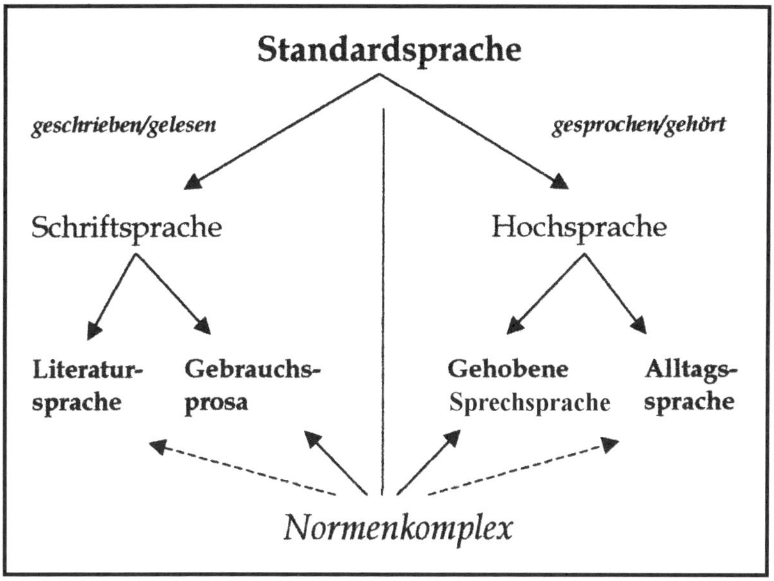

Die angedeutete Multifunktionalität läßt sich mit multifunktionalen Sprachsystemen meistern. Im Deutschen sind dies die Varietäten der *Standardsprache* (vgl. die Definition in Kap. 5.2.2 u. Abb. 7.3), d. h. die *Schriftsprache* als geschriebenem (und gelesenem) Standard und die *Hochsprache* als gesprochenem (und gehörtem) Standard. Die Literatursprache und die

„Gehobene Sprechsprache" (als Teilbereich der Hochsprache) sind an höhere soziale Lagen (Milieus) gebunden (vgl. Abb. 4.12).

Die zur Sprachkultur des Deutschen gehörenden Normen sind zuerst *usuelle Sprachnormen*, d. h. überlieferte, traditionsgemäße, nichtkodifizierte
Maßstäbe für sprachliche Verhaltensgleichförmigkeit und Verhaltensbewertung (s. Kap. 2.1.4). Diese Gebrauchsnormen gelten:

   a) paradigmatisch für die Vielzahl mündlicher Varietäten des Deut-
      schen, z. B. für die Dialekte, die traditionellen Fachsprachen, wie
      die der Handwerker, Bauern, Winzer, Fischer, Jäger u. dgl., sowie
      die Sondersprachen, z. B. der Jugendlichen;

   b) für die konkreten sprachlichen Handlungen, die ihrerseits an nichtko-
      difizierten Handlungsmustern orientiert sind.

Diesbezüglich unterscheidet sich das Deutsche als Gesamtsprache kaum
wesentlich von den Nachbarsprachen bzw. anderen „Kultursprachen". Im
Deutschen bestehen kodifizierte Normen (Def. in Kap. 2.1.4) – zugleich
als präskriptive Normen – für Varietäten der Standardsprache, z. B. die
Hochsprache, aber eingeengt auf die Lautungsnormung (Aussprachenor-
mung), und die Schriftsprache – hier vor allem für die Orthographie und,
gebunden an Lehrbücher, für die Grammatik. Ferner bestehen, freilich in
besonderer Gestaltung, z. B. als DIN oder in Lehrbüchern, auch für Fachsprachen kodifizierte Normen; so werden die Fachsprachen zu Terminologien: *Terminologie* ist genormte Fachlexik (Kap. 1.2.4, S. 27).

Die vielfältigen Normen, z. B. zur Rechtschreibung, Aussprache, Grammatik,
bilden zusammen einen *Normenkomplex*.

Konfrontationen und Konflikte ergeben sich stets bei einer Konkurrenz von
Normen (*Normenkonflikt*). Beispielsweise können alte und neue Normen
konkurrieren, wie gegenwärtig in der Orthographie des Deutschen. In
Konkurrenz stehen ferner Normen des mündlichen und des schriftlichen
Sprachgebrauchs, was sich besonders in schulischen Fehlleistungen be-
merkbar macht (s. Kap. 2.2 und 4.2).

Diese Konflikte können mono-, aber auch multilingual sein, d. h., sie ergeben sich, wenn die Normen mehrerer Sprachsysteme aufeinanderstoßen,
z. B. in der mehrsprachigen Konversation und auch schon bei dem Fremd-
spracherwerb. Die Konkurrenz sprachlicher Normen ist auch ein Ausdruck konkurrierender sozialer und kultureller Systeme, z. B. in dem Gegensatz *Frauensprache – Männersprache* (s. Kap. 6.1) oder der indiani-
schen und europäischen Sprachen (s. Kap. 4.2.3, S. 110 ff.).

## 7.1.2   Multikulturell, multiethnisch

*Multikulturell – Interkulturelle Kommunikation – Konflikte – Ethnien –*
*Ethnographie – Ethnolinguistik – Ausländer als ethnische Minderheiten*

### Multikulturell

*kultu-*
*relle*
*Viel-*
*falt*

Bestimmte Bräuche und Rituale sind nicht auf eine Kultur beschränkt; sie
finden sich in mehreren oder vielen Kulturen und sind somit *pluri-* (für
‚mehrere') bzw. *multi-* (oder *poly-)kulturell.* Hierher gehören beispielsweise Bräuche, die mit dem Christentum oder dem Islam zusammenhängen. Umgekehrt kann eine Gesellschaft mehrere oder viele kulturelle Tra-
ditionen haben; sie ist dann eine multi- oder polykulturelle Gesellschaft.
Die amerikanische Gesellschaft beispielsweise schöpft als „melting pot"
vieler Kulturen aus entsprechend vielen Quellen und bewahrt bestimmte
kulturelle Eigenheiten der Nachkommen einstiger Einwanderer.

Die kulturelle entspricht der sozialen und lingualen Vielfalt. Wird, wie
dies in den neueren Forschungen geschieht, die Sprache als Bande kultureller Zusammengehörigkeit angesehen, dann erweisen sich regionale
Sprachvarianten als Indiz regionaler Teilkulturen und umgekehrt. Diese
bestehen beispielsweise in der Schweiz und in Österreich (aus der Perspektive eines Deutschen) – oder etwa in Deutschland (aus der Perspektive
eines Schweizers und Österreichers).

Es wäre zu prüfen, welche Kulturen und Sprachen *monozentrisch* sind –
eventuell das Lëtzebuergische und das Westfriesische. Nach Ammon
(1995, S. 96) wären die genannten Länder jeweils als „Vollzentren" zu
werten; „Halbzentren" – das sind Nebenzentren – des Deutschen finden
sich in Liechtenstein, Luxemburg, Ostbelgien und Südtirol (vgl. auch
Hogan-Brun 2000, S. 16-18). Für Ammon ist das Deutsche eine „pluri-
nationale" Sprache, weil mehrere Nationen Sprachträger sind.

Außer den Regionalkulturen, die über diese sprachlichen Zentren indiziert werden, bestehen integrierte Fremdkulturen in Deutschland z. B. als
Grundlage des Sorbischen (und Wendischen; vgl. S. 202 u. Abb. 7.9).
Daneben gibt es die bereits angesprochenen Subkulturen mit Sondersprachen, die ebenfalls plurizentrisch sind (vgl. Kap. 3.2.1). Ferner bestehen
„Importkulturen", die meist an Migranten gebunden sind, deren Muttersprache ($S_1$ = Erstsprache) aus der Perspektive des Deutschen eine

Fremdsprache ist. Die zuerst erworbene Sprache heißt $S_1$ ($S$ steht für *Sprache*; am.-engl. aber: *L* für *Language*); $S_{2-n}$ sind die später erworbenen Sprachen, in diesem Fall wäre Deutsch eventuell die Zweitsprache $S_2$, wenn nicht andere Varietäten vorgeschaltet sind.

Aus diesen Fakten leitet Luchtenberg (1999, S. 78) ab, eine solche Gesellschaft als *multikulturell* zu bezeichnen, d. h. als „mehrsprachig" (multilingual) [recte: *vielsprachig*] und „mehrkulturell" (in ihrer speziellen Terminologie). Vielfach werden Kulturen, die sich ähneln, zu *Kulturkreisen* zusammengefaßt, z. B. zu dem „abendländischen Kulturkreis".

## Interkulturelle Kommunikation

Zumindest passiv, z. T. aber auch aktiv handelnd, orientiert sich das in einer komplexen Gesellschaft lebende Individuum an mehreren Kulturen und Subkulturen, sozialen Rollen und Gruppen sowie kommunikativen, genauer: sprachlichen Systemen und Subsystemen. Eine so geartete Kommunikation heißt: „Interkulturelle Kommunikation". Dazu Maletzke (1996, S. 37):

> „Von interkultureller Interaktion und Kommunikation sprechen wir, wenn die Begegnungspartner verschiedenen Kulturen angehören und wenn sich die Partner der Tatsache bewußt sind, daß der jeweils andere „anders" ist."

Luchtenberg (1999, S. 32) beschränkt den Begriff auf eine einzige Gesellschaft:

*Interkulturelle Kommunikation* ist Kommunikation innerhalb einer „mehrkulturellen" und „mehrsprachigen" Gesellschaft.

Bewegt man sich wissenschaftlich im Geltungsbereich mehrerer Kulturen, so wirkt man „interkulturell", wie z. B. die „Interkulturelle Germanistik" (s. Wierlacher (Hg.) 1987).

*Kon-flikte* Wenn kulturelle, soziale und sprachliche Systeme konfliktär gegenüberstehen, so erscheint eine Konfliktlösung nahezu aussichtslos. Ein Beispiel wäre Nordirland mit verschiedenen, d. h. unterschiedlichen kulturellen Systemen (Katholizismus gegen Protestantismus), unteren gegenüber mittleren sozialen Lagen und verschiedenen Sprachen (dem bodenständigen, inzwischen englisch überformten Irisch gegen britisches Englisch). Wo jedoch eine partielle Adaption bzw. Integration – kulturell, sozial, sprachlich – erfolgt, ist das Konfliktpotential reduziert, z. B. in der nordamerikanischen Gesellschaft, aber auch in der deutschen, wo viele Minderheiten – das Dritte Reich ausgeklammert – bei allen kulturellen Unterschieden sozial und sprachlich auf dem Wege der Integration bzw. *Enkulturation* (s. die Definition Kap. 2.1.4) waren und sind. Der Normalfall ist die Fähigkeit einer Gesellschaft, kulturelle und sprachliche Minderheiten zu tolerieren, gegebenenfalls sogar zu assimilieren.

## Ethnien

*Ethnie, Ethnizität* Die Menschen, die sich jeweils als Grundgesamtheit und als Angehörige verschiedener Kulturen gegenüberstehen, bilden *Ethnien.* Im französischen Sprachgebrauch besteht das Wort *Ethnie* als gelehrte Bildung seit 1896 (aus griech. *ethnos* ‚Schar, insbes. Volk, Völkerschaft, Menschenklasse, Sippe'). Damit wird eine Gesamtheit von Individuen bezeichnet, die bestimmte Merkmale von Herkunft, tradierter Kultur (Wertmaßstäben, Überzeugungen, Verhaltensweisen) und Sprache gemeinsam haben. Das Zusammentreffen zweier konträrer Ethnien in einer Gesellschaft nennt Fishman (1985, S. 47 ff.): *di-ethnia* („Di-Ethnie").

Eine *Ethnie* ist die Gesamtheit von Individuen, die bestimmte Merkmale von Herkunft, tradierter Kultur und Sprache gemeinsam haben.

Nach Fishman war in früheren Stadien der sozialen Entwicklung die gesamte Kultur ethnisch definiert: Kleidung, Essen, Arbeit, Hausbau, Mobiliar, Sitten und Gebräuche usw., wie vielfach kulturanthropologisch beschrieben. In späteren Stadien werden viele dieser Merkmale ethnisch neutralisiert, d. h. internationalisiert.

*Ethnographie, Ethnologie* Die Erforschung von Ethnien geschieht traditionellerweise in der Ethnographie und der Ethnologie. Die Bezeichnung *Ethnographie,* belegt ab 1819, wird zunächst auf die Klassifikation von Völkern gemäß ihrer Sprache angewandt, dann auf das soziologisch orientierte Studium der „Volkszugehörigkeiten" („Volksforschung"). Vgl. Kap. 5.2, s. S. 135 f.: „Ethnographien von Mannheimer Stadtteilen" und *Ethnographie der Kommunikation* als Gesamtheit der Kommunikationsgewohnheiten einer Gemeinschaft einschließlich der Sprache.

Die Ethnolinguistik ist als eine zur Soziolinguistik komplementäre Teildisziplin der Linguistik zu verstehen (vgl. Kap. 1.2.1 u. Abb. 1.9) und in Nuancen verschieden von der amerikanischen *Anthropolinguistik*:

Die *Ethnolinguistik* erforscht unterschiedliche Sprachen unterschiedlicher Ethnien.

Dies läßt sich anhand der stadtsprachlichen Varietäten von Basel erläutern. Für die Einschätzung der Relation zwischen der Erstsprache der Migranten und der Zweitsprache (z. B. dem Baseler Stadtdialekt oder der deutschen Standardsprache) könnten die Wohnverhältnisse entscheidend sein, da diese den Sprachverkehr und somit die kommunikative Kompetenz der Sprecher bestimmen. In vielen Städten konzentrieren sich Ausländer in bestimmten Stadtvierteln, z. B. die Türken in Berlin-Kreuzberg. Dies wird als Anzeichen einer Ghettobildung angesehen, die zu einer intensiven internen Kommunikation in der Erstsprache führt, während die Kommunikation mit Externen außerhalb des Ghettos extensiv ist. Dies scheint, oberflächlich betrachtet, mit mehr als 34 % alloglotten Sprechern auch auf einige Baseler Stadtteile zuzutreffen (s. Abb. 7.4).

**Abb. 7.4: Alloglotte Sprecher in Basel nach Stadtteilen**
(Quelle: Lüdi 1996, S. 119, Stand: 1990)

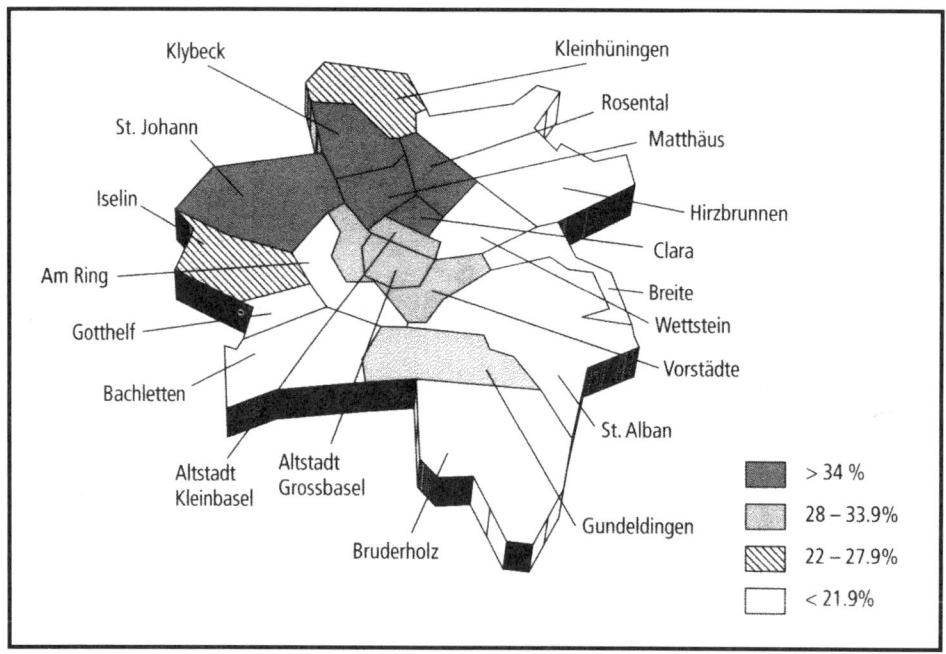

*Alloglotte Sprecher* sind ‚Anderssprachige‘, als Kunstwort zu griech. *allos* ‚anders‘ und *glotta* ‚Zunge, Sprache‘.

Bezüglich der Stadt Basel sind mit den Anderssprachigen solche Sprecher gemeint, die Deutsch (gegebenenfalls das Baseler bzw. Schweizerdeutsch) nicht als Erstsprache gelernt haben und benutzen. Eine genaue Analyse ergibt, daß von einer Ghettobildung in dem Sinne, daß in den Stadtvierteln mit hohem Ausländeranteil z. B. nur Französisch- oder Türkischsprachige wohnten, nicht die Rede sein kann. Vielmehr ist das Bild differenzierter: Die Anteile, die auf einzelne Sprachen entfallen, sind in den Stadtteilen sehr gemischt, wenngleich bestimmte Ethnien und Sprachen in bestimmten Stadtteilen überwiegen (s. Abb. 7.5): solche mit Türkisch in Matthäus, Rosental und Gundeldingen; Italienisch in Klybeck und Kleinhüningen usf. Die Sprecher des Deutschen verteilen sich fast gleichmäßig über die Stadt. Diese auf Basel zutreffenden Gegebenheiten dürften für die andernorts festgestellte Tendenz zur Ghettoisierung (vgl. W. Dressler in Ammon [u. a.] (Hgg.) 1987/88, S. 1554) eine Überprüfung erforderlich machen.

Somit gibt es in Basel Schwerpunkte, aber keine „alloglotten Inseln", keine „unilinguen Territorien". Die Erklärung Lüdis liegt in den gemeinsamen Arbeitsverrichtungen: Familien mit unterschiedlichen Sprachen, aber ähnlicher Arbeit wohnen in einem Stadtviertel zusammen. Unter diesen Umständen ist Deutsch die Verkehrssprache, und es besteht der Wunsch der Eltern, schon der ersten Generation, die Kinder zweisprachig aufwachsen zu lassen (s. Lüdi 1996, S. 121). Dabei besitzt die Schule, gegebenenfalls die Vorschule (Kindergarten), als Instanz sekundärer Sozialisation eine zentrale Funktion.

Abb. 7.5: Wohndichte alloglotter Sprecher nach Stadtteilen in Basel (Quelle: Lüdi 1996, S. 120, Stand: 1990, übersetzt u. leicht modif.)

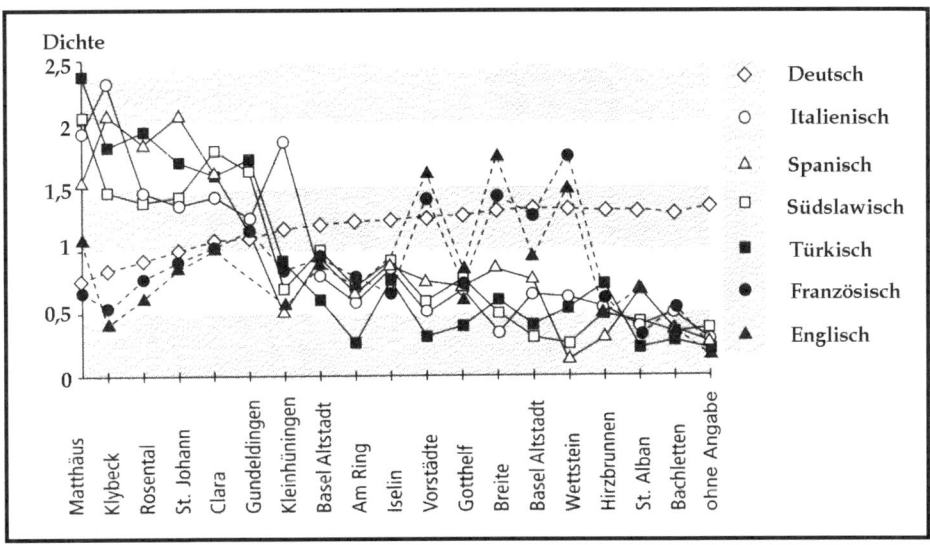

### 7.1.3  Polyglossisch

*Diglossie – Psichari und Ferguson – Überdachung – Tri-, Polyglossie –*
*Bilingualismus – Bikulturalität*

## Diglossie

*Psi-*
*chari*
*und*
*Fergu-*
*son*
Der Bezeichnung *Diglossie* ist ein Kunstwort zu griech. *di-* ‚zwei' und
griech. *glossa* ‚Zunge, Sprache'. Sie wird zum erstenmal 1928 von dem
Schriftsteller Jean Psichari auf die zwei griechischen Sprachniveaus angewandt: *Katharevussa* (zu griech. *katharos* ‚rein') als gelehrte, hohe Sprach-
varietät und *Dimotiki* als niedrige ‚Volkssprache' (s. Hagège 1996, S. 254).
Die moderne Linguistik beruft sich auf Charles A. Ferguson (amerikan.
Linguist, geb. 1921), der die Existenz von Diglossie an mehreren Sprachzu-
ständen, u. a. auch in Griechenland exemplifiziert (1982 [1959]). Charakteristisch ist, daß zwei Varietäten (bzw. Varietätenkomplexe) bestehen, von
denen eine als hoch („H" = „High"), die andere als niedrig („L" =
„Low") eingestuft wird. „H" ist „L" übergeordnet. Beide sind formal und
funktional differenziert. „L" entspricht meist den ursprünglichen Dialekten,
„H" ist hochgradig kodifiziert.

„H" hat alle Eigenschaften einer Standardsprache, wie in Abb. 7.3 dargestellt, d. h.:

- sie weicht stark von den Dialekten ab
- sie ist grammatisch komplexer als ein Dialekt
- sie hat eine größtmögliche kommunikative Reichweite
- sie ist hochgradig kodifiziert
- sie ist die Grundlage eines großen und geachteten Schrifttums
- sie wird durch formale Erziehung, normalerweise in Schulen, gelernt
- sie wird nicht in der familiären Unterhaltung benutzt
- u. a.

Daraus ergibt sich die folgende Definition:

*Diglossie* ist die Verwendung von zwei funktional unterschiedlichen Sprachvarietäten, deren eine als niedrig (untergeordnet) und die andere als hoch (übergeordnet) eingestuft wird.

*Nieder-*
*deutsch/*
*Stan-*
*dard*
Beispielsweise sind die niederdeutschen Dialekte im Norden des deut-
schen Sprachgebiets Varietäten, die als niedrig eingestuft werden
(„*L(ow)*"-*Varietäten*), da sie an ländliche Berufe gebunden sind und  im
Vergleich zur übergeordneten deutschen Standardsprache (*„H(igh)"*-
*Varietäten*) weder für den Schriftverkehr benutzt noch in der Schule als

Pflichtvarietäten vermittelt werden und keine vergleichbare kommunikative Reichweite haben. Sie sind auf den privaten bzw. halb privaten Bereich (z. T. auch auf den Arbeitsplatz) beschränkt.

**Abb. 7.6:** Diglossie und Varietätengefüge in Süd- und Norddeutschland (Quelle: Menke 1992, S. 226)

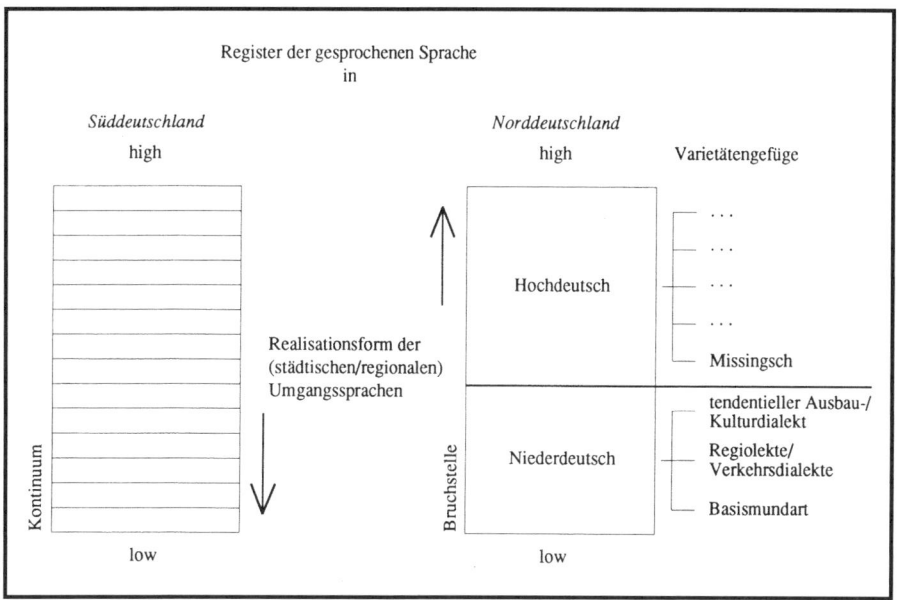

Nach Menke (1992) besteht die süddeutsche anders als die norddeutsche Diglossie aus einem Kontinuum zwischen *low* (den hochdeutschen Dialekten) und *high* (der Standardsprache). Demgegenüber existiert zwischen den niederdeutschen Dialekten (low) und der überlagernden hochdeutschen Standardsprache ein abrupter Bruch. Historisch gesehen, ist dieser in zwei Stufen vollzogen worden: 1.) im Rahmen der Ablösung der niederdeutschen Schreibsprache durch die hochdeutsche seit dem 16. Jh. („Schreibsprachenwechsel"); 2.) durch „die fortschreitende Übernahme des Hochdeutschen auch als Sprechsprache in den tonangebenden sozialen Führungsschichten und Eliten", verstärkt seit dem 19. Jh. (Sprechsprachenwechsel, Menke 1992, S. 237).

*Mis-singsch* Dieser Ablösungsprozeß führt auch zu einem Mischdialekt aus Niederdeutsch und Hochdeutsch, dem *Missingsch* ‚Meißnisch', seit 1724 so bezeichnet und zwischen Hamburg und Mecklenburg verbreitet (s. Abb. 7.6). *Missingsch* ist typisch für untere soziale Lagen, z. B. in Hamburg.

*Überda-* Wenn die *L*-Varietäten Dialekte einer Sprache sind und die *H*-Varietät die
*chung* standardisierte Form dieser Sprache ist, so bezeichnet Kloss (1978 [1952],
S. 60 ff.) die *L*-Varietäten als „überdacht"; haben sie keine verwandte
Standardsprache über sich, so sind sie „dachlos". Die elsässischen Dialekte sind in diesem Sinne dachlos, weil die zugeordnete Standardsprache
die nicht verwandte französische ist. Ammon (1991, S. 21) präzisiert in
Anlehnung an Kloss: „Ein Sprachsystem $I_a$ überdacht ein Sprachsystem $I_b$
[...] dann, wenn $I_a$ im Gebiet von $I_b$ >Amts- und Schulsprache ist<, ohne
daß $I_b$ dies auch ist." Standard- und Kultursprache gleichsetzend, stellt
Goossens bereits 1973 (S. 11) ausdrücklich fest,

> „daß man im europäischen Bereich das Kriterium der Kultursprache als über-
> dachendem Element schlechterdings nicht entbehren kann, weil es nur auf die-
> se Weise möglich ist, die sprachlichen Begriffe Deutsch und Niederländisch,
> Spanisch und Portugiesisch, Bulgarisch und Serbokroatisch usw. als Diasystem
> zu definieren und gegeneinander abzugrenzen."

Die niederdeutschen Dialekte sind deswegen ‚überdacht', weil sie mit der
überlagernden (hochdeutschen) Standardsprache als Diasystem erfaßt werden können. Der Begriff des *Diasystems* stammt von U. Weinreich (1954)
und bedeutet „ein System von Systemen": *dia*chron, *dia*phasisch, *dia*stratisch, *dia*topisch (Definitionen in Kap. 5.1.1).


## Tri-, Polyglossie

*Ost-* Aus der Diglossie wird eine *Triglossie*, wenn drei Typen von Varietäten,
*belgien* ausdrücklich auch Varietäten aus verschiedenen Sprachen, beteiligt sind, z.
B. in Ost-, bzw. „Neu-"Belgien (vgl. Abb. 7.7). Im Raum Eupen werden
in der privaten, mündlichen Kommunikation Dialekte gesprochen, daneben
wird die deutsche Standardsprache als eine der offiziellen Sprachen Belgiens in öffentlichen Bereichen verwendet sowie die französische Standardsprache, die von der Kommunalverwaltung bevorzugt wird (vgl. Nelde/
Darquennes 2000, S. 128).

*Triglossie* ist die Verwendung von drei funktional unterschiedlichen Sprachvarietäten, von denen mindestens eine als niedrig (untergeordnet) und mindestens
eine andere als hoch (übergeordnet) eingestuft wird.

In der multikulturellen Gesellschaft sind solche Modelle immer noch zu
einfach, weil das Individuum mit einer Vielzahl von kulturellen und
sprachlichen Systemen konfrontiert wird, d. h. nicht nur mit Dialekten und
Subsystemen der eigenen Sprache, sondern auch mit diversen fremden
Standardsprachen und Dialekten, wodurch – in passiver oder sogar aktiver
Beherrschung – Polyglossie (Multiglossie) vorliegt.

Abb. 7.7: Tri-, Polyglossie in Ost-(„Neu-")Belgien (Raum Eupen)
(n. Angaben v. Nelde/Darquennes 2000, S. 128)

> Deutsche Standardsprache
> (offizielle Sprache)
>
> Französische Standardsprache
>
> Niederfränkisch-limburgisch-
> ripuarische **Dialekte**

Die Sprachsituation in Ostbelgien verkompliziert sich, wenn die konkurrie-
renden Standardsprachen jeweils als zwei Varietätenkomplexe mit je einer
schriftlichen und einer mündlichen Erscheinungsform angesehen werden,
so daß zusammen mit dem mündlichen Dialekt fünf Glossien bestehen,
zunächst ohne Rücksicht auf die Zweisprachigkeit. Somit liegt *Polyglossie*
vor (zu griech. *poly* ,viel'; gelegentlich auch mit dem lat. Bestimmungswort *multi-* ,viel' in der Literatur zu finden).

*Polyglossie* (*Multiglossie*) ist die Verwendung von vielen funktional unterschiedlichen Sprachvarietäten, von denen mindestens eine als niedrig (untergeordnet) und mindestens eine andere als hoch (übergeordnet) eingestuft wird.

### 7.1.4   Diglossie und Bilingualismus

*Bilingualismus – Fishmans Modell – Domänen*

#### Bilingualismus

*Funk-*
*tionale*
*Diffe-*
*renzie-*
*ung*

In Ostbelgien (Beispiel von Abb. 7.7) sind an der Polyglossie zwei verschiedene Sprachen beteiligt: Deutsch und Französisch, deren Funktionen
unterschiedlich sind: Die deutsche Standardsprache ist die offizielle Sprache und wird öffentlich (mündlich und schriftlich) verwendet, in der
Schule und für alle offiziellen Texte außer für Texte der Kommunalverwaltung, die die französische Schriftsprache bevorzugt. Diese hat dort ein
der deutschen Sprache vergleichbares Prestige.

Die Bezeichnung *Bilingualismus* (zu lat. *lingua* ,Zunge, Sprache' und lat.
*bi* ,zwei') bedeutet ,Zweisprachigkeit', womit zwei verschiedene Sprachen,
in der Regel zwei Standardsprachen, gemeint sind, die ein und dieselben

Sprecher bzw. Sprachträger in verschiedenen Situationen, bei verschiedenen Sachverhalten oder wechselnden Kommunikationspartnern benutzen.

*Bilingualismus* ist die Verwendung von zwei Sprachen durch den gleichen Sprachträger.

Verwendet ein und derselbe Sprachträger mehr als zwei Sprachen, so liegt *Multilingualismus* vor. Weinreich (1977, S. 147 ff.) gibt als Beispiele Sprachverhältnisse auf dem Balkan und im Mittleren Westen der USA an.

*Multilingualismus* ist die Verwendung von vielen Sprachen durch den gleichen Sprachträger.

Fishmans Modell

Fishman versucht eine synoptische Darstellung von Bilingualismus und Diglossie (Modell von Abb. 7.8).

Abb. 7.8: **Bilingualismus und Diglossie** (n. Fishman 1975, S. 96)

| Bilingualismus (= B) | Diglossie (= D) | |
|---|---|---|
| | + | – |
| + | 1)  D  mit<br>B | 2)  B  ohne<br>D |
| – | 3)  D  ohne<br>B | 4)  weder  D<br>noch  B |

Den Bilingualismus sieht Fishman psychisch verankert, die Diglossie sozial bzw. funktional, d. h.,

> „daß der Bilingualismus im wesentlichen ein Charakteristikum *individueller* linguistischer Gewandtheit ist, während die *Diglossie ein Charakteristikum der gesellschaftlich bestimmten Funktionen* auf verschiedene Sprachen oder Varietäten ist."

Für Fall 1) von Abb. 7.8 ist der Sachverhalt in Ostbelgien ein Beispiel. Die Erscheinungsform 2) dürfte selten sein; sie wird von Fishman als Übergangsform, z. B. in Einwandererfamilien, angesehen. Für die in Quadrant 3) gegebene Möglichkeit von Diglossie ohne Bilingualismus gibt es zahlreiche Beispiele, für die stellvertretend das Niederdeutsche im Verhältnis zur deutschen Standardsprache genannt wird (s. Abb. 7.6). Der Fall des Quadranten 4) bedeutet reinen Monolingualismus; dieser ist so gut wie ausgeschlossen (vgl. Fishman 1975, S. 108 f.).

Fishmans Modell (Abb. 7.8) wäre unter dem Aspekt zu ergänzen, a) daß ein Bilingualismus in der von ihm angenommenen undifferenzierten Form nicht existiert, und b) daß auch hier zumindest zwei Ebenen zu unterscheiden wären, auf denen zwei Sprachen miteinander konfrontiert sind: die Ebene des Standards und die des Non- bzw. Substandards. Die Auswahl der in Abb. 7.9 wiedergegebenen Sprachsysteme ist in der Dichotomie „High" – „Low" jeweils „Low", somit als niedrig eingestuft gegenüber der als hoch eingestuften deutschen Standardsprache.

Abb. 7.9: Diglossie, Bilingualismus mit der übergeordneten deutschen Standardsprache (Auswahl)

| Nr. | Untergeordnete Sprachsysteme (jeweils $S_1$ = „Low") | |
|-----|--------------------------|----------------------|
| 01 | Niederdeutsche Dialekte | Diglossie |
| 02 | Schweizerdeutsch | ohne Bilingualismus |
| 03 | Nordfriesisch | Diglossie |
| 04 | Plattdänisch | mit Bilingualismus |
| 05 | Sorbisch | Bilingualismus |
| 06 | Slowenisch | mit Diglossie |
| 07 | Türkisch | Bilingualismus |
| 08 | Griechisch | z. T. ohne Diglossie |

Die mit den Ziffern 01 und 02 belegten Varietäten, das Niederdeutsche und das Schweizerdeutsche, gehören mit der deutschen Standardsprache zu ein und demselben Diasystem, so daß zwar Diglossie, aber kein Bilingualismus vorliegt. Nordfriesisch und Plattdänisch, letzteres auch als *Süder-Jütisch*, dän. *Sønderjysk*, bezeichnet (Ziffern 03 und 04) sind niedere, nichtstandardisierte, Varietäten von Sprachen (vgl. Menke 1992, S. 229). Die nordfriesischen Ortsdialekte liegen z. B. funktional auf der gleichen Ebene wie die niederdeutschen Ortsdialekte, aber mit dem Unterschied, daß die friesischen nicht zu dem deutschen Diasystem gehören. Die deutschsprachigen Bewohner Südjütlands sind zwei- bzw. dreisprachig; je nach Domäne verwenden sie Standarddeutsch oder Plattdänisch, gegebenenfalls auch Standarddänisch. Plattdänisch ist weder nördlich noch südlich der dänisch-deutschen Staatsgrenze eine autonome Sprache, so daß es – wie Nordfriesisch – einen anderen Status hat als die autonomen Sprachen Sorbisch bzw. Slowenisch. Eine ähnliche Situation der Zweisprachigkeit, bei der aber ein deutscher Dialekt als niedrig und Spanisch als hoch gelten, findet sich in einer wolgadeutschen Sprachinsel in Argentinien (vgl. A. Schmidt 1997).

Sorbisch (vgl. Faßke 1993) ist eine autochthone Sprache in Sachsen (Obersorbisch) und Brandenburg (Niedersorbisch/Wendisch), Slowenisch entsprechend im südlichen Österreich (Ziffern 05 und 06). Die Sprachen sind standardisiert und besitzen Schriftsprachen. Dennoch erfüllen sie im deutschen Sprachraum lediglich die Funktionen, die sie als diglossisch „niedrig" einstufen. Allochthon hingegen sind die Migrantensprachen, für die in Abb. 7.9 exemplarisch Türkisch und Griechisch genannt werden. Sie haben, obwohl sie voll ausgebildete Standardsprachen sind, lediglich untergeordnete Funktionen im deutschen Sprachraum und im Vergleich mit der deutschen Standardsprache. Meist wird von den Sprechern des Türkischen aber nicht die türkische Standardsprache benutzt, sondern irgendein türkischer Dialekt, so daß z. T. eine importierte fremdsprachige Diglossie vorliegt.

### Domänen

Mit Susan Ervin und Charles Osgood (1954) unterscheidet Fishman (1975, S. 116) zwischen *kompositionellem* und *koordiniertem Bilingualismus.*

*Kompositioneller Bilingualismus* heißt, daß zwei Sprachen nahezu austauschbar sind und von denselben Personen in den gleichen Situationen benutzt werden.

*Koordinierter Bilingualismus* heißt, daß die eine Sprache von denselben Personen in anderen Situationen benutzt wird als die andere.

Beispielsweise lernt und benutzt das Kind die Sprache $S_1$ im Elternhaus und in der Familie, die Sprache $S_2$ aber in der Schule bzw. am Arbeitsplatz. Wegen der unterschiedlichen Bedingungen der Sprachverwendung ist der Umgang mit der einen Sprache anders als mit der anderen, d. h. das Sprachverhalten divergiert. Nach Fishman (1975, S. 116) folgt daraus,

> „daß sich bilinguale Sprecher unterscheiden im Hinblick auf die Zahl und die Überlappung von Domänen, in denen sie gewohnheitsmäßig jede ihrer beiden Sprachen verwenden."

*„Domänen des Sprachverhaltens"* sind Kommunikationsbereiche als Komplexe von Situationen, Rollenbeziehungen, Themen.

*Domänen* sind beispielsweise die Familie, die Schule, die Nachbarn, der Arbeitsplatz, die Kirche, die Freizeit.

*Bi-
kultu-
ralität*

Der Spezifizierung nach Domänen in der funktionalen Aufteilung der Diglossie als Niederschlag sozialer und kultureller Differenzierungen trägt Einar Haugen schon 1958 Rechnung, indem er dem bilingualen den bikulturalen Sprecher an die Seite stellt. Im Sinne von Fishman würden sich hier rein theoretisch Kombinationsmöglichkeiten ergeben, etwa Bi- vs. Monokulturalität in Verbindung mit Bi- vs. Monolingualismus, Di- vs. Monoglossie usw., was in der Praxis jedoch zu komplex ist.

## Literatur (Auswahl)

Ammon 1991 – Fishman 1975 – Geißler 1996 – Goossens 1973 – Kloss 1978 – Luchtenberg 1999 – Lüdi 1996 – Maletzke 1996 – Menke 1992 – Reimann 1991

## Kontrollfragen (Antworten in Kapitel 8, S. 239)

7.1.01   Geben Sie eine kurze Etymologie zu „Kultur".
7.1.02   Nennen Sie eine marxistische Definition von „Kultur".
7.1.03   Definieren Sie „Zivilisation".
7.1.04   Nennen Sie einige nichtsprachliche Aspekte von „Kultur".
7.1.05   Nennen Sie zwei theoriebezogene Parameter von „Kultur".
7.1.06   Was versteht Els Oksaar unter „Kulturem"?
7.1.07   Was ist in Oksaars Terminologie ein „Behaviorem"?
7.1.08   Definieren Sie „Werte".
7.1.09   Zählen Sie einige Werte auf.
7.1.10   Nennen Sie die Varietäten der deutschen Standardsprache.
7.1.11   Grenzen Sie ab: $S_1$ gegen $S_{2-n}$.
7.1.12   Nennen Sie die „Vollzentren" der deutschen Standardsprache.
7.1.13   Nennen Sie einige „Halbzentren" des Deutschen.
7.1.14   Definieren Sie „interkulturelle Kommunikation".
7.1.15   Was ist eine „Ethnie"?
7.1.16   Was ist der Gegenstand der Ethnolinguistik?
7.1.17   Was sind „alloglotte" Sprecher?
7.1.18   Definieren Sie „Diglossie".
7.1.19   Wie unterscheiden sich die süd- und die norddeutsche Diglossie?
7.1.20   Was versteht H. Kloss unter „überdacht"?
7.1.21   Erläutern Sie den Begriff des Diasystems.
7.1.22   Definieren Sie „Triglossie".
7.1.23   Definieren Sie „Polyglossie".
7.1.24   Definieren Sie „Bilingualismus".
7.1.25   Definieren Sie „Multilingualismus".
7.1.26   Wie unterscheiden sich „Bilingualismus" und „Diglossie"?
7.1.27   Was ist „Kompositioneller Bilingualismus"?
7.1.28   Was ist „Koordinierter Bilingualismus"?
7.1.29   Was versteht Fishman unter „Domänen des Sprachverhaltens"?
7.1.30   Geben Beispiele für „Domänen des Sprachverhaltens".

## 7.2  Multilinguale Gesellschaft

### 7.2.1  Sprachenkontakt, Sprachenwechsel

*Sprachenkontakt – Zweisprachigkeit – Sprachliche Interferenz – Transferenz – Sprachenwechsel – Code–Switching – Einstellungen*

**Sprachenkontakt**

Ein *Sprachenkontakt* i. S. des Buchs „Languages in Contact" von Uriel Weinreich (1977 [1953], S. 15) besteht, wenn zwei oder mehr Sprachen „von einunddenselben Personen abwechselnd gebraucht werden", anders formuliert:

*Sprachenkontakt* besteht bei abwechselndem Gebrauch von zwei oder mehr Sprachen durch ein und dieselbe Person.

Diese Definition kommt der des Bi- bzw. Multilingualismus nahe: *Bi-* bzw. *Multilingualismus* ist die Verwendung von zwei oder mehr Sprachen durch den g l e i c h e n Sprachträger.

Bilingualismus (d. h. ‚Zweisprachigkeit') kann zu sprachlichen Interferenzen führen (Weinreich (1977, S. 15):

> „Diejenigen Fälle der Abweichung von den Normen der einen wie der anderen Sprache, die in der Rede von Zweisprachigen als Ergebnis ihrer Vertrautheit mit mehr als einer Sprache, d. h. als Ergebnis des Sprachkontaktes vorkommen, werden als Interferenzerscheinungen verzeichnet."

Damit wird die Interferenz wie die Zweisprachigkeit in dem Individuum verankert. Systemlinguistisch gedacht, wird unter *Interferenz* darüber hinaus die gegenseitige Beeinflussung von Sprachsystemen verstanden (vgl. Conrad (Hg.) 1984, S. 117, u. Tesch 1978, S. 35):

*Sprachliche Interferenz* ist die wechselseitige Veränderung der Strukturen verschiedener Sprachsysteme.

Weinreich untersucht die Interferenz zwischen dem Rätoromanischen und dem Schweizerdeutschen auf mehreren Sprachebenen (Lautung, Grammatik, Lexik). Ein bekanntes Beispiel für interferierende Dialektsysteme sind auf lexikalischer Ebene die Bezeichnungen der Stachelbeere am Mittelrhein:

*Gruschel, Grischel, Grinschel, Drinschel, Druschel, Dronschel* u. ä. (vgl. Bach 1969, S. 163).

Erfolgt die „Übergabe" z. B. von Bezeichnungen oder Lautungen einseitig, so handelt es sich um *Transferenz*.

*Transferenz* ist die einseitige Übertragung einer sprachlichen Erscheinung von einer Gebersprache („Modellsprache") auf eine Nehmersprache („Replikasprache").

Sprachenwechsel

Interferenzen und Transferenzen können überdimensionale Formen annehmen, wenn die beteiligten Sprachsysteme sozial sehr unterschiedlich bewertet werden und eine davon stark stigmatisiert wird. Die diglossischen bzw. bilingualen Gegebenheiten werden so instabil, daß *Sprachenwechsel* eintritt. Dies ist vor allem der Fall, wenn Mütter auf Grund des *Akkulturationsdrucks*, d. h. des gesellschaftlichen Drucks zur kulturellen Integration, so bessere Chancen für den Werdegang ihrer Kinder erwarten. Dazu führt Rosita Rindler-Schjerve (1990, S. 223) aus:

> „Da die Kenntnis der Sprache der majoritären und zumeist auch sozioökonomisch dominanten Sprachgruppe den Zugang zu einer größeren sozialen Mobilität bietet als die funktional eingeschränkte Minderheitsprache, kann es zu einer Verlagerung im Gebrauch der beiden Sprachen und zum Sprachenwechsel zugunsten der Mehrheitssprache kommen."

Auch der Terminus *Sprachenwechsel* stammt von Weinreich (1977 [1953], S. 93, 140 ff.). Zu unterscheiden sind der Wechsel zweier Sprachen und der Wechsel von Sprachlagen ein und derselben Sprache (zur Definition von „Sprachlage" s. Kap. 5.2.2). Ein Beispiel für letztere ist der Sprechsprachenwechsel zu Ungunsten des Niederdeutschen und zu Gunsten der (hoch-)deutschen Standardsprache (s. Kap. 7.1.3).

*Sprachenwechsel* ist die Ablösung einer Sprache bzw. einer Sprachlage durch eine andere.

Vereinfacht läßt sich der Prozeß so formalisieren:

$S_1 \rightarrow S_2$ (Lies: Die Sprache $S_1$ wird ersetzt durch die Sprache $S_2$).

$s_1 \rightarrow s_2$ (Lies: Die Sprachlage $s_1$ wird ersetzt durch die Sprachlage $s_2$).

Die Ablösung erfolgt selbstverständlich nicht abrupt, sondern je nach sprachlicher Ebene bzw. Domäne unterschiedlich schnell und intensiv.

*Sprachenwechsel* und *Sprachwandel* (als die historische Veränderung einer Sprache bzw. sprachlichen Varietät) sind nicht identisch. Verschieden ist auch der alternative Gebrauch einer Sprache bzw. einer sprachlichen Varietät bei Zweisprachigkeit. Dies Umschalten („switching") von einem Sprachsystem („Code") auf ein anderes heißt „Codeswitching".

*Codeswitching* ist der alternative Gebrauch mehrerer Codes.

*Codeswitching*, auch *Code-Switching, Kodeswitching,* ist ein Zeichen für eine instabile Kommunikationssituation, etwa bedingt durch die Veränderung eines der folgenden Parameter: *Kommunikationspartner* bzw. *Kommunikationssituation* bzw. *Sachbereich* (*Thema*). Informationen dazu bietet auch die Sammelschrift von Monica Heller (Hg. 1988).

## 7.2.2   Einstellungen

*Typen von Einstellungen – Ein Fallbeispiel – Sprache als Abzeichen*

### Typen von Einstellungen

Soziologisch von Bedeutung ist die schon zu Beginn des 20. Jhs. praktizierte Messung von Einstellungen. Soziolinguistisch besteht ein Interesse an der Feststellung von Einstellungen gegenüber Sprachvarietäten oder gar Sprachen. Eine unter vielen Definitionen für *Einstellung* wird in Kap. 1.1.2 gegeben. Die in der anglo-amerikanisch oder französisch beeinflußten Fachliteratur verwendete Bezeichnung *Attitüden* ist inhaltlich identisch mit *Einstellungen.* Das in Zusammenhang mit dem Sprachenwechsel angeführte Beispiel, daß Mütter sich bessere Chancen für den Werdegang ihrer Kinder ausrechnen, wenn diese in der Sprache $S_2$ erzogen werden, zeugt – eingeschränkt auf diesen Zusammenhang – von einer negativen Einstellung gegenüber der Erstsprache $S_1$.

In der Soziologie wird um die Operationalisierung von Einstellungsmessungen heftig gestritten. Güttler (2000, S. 101) argumentiert zur Theorie:

> „Je nachdem, welche Komponente mehr gewichtet ist, lassen sich **affektive** von **intellektuellen** und **handlungsorientierten** Einstellungen unterscheiden."

Die „affektive" Einstellung bezieht sich auf „Gefühle (Mögen, Nichtmögen)", „sich wohl bzw. unwohl fühlen bei Urteilen über soziale Kategorien oder Einstellungsobjekte." Mit „intellektuell" ist das Kognitive gemeint, d. h. „Wahrnehmungsreaktionen, verbale Überzeugungen, Meinungen, >beliefs<, Wissen, Glauben, Vorstellungen, Urteile; das subjektive

Wissen über ein Einstellungsobjekt." An die „handlungsorientierte" (auch „verhaltensorientierte") Einstellung ist die Bereitschaft geknüpft, in einer bestimmten Weise zu handeln, auch Mitteilungen einer Person über eigenes Verhalten zu geben (Metabereich).

Die *Einstellung* läßt sich mit drei Parametern analysieren: affektiv, kognitiv, handlungsbezogen (konativ).

Abb. 7.10: Einstellungen zum Rauchen

> Arzt: „Rauchen Sie?"
> Patient: „Gern, wenn Sie eine mitrauchen."
> Arzt: „Sind Sie sich im klaren, wie gefährlich Rauchen ist?"
> Patient: „Ja schon, aber es fällt mir so schwer, es aufzugben."

In dem Dialog von Abb. 7.10 vermutet der Patient zunächst eine positive Einstellung des Arztes zum Rauchen und damit eine Bestätigung dessen, was er selbst gern mag (affektive Ebene). Der Arzt korrigiert dies durch den Hinweis auf die Gefährlichkeit des Rauchens und zeigt damit seine negative Einstellung. Diese akzeptiert der Patient als Argument (intellektuelle bzw. kognitive Ebene). Er entschuldigt sich dafür, daß er wider besseres Wissen das Rauchen nicht aufgegeben, also bisher nicht entsprechend gehandelt hat (handlungsorientierte Einstellung).

Die drei Komponenten des Begriffs *Einstellung* werden von Mickartz (1983) aufgespalten, so daß er *Einstellung* (affektiv) gegenüber *Meinung* (kognitiv bzw. „konativ") unterscheidet. Er will „den Nachweis" erbringen, daß Einstellungen auf gesellschaftliche Erfahrungen und Interpretationen dieser Erfahrungen zurückzuführen sind, m.a.W.:

*Einstellungen zur Sprache* beruhen auf Einstellungen zu Sprechern.

Über kulturelle Wertvorstellungen, die sozial fixiert sind, beeinflußt die Gesellschaft das sprachliche Handeln.

### Ein Fallbeispiel

*Zwei Schweizer Städte*

Durch Einstellungsmessungen im multilingualen Bereich wird dies Ergebnis im großen und ganzen bestätigt. So hat sich z. B. Gottfried Kolde (1981) mit dem Sprachverhalten und den Spracheinstellungen von 460 Jugendlichen im Alter von 15 bis 17 Jahren in den Schweizer Städten Biel/Bienne und Freiburg/Fribourg auseinandergesetzt. Die Probanden haben aus zwei Sprachgruppen bestanden: einer französisch- und einer deutschsprachigen. Einige Ergebnisse sind in Abb. 7.11 zusammengefaßt.

Abb. 7.11: Einstellungsmessungen von Kolde (1981) – einige Ergebnisse

a) Bei dem *französischen Text* ergibt sich für die Merkmale „sympathisch"
   und „gesellig" in der französischsprachigen Ortsgruppe deutlich und in
   der deutschsprachigen im ganzen ebenfalls ein positives Urteil;
b) bei dem *schriftdeutschen Text* schätzt die französischsprachige Gruppe
   die Verfasser als ehrgeiziger und beruflich höher ein als bei dem französischen Text;
c) demgegenüber zeigen die deutschsprachigen Gruppen eine schwach ent-
   gegengesetzte Tendenz und bezeichnen in einer Nebenbefragung das
   Schriftdeutsche als häßlich.

Kolde deutet derartige Spracheinstellungen als Anzeichen ethnischer Stereotypen, die sprachlich markiert sind, d. h., daß die Einstellung zur Ethnie auch eine Einstellung zur Sprache dieser Ethnie ist. Die negative Einstellung zum Schriftdeutschen läßt sich allerdings auch dadurch erklären,
daß „Schriftdeutsch" allen Schweizern lästig ist, weil es in der Schule gelernt wird (vgl. Haas 1992, S. 319: Mundart als Nationalsymbol).

Sprache als Abzeichen

Man müßte diesen Ergebnissen hinzufügen: Bei Identifizierung von Sprache und Sprecher sind von der negativen (oder je nachdem positiven) Einschätzung all diejenigen betroffen, die die Sprache $S_x$ sprechen, weil Sprache ein Symbolsystem ist, das Außenstehenden die Zugehörigkeit der
Sprecher dieser Sprache $S_x$ zu einer bestimmten, negativ (oder positiv)
markierten Ethnie $E_x$ signalisiert. Dies zeigt die „gemeinschaftsbildende
Rolle der Sprache" im Sinne von Reichmanns Auseinandersetzung mit dem
Problem der Nationalsprache (Reichmann 2000, S. 429):

> „Die Symptomfunktion  besteht darin, daß sich jeder Sprecher einer histori-
> schen Einzelsprache (wie z. B. des Deutschen) durch deren bloße Verwendung
> als Sprecher dieser Sprache zu erkennen gibt und jedem Hörer damit die
> Möglichkeit eröffnet, ihn entsprechend den ihm geläufigen Klassifizierungsre-
> geln einer bestimmten Sprache zuzuordnen. "

*Schib-*
*boleth*

„Sprache als Gruppenabzeichen" wie etwa bei den Sondersprachen Jugendlicher (s. Kap. 3.1, vgl. Bausinger 1984, S. 118 ff.) gilt entsprechend
zur Identifizierung von Ethnien und deren Sprache. Schon in der Bibel
(Richter 12, 5 f.) gibt es den Hinweis, daß die Gileaditer die feindlichen
Ephraimiter an der fehlerhaften Aussprache von *Schibboleth* (hebr. ‚Ähre')
erkannten (*Sibboleth*). Ähnliches wiederholt sich in der Neuzeit. So wird
berichtet, daß die Niederländer vor dem Zweiten Weltkrieg deutsche Spio-

ne an deren falscher Aussprache des Ortsnamens *Scheveningen* erkannt haben sollen (deutsch <sch> = niederl. [sx-]). Ähnliches gilt für das deutsche <h> im Anlaut: Fehlt es, erkennt man die Französin bzw. den Franzosen. Für diesen sprachlichen Fingerabdruck zur Feststellung der sozialen bzw. nationalen Identität von Personen gebraucht man die biblische Bezeichnung *Schibboleth*.

Ein *Schibboleth* ist ein sprachliches Zeichen, aus dem die soziale bzw. nationale Identität der Sprecherin bzw. des Sprechers hervorgeht.

Bereits gefestigte Einstellungen (Vorurteile, soziale Stereotype) gegenüber sozialen Gruppen und Ethnien werden aktiviert, sobald die Kommunikationspartnerin bzw. der Kommunikationspartner spricht: Die wechselseitige Bedingung von Gesellschaft und Sprache ist unübersehbar.

### 7.2.3 Konfrontation mit Sprachen neuer Minderheiten

*Ethnische Minderheiten – „Pidgin-Deutsch" – Foreigner Talk – Echte Pidgin- und Kreolsprachen – Lingua Franca – Sekundäre Sozialisation*

### Ethnische Minderheiten

In welchem Maße in einer Gesellschaft eine Konfrontation mit unterschiedlichen Ethnien und Kulturen erfolgt, läßt sich nur indirekt abschätzen. Zu unterscheiden ist zwischen autochthonen ethnischen Minderheiten, in Deutschland z. B. den Sorben, und den allochthonen ausländischen Minderheiten, die gleichzeitig fremden Kulturen angehören.

Die Wohnbevölkerung Deutschlands bestand 1994 in den alten Bundesländern zu 9,9 % und in den neuen zu 1,7 % aus Personen mit einem ausländischen Paß, umgerechnet auf die Gesamtbevölkerung: 8,6 %. Der Anteil ausländischer Arbeitnehmer und Arbeitnehmerinnen betrug in den alten Bundesländern 9,7 % und in den neuen 1,6 %, umgerechnet auf die Gesamtbevölkerung: 8,3 % (Geißler 1996, S. 215).

Rund sieben Millionen bzw. 8,6 % Ausländer(innen) bezüglich der Gesamtbevölkerung bergen ein hohes Konfliktpotential. Soziologisch und soziolinguistisch bedeutsam ist die Verteilung des arbeitenden Bevölkerungsanteils auf die unterschiedlichen Berufe. Laut Statistik (s. Abb. 7.12) sind ausländische Arbeitnehmer 1994 zu 72 % einer vorwiegend manuellen Tätigkeit (Un- und Angelernte sowie Facharbeiter) nachgegangen. Die „Mehrheit der ethnischen Minderheiten" ist somit „weiterhin im untersten Teil der Schichtungshierarchie angesiedelt" (Geißler 1996, S. 218). Jedoch ist in den zehn Jahren 1984 bis 1994 eine starke Tendenz zu Berufen mit einem höheren Rang zu vermerken. Dies spiegelt sich in den Schulabschlüssen: 1983 waren 31 % der Ausländer ohne Hauptschulabschluß, 1993 „nur" 19 %; die Zahl der Realschulabgänger stieg in diesem Zeitraum von 19 auf 29 %. Diese Zahlen belegen eine starke Tendenz zur Zweisprachigkeit und eventuell auch zum Sprachenwechsel.

Abb. 7.12: Erwerbstätigkeit der ausländischen und westdeutschen Bevölkerung (aus: Geißler 1996, S. 217)

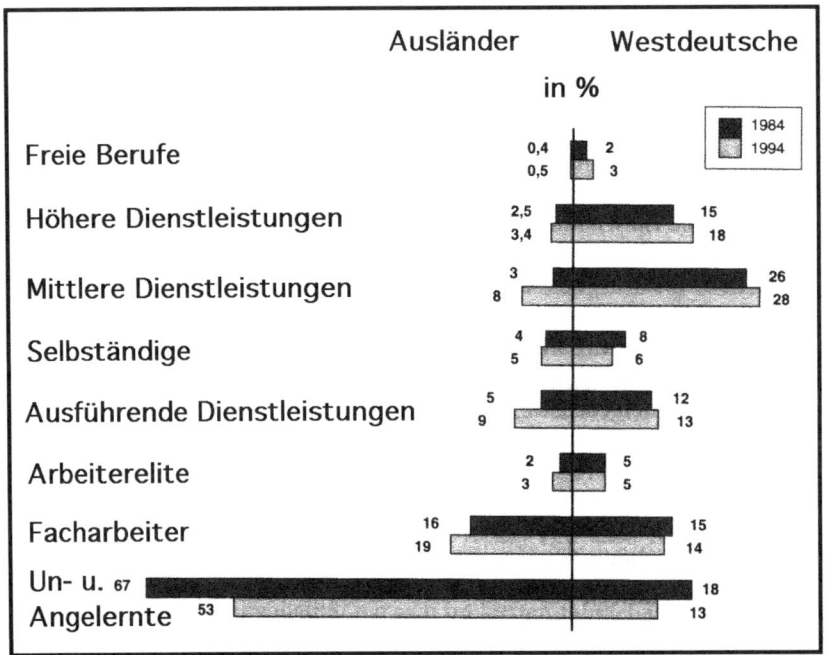

**„Pidgin-Deutsch"**

Daraus ist zu ersehen, daß die Sprachsituation der 1960er Jahre, als man jährlich hunderttausende Gastarbeiter zwecks manueller Arbeit in die damalige Bundesrepublik Deutschland hat einreisen lassen, in dieser Form nicht mehr besteht. Für die sprachliche Ausdrucksweise dieser Gastarbeiter, die weitgehend ohne Deutschkenntnisse gekommen sind, hat Michael Clyne 1968 die Bezeichnung „Pidgin-Deutsch" eingeführt. Die Frage, ob dies Deutsch so bezeichnet werden kann, ist heftig diskutiert worden.

Das Pidgin weist eine starke Vereinfachung grammatischer Regeln aus der übergeordneten Sprache auf; manche bestehende Regel wird nicht zur Kenntnis genommen. Ein Pidgin ist stets primitiv im Vergleich zu der übergeordneten Sprache. Es dient der eingeschränkten Kommunikation in bestimmten Situationen. Dieser strukturell-funktionale Aspekt ist die einzige Gemeinsamkeit zwischen den echten Pidgins und dem „Pidgin-Deutsch" der Gastarbeiter.

Abb. 7.13: Beispiele für „Pidgin-Deutsch" und Foreigner Talk (Auswahl)

Syntax
- Fehlende Flexionssuffixe, z. B.: *ein gut Kostüm, Kind alles in Türkei geboren*
- Stets Infinitivsuffix bei Verben, z. B.: *Ich gestern nix kommen, krank; ich heute bringen Kartoffel*
- Negation durch nix, z. B.: *Ich gestern nix kommen, nix gut Wetter*

Lexik
- Analytische Wortbildung, z. B.: *Auto von ihm* statt *sein Auto*, *tot machen* statt *töten*, *andere Platz* statt *anderswo*, *nix gut* für *schlecht*, *verboten*
- Fehlen von Elementen, die in der Standardsprache obligatorisch sind, z. B.: *Nachher Griechenland – ich verstehe Teil, net alles.*

Aus-
gangs-
nd
Ziel-
pra-
he

Zur besseren Deutung der Verstöße gegen die Sprachnormen können zwei Begriffe aus der Kontaktlinguistik und Übersetzungswissenschaft bemüht werden, wobei der Aspekt des Spracherwerbs zweitrangig ist:

a) *Ausgangssprache* („*source language*") und
b) *Zielsprache* („*target language*").

Diese Ausdrücke ersetzen die Dichotomie *Muttersprache – Fremdsprache*. In der Ziel- bzw. Zweitsprache findet die Ausgangssprache ihren Niederschlag, d.h., daß die Zielsprache noch bestimmte Merkmale der Ausgangssprache hat („Substratwirkung" im hierauf übertragenen Sinn), so daß bestimmte Erscheinungen, wie in Abb. 7.13 angedeutet, auch aus der Struktur der Ausgangssprache zu erklären sind.

## Foreigner Talk

Während Fremdsprachige, indem sie versuchen, die Zielsprache anzuwenden, Äußerungen wie in Abb. 7.13 produzieren, ist dies auch aus der umgekehrten Perspektive denkbar, d. h., Primärsprachige stellen sich auf die Gesprächspersonen so ein, daß es zu ähnlichen Äußerungen kommt wie seitens der Fremdsprachigen. Ihre Formulierungen erfolgen aber ad hoc und sind als sprachliche Register zu betrachten. Ferguson hat Äußerungen diesen Typs 1968 als „Foreigner Talk" bezeichnet (Jakovidou 1993, S. 9); die Arbeit über *Foreigner Talk* von Jakovidou ist eine „empirische Untersuchung zur Sprechweise von Deutschen gegenüber Ausländern", also zu einem Register:

*Foreigner Talk* ist das Sprachregister Einheimischer in der Kommunikation mit erwachsenen Ausländern.

*For-*
*eigner*
*Talk*
*und*
*Xeno-*
*lekt*

Marlis Hellinger (1985, S. 95 ff.) charakterisiert den *Foreigner Talk* als simplifiziertes Register, vergleichbar mit dem *Baby Talk* (s. Kap. 2.2.2), aber auch mit den Sprechweisen gegenüber Schwerhörigen, geistig Behinderten, Menschen fortgeschrittenen Alters (vgl. das Patronisieren, beschrieben in Kap. 6.2.3). Eine Liste von Merkmalen, die auf solche Register zutreffen, bietet Roche (1998). Jedoch kann daraus, daß in der Kommunikation alle Strukturebenen und auch die Interaktionsmodi – je nachdem – betroffen sind, nicht abgeleitet werden, es handele sich um stabile Sprach s y s t e m e , so daß auch die Bezeichnung *Xenolekte* (grch. *xenos* ‚Fremder, Ausländer') der Diskussion bedürfte. Vielmehr handelt es sich um *Register tentativer Adaption*.

## Echte Pidgin- und Kreolsprachen

*Pidgins* beruhen zwar auf Sprachkontakten, jedoch – in „Zusammenhang von Eroberung, Kolonialisierung, wirtschaftlicher Ausbeutung und Sklaverei" – ist die dominante Sprache, anders als Clynes „Pidgin-Deutsch", stets die allochthone, d. h. die von außen kommende. Dazu Marlis Hellinger (1985, S. 2):

> „Diese Sprachkontakte sind auf der sozialen Ebene durch ein eklatant asymmetrisches Verhältnis der beteiligten Sprachen gekennzeichnet, in dem die europäischen Sprachen generell als die dominierenden erscheinen, während die regionalen Sprachen von diesen dominiert werden."

Ca. 127 Pidgin- und Kreolsprachen hat man gezählt; sie sind in allen ehemaligen Kolonialgebieten verbreitet und unterscheiden sich je nach dominierender Sprache: als englisch oder portugiesisch oder spanisch oder holländisch oder französisch und sogar deutsch (in Neuguinea) dominiert.

*Sub-
strat,
Super-
strat*

In seinen „Kreolischen Studien" von 1890 schreibt der Romanist Hugo Schuchardt (s. Leo Spitzer 1976, S. 156):

> „... jede Be[e]influssung einer Sprache durch eine andere [ist] eine doppelte: sie beruht entweder auf der Unterschichtung oder der Überschichtung der letzteren."

Diese Dichotomie wird in der Romanistik und Indogermanistik ersetzt durch *Substrat* für „Unterschichtung" und *Superstrat* für „Überschichtung". Ein dritter Begriff: *Adstrat* (s. v. w. *Interferenz*) hat sich nicht durchgesetzt. Angewandt auf die Pidginsprachen formuliert Hellinger (1985, S. 93):

> „Die sozial dominierende Superstratsprache ist generell nicht mit den übrigen am Sprachkontakt beteiligten Sprachen (den Substratsprachen) verwandt."

In Abb. 7.14 wird angedeutet, daß ein Pidgin eine Drittsprache ($S_3$) ist im Spannungsfeld zwischen der indigenen Primärsprache $S_1$ und der dominierenden Sekundärsprache $S_2$. Die Pünktchen in dem Index der Substratsprachen ($S_1...$) deuten an, daß an der Bildung eines Pidgins mehrere indigene Sprachen bzw. Dialekte beteiligt sein können. Ausgebaut zu einer Vollsprache wird die Kreolsprache zur Erstsprache $S_1$. Der damit verbundene Sprachenwechsel ist auch ein Sprecherwechsel, denn während das Pidgin verwendet wird, wenn indigene Sprecher mit nicht-indigenen kommunizieren, ist die Kreolsprache die neue Sprache ausschließlich Indigener.

Abb. 7.14: Pidgin- und Kreolsprachen (Schema)

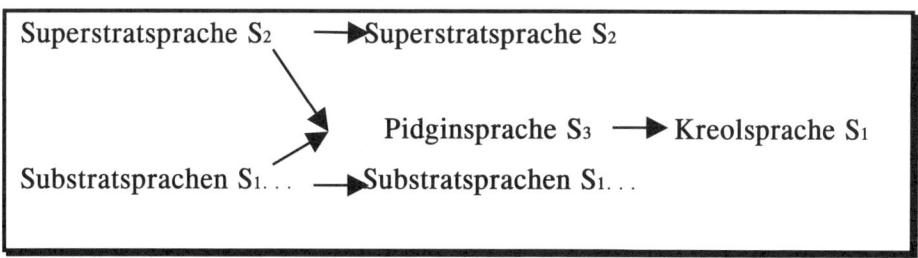

Superstratsprache $S_2$ ⟶ Superstratsprache $S_2$

Pidginsprache $S_3$ ⟶ Kreolsprache $S_1$

Substratsprachen $S_1...$ ⟶ Substratsprachen $S_1...$

■ *Pidgins* resultieren aus dem Kontakt zischen über- und untergeordneten Sprachen in Kolonialgebieten.

■ *Pidginsprachen* sind Simplifizierungen der Superstratsprachen.

Die Herkunft der Bezeichnung *Pidgin* ist nicht geklärt, jedoch wird eine Entstellung aus engl. *busyness* im Kontakt mit der untergeordneten chinesischen Sprache vermutet (19. Jh., vgl. Le Robert 1998, S. 2723).

*Pidgin* als Bezeichnung ist vermutlich entstellt aus engl. *busyness*.

*Kreolsprachen* sind zu voll leistungsfähigen Sprachen ausgebaute Pidgins.

*Pidgin und Lingua Franca* Mit dem Ausbau eines Pidgins zur Kreolsprache wird die jeweilige „Eingeborenensprache" zu Gunsten der neuen Kreolsprache aufgegeben. Der Sprachenwechsel ist vollzogen. Mit *Kreole*, frz. *créole* (1670) aus span. *criollo* ‚eingeboren' (1590), benennt man zunächst einen in den spanischen Kolonien geborenen weißen Nachkommen spanischer Eltern, später wird die Bedeutung ausgeweitet auf andere Kolonien und auch auf nicht weiße Sprecher.

„Entwicklung" als Terminus vermeidend, spricht Kloss (1978, S. 25) von „Ausbau", wie im Falle eines Pidgins zur Kreolsprache.

*Ausbausprachen* sind „ausgebaute" Sprachen, literaturfähig und geeignet „für qualifizierte Anwendungszwecke und -bereiche".

Komplementär zu diesem Terminus gebraucht Kloss den der „Abstandssprachen", die sich lediglich strukturell unterscheiden und soziolinguistisch nicht markiert sind.

## Lingua Franca

Geographisch und zeitlich zu trennen von den neueren Pidgins ist die *Lingua Franca*, die „Frankensprache" – die Araber nannten die europäischen Eroberer des Mittelalters (Kreuzzüge) pauschal „Franken". Sie ist als Kommunikationsmittel im 11. Jh. im östlichen Mittelmeerraum entstanden. Diese Lingua Franca ist die älteste Pidginsprache. Später dient sie als Verkehrs- und Handelssprache, auch in anderen Gebieten, z. B. in Nordafrika (Algerien). Sie ist eine „Vermittlungssprache", weil sie zwischen mehreren Sprachen „vermittelt" (s. Hellinger 1985, S. 47 f.). Davon abgeleitet bezeichnet „Lingua Franca" jede Vermittlungssprache, z. B. auch das Latein des Mittelalters, diverse afrikanische Verkehrssprachen (z. B. Suaheli), aber auch Französisch und das moderne, international gebrauchte Englisch (vgl. Bußmann 1990, S. 458).

Die *Lingua Franca* ist a) die älteste Pidginsprache, einst verbreitet im östlichen Mittelmeerraum, b) allgemein eine Vermittlungssprache.

## Sekundäre Sozialisation

1996 gab es in Deutschland knapp 1,2 Millionen Schülerinnen und Schüler ohne deutschen Paß, ferner statistisch schlecht erfaßte Kinder von Aussiedlern mit deutschem Paß (nach 1990 ca. 200.000 Zuwanderer jährlich). Dies erlaubt die Einschätzung der äußeren Schulsituation und zeigt, „daß die Institution

Schule in besonderem Maße ein Ort interkultureller Kommunikation geworden ist ..." (Luchtenberg 1999, S. 77; Hradil 1999, S. 334).

Die kommunikative Kompetenz wird in der primären sprachlichen Sozialisation (s. Kap. 2.2) erworben und dann in der Schule vertieft. Bei Multikulturalität und Multilingualismus liegt die Besonderheit vor, daß das Elternhaus meist nur für die Erstsprache $S_1$ zuständig ist, aber Kindergarten und Schule für die Zweitsprache $S_2$, wobei ausländische Schüler meist keinen deutschen Kindergarten besuchen. Der Zweitspracherwerb, vermittelt durch eine derartige Institution, heißt „gesteuerter Zweitspracherwerb". Umgekehrt liegt „ungesteuerter Zweitspracherwerb" vor, wenn die Zweitsprache nicht durch formale Erziehung, sondern in Konfrontation mit Kommunikationssituationen in der Zweitsprache erlernt wird.

*Gesteuert* ist der Erwerb einer Zweitsprache, wenn er durch formale Erziehung erfolgt, andernfalls ist er ungesteuert.

Kinder, die der von den Eltern mitgebrachten Kultur und Sprache fremd werden, keine bilingue Kompetenz erwerben und schließlich sowohl in der einen wie in der anderen Sprache mangelhaft sind, weisen „doppelseitige Halbsprachigkeit" auf (Stölting 1980, S. 19).

Bei *doppelseitiger Halbsprachigkeit* fehlt die zu erwartende Sprachkompetenz in der Erst- wie in der Zweitsprache.

Ein vergleichbares Phänomen ist aus den Fremdsprachenphilologien bekannt, dort mit Termini belegt wie „Interlanguage", „Lernervarietetät" oder auch „Interimlekt" (vgl. Dittmar 1997, S. 240). Damit sind habituelle Erscheinungsformen von Sprache gemeint. Handelt es sich aber um temporäre oder gar okkasionelle, so sind dies *transitorische Register*.

## 7.2.4 Sprachenkontakt in Grenzsäumen

*Koexistierende Sprachsysteme – Sprachstatus in Nachbarländern – Malmédy – Komplementäre Domänen*

### Koexistierende Sprachsysteme

*Grenzsäume* von Sprachen sind *Gebiete des Multilingualismus*.

Grenzsäume sind stets durch das Aufeinandertreffen mehrerer Erscheinungen, die aneinandergrenzen, gekennzeichnet. Linguistisch sind sie Übergangsgebiete, in denen mindestens zwei, bisweilen mehr Sprachsysteme alternieren. Alternanz kennzeichnet stets die Dynamik eines Übergangs. Alternanz gilt dort auch systemlinguistisch für alle Beschreibungsebenen. So ist etwa aus dem deutsch-slawischen Interferenzraum die lexikalische Dublettenbildung bekannt, bei der zunächst zwei Bezeichnungen („Dubletten") – eine deutsche und eine slawische – nebeneinander bestehen, sich dann aber funktional differenzieren, z. B. a) *Mehl,* b) *\*muka* ‚Mehl' → a) *Mehl* ‚Mehl', b) *Mauke* ‚Mehlbrei' (vgl. Bellmann 1971, S. 28 ff.).

Abb. 7.15: Koexistierende Sprachsysteme mit Deutsch in Nachbarländern (Auswahl)

| Land | Koexistierende Sprachsysteme mit Deutsch |
|------|------------------------------------------|
| DK | $S_{1a-b}$ = Standarddeutsch, $S_{2-3}$ = Sønderjysk, Std.-Dänisch |
| B | a)  Alt-Belgien: $S_1$ = deutscher Dialekt, $S_2$ = Std.-Französisch |
|   | b)  Eupen, St. Vith: $S_1$ = deutscher Dialekt, $S_{2-3}$ = Std.-Deutsch (offiziell), Std.-Französisch |
|   | c)  Malmédy: $S_{1-2}$ = wallonischer Dialekt, Std.-Deutsch, |
| L | $S_1$ = Lëtzebuergesch, $S_{2-3}$ = Std.-Französisch, Std.-Deutsch |
| F | Elsaß, z. T. Lothringen: $S_1$ = deutscher Dialekt, $S_2$ = Std.-Französisch (offizielle Nationalsprache) |
| I | Südtirol: $S_1$ = deutscher Dialekt, $S_{2-3}$ = Std.-Deutsch (regional), Std.-Italienisch (offizielle Nationalsprache) |

Sprachstatus des Deutschen in Nachbarländern

Nur in den Nachbarländern Belgien und Luxemburg hat die deutsche Standardsprache den Status einer Nationalsprache, stets an bestimmte Domänen gebunden. In Dänemark und im Raum Malmédy wird auf Grund politisch-historischer Gegebenheiten die (regional artikulierte) deutsche Standardsprache benutzt ohne untergeordnete, bodenständige Dialekte (vgl. Pedersen 2000 u. Persoons/Versele 1980). Die historische Entwicklung hat dazu geführt, daß der Raum Malmédy (sechs Gemeinden) zwischen 1815 (Wiener Kongreß) und 1919 deutsch war und seitdem belgisch ist. Demzufolge hat vor 1919 eine Diglossie zwischen wallonischen Dialekten ($S_1$) und der deutschen Standardsprache ($S_2$) bestanden. Seit 1919 ist Deutsch regressiv und Französisch entsprechend progressiv (s. Abb. 7.16).

Abb. 7.16: Die sprachliche Situation im Raum Malmédy

| Deutsche Standardsprache | | Französische Std.-Spr. |
|---|---|---|
| Wallonische Dialekte | | Wallonische Dialekte |
| ab 1815 | bis 1919 | Gegenwart |

Der Status des Deutschen in den Nachbarländern ergibt sich i. e. aus Abb. 7.17. Staatliche Regelungen haben zu einer Koexistenz der Sprachen geführt, was aber laufende Veränderungen nicht verhindert, die sich durch eine Verschiebung in der Population der Sprecheranteile ergeben, z. B. durch den erheblichen Zuwachs von Franko- bzw. Italophonen in Belgien bzw. Südtirol.

Abb. 7.17: Der Status des Deutschen in Nachbarländern (Auswahl)

| Land | Std.-Deutsch = Nationalsprache | Std.-Deutsch = autonome Regionalsprache | Deutsch nur als Dialekt |
|---|---|---|---|
| DK | nein | ja: Sønderjylland | nein |
| B | ja | ja: nur Eupen, St. Vith | ja: Alt-Belgien |
| L | ja | nein | nein |
| F | nein | nein | ja: Elsaß, Lothringen |
| I | nein | ja: Südtirol | nein |

### Komplementäre Domänen

*Dialekt und Standard* Die Verteilung der Domänen in den genannten Sprachsystemen variiert. Für das Verhältnis eines Dialekts zu der entsprechenden Standardsprache gilt grundsätzlich, daß die Dialekte in der primären Sozialisation erworben und deshalb in den Domänen der Familie und des weiteren privaten Bekanntenkreises gebraucht werden. Wo kein deutscher Dialekt existiert wie in Sønderjylland (Südjütland) oder im Raum Malmédy, ist für Deutschsprachige die deutsche Standardsprache das Primärsystem und hat die gleichen Funktionen wie sonst der Dialekt. Normalerweise dient die Standardsprache aber stets dem öffentlichen und offiziellen Sprachverkehr.

Dies gilt auch für Südtirol, dessen kulturelle Eigenständigkeit garantiert ist, so daß der Tiroler Dialekt, das Erstsystem $S_1$, durch die überdachende deutsche Standardsprache, die auch Schulsprache ist, geschützt wird.

*Extreme Domänenverteilung*

In der Domänenverteilung ist das Beispiel Luxemburgs extrem. Nachdem Lëtzebuergesch auf Grund eines Sprachengesetzes von 1984 neben Französisch und Deutsch in den Rang einer Standardsprache erhoben worden ist, benutzt die Bevölkerung Luxemburgs drei Standardsprachen, an die unterschiedliche Domänen gebunden sind. Determiniert nach Klassenstufen, sind alle drei Sprachen Schulsprachen (zum Unterrichtswesen s. Kraemer 1993, S. 169). Einst im Rang eines Dialekts wird Lëtzebuergesch auch heute vor allem mündlich verwendet.

Weitere Domänen des Lëtzebuergesch sind Institutionen wie die Kirche (Predigt), das Parlament (Debatte) und das Gericht bei der Zeugenvernehmung. Französisch und Deutsch teilen sich verschiedene Domänen. Der öffentliche Schriftverkehr (Behörden) und die Korrespondenz großer Firmen erfolgen in Französisch, das ein hohes Prestige genießt, von Bildung zu zeugen scheint und – obwohl fast ausschließlich Zweit- bzw. Drittsprache – positiv konnotiert ist. Durch diese Koexistenz von Sprachsystemen und Domänen sind sprachbedingte Konflikte minimalisiert.

*Progreß des Französischen*

In Alt-Belgien – an Luxemburg westlich angrenzend - hat die deutsche Schriftsprache keine offizielle Funktion, sondern es gibt nur deutsche Dialekte, die sogar im engsten Familienkreis zunehmend durch Französisch ersetzt werden (s. Nelde/Darquennes 2000, S. 126 f.). Ähnliches gilt für Ost-Lothringen, wo ebenfalls „dachlose Außenmundarten" bestehen. Die Verwendung des Dialekts hat vor allem für ältere Einwohner noch eine Identitäts- und Kommunikationsfunktion. „Für die übrigen Altersgruppen ist sie auf bestimmte Redeanlässe beschränkt" (Stroh 1993, S. 132). Insbesondere die jüngste Generation begnügt sich mit einigen Sätzen, die beziehungsschaffend sind, also Nähe und Vertrautheit ausdrücken sollen: Platt als simplifizierte „soziale Nahsprache" (Stroh 1993, S. 146).

Im Elsaß ist der Dialektgebrauch nicht mit der gleichen Geschwindigkeit zurückgegangen wie in Lothringen. Das Verhältnis zwischen Dialekt und Französisch in der Familie ist etwa wie 57 zu 43 und im Freundeskreis etwa wie 53 zu 47 (vgl. Hartweg 1983, S. 1433). Französisch ist wie überall in Frankreich die offizielle Sprache für alle öffentlichen Tätigkeiten. Mithin beschränkt sich der Gebrauch des Dialekts auch hier auf einige wenige Domänen. Die Dominanz des Französischen und vor allem der Schulunterricht führen auch hier zu einer schnellen Verminderung diglossischer Sprecher.

Zum europäischen Multilingualismus vgl. auch Eichinger (1996) und die Bände der Reihe *sociolinguistica*, insbesondere Bd. 11 (Tübingen 1997).

## Literatur (Auswahl)

Clyne 1968 – Haas 1992 – Hellinger 1985 – Hogan-Brun (Hg.) 2000 – Jakovidou 1993 – Kramer 1984 - Nelde (Hg.) 1980 – Nelde/Darguennes 2000 – Stroh 1993

## Kontrollfragen (Antworten in Kapitel 8, S. 241)

| | |
|---|---|
| 7.2.01 | Unter welchen Bedingungen besteht „Sprachenkontakt"? |
| 7.2.02 | Was ist „sprachliche Interferenz"? |
| 7.2.03 | Definieren Sie „sprachliche Transferenz". |
| 7.2.04 | Nennen Sie andere Bezeichnungen für „Geber-" und „Nehmersprache". |
| 7.2.05 | Was versteht man unter „Sprachenwechsel"? |
| 7.2.06 | Definieren Sie „Code-Switching". |
| 7.2.07 | Nennen Sie eine andere Bezeichnung für „Einstellungen". |
| 7.2.08 | Nennen Sie Parameter zur Analyse von Einstellungen. |
| 7.2.09 | Was schließt Kolde aus seiner Untersuchung in den Schweizer Städten? |
| 7.2.10 | Was ist ein „Schibboleth"? |
| 7.2.11 | Geben Sie ein Beispiel für einen Satz in „Pidgin-Deutsch". |
| 7.2.12 | Definieren Sie „Foreigner Talk". |
| 7.2.13 | Wie wird „Foreigner Talk" auch bezeichnet? |
| 7.2.14 | Wie kommen *Pidginsprachen* zustande? |
| 7.2.15 | Charakterisieren Sie *Pidginsprachen*. |
| 7.2.16 | Welche anderen Bezeichnungen hat man für „Sub-" und „Superstrat"? |
| 7.2.17 | Was sind *Kreolsprachen*? |
| 7.2.18 | Was versteht man unter „Lingua Franca"? |
| 7.2.19 | Erläutern Sie *gesteuerten* und *ungesteuerten Zweitspracherwerb*. |
| 7.2.20 | Erläutern Sie „doppelseitige Halbsprachigkeit". |
| 7.2.21 | Nennen Sie Domänen, die dem *Lëtzebuergeschen* vorbehalten sind. |
| 7.2.22 | Welche Funktion hat die Mundart in Ost-Lothringen? |
| 7.2.23 | Wozu führt die Dominanz des Französischen und des Schulunterrichts im Elsaß? |
| 7.2.24 | Nennen Sie zusammenfassend die Grenzländer, in denen die Sprecher zunehmend von deutschen auf französische Varietäten wechseln. |

# 8    Anworten und Lösungen

Die Kapitel, zu denen die Antworten und Lösungen gehören, werden hier wiederholt. Sie sind auch anhand der Signatur erkennbar, z. B. „1.1.01 Geben Sie ...“ = Kap. 1.1, Aufgabe 01.

## 1.1    Handlungsorientierung

1.1.01    Geben Sie die Herkunft der Bezeichnung *Linguistik* an.
„Linguistik“ ist eine seit dem 18. Jh. bestehende gelehrte Neubildung zu lat. *lingua* ‚Zunge, Rede, Sprache‘.

1.1.02    Grenzen Sie *Linguistik* und *Sprachwissenschaft* ab.
„Linguistik“ wird mit „Sprachwissenschaft“ gleichgesetzt, jedoch als Terminus aus mehreren Gründen, z. B. wegen der Internationalität und der Wortbildung („Neuro-“, „Pragma“-, „Sozio-“linguistik), gegenüber „Sprachwissenschaft“ bevorzugt.

1.1.03    Was ist die Herkunft der Bezeichnung *Soziologie*?
Das Kompositum *Soziologie* wurde 1839 als *sociologie* von Auguste Comte geprägt. Es steht zu lat. *socius* ‚(Kampf-)Gefährte, Teilnehmer, der mit einer Gesellschaft Verbundene‘ u. griech. *logos* ‚Rede, Wort, (philosophische) Lehre, Kunde‘.

1.1.04    Wie lautet die älteste Bedeutung von frz. *société*?
Frz. *société*, aus lat. *societas* entlehnt, bereits 1165 in der Bedeutung ‚Kommunikation, Beziehung zwischen Personen, die etwas miteinander gemein haben‘.

1.1.05    Wie unterscheiden sich *Soziolinguistik* und *Sprachsoziologie*?
Antwort: a) durch die Wortbildung, b) durch die Art der Interaktion (*lingual* versus *sozial*), c) durch die Art der systemischen Variation (*lingual* in der Gesellschaft versus *sozial*, erfaßt über Sprache). *Soziolinguistik* ist *Linguistik* mit soziologischen Aspekten; *Sprachsoziologie* ist *Soziologie* mit linguistischen Aspekten.

1.1.06    Wie unterscheidet sich der *Objekt*- von dem *Metabereich*?
Der *Objektbereich* ist das Etwas, das thematisiert wird, der *Metabereich* ist die Darstellung des Objektbereichs mittels Sprache.

1.1.07    Definieren Sie „Verhalten“ und „Sprachverhalten“.
*Verhalten* ist die Umsetzung von Information in Agieren, Reagieren durch Individuen, Gruppen und andere Sozialgebilde; Sprachverhalten ist Agieren, Reagieren mittels Sprache.

1.1.08    Definieren *Handeln allgemein* und *soziales Handeln*.
*Handeln* ist die aktive Veränderung eines Zustands oder Vorgangs. *Soziales Handeln* ist wechselseitig orientiertes Tätigsein von Menschen.

**1.1.09.** Was hat man unter „Kommunikation" zu verstehen?
*Kommunikation* ist Austausch von Informationen (Nachrichten).

**1.1.10** Definieren Sie *Information* und *Informieren*.
*Information* ist die Differenz zwischen Bekanntem und Neuem.
*Informieren* heißt, Nichtwissen beseitigen.

**1.1.11** Definieren Sie „Nichtwissen".
*Nichtwissen* ist der Kehrwert des Wissens.

**1.1.12** Definieren Sie „Wissen".
*Wissen* ist die Summe der Informationen, die der Mensch gespeichert hat und verwenden kann.

**1.1.13** Geben Sie Parameter zur Charakterisierung des Handelns an.
Das *Handeln* eines Menschen ist orientiert an seinen *Handlungspartnern*, an *Gegenständen* und *Situationen*.

**1.1.14** Was bedeutet a) „sprachliche", b) „soziale Interaktion"?
a) *Sprachliche Interaktion* ist das wechselseitige, zwischenmenschliche Handeln mittels Sprache.

b) *Soziale Interaktion* ist „die durch Kommunikation vermittelte wechselseitige Beeinflussung der Einstellungen, Erwartungen und Handlungen von Personen und/oder Gruppen."

**1.1.15** Welche Folgen kann ein Themenwechsel für den Sprechakt haben?
Die Folgen des Themenwechsels können ein Wechsel der Orientierung an anderen Sprechern, deren Sprache und damit eine zwischen mehreren Sprachsystemen schwankende Ausdrucksweise sein.

**1.1.16** Wie läßt sich „Situation" definieren?
Eine *Situation* ist das Bezugsfeld der Orientierung des handelnden Menschen.

**1.1.17** Was ist unter „nichtsprachlichem" Handeln zu verstehen?
Nichtsprachlich sind die Informationen, die in einer Kommunikationssituation präsent sind, aber nicht durch Sprache vermittelt werden.

**1.1.18** Grenzen Sie ab: „primäre" gegen „sekundäre" Kommunikation.
Was die Tätigkeit begleitet und eine Nebeninformation trägt, wird als „sekundär" bezeichnet, die Tätigkeit selbst, die die Hauptinformation trägt, ist „primär", sei sie lingual, d. h. als Sprache, oder nonlingual, d. h. mit anderen als sprachlichen Mitteln, realisiert.

**1.1.19** Was sind *paralinguale Informationen*?
*Paralinguale Informationen* sind sekundäre Informationen phonetischer und graphetischer Natur.

**1.1.20** Was sind *sprachliche Register*?
*Register* sind Formen temporärer Sprachhandlungen, eingebettet in die Parameter *Gegenstand* („field"), *Erscheinungsform* („mode", z. B. mündlich) und *Präsentationsform* („style").

**1.1.21** Wie nennt Halliday das habituelle Sprechen?
Er nennt es *Dialekt*.

**1.1.22    Was ist eine Störung?**

Eine *Störung* ist die unerwünschte Veränderung einer (gewohnten bzw. erwarteten) Ordnung.

**1.1.23    Was bedeutet „Konflikt"?**

*Konflikt* bedeutet ‚Zusammenstoß, Widerstreit', entlehnt aus lat. conflictus ‚das Zusammen-schlagen, feindlicher Zusammenstoß, Kampf'.

**1.1.24    Was bedeutet „Konformität"?**

*Konformität* bedeutet Übereinstimmung, Anpassung durch „gleichartige Aktions- und Reakti-onsweisen".

## 1.2    Systemorientierung

**1.2.01    Was ist die ursprüngliche Bedeutung von „System"?**

‚Aus Einzelteilen zusammengefügtes und gegliedertes Ganzes' (16. Jh.) und im 18. Jh. auch ‚aus mehreren Lehrsätzen zusammengesetztes Lehrgebäude'.

**1.2.02    Aus welchen Komponenten besteht ein *Sprachsystem*?**

*Alle Sprachelemente* (Phoneme, Grapheme, Morpheme, Lexeme usw.) und die *Regeln*, die sich darauf beziehen, angewandt auf Texte bzw. Sprachhandlungen, sind Komponenten der systemaren Linguistik.

**1.2.03    Wie heißt der Kernbereich der Linguistik?**

Der Kernbereich der Linguistik ist die „Systemare Linguistik".

**1.2.04    Nennen Sie Nachbardisziplinen zur Soziolinguistik.**

Benachbart sind die Pragma-, Ethno-, Neuro- und Psycholinguistik sowie die Soziologie.

**1.2.05    Definieren Sie, was man unter „Regeln" versteht!**

*Regeln* sind Gebrauchsanweisungen (in bezug auf Sprache).

**1.2.06    Was ist der Unterschied zwischen *infra*-(auch: *intra*-)*systemaren* und *intersystemaren* Regeln?**

*Infra*- (auch: *intra*-)*systemare* Regeln beziehen sich auf ein einziges System, *intersystemare* Regeln auf den Vergleich mehrerer Systeme.

**1.2.07    Was ist mit „statischen" Systemen gemeint?**

„Statische" Systeme sind Produkte, Ergebnisse im Sinne von „Ergon".

**1.2.08    Definieren Sie „Struktur"!**

Eine *Struktur* besteht aus Elementen im Verband.

**1.2.09    Erläutern Sie „Sinn" als Begriff.**

Frege (1892) unterscheidet *Sinn* vs. *Bedeutung*; *Sinn* ist handlungsorientiert, und *Bedeutung* ist systemorientiert.

**1.2.10    Was sind „Varianten"?**

Als Varianten gelten die alternativen Ausdrucksmöglichkeiten innerhalb einer Variablen (als veränderlicher Darstellungsgröße).

**1.2.11    Was ist unter einer sprachlichen Varietät zu verstehen?**

Eine *sprachliche Varietät* ist ein *Sprachsystem*, eingebunden in einen Komplex von Sprachsy-stemen.

**1.2.12** Definieren Sie „Gemeinsprache".

*Gemeinsprache* ist der „statistische Durchschnitt des Sprachbesitzes aller Individuen" einer Sprachgemeinschaft.

**1.2.13** Definieren Sie „Gesamtsprache".

Die *Gesamtsprache* ist die Gesamtheit aller sprachlichen Mittel einer Sprachgemeinschaft.

**1.2.14** Definieren Sie „Subsystem". Geben Sie Beispiele.

Ein *Subsystem* ist ein Teilsystem der Gesamtsprache, beispielsweise Dia-, Soziolekte, Sondersprachen.

**1.2.15** Definieren Sie „Fachsprache".

Fachsprachen dienen der optimalen bzw. fachspezifischen Kommunikation unter Fachleuten.

**1.2.16** Was ist eine „Terminologie"?

*Terminologie* ist genormte Fachlexik.

**1.2.17** Definieren Sie „Sondersprache".

Sprachvarietäten, die dazu dienen, Gruppenmitglieder als solche auszuweisen („Wir-Gefühl"), heißen Sondersprachen.

**1.2.18** Definieren Sie „Jargon".

Der Jargon ist eine situationsabhängige Sprachform mit gemeinsprachlicher Grammatik, saloppem Stil, emotionalen Wörtern und Wendungen.

**1.2.19** Was ist unter „sozialen Milieus" zu verstehen?

*Soziale Milieus* sind subkulturelle Einheiten aus Menschen mit ähnlicher Lebensauffassung und Lebensweise.

**1.2.20** Definieren Sie und geben Sie ein Beispiel für ein „Aggregat".

*Soziale Aggregate* sind anonyme Massen oder Menschenmengen ohne nähere soziale Beziehungen, aber mit einigen gemeinsamen Merkmalen, z. B. *die räumliche Nähe, die Fußballanhänger, die Alten, das andere Geschlecht.*

## 2.1 Gesellschaft und Individuum

**2.1.01** Wie wird im Alltag „Identität" bestimmt?

Im Alltag kann „Identität" bestimmt werden über Parameter materieller Art wie *Paß* oder *Führerschein*, über soziale Parameter wie [ich bin] *Arbeiter, Ehegatte, Mutter,* und auch über subjektive Gegebenheiten wie [ich bin] *Fußballfan, Amateurfotograf* usw.

**2.1.02** Definieren Sie „sprachliche Identität".

*Sprachliche Identität* ist die Verortung der eigenen Sprache in einem komplexen sozialen und – darauf fußend – lingualen Koordinatensystem.

**2.1.03** Welche Fähigkeiten erwirbt man im symbolischen Interaktionismus?

Im Rahmen des symbolischen Interaktionismus wird das Individuums zu einer sozial handlungsfähigen bzw. interaktiv kompetenten Persönlichkeit.

**2.1.04** Definieren Sie „soziale Rolle"; geben Sie Beispiele.

Eine *soziale Rolle* ist die Summe der an den Inhaber einer sozialen Position gerichteten (Verhaltens-)Erwartungen. Beispiele: Vater, Mutter, Kaufmann, der böse Wolf.

**2.1.05** Definieren Sie „soziale Position"; geben Sie Beispiele.

Eine *soziale Position* ist ein Ort in einem Gefüge sozialer Beziehungen, unabhängig von der Person, die diesen Ort besetzen könnte. Beispiele: Bundespräsident, Mutter, Professor.

**2.1.06** Definieren Sie „sozialer Rang".

Ein *sozialer Rang* ist ein Ort relativ zu einem anderen Ort in einer Hierarchie sozialer Beziehungen.

**2.1.07** Nennen Sie die Phasen der Identitätsbildung nach Mead.

1.) Symbolische Übernahme von Rollen aus dem allernächsten Umfeld;

2.) Verinnerlichung gesellschaftlicher Haltungen und sprachlicher Normen (ab dem Kindergarten);

3.) Dialektik zwischen der Integration von sozialen (und sprachlichen) Normen und spontanen Aktionen.

**2.1.08** Charakterisieren Sie die Prozesse a) der sozialen, b) der sprachlichen Identitätsbildung.

a) *Soziale Identitätsbildung* ist ein Prozeß, „in dem Impulse der individuellen Spontaneität und gesellschaftliche Verhaltenserwartungen ausbalanciert werden."

b) *Sprachliche Identitätsbildung* ist ein Prozeß, in dem individuelle Sprachgestaltung und Sprachnormen als gesellschaftliche Verhaltenserwartungen ausbalanciert werden.

2.1.09 Klären Sie den Begriff „Umwelt".

*Umwelt* sind alle Sachverhalte, die nicht mit einem bestimmten System identisch sind und mit dem System in Beziehung stehen. Dies ist allerdings eine soziologisch-systemtheoretische Auffassung von Umwelt.

2.1.10 Was ist ein Schema?

Ein *Schema* ist eine kognitive Struktur zur Abspeicherung, Weitergabe und Anwendung von Informationen.

**2.1.11** Erläutern Sie a) Assimilation, b) Akkomodation.

Bei der *Assimilation* wird die Wahrnehmung so korrigiert, daß sie in ein bereits vorhandenes Schema paßt; bei der *Akkomodation* wird das Schema an die wahrgenommene Umwelt angepaßt, weil der Konflikt zwischen Wahrgenommenem und Schema nicht anders überbrückt werden kann.

2.1.12 Erläutern Sie den Begriff des neuronalen Darwinismus.

Die Hypothese von der Fortentwicklung der aktivierten, an der Informationsverarbeitung beteiligten Neuronen einerseits und andererseits dem Absterben der nicht aktivierten, also an der Informationsverarbeitung nicht weiter beteiligten Neuronen, wird als „neuronaler Darwinismus" bezeichnet.

**2.1.13** Welche Folgen hat der neuronale Informationsaustausch für die postnatale Kommunikation?

Sprachliche Handlungen sind ohne biogenetische Voraussetzungen und ohne die Fähigkeit zum Informationsaustausch nicht denkbar.

2.1.14 Definieren Sie „Wahrnehmung".

*Wahrnehmung* ist die selektive Aufnahme von Informationen aus der Außenwelt (Umwelt).

**2.1.15** Definieren Sie „Stereotyp"; geben Sie Beispiele.

– *Stereotype* sind generalisierte, daher defektive mentale Kategorien, „Bilder in unserem Kopf" als Systeme der Orientierung, Anpassung und Aufrecherhaltung des Selbst.

– *Beispiele*: a) das gehört sich so für einen jungen Menschen, b) die machen ja doch was sie wollen mit uns.

**2.1.16** Geben Sie die Herkunft des Begriffs „Stereotyp" an?

1.) *stereotyp* Adj. ,feststehend, unveränderlich, ständig wiederkehrend, in der Form erstarrt, leer', Neubildung der französischen Druckersprache;

2.) *Stereotyp* N., substantiviert aus Adj. *stereotyp* – ,fest miteinander verbundene Druckzeilen' zu frz. *stéréotype* (aus gr. *stereós* ,starr, fest' und gr. *typos* ,Gestalt').

**2.1.17** Wie kommt es zur Bildung von Stereotypen?

Die Selektion der Wahrnehmung, zunächst bezogen auf die gegenständliche Welt der unmittelbaren Umgebung des Kindes, wird ausgedehnt auf die selektionale Wahrnehmung und Klassifikation der sozialen Welt.

**2.1.18** Definieren Sie „Sprachnormen".

*Sprachnormen* sind Maßstäbe für die Gleichförmigkeit und die Bewertung des Sprachverhaltens.

**2.1.19** Was sind „usuelle Sprachnormen"?

*Usuelle Sprachnormen (Gebrauchsnormen)* sind überlieferte, nichtkodifizierte Maßstäbe für sprachliche Verhaltensgleichförmigkeit und für Verhaltensbewertung.

**2.1.20** Definieren Sie „kodifizierte Normen".

*Kodifizierte Normen* sind in einem Regelbuch schriftlich festgelegte Vorschriften.

**2.1.21** Definieren Sie „soziale Kontrolle".

*Soziale Kontrolle* ist die „Gesamtheit aller sozialen Prozesse u. Strukturen, die abweichendes Verhalten der Mitglieder einer Ges[ellschaft]. oder einer ihrer Teilbereiche verhindern oder einschränken."

**2.1.22** Was ist ein „Idiolekt"? Übersetzen Sie Blochs Definition.

*Idiolekt* ist angeblich „die Sprache des Individuums" (Hammarström 1980). Blochs Definition lautet: „Die Gesamtheit der möglichen Äußerungen eines bestimmten Sprechers, der - zu einer bestimmten Zeit – eine Sprache gebraucht, um mit einem bestimmten anderen Sprecher zu interagieren, heißt Idiolekt."

**2.1.23** Was versteht man unter „Impersonalisation"?

*„Impersonalisation"* heißt der Weg zur persönlichen Identität.

**2.1.24** Definieren Sie „Linguogenese".

*Linguogenese* ist der *Weg zur sprachlichen Identität*.

**2.1.25** Definieren Sie „Soziogenese".

*Soziogenese* ist der *Weg zur sozialen Identität*.

**2.1.26** Was versteht man unter „Kultur"?

*Kultur* „ist die relativ koordinierte Gesamtheit der von Generation zu Generation tradierten und orientierend wirkenden Denk- und Verhaltensmuster eines sozialen Systems" (Burghardt 1974, 146).

**2.1.27** Was ist „Enkulturation"?

*Enkulturation* ist „die Übertragung von Grundverhaltensweisen" in einer Kultur auf das Individuum, wie z. B. die Sprache.

## 2.2    Kindheit und Sprache

**2.2.01    Wie gliedern Markova und Lewandowski die Stufen der Sprachentwicklung?**
Es werden 7 Stufen unterschieden: 1) Kleinkindalter, 2) frühes Vorschulalter, 3) Vorschulalter, 4) frühes Schulalter, 5) mittleres Schulalter, 6) Höheres Schul- bzw. frühes Jugendalter, 7) spätes Jugendalter – Reife.

**2.2.02    Wovon ist die Linguogenese stets abhängig?**
In der Linguogenese ist das Individuum stets abhängig von seiner es formenden Umwelt.

**2.2.03    Was ist *Konvergenz?***
*Konvergenz* ist das Zusammenwirken der inneren, zum Sprechen drängenden Anlagen und der äußeren Gegebenheit der Umweltsprache.

**2.2.04    Wie groß ist der *passive Wortschatz* eines fünf- bis sechsjährigen Kindes?**
Der *passive Wortschatz* (Verstehen) eines fünf- bis sechsjährigen Kindes umfaßt zwischen 9.000 und 14.000 Wörtern.

**2.2.05    Wie groß ist der *aktive Wortschatz* eines fünf- bis sechsjährigen Kindes?**
Der *aktive Wortschatz* (Verwenden) eines fünf- bis sechsjährigen Kindes umfaßt zwischen 3.000 und 5.000 Wörtern.

**2.2.06    Welche pragmatische Funktion haben die Einwortsätze?**
Die Einwortsätze haben alle jene pragmatischen Funktionen, deren das Kind sich in dem Alter ab 1;0 bedienen kann.

**2.2.07    Charakterisieren Sie das Register „baby talk".**
„baby talk" zeichnet sich aus durch syntaktische Vereinfachung, Gefühlsausdruck, häufige Wiederholungen und Korrekturen der Äußerungen des Kindes.

**2.2.08    Was sind *soziale Netzwerke?***
*Soziale Netzwerke* sind netzartige Verknüpfungen von sozialen Einzelbeziehungen in gesellschaftlichen Zusammenhängen.

**2.2.09    Was sind *linguale Netzwerke?***
*Linguale Netzwerke* sind netzartige Verknüpfungen von lingualen Einzelbeziehungen in gesellschaftlichen Zusammenhängen.

**2.2.10    Definieren Sie „soziale Beziehungen".**
*Soziale Beziehungen* sind das Geflecht des interaktiven, sozialen Mit- und Gegeneinander von Individuen bzw. Gruppen.

**2.2.11    Definieren Sie „linguale Beziehungen".**
*Linguale Beziehungen* sind das Geflecht des interaktiven, lingualen Mit- und Gegeneinander von Individuen bzw. Gruppen.

**2.2.12    Welche Funktion haben *Selbstkorrekturen?***
Selbstkorrekturen in den Äußerungen des Kindes gelten als Indikator für die Berücksichtigung der Perspektive des Anderen.

**2.2.13    Erläutern Sie die Bedeutung der *Familie als Instanz* der Sprachbildung.**
*Die Familie* ist die *primäre Sozialisationsinstanz*, sie vermittelt die ersten Grundlagen der sozialen und sprachlichen Fähigkeiten des Kindes.

**2.2.14** Welche Bedeutung hat die Schule in der Sprachentwicklung?
In der Schule lernt das Kind, intensiv zu kommunizieren, und Sprache wird zum Gegenstand bewußter Aufmerksamkeit: Schreiben und Lesen und das Verhältnis von Gesprochenem zu Geschriebenem.

**2.2.15** Was ist eine „Sprachbarriere"?
Eine *Sprachbarriere* ist die Unfähigkeit, soziale Situationen sprachlich zu meistern.

**2.2.16** Zu welchen sozialen Problemen kann sprachliche *Retardation* führen?
Die *Retardation* in der Sprachentwicklung führt zu sozialer Ausgrenzung.

## 3.1     Schüler und Jugendliche

**3.1.01** Definieren Sie „soziale Gruppe".
Die *soziale Gruppe* besteht aus Personen, „die regelmäßig miteinander in Beziehung treten und in diesen Beziehungen gemeinsame Ziele zu realisieren suchen"

**3.1.02** Definieren Sie „Peer-Gruppe".
Die *Peer-Gruppe* besteht aus etwa gleichaltrigen Jugendlichen, deren Symbolorganisation die Gruppenidentität und –kohäsion begründet.

**3.1.03** Nennen Sie nichtsprachliche Kennzeichen von Peer-Gruppen.
Nichtsprachliche Kennzeichen sind Lederkluft und Kettenschmuck, „Löcher-Look".

**3.1.04** Definieren Sie *Jargon*.
Der Jargon ist eine situationsabhängige Sprachform mit gemeinsprachlicher Grammatik, saloppem Stil, emotionalen Wörtern und Wendungen.

**3.1.05** Geben Sie ein Beispiel für sogenannte Geheimsprachen der Schüler.
*B-Sprache*, in der nach Vokal ein *b* eingefügt und der Vokal wiederholt wird, z. B. *Deber Abaltebe ibist doboof* in der Bedeutung ‚Der Alte ist doof'.

**3.1.06** Geben Sie Beispiele für Gruppen mit Sondersprachen.
Schüler, diverse Jugendgruppen unterschiedlicher Szenen (Diskotheken, Drogen, Motorrad usw.), Studenten, fahrende Händler.

**3.1.07** Nennen Sie einige Schülerwörter.
Direx, Big Brother, Rex, Pauker, Spießer, Sklaventreiber, Leerkörper.

**3.1.08** Was sind „Phraseologismen"?
*Phraseologismen* sind feststehende Formulierungen mit übertragener Bedeutung.

**3.1.09** Geben Sie ein Beispiel für Phraseologismen.
Ich glaub, mich knutscht ein Elch. Ich glaub, ich steh im Wald.

**3.1.10** Nennen Sie Dimensionen der „Jugendsprache" nach Henne.
Henne unterscheidet vier Dimensionen der „Jugendsprache": je eine funktionelle, strukturelle, pragmatische und varietätenspezifische Dimension.

**3.1.11**   Nennen Sie einige Sprachregister der Jugendlichen.

- eigenwillige Grüße, Anreden und Partnerbezeichnungen
- griffige Namen- und Spruchwelten
- flotte Redensarten und stereotype Floskeln
- metaphorische (‚übertragene‘), zumeist hyperbolische (‚vergrößernde‘) Sprechweisen
- Repliken mit Entzückungs- und Verdammungswörtern
- Lautwörterkommunikation, Lautkürzungen und Lautschwächungen
- Prosodische (die Lautstruktur betreffende) Sprachspielereien
- Neuwort (z. B. Mucke), Neubedeutung (z. B. ätzend), Neubildung (z. B. Pazi für ‚Pazifist‘, O-Saft ‚Orangensaft‘, Wisch für Papierwisch ‚Zeugnis‘, $H_2O$-K.O.P.F. für ‚Wasserkopf‘).

**3.1.12**   Woran orientiert sich der Sonderwortschatz der Drogen-Szene?
Der *Sonderwortschatz der Drogen-Szenen* orientiert sich vor allem an englischen Quellwörtern.

**3.1.13**   Was bedeutet „areal differenzierte Sprache“?
*Areal differenzierte Sprache* heißt: ‚unterschiedlich im Sprachraum‘.

**3.1.14**   Was sind „Piktogramme“?
*Piktogramme* sind bildliche Abstraktionen der Wirklichkeit zur Informationsvermittlung.


## 3.2   Sondersprachen Erwachsener

**3.2.01**   Definieren Sie „Subkulturen“.
*Subkulturen* sind Teilkulturen, deren Normen und Werte von denen der Gesamtkultur abweichen.

**3.2.02**   Geben Sie die Etymologie von Rotwelsch.
*Rotte* ist hervorgegangen aus mlat. *rupta, rut(t)a, rot(t)a* ‚Schar, Abteilung, Räuberhaufen‘, im Rotwelschen dann: *rot(t)* 'schlauer Bettler'. Das Grundwort *-welsch* galt ursprünglich der keltischen Bevölkerung (Wales!), wurde dann auf die römischen Eroberer bezogen und erhielt die Bedeutung ‚romanisch‘, dann besonders ‚italienisch‘, im 16. Jh. in übertragener Bedeutung: ‚unverständliche Sprache der Gauner und Landstreicher‘.

**3.2.03**   Nennen Sie einige, im 20. Jh. noch bestehende Reste des Rotwelsch.
Wiener Diebssprache, Mattenenglisch, Manisch, Henese Fleck, Schlaußmen (Sensenhändler im Sauerland), Masematte.

**3.2.04**   Definieren Sie „Argot“.
*Argot* ist ursprünglich eine Sondersprache der frz. Bettler und Gauner, belegt seit dem Mittelalter und jetzt stilistisch markierte Umgangssprache.

**3.2.05**   Welche Funktion hat der Argot heute?
Soziale Veränderungen des 19. Jhs. zerstören das ursprüngliche Milieu weitgehend, so daß der Wortschatz unterschiedlicher Argots partiell und allmählich in die Alltagssprache eindringt und gleichzeitig die Funktion als Geheimsprache verliert, Teil der Volkssprache wird und u. a. die Gefühlswelt ausdrückt.

**3.2.06**   Was ist unter „Slang“ zu verstehen?
*Der Slang* ist ein gesucht originelles, lässiges, affektorientiertes Register der Umgangssprache mit sondersprachlichen Merkmalen.

3.2.07 Nennen Sie Klassifikationskriterien für „Slang" in medizinischen Praxen.
Der *Slang* hat mindestens drei Erscheinungsformen: als *Laborslang*, der ausschließlich von Frauen benutzt wird, als *Röntgenslang*, von Ärzten und Assistentinnen gleichermaßen gebraucht, sowie als *OP-Slang*, der von Männern geprägt wird („reiner Männerslang"), ohne Beteiligung der OP-Schwestern.

3.2.08 Geben Sie Beispiele für emotional bedingte Stereotype in der Sportberichterstattung.
Italien ist zum Fürchten kalt. – ... die Schotten mit hängenden Köpfen vom Platz schlichen. – War das ein Fußballabend, da lachte das Herz.

3.2.09 Definieren Sie *Fachjargon*.
Der *Fachjargon* trägt die Merkmale von Jargons und Fachsprachen, d. h., er ist situationsbezogen, hat emotional orientierte Wörter und Wendungen und ist zugleich präzise in der Vorgangsbeschreibung.

3.2.10 Definieren Sie *Macht*.
*Macht* ist „jede wesentliche Beeinflussung ..., die ein Bestandteil der Gesellschaft über einen anderen ausübt bzw. ausüben kann, ohne daß dieser in der Lage ist, sich der Einwirkung zu entziehen" (Hradil 1999).

3.2.11 Definieren Sie *Herrschaft*.
*Herrschaft* ist der an Institutionen gebundene Anspruch, für einen Befehl „bei angebbaren Personen Gehorsam zu finden" (Hradil 1999).

3.2.12 Nennen Sie die Vertrautheitsstufen im fachsprachlichen Sachwissen.
Schräder (1991) unterscheidet fünf Stufen: 1 Laie – 2 leicht Informierter – 3 gut Informierter – 4 fachlich Versierter – 5 Experte.

## 4.1 Öffentliche Ordnung und Verwaltung

4.1.01 Definieren Sie *Institution*.
Eine *Institution* ist eine „soziale Einrichtung, die auf Dauer bestimmt, ‚was getan werden muß'."

4.1.02 Geben Sie Beispiele für soziale *Institutionen*.
Bereich „Erziehung und Ausbildung": *Familie, Schule, Lehrstätte;* Bereich „Öffentliche Ordnung und Verwaltung": *Klinik, Gericht, Sozialamt.*

4.1.03 Nennen Sie einige Kommunikationsbedingungen bei der Visite.
Kommunikationsbedingungen sind: die Asymmetrie des Nachrichtenaustauschs, die besondere soziale Beziehung Arzt – Patient, die psychischen, physischen und sprachlichen Bedingungen.

4.1.04 Nennen Sie einige Machtstrategien des Arztes in der Klinik.
Strategien sind: *Abriegeln, Hinhalten, leerlaufen lassen, problematisieren.*

4.1.05 Welchen Vorteil haben Mittelschichtangehörige bei Gericht?
Sie können erlernte Handlungsstrategien auf neue Situationen übertragen.

4.1.06 Nennen Sie zwei gegensätzliche Strategien im Sozialamt.
Verständnisfördernde und verständnisfeindliche Strategien.

**4.1.07   Was sind *rekonstruierende Paraphrasen*?**

*Rekonstruierende Paraphrasen* sind Umschreibungen der Gedankengänge von Gesprächsteilnehmern (Klienten) seitens des Gesprächsleiters.

**4.1.08   Nennen Sie einige Charakteristika der Verwaltungssprache.**

Die Verwaltungssprache ist fachübergreifend, im Satzbau komplex und birgt daher die Gefahr von Kommunikationsbarrieren.

**4.1.09.   Wie unterscheidet sich die mündliche Alltagssprache von der der Verwaltung?**

In der Satzkomplexität: *Die mündliche Alltagssprache* hat im Durchschnitt neun Wörter pro Satz, die Verwaltungssprache fünfzehn.

**4.1.10   Welche Schwierigkeiten sind mit langen und verschachtelten Sätzen verbunden?**

*Lange und verschachtelte Sätze* sind nur mit Übung auf Anhieb dekodierbar und können zu Kommunikationskonflikten führen.

## 4.2    Schule: Theorien über sprachliches Versagen

**4.2.01   Worin besteht Bernsteins Grundgedanke?**

Bernsteins Grundgedanke besteht in der Annahme, daß die soziale Differenzierung zu unterschiedlichen sprachlichen Kodes führt. Die Sozialbeziehungen kondensieren sich als soziale Schichten. Dichotom werden zwei Sozialschichten unterschieden, denen zwei Codes entsprechen.

**4.2.02   Welche Bedeutungen hat *Code* ursprünglich im Englischen?**

*Code* hat im Englischen ursprünglich die Bedeutungen ,Signalsystem‘, ,Chiffrierbuch‘.

**4.2.03   Charakterisieren Sie pauschal den Unterschied zwischen dem elaborierten und dem restringierten Kode.**

Der leistungsfähigere ist der elaborierte, der weniger leistungsfähige der restringierte Kode.

**4.2.04   Wie sind Sozialschichten und Kodes einander zugeordnet?**

Angehörige der Mittelschicht beherrschen den elaborierten und den restringierten Kode, die der Arbeiterschicht nur den restringierten Kode.

**4.2.05 Warum heißt die Kode-Theorie auch „Defizithypothese"?**

Wegen der geringeren Leistungsfähigkeit des restringierten Kodes weisen die Angehörigen niederer Sozialschichten gegenüber denen aus höheren Sozialschichten ein sprachliches Defizit auf. Daher wird die Kode-Theorie auch „Defizithypothese" genannt.

**4.2.06   Erläutern Sie „kumulatives Defizit".**

Die Folgen des Defizits sind Mängel in Lernfortschritt und sprachlicher Weiterentwicklung in der Schule, so daß sich dort das anfänglich in sprachlichen Fächern auftretende Defizit auf andere Fächer ausdehnt und weiter akkumuliert (n. M. Deutsch)..

**4.2.07   Nennen Sie Kriterien zur Unterscheidung von elaboriertem und restringiertem Kode.**

Komplexer vs. einfacher Satzbau, relativ lange vs. relativ kurze Sätze, große vs. geringe Variationsbreite des Wortschatzes, häufige vs. seltene Pausen.

**4.2.08** Wofür gelten die Merkmale des restringierten Kodes außerdem?

Merkmale des restringierten Kodes sind nicht auf die Sprache unterer Sozialschichten beschränkt; sie gelten für die mündliche Kommunikation schlechthin.

**4.2.09** Welchen Zweck erfüllt die Alltagssprache?

*Die Alltagssprache* dient der direkten Kommunikation in praktischen Lebenslagen sowie der emotionsbetonten Kommunikation.

**4.2.10** Kennzeichen Sie die Alltagssprache als „statisches" System.

Kennzeichen der *Alltagssprache* sind einfache Sätze und eine lässige Wortwahl.

**4.2.11** Vergleichen Sie die Strategien von Sprechern des restringierten Kodes mit denen von Sprechern der Alltagssprache.

Die *Strategien* von Sprechern des restringierten Kodes sind Strategien von Sprechern der Alltagssprache.

**4.2.12** Definieren Sie „linguistische Strategien".

*Linguistische Strategien* sind die Vorbereitung, Planung und Durchführung von sprachlichen Äußerungen.

**4.2.13** Was wird in der direkten Kommunikation nicht versprachlicht?

Normalerweise wird die Situation nicht versprachlicht.

**4.2.14** Was ist das Besondere an Geigers Schichtenmodell?

Der „neue Mittelstand" und „Proletaroide" bilden ca. 30 %, das Proletariat ca. 50 % der Bevölkerung und so mit Bernsteins Schichtenmodell vergleichbar.

**4.2.15** Welche Folgen haben die Veränderungen in den Sozialschichten für die Kode-Theorie?

Die *Kode-Theorie* verliert an Gültigkeit, weil die traditionellen Sozialschichten nicht fortbestehen.

**4.2.16** Nennen Sie die beiden Familientypen i. S. Bernsteins.

Die zu unterscheidenden Typen von Familien sind: *statusorientierte* und *personenorientierte Familien.*

**4.2.17** Was drückt der soziale Status aus?

Der Status ist Ausdruck des Prestiges, das Inhaber einer sozialen Position genießen und sich nach Merkmalen wie hohes Einkommen, große Bildung, große Macht richten.

**4.2.18** Welches Rollensystem ist welcher Schicht zuzuordnen?

Das geschlossene Rollensystem entspricht der sozialen Unter-, das offene Rollensystem der Mittelschicht.

**4.2.19** Wozu können geschlossene Rollensysteme beitragen?

Geschlossene Rollensystem können in statusorientierten Familien zu einem restringierten Kode des Kindes führen. Dieser Familientyp ist für die soziale Unterschicht charakteristisch.

**4.2.20** Wozu kann ein offenes Rollensystem führen?

Ein offenes Rollensystem kann bei dem Kind zu einem elaborierten Kode führen.

**4.2.21** Welche Folgen hat nach Bernstein das restringierte Sprechen für das Denken?

Wer restringiert spricht, denkt restringiert.

**4.2.22**   Definieren Sie „Code-Switching" und erläutern Sie den Zusammenhang.
*„Codeswitching"* ist die Fähigkeit, die „Codes" nach Bedarf zu wechseln.

**4.2.23**   Nennen Sie Beispiele für die Sapir-Whorf-Hypothese.
*Sie gingen am 11. Mond.* = ‚Sie blieben 10 Tage.' *Wir paddeln am Ort.* = ‚Wir sind gleich da.'

**4.2.24**   Was bedeutet „sprachliche Relativität"?
„Sprachliche Relativität" bedeutet, daß Erkennen und Denken nur in Relation zu den ausdrucks- und inhaltsseitigen Gegebenheiten einer Sprache möglich sind.

**4.2.25**   Definieren Sie „sprachliche Enkodierung".
*Die sprachliche Enkodierung* ist die Translation kognitiver bzw. emotiver Prozesse in eine Mitteilung und die Translation dieser Mitteilung in einen Ausdruck.

**4.2.26**   Nennen Sie einige Variablengruppen in der Untersuchung Oevermanns.
Aufsatzlänge; Komplexität syntaktischer Beziehungen, ermittelt durch Quotienten; hierarchische versus additive Objektdarstellung; Abstraktionsniveau.

**4.2.27**   Nennen Sie einige Ergebnisse der Untersuchung Oevermanns.
1.) Das Unterschicht-Mittelschicht-Raster ist zu grob.
2.) Die Kodes sind an soziale Rollen gebunden.
3.) Sprachunterschiede basieren auf Unterschieden der Handlungssituation.

**4.2.28**      Was gilt für die Sprache der Schüler bezüglich ihrer sozialen Herkunft?
Unterschiede im schichtspezifischen Sprachgebrauch sind mit Ablauf der Grundschuljahre weitgehend beseitigt, ähnliches gilt für geschlechtsspezifische Unterschiede. Lediglich die Themenwahl bzw. die Textsorte hat Auswirkungen auf die Syntax.

**4.2.29**     Welche Auswirkungen haben die Lesegewohnheiten?
Die Lesegewohnheiten sind abhängig von der  Sozialschicht mit Folgen für die schulische Leistung (Texte, Aufsätze).

**4.2.30**   Was sind Stigmasignale?
*Stigmasignale* sind Sprachmerkmale zur negativen Kennzeichnung von Personen oder Gruppen.

**4.2.31**   Welche Folgen haben sprachliche Stigmasignale?
Kinder, welche die Stigmasignale gebrauchen und aus unteren Sozialschichten stammen, können vielfach benachteiligt werden.

**4.2.32**   Welches Sprachsystem ersetzt den Dialekt als schulisches Hindernis?
Die neue Sprachbarriere heißt „Umgangssprache".

## 5.1    Theorie und Empirie

**5.1.01**    Erläutern Sie den Begriff „Differenzkonzeption".
Man beschreibt die Andersartigkeit sprachlicher Systeme (Deviation) in Abhängigkeit von außersprachlichen (sozialen) Fakten. Lediglich im Kontrast mit der Defizittheorie wird dieser Forschungsansatz auch als „Differenzkonzeption" bezeichnet.

**5.1.02**  Definieren Sie den Begriff „Variable".

Eine *Variable* ist eine empirische Veränderliche des Metabereichs in einer Menge von Veränderlichen.

**5.1.03**  Geben Sie Beispiele für „freie" Varianten in der deutschen Standardsprache.

Phonologisch: die *R*-Artikulation; lexikologisch: die Bezeichnungen *Samstag*, *Sonnabend*.

**5.1.04**  Zählen Sie allgemein einige Varietäten auf.

Standardvarietäten (z. B. Hoch- und Schriftsprache), Substandard (z. B. Dialekte).

**5.1.05**  Was versteht man unter einer „Variablenregel"?

Eine Variablenregel gibt die Bedingungen für Varianten in Regelform an.

**5.1.06**  Was versteht man unter einem „Varietätenraum"?

Ein *Varietätenraum* ist eine Funktion der diachronen, arealen, sozialen, situativen und funktionalen Faktoren eines sprachlichen Makrosystems.

**5.1.07**  Welche Parameter wählt Labov für die soziologische Klassifikation?

Als Klassifikationsparameter gelten das Einkommen, die (Schul-)Bildung und der Berufsstatus mit je vier Subformen (IV = hoch bis I = niedrig).

**5.1.08**  Wie unterscheiden sich *Style* und *Stil*?

Ein *Style* ist ein Erhebungsmodus, ein Stil ist eine Summe besonderer Ausdrucksformen in kommunikativen Zusammenhängen.

**5.1.09**  Womit korreliert Labov seine fünf Variablen?

Er korreliert sie mit Erhebungsmodus (Style) und den Sozialstatus der Sprecher.

**5.1.10**  Worin besteht nach DeCamp die Sprachkompetenz eines Sprechers?

Die *Sprachkompetenz* besteht nach DeCamp in der Fähigkeit eines Sprechers, die an seine soziale Erfahrung gebundenen Varianten von Sätzen zu erzeugen und zu verstehen.

**5.1.11**  Was sind Synonyme?

*Synonyme* sind verschiedene Bezeichnungen mit der gleichen Bedeutung in ein und demselben System.

**5.1.11**  Was sind Heteronyme?

*Heteronyme* sind verschiedene Bezeichnungen mit der gleichen Bedeutung in verschiedenen Systemen.

**5.1.12**  Definieren Sie „Implikation".

*Implikation* heißt, daß die Existenz bestimmter Merkmale das Vorhandensein weiterer Merkmale in der hierarchischen Folge einschließt.

**5.1.13**  Wozu dienen soziolinguistische Implikationsskalen?

In *soziolinguistischen Implikationsskalen* werden linguale und soziale Beziehungen quantifiziert und hierarchisiert.

**5.1.14**  Was bedeutet und indiziert „Distanz" in einem sozialen Netz?

*Distanz* bedeutet ,Abstand', ,Entfernung' und indiziert in einem sozialen Netz die Ferne oder Nähe zu Personen bzw. Dingen von einem Bezugspunkt bzw. einer Bezugsgröße aus.

**5.1.15**  Womit befaßt sich die Soziometrie?

Die *Soziometrie* ist Wissenschaft von der Messung sozialer Beziehungen und sozialen Verhaltens.

**5.1.16   Definieren Sie „Graph".**
Ein *Graph* ist mathematisch „ein Set von Knoten N und einem zweiten Set der zwischen ihnen definierten Beziehungen, Kanten, Linien L."

**5.1.17   Was sind „ einfache Graphen"?**
*Einfache Graphen* bestehen aus einer Beziehung zwischen zwei Knoten.

**5.1.18   Geben Sie zwei Definitionen für „Netzwerk"?**
a) Ein *Netzwerk* ist ein Set von Knoten N und von Linien L.
b) Ein *Netzwerk* ist ein Komplex miteinander verknüpfter Knoten.

**5.1.19   Woraus besteht ein „soziales Netzwerk"?**
Ein *soziales Netzwerk* besteht aus „Personen, Funktionen und Ereignissen."

**5.1.20   Worin bestehen die biogenetischen Vorgaben für soziale Netzwerke?**
In der Verkettung von Neuronen: Aus einfachen werden immer komplexere neuronale Konfigurationen, im Endeffekt neuronale Netzwerke, d. h. Neuronen in Korrelation.

## 5.2    Soziolinguistik der Stadt

**5.2.01   Wie beginnt in Deutschland die frühe Erforschung der Stadtsprachen?**
In der Dialektologie durch Wörterbücher und Untersuchungen zur Stadt-Umland-Problematik.

**5.2.02   Nennen Sie einige Ansätze neuerer Stadtsprachenforschungen.**
Es gibt Untersuchungen zur monolingualen Variation (Phonetik und Phonologie, Diastratik, Diatopik, Dialektniveau u. a.) und zur polylingualen Variation (Elsässisch/Französisch, Türkisch/Deutsch, Einstellungen, Ethnographie des Sprechens).

**5.2.03   Was ist unter „Ethnographie der Kommunikation" zu verstehen?**
Die *Ethnographie der Kommunikation* untersucht die Gesamtheit der Kommunikationsgewohnheiten einer Gemeinschaft, zu deren Realisierung die Sprache als ein Instrument unter anderen gilt.

**5.2.04   Definieren Sie „Standardsprache".**
Die *Standardsprache* ist ein multifunktionaler Varietätenkomplex mit der größten kommunikativen Reichweite und dem höchsten Normenprestige.

**5.3.05   Definieren Sie „Substandard".**
*Substandard* ist der Oberbegriff „für den sprechsprachlichen Gesamtbereich unterhalb des Standards."

**5.2.06   Wie lassen sich extreme Sprachschichten einer Stadt unterscheiden?**
Durch die Anzahl der Regeln: Die Sprachschicht, die am weitesten von der Standardsprache entfernt ist, unterscheidet sich von ihr durch eine maximale Zahl von Regeln.

**5.2.07   Begründen Sie die Unterschiede des Dialektgebrauchs in den Berliner Stadtteilen Wedding und Zehlendorf!**

Wedding ist ein traditioneller Arbeiterbezirk, die Bevölkerung von Zehlendorf hingegen rekrutiert sich Anfang der achtziger Jahre vorwiegend aus der sozialen Mittelschicht.

**5.2.08   Definieren Sie „Sprachlage".**
Eine *Sprachlage* ist ein empirisch gewonnener Durchschnittswert zur Indizierung der Position eines Sprachsystems auf einer Skala.

**5.2.09   Vergleichen Sie den Dialektgebrauch in: a) der Klein- gegenüber der Großstadt und b) in Süd-, Mitteldeutschland gegenüber Norddeutschland!**
Bezogen auf die Kommunikation unter Nachbarn, wird in der Kleinstadt mehr Dialekt gesprochen als in der Großstadt und insgesamt mehr im süd- und mitteldeutschen Raum als im norddeutschen.

**5.2.10   Definieren Sie „Kommunikationsradius".**
Der *Kommunikationsradius* gibt den Umfang der Varietäten an, in denen eine kommunikative Einheit gilt.

**5.2.11   Wie wird die *Systemkontrast-Dialektalität* festgestellt?**
*Systemkontrast-Dialektalität* wird durch den Vergleich von Dialektsystemen mit dem System der Standardsprache festgestellt.

**5.2.12   Wie wird die *Hörerurteil-Dialektalität* festgestellt?**
Die *Hörerurteil-Dialektalität* ergibt sich durch empirisch gewonnene Hörerurteile.

**5.2.13   Was wird unter „Dialektniveau" verstanden?**
Das *Dialektniveau* ist das Maß (der Durchschnittswert) der Übereinstimmung einer Äußerung mit einer vergleichbaren dialektalen Äußerung.

**5.2.14   Erläutern Sie das „Maß der Übereinstimmung".**
Das *Maß der Übereinstimmung* wird als Zahlenwert angegeben (z. B. 1,00 für 100 %ige Übereinstimmung, 0,5 für 50 %ige Übereinstimmung).

**5.2.15   Definieren Sie „Vernacular".**
*Vernacular* ist die Sprache der Ortsansässigen, im Gegensatz zur Koine.

**5.2.16   Definieren Sie „Koine".**
*Koine* ist ursprünglich die über den Mundarten stehende „allgemeine Ausdrucksweise" im Griechenland Alexanders d. Gr. (4. Jh. v. Chr.).

**5.2.17   Definieren Sie „Verbosität".**
*Verbosität* ist die Strategie, in einem Interview das Rederecht exklusiv in Anspruch zu nehmen und für die Gruppe zu sprechen.

**5.2.18   Was ist „Funktionalität" in dem Modell von Lieverscheidt/ Werlen?**
*Funktionalität* ist die Strategie, die Antworten auf den unterstellten Zweck des Interviews hin auszurichten.

**5.2.19   Was bedeutet „phatisches Antworten"?**
*Phatisches Antworten* beinhaltet Abschweifungen und Anekdoten statt präziser Antworten.

**5.2.20   Was läßt sich durch eine Fehleranalyse belegen?**
So können Besonderheiten einer Varietät, z. B. des Berliner Stadtdialekts, dargestellt werden.

# 6.1    Geschlecht und Sprache

**6.1.01    Nennen Sie Objektbereiche der biosozialen Superkategorien?**
Unter dem Titel der biosozialen Superkategorien werden Geschlecht und Alter erfaßt.

**6.1.02    Was ist für den Ausdruck *Geschlecht* inhaltlich zu unterscheiden?**
Es sind zu unterscheiden: 1) das natürliche Geschlecht (Sex(us)), 2) das soziale Geschlecht als
eine Kategorie von sozialen Erscheinungen (das Gender, amerikan.-engl. *gender*, frz. *genre*),
3) das grammatische Geschlecht (das Genus).

**6.1.03    Welche Wortarten unterscheiden ein grammatisches Geschlecht?**
Vorrangig die Substantive und deren Artikel sowie die Personalpronomen. Nach den Substan-
tiven richten sich neben den Artikeln die weiteren Pronomen und die Adjektive.

**6.1.04    Was kennzeichnet Geschlecht und Alter soziologisch?**
*Geschlecht* und *Alter* sind soziologisch durch die Zuweisung *sozialer Rollen* gekennzeichnet.

**6.1.05    Was umfassen biosoziale Superkategorien?**
*Biosoziale Superkategorien* umfassen die naturgegebenen Eigenschaften und die sozialen Rollen von Geschlecht und Alter.

**6.1.06    Welche Ziele verfolgt die „feministische Sprachwissenschaft"?**
In der feministischen Sprachwissenschaft wird für Frauen aktiv Partei genommen, was als
politisches Handeln zu verstehen ist.

**6.1.07    Definieren Sie „Genderlinguistik".**
*Genderlinguistik* ist die Richtung innerhalb der Soziolinguistik, welche die Abhängigkeit der
Sprache vom sozialen Geschlecht untersucht.

**6.1.08    Welche Einwände ergeben sich gegen „Sexolekt"? Alternativen?**
Der Ausdruck kennzeichnet die Sprache, gebunden an das natürliche und nicht an das soziale
Geschlecht. Daher wird die Bezeichnung *Genderlekt* bevorzugt.

**6.1.09    Definieren Sie „Genderlekt".**
*Genderlekt* ist ein hypothetisches Sprachsystem als Funktion des sozialen Geschlechts.

**6.1.10    Nennen Sie zwei Forscher in der Frühphase der Genderlinguistik.**
Fritz Mauthner (1921) und Otto Jespersen (1925).

**6.1.11    Nennen Sie amerikanische Autorinnen zur feministischen Linguistik.**
Robin Lakoff (1975) und Mary Ritchie Key (1975).

**6.1.12    Nennen Sie Beispiele für die Diskriminierung der Frau mittels Sprache.**
Die Diskriminierung besteht oft darin, in welcher Form eine Frau angeredet oder auch nicht
angeredet wird, wie ihr Redebeitrag abgetan, nicht gehört, mißverstanden, falsch paraphrasiert, unterbrochen und ignoriert wird.

**6.1.13    Geben Sie Beispiele für die „Beidbenennung", das „Splitting".**
... die Stelle eines *Professors/einer Professorin.*

**6.1.14    Definieren Sie „Gattungsbezeichnungen".**
*Gattungsbezeichnungen* sind Klassenbezeichnungen für Gleichartiges, z. B. *Könige, Lehrlin-
ge, Landstreicher.*

**6.1.15**   Geben Sie ein Beispiel für „Sparschreibung".
*Student*Innen, *Literaturwissenschaftler/innen.*

**6.1.16**   Definieren Sie „Kontextualisierung".
*Kontextualisierung* ist nach Gumperz ein Verfahren, mit welchem Interaktionspartner in ihren Sprechhandlungen Kontext herstellen.

**6.1.17**   Skizzieren Sie die Theorie der „zwei Kulturen".
1.) Frauen und Männer wachsen in unterschiedlichen Kulturen auf. 2.) Die Kommunikation zwischen Frauen und Männern ist folglich eine interkulturelle Kommunikation.

**6.1.18**   Definieren Sie a) die Berichts-, b) die Sinn-, c) die Beziehungsebene.
a) Die *Berichtsebene* ist gekennzeichnet durch sachliche Information über Vorgänge, Ereignisse, Handlungen.
b) Die *Sinnebene* ist gekennzeichnet durch die Parameter des Ortes, der Zeit, des ins Auge gefaßten Objekts und der Kommunikationspartner.
c) Die *Beziehungsebene*  ist gekennzeichnet durch persönliche Kontaktaufnahme, zwischenmenschliche Annäherung oder Distanzierung.

**6.1.19**   Welche Funktion können Unterbrechungen haben?
*Unterbrechungen* können eine kooperative (zustimmende) und eine kompetitive (Wettbewerbs-d. h. ablehnende) Funktion haben.

**6.1.20**   Welche Funktion können bestätigende Partikeln haben?
Sie weisen auf einen kooperativen Charakter des weiblichen Gesprächsstils hin.

**6.1.21**   Definieren Sie „Gesprächsstil".
Der *Gesprächsstil* ist die Summe besonderer Ausdrucksformen im Gespräch.

**6.1.22**   Nennen Sie a) weibliche, b) männliche Register und Gesprächsstile.
a) Frauen sind aktive Hörerinnen: mehr Satzvollendungen, mehr Unterstützungen; sie gebrauchen Abschwächungen: mehr Fragen statt Aussagen, häufig „mögen", „denken"; sie sind nicht dominant.
b) Häufig liefern Männer Redebeiträge ohne Bezug, stellen Scheinbezüge her; sie bevorzugen statusbezogene Sprachmittel wie „wir Ärzte"; sie sind dominant.


## 6.2   Alter und Sprache

**6.2.01**   Was kennzeichnet Alter und Geschlecht soziologisch?
*Alter* und *Geschlecht* sind soziologisch durch die Zuweisung *sozialer Rollen* gekennzeichnet.

**6.2.02**   Definieren Sie „natürliches Alter".
Das *natürliche Alter* ist die Zeitspanne, die seit der Geburt vergangen ist.

**6.2.03**   Definieren Sie „Generation".
*Generation* heißt die Gesamtheit der etwa Gleichaltrigen mit erlebnisbedingt ähnlichen Orientierungen, Einstellungen und Verhaltensformen.

**6.2.04**   Definieren Sie „Altersschicht".
Die *Altersschicht* ergibt sich „aus dem durchschnittlichen Altersabstand zwischen Eltern und Kindern."

**6.2.05   Definieren Sie *Gero-* bzw. *Gerontolinguistik*.**

Die *Gero-* bzw. *Gerontolinguistik* untersucht die Abhängigkeit der Sprache vom sozialen Alter, gezielt angewendet auf das fortgeschrittene Alter.

**6.2.06   Definieren Sie *Gerolekt*.**

Der *Gerolekt* ist ein hypothetisches Sprachsystem als Funktion des sozialen Alters, angewandt auf das fortgeschrittene Alter.

**6.2.07   Weshalb ist der Begriff des Gerolekts hypothetisch?**

Der Begriff des „Gerolekts" ist hypothetisch, weil damit die Kommunikation von Menschen im fortgeschrittenen Alter als abgeschlossenes System definiert wird.

**6.2.08   Wann erscheint der Mensch als „sozial isoliert"?**

Bei weniger als acht Kontaktpersonen erscheinen die alten Menschen als sozial isoliert.

**6.2.09   Definieren Sie „Diskurs".**

Ein *Diskurs* ist ein Bedeutungsganzes als kommunikative Grundeinheit.

**6.2.10   Nennen Sie einige positive und einige negative Altersstereotype.**

Positiv: die perfekte Großmutter, die freundliche Nachbarin.
Negativ: Simulant, Egoist, Schwätzerin.

**6.2.11   Skizzieren Sie das Kommunikationsdilemma des Alterns.**

a) Niveausenkung in der Sprache jüngerer gegenüber älteren.
b) Daher negative Einstellung der alten gegenüber jüngeren.

**6.2.12   Definieren Sie „Patronisieren".**

„*Patronisieren*" ist herablassendes Sozial- in Ko-Varianz mit simplifizierendem Sprachverhalten.

**6.2.13   Nennen Sie Charakteristika patronisierender Kommunikation.**

Beispiele sind einfache Satzkonstruktionen, Wiederholungen, erhöhte Lautstärke.

**6.2.14   Nennen Sie einige Merkmale für den Sprachabbau im fortgeschrittenen Alter.**

Die „krakelige" Handschrift, Tonhöhenschwankungen, reduziertes Sprechtempo und die verstärkte Thematisierung des Selbst und der Vergangenheit sind Kennzeichen.

**6.2.15   Auf wen geht die „Regressionshypothese" zurück?**

Diese Hypothese geht auf Roman Jakobson (1941, revidiert ab 1955) zurück.

**6.2.16   Was besagt die Regressionshypothese?**

In dem Entwurf von 1941 erfolgt der Sprachabbau spiegelbildlich zu dem Spracherwerb, während er in der revidierten Form von 1955 ff. entweder entlang der  paradigmatischen oder der syntagmatischen Achse eines Modells verläuft.

**6.2.17   Definieren Sie „paradigmatische Beziehungen".**

*Paradigmatische* bzw. *assoziative* Beziehungen sind logische ODER-Beziehungen.

**6.2.18   Definieren Sie „syntagmatische Beziehungen".**

*Syntagmatische Beziehungen* sind logische UND-Beziehungen.

**6.2.19   Wie nennt Jakobson die paradigmatische Störung des Sprachabbaus?** Diese Störung heißt *Ähnlichkeitsstörung*, z. B. bei Wortfindungsproblemen.

**6.2.20   Wie nennt Jakobson die syntagmatische Störung des Sprachabbaus?** Diese Störung heißt *Kontiguitätsstörung*, z. B. bei Satzbildungsproblemen.

## 7.1 Multikulturelle, multiethnische, polyglossische Gesellschaft

**7.1.01** Geben Sie eine kurze Etymologie zu „Kultur".
Die Bezeichnung *Kultur* ist abgeleitet aus lat. *cultura* ‚Pflege (des Ackers), Landbau' und wird zunächst so verwendet. Ab etwa 1700 kommt die übertragene Bedeutung hinzu: ‚die Ausbildung und geistige Vervollkommnung des Individuums'.

**7.1.02** Nennen Sie eine marxistische Definition von „Kultur".
*Kultur* ist ‚die Gesamtheit der Errungenschaften auf gesellschaftlicher, künstlerischer, humanitärer Ebene'.

**7.1.03** Definieren Sie „Zivilisation".
*Zivilisation* ist die ‚auf technischem und wissenschaftlichem Fortschritt beruhende Lebensweise, durch Erziehung und Bildung geprägte Lebensart'.

**7.1.04** Nennen Sie einige nichtsprachliche Aspekte von „Kultur".
*Religion, Aberglauben, Tabus, Vorurteile, Riten, Sitten und Gebräuche, Kleidung, Essen, Arbeit, Hausbau, Mobiliar* usw.

**7.1.05** Nennen Sie zwei theoriebezogene Parameter von Kultur.
*Normen* und *Werte* sind zwei theoriebezogene Parameter.

**7.1.06** Was versteht Els Oksaar unter *Kulturem*?
Ein *Kulturem* ist die Abstraktion kommunikativer Verhaltensweisen, die soziokulturell bedingt sind.

**7.1.07** Was ist in Oksaars Terminologie ein „Behaviorem"?
*Behaviorem* ist die Realisierung des Kommunikatems im Kommunikationsakt.

**7.1.08** Definieren Sie „Werte".
*Werte* und *Werthaltungen* sind „Auffassungen vom Wünschenswerten".

**7.1.09** Zählen Sie einige Werte auf.
*Ehrlichkeit, Toleranz, gutes Benehmen, Verantwortungsgefühl, Höflichkeit* sind die fünf höchsten Werte in Westeuropa.

**7.1.10** Nennen Sie die Varietäten der deutschen Standardsprache.
Die Varietäten lauten: die Schriftsprache mit Literatursprache und Gebrauchsprosa und die Hochsprache mit der Gehobenen und der Alltagssprache.

**7.1.11** Grenzen Sie ab: $S_1$ gegen $S_{2-n}$.
Die zuerst erworbene Sprache heißt $S_1$; $S_{2-n}$ sind die später erworbenen Sprachen.

**7.1.12** Nennen Sie die „Vollzentren" der deutschen Standardsprache.
„Vollzentren" sind Deutschland, Österreich und die deutschsprachige Schweiz.

**7.1.13** Nennen Sie einige „Halbzentren" des Deutschen.
„Halbzentren" sind Liechtenstein, Luxemburg, Ostbelgien und Südtiral.

**7.1.14** Definieren Sie „interkulturelle Kommunikation".
*Interkulturelle Kommunikation* ist Kommunikation innerhalb einer „mehrkulturellen" und „mehrsprachigen" Gesellschaft..

### 7.1.15   Was ist eine „Ethnie"?

Eine *Ethnie* ist die Gesamtheit von Individuen, die bestimmte Merkmale von Herkunft, tradierter Kultur und Sprache gemeinsam haben.

### 7.1.16   Was ist der Gegenstand der Ethnolinguistik?

Die *Ethnolinguistik* erforscht die Sprachen unterschiedlicher Ethnien.

### 7.1.17   Was sind *alloglotte Sprecher*?

*Alloglotte Sprecher* sind ‚Anderssprachige', als Kunstwort zu grch. *allos* ‚anders' und *glotta* ‚Zunge, Sprache'.

### 7.1.18   Definieren Sie „Diglossie".

*Diglossie* ist die areal fixierte Überlagerung von zwei funktional unterschiedlichen Sprachvarietäten, deren eine als niedrig (untergeordnet) und eine als hoch (übergeordnet) eingestuft wird.

### 7.1.19   Wie unterscheiden sich die süd- und die norddeutsche Diglossie?

Die süddeutsche Diglossie ist nach Menke (1992) ein Kontinuum zwischen *low* (den hochdeutschen Dialekten) und *high* (der Standardsprache). Demgegenüber besteht zwischen den niederdeutschen Dialekten (low) und der überlagernden hochdeutschen Standardsprache ein abrupter Bruch.

### 7.1.20   Was versteht H. Kloss unter „überdacht"?

Wenn die *L*-Varietäten Dialekte einer Sprache sind und die *H*-Varietät die standardisierte Form ist, dann bezeichnet Kloss die *L*-Varietäten als „überdacht".

### 7.1.21   Erläutern Sie den Begriff *Diasystem*.

Der Begriff des *Diasystems* stammt von U. Weinreich (1954) und bedeutet „ein System von Systemen": *dia*chron, *dia*phasisch, *dia*stratisch, *dia*topisch.

### 7.1.22   Definieren Sie „Triglossie".

*Triglossie* ist die areal fixierte Konkurrenz von drei funktional unterschiedlichen Sprachvarietäten.

### 7.1.23   Definieren Sie „Polyglossie".

*Polyglossie (Multiglossie)* besteht in der Konkurrenz einer Vielzahl sprachlicher Subsysteme und eines übergeordneten Sprachsystems.

### 7.1.24   Definieren Sie „Bilingualismus".

*Bilingualismus* besteht in der Konkurrenz von zwei Sprachen, bezogen auf die gleichen Sprachträger.

### 7.1.25   Definieren Sie „Multulingualismus".

*Multilingualismus* besteht in der Konkurrenz von vielen Sprachen, bezogen auf die gleichen Sprachträger.

### 7.1.26   Wie unterscheiden sich „Bilingualismus" und „Diglossie"?

Der Bilingualismus ist im wesentlichen ein Charakteristikum *individueller* sprachlicher Gewandtheit, während die *Diglossie ein Charakteristikum der gesellschaftlich bestimmten Funktionen* auf verschiedene Sprachen oder Varietäten ist.

### 7.1.27   Was ist *Kompositioneller Bilingualismus*?

*Kompositioneller Bilingualismus* heißt, daß zwei Sprachen nahezu austauschbar sind und von denselben Personen in den gleichen Situationen benutzt werden.

**7.1.28    Was ist *Koordinierter Bilingualismus*?**
*Koordinierter Bilingualismus* heißt, daß die eine Sprache von denselben Personen in anderen Situationen benutzt wird als die andere.

**7.1.29    Was versteht Fishman unter „*Domänen des Sprachverhaltens*"?**
„*Domänen des Sprachverhaltens*" sind Kommunikationsbereiche als Komplexe von Situationen, Rollenbeziehungen, Themen.

**7.1.30    Geben Beispiele für „*Domänen des Sprachverhaltens*".**
*Domänen* sind beispielsweise die Familie, die Schule, die Nachbarn, der Arbeitsplatz, die Kirche, die Freizeit.


## 7.2    Multilinguale Gesellschaft

**7.2.01    Unter welchen Bedingungen besteht *Sprachenkontakt*?**
*Sprachenkontakt* besteht bei abwechselnden Gebrauch von zwei oder mehr Sprachen durch ein und dieselbe Person.

**7.2.02    Was ist *sprachliche Interferenz*?**
*Sprachliche Interferenz* ist die wechselseitige Veränderung der Strukturen verschiedener Sprachsysteme.

**7.2.03    Definieren Sie *sprachliche Transferenz*.**
*Transferenz* ist die einseitige Übertragung einer sprachlichen Erscheinung von einer Gebersprache auf eine Nehmersprache.

**7.2.04    Nennen Sie andere Bezeichnungen für „Geber- und Nehmersprache.**
Andere Bezeichnungen sind „Modellsprache" und „Replikasprache".

**7.2.05    Was versteht man unter Sprachenwechsel?**
*Sprachenwechsel* ist die Ablösung einer Sprache bzw. einer Sprachlage durch eine andere.

**7.2.06    Definieren Sie *Code-Switching*.**
*Code-Switching* ist der alternative Gebrauch mehrerer Codes in einer Situation.

**7.2.07    Nennen Sie eine andere Bezeichnung für „Einstellungen".**
Eine andere Bezeichnung ist *Attitüden*.

**7.2.08    Nennen Sie Parameter zur Analyse von Einstellungen.**
*Einstellung* läßt sich mit drei Parametern analysieren: *affektiv, kognitiv, handlungsbezogen* (*konativ*).

**7.2.09    Was schließt Kolde aus seiner Untersuchung in den Schweizer Städten?**
Die Einstellung zur Ethnie ist auch eine Einstellung zur Sprache dieser Ethnie.

**7.2.10    Was ist ein *Schibboleth*?**
Ein *Schibboleth* ist ein sprachliches Zeichen, aus dem die soziale bzw. nationale Identität der Sprecherin bzw. des Sprechers hervorgeht.

**7.2.11    Geben Sie eine Beispiel für einen Satz in „Pidgin-Deutsch".**
Ein Beispiel wäre der verbale Infinitiv: *Ich gestern nix kommen, krank.*

**7.2.12   Definieren Sie *Foreigner Talk*.**
*Foreigner Talk* ist das Sprachregister Einheimischer in der Kommunikation mit erwachsenen Ausländern.

**7.2.13   Wie wird *Foreigner Talk* auch bezeichnet?**
Fälschlicherweise wird dies Register auch *Xenolekt* genannt.

**7.2.14   Wie kommen *Pidginsprachen* zustande?**
*Pidginsprachen* resultieren aus dem Kontakt zischen über- und untergeordneten Sprachen in Kolonialgebieten.

**7.2.15   Charakterisieren Sie *Pidginsprachen*.**
*Pidginsprachen* sind Simplifizierungen der Superstratsprachen.

**7.2.16   Welche anderen Bezeichnungen hat man für *Sub-* und *Superstrat*?**
„Unterschichtung" für *Substrat* und „Überschichtung" für *Superstrat*.

**7.2.17   Was sind *Kreolsprachen*?**
*Kreolsprachen* sind zu voll leistungsfähigen Sprachen ausgebaute Pidgins.

**7.2.18   Was versteht man unter *Lingua Franca*?**
Die *Lingua Franca* ist a) die älteste Pidginsprache, verbreitet im östlichen Mittelmeer, b) allgemein eine Vermittlungssprache.

**7.2.19   Erläutern Sie *gesteuerten* und *ungesteuerten Zweitspracherwerb*.**
*Gesteuert* ist der Erwerb einer Zweitsprache, wenn er durch formale Erziehung erfolgt, andernfalls ist er *ungesteuert*.

**7.2.20   Erläutern Sie *doppelseitige Halbsprachigkeit*.**
Bei *doppelseitiger Halbsprachigkeit* fehlt die zu erwartende Sprachkompetenz in der Erst- wie in der Zweitsprache.

**7.2.21   Nennen Sie Domänen, die dem Lëtzebuergeschen vorbehalten sind.**
a) mündliche Kommunikation, b) Familie, c) Kirche (Predigt), d) Parlament (Debatte), e) Gericht bei der Zeugenvernehmung.

**7.2.22   Welche Funktion hat die Mundart in Ost-Lothringen?**
Die Mundart hat vor allem für ältere Einwohner noch eine Identitäts- und Kommunikationsfunktion, für jüngere die einer „sozialen Nahsprache".

**7.2.23   Wozu führt die Dominanz des Französischen und des Schulunterrichts im Elsaß?**
Die Dominanz des Französischen und vor allem der Schulunterricht führen zu einem schnellen Rückgang diglossischer Sprecher.

**7.2.24   Nennen Sie zusammenfassend die Grenzländer, in denen die Sprecher zunehmend von deutschen auf französische Varietäten wechseln.**
Die Grenzländer sind Belgien, Luxemburg, Frankreich und die Schweiz.

# 9 Literaturverzeichnis

Achard 1993 = Achard, Pierre: La sociologie du langage. Paris: Presses Universitaires de France 1993 (Que sais-je? 2720).

Adamzik 1984 = Adamzik, Kirsten 1984. Sprachliches Handeln und sozialer Kontakt. Zur Integration der Kategorie ‚Beziehungsaspekt' in eine sprechakttheoretische Beschreibung des Deutschen. Tübingen (Tübinger Beiträge zur Linguistik. 213).

Aebischer/Oberlé 1998 = Aebischer, Verena / Oberlé, Dominique 1998. Le groupe en psychologie sociale. 2ᵉ édition. Paris.

Althaus [u. a.] (Hgg.) 1980 = Althaus, Hans Peter [u. a.] (Hgg.) 1980. Lexikon der Germanistischen Linguistik. 2. Aufl. Tübingen.

Ammon 1973 = Ammon, Ulrich 1973. Dialekt und Einheitssprache in ihrer sozialen Verflechtung. Eine empirische Untersuchung zu e. vernachlässigten Aspekt von Sprache und sozialer Ungleichheit. Weinheim, Basel (Pragmalinguistik. Bd. 3).

Ammon 1977 = Ammon, Ulrich 1977. Probleme der Soziolinguistik. 2. Aufl. Tübingen (Germanistische Arbeitshefte. 15).

Ammon 1991 = Ammon, Ulrich 1991. Die internationale Stellung der deutschen Sprache. Berlin, New York.

Ammon 1995 = Ammon, Ulrich 1995. Die deutsche Sprache in Deutschland, Österreich und der Schweiz. Das Problem der nationalen Varietäten. Berlin, New York.

Ammon [u. a.] (Hgg.) 1987/88 = Ammon, Ulrich / Dittmar, Norbert / Mattheier, Klaus J. (Hgg.) 1987/88. Sociolinguistics. Soziolinguistik. 2 Hbbde. Berlin, New York (HSK 3.1/2).

Ammon/Kellermeier 1997 = Ammon, Ulrich / Kellermeier, Birte 1997. Dialekt als Sprachbarriere passé? 25 Jahre danach: Versuch eines Diskussions-Erweckungsküsschens. In: Deutsche Sprache 25, S. 21-38.

Androutsopoulos 1998 = Androutsopoulos, Jannis K. 1998. Deutsche Jugendsprache. Untersuchungen zu ihren Strukturen und Funktionen. Frankfurt am Main (usw.) (VarioLingua Bd. 6).

Arnold [u. a.] 1987 = Arnold, Wilhelm / Eysenck, Jürgen / Meili, Richard (Hgg.) 1987. Lexikon der Psychologie. Neuausgabe. 3 Bde. Freiburg.

Arntz/Picht 1991 = Arntz, Reiner / Picht, Herbert 1991. Einführung in die Terminologiearbeit. Hildesheim (usw.) (Studien zu Sprache und Technik. Bd. 2).

Auer 1990 = Auer, Peter 1990. Phonologie der Alltagssprache. Eine Untersuchung zur Standard/Dialekt-Variation am Beispiel der Konstanzer Stadtsprache. Berlin, New York (Studia Linguistica Germanica. Bd. 28).

Augenstein 1998 = Augenstein, Susanne 1998. Funktionen von Jugendsprache. Studien zu verschiedenen Gesprächstypen des Dialogs Jugendlicher und Erwachsener. Tübingen (Reihe Germanistische Linguistik. Bd. 192).

Augst 1978 = Augst, Gerhard (Hg.) 1978. Spracherwerb von 6 bis 16. Linguistische, psychologische und soziologische Grundlagen. Düsseldorf (Spr. u. Lernen. Bd. 61).

Augst (u. a.) 1986 = Augst, Gerhard (u. a.) 1986. Von der Reihung zur Gestaltung. Untersuchungen zur Ontogenese der schriftsprachlichen Fähigkeiten von 13-23 Jahren. Frankfurt/M. usw. (Theorie u. Vermittlg. d. Sprache. Bd. 5).

Bach 1969 = Bach, Adolf 1969. Deutsche Mundartforschung. Ihre Wege, Ergebnisse und Aufgaben. 3. Aufl. Heidelberg.

Badura 1971 = Badura, Bernhard 1971. Sprachbarriere. Zur Soziologie der Kommunikation. Stuttgart-Bad Cannstatt.

Badura/Gross 1980 = Badura, Bernhard / Gross, Peter 1980. Sprachbarrieren. In: Althaus [u. a.] (Hgg.) 1980, S. 368-375.

Bahrdt 2000 = Bahrdt, Hans Paul 2000. Schlüsselbegriffe der Soziologie. Eine Einführung mit Lehrbeispielen. 8. Aufl. München.

Bauers 1996 = Bauers, Christine 1996. Diskursanalytische Betrachtungen des sprachlichen Verhaltens von Frauen und Männern im Kontext einer öffentlichen Diskussion. In: Beier, Rudolf (Hg.) 1996. Sprache – System und Funktion. Festschrift für Günter Weise. Frankfurt am Main (usw.) (Theorie u. Vermittlung d. Sprache. Bd. 25), S. 25-36.

Bausch (Hg.) 1992 = Bausch, Karl-Heinz (Hg.) 1992. Mehrsprachigkeit in der Stadtregion. Jb. 1981 d. Inst. f. dt. Sprache. Düsseldorf (Sprache d. Gegenw. Bd. 56).

Bausinger 1971 = Bausinger, Hermann 1971. Subkultur und Sprachen. In: Sprache und Gesellschaft. Jahrbuch 1970. Düsseldorf (Sprache d. Gegenwart. Bd. 13), S. 45-62.

Bausinger 1984 = Bausinger, Hermann 1984. Deutsch für Deutsche. Dialekte – Sprachbarrieren – Sondersprachen. Aktualis. Neuausg. Frankfurt/M. (Fischer Taschenbuch. 6491).

Becker-Mrotzek 1992/93 = Becker-Mrotzek, Michael 1992/93. Kommunikation und Sprache in Institutionen. Teil III. Arbeiten zur Kommunikation in medizinischen Institutionen. In: deutsche sprache 20, S. 336-369.

Bellebaum 1980 = Bellebaum, Alfred 1980. Soziologische Grundbegriffe. Eine Einführung für Soziale Berufe. 8., verb. Aufl. Stuttgart (usw.).

Bellmann 1971 = Bellmann, Günter 1971. Slavoteutonica. Lexikalische Untersuchungen zum slawisch-deutschen Sprachkontakt im Ostmitteldeutschen. Berlin, New York (Studia Linguistica Germanica. Bd. 4).

Bellmann 1983 = Bellmann, Günter 1983. Probleme des Substandards im Deutschen. In: Mattheier, Klaus J. (Hg.): Aspekte der Dialekttheorie. Tübingen (Reihe Germanistische Linguistik. Bd. 46), S. 105-130.

Bellmann u. a. 1994 = Bellmann, Günter / Herrgen, Joachim / Schmidt, Jürgen Erich 1994 ff. Mittelrheinischer Sprachatlas (MrhSA). Bde. 1 ff. Tübingen.

Bernsdorf 1972 = Bernsdorf, Wilhelm (Hg.) 1972. Wörterbuch der Soziologie. 3 Bde. Frankfurt/M. (Fischer Handbücher. 6131-6133).

Bernstein 1972 = Bernstein, Basil 1972. Studien zur sprachlichen Sozialisation. Düsseldorf (Sprache und Lernen. Bd. 7).

Bernstein 1975 = Bernstein, Basil (Hg.) 1975. Sprachliche Kodes und soziale Kontrolle. Düsseldorf.

Besch (Hg.) 1981-1983 = Besch, Werner (Hg.) 1981-1983. Sprachverhalten in ländlichen Gemeinden. Forschungsbericht Erp-Projekt. 2 Bde. Berlin.

Besch [u. a.] (Hgg.) 1983 = Besch, Werner [u. a.] (Hgg.) 1983. Dialektologie. Ein Handbuch zur deutschen und allgemeinen Dialektforschung. 2. Tbd. Berlin, New York (Handbücher z. Sprach- u. Kommunikationswiss. Bd. 1.2).

Besch/Löffler/Reich 1976 ff. = Besch, Werner / Löffler, Heinrich / Reich, Hans H. (Hgg.): Dialekt/Hochsprache – kontrastiv. Sprachhefte für den Deutschunterricht. Düsseldorf.

Bilden 1991 = Bilden, Helga 1991. Geschlechtsspezifische Sozialisation. In: Hurrelmannn, Klaus / Ulich, Dieter (Hgg.) 1991. Neues Handbuch der Sozialisationsforschung. 4., völl. neu bearb. Aufl. Basel, S. 279-301.

Bister-Broosen 1996 = Bister-Broosen, Helga 1996. A contrastive analysis of language use and contact in the Alemannic area: Colmar and Freiburg. In: Hellinger/Ammon (Hgg.) 1996, S. 135-155.

Bliesener 1982 = Bliesener, Thomas 1982. Die Visite – ein verhinderter Dialog. Initiativen von Patienten und Abweisungen durch das Personal. Tübingen (Kommunikation u. Institution. Bd. 6).

Bliesener/Köhle 1986 = Bliesener, Thomas / Köhle, Karl 1986. Die ärztliche Visite. Chancen zum Gespräch. Opladen.

Bloch 1948 = Bloch, Bernard 1948. A Set of Postulates for Phonemic Analysis. In: Language XXIV (1948), S. 3-46.

Bock 1972 = Bock, Irmgard 1972. Das Phänomen der schichtenspezifischen Sprache als pädagogisches Problem. Darmstadt (Erträge d. Forschung. Bd. 8).

Boeckmann 1997 = Boeckmann, Klaus-Börge 1997. Zweisprachigkeit und Schulerfolg. Das Beispiel Burgenland. Frankfurt/M. (usw.) (Arbeiten z. Sprachanalyse. Bd. 26).

Böse 1970 = Böse, Ursula 1970. Sprachbarrieren – ein Gegenstand der Germanistik? Thesen und Referat. In: Mitteilungen des Deutschen Germanistenverbandes. 17. 1, S. 17-18.

Brandt (Hg.) 1996 = Brandt, Gisela (Hg.) 1996. Bausteine zu einer Geschichte des weiblichen Sprachgebrauchs II. Forschungsberichte – Methodenreflexion. Stuttgart.

Braun/Stephan (Hgg.) 2000 = Braun, Christina von / Stephan, Inge (Hgg.) 2000. Gender-Studien. Eine Einführung. Stuttgart, Weimar.

Brinkmann 1986 = Brinkmann to Broxten, Eva 1986. Stadtsprache – Stadtmundart. Studie zum Gebrauch und zur Funktion mundartnaher Sprachvarietäten in Frankfurt/Main. Tübingen (Tübinger Beiträge z. Linguistik. Bd. 289).

Bühl 1973 = Bühl, Walter Ludwig (Hg.) 1973. Konflikt und Konfliktstrategie. Ansätze zu einer soziologischen Konflikttheorie. 2. Aufl. München.

Bühl 1976 = Bühl, Walter Ludwig 1976. Theorien sozialer Konflikte. Darmstadt: Wissenschaftliche Buchgesellschaft.

Bühler 1972 = Bühler, Hans 1972. Sprachbarrieren und Schulanfang. Eine pragmalinguistische Untersuchung des Sprechens von Sechs- bis Achtjährigen. 2. Aufl. Weinheim u. Basel (Pragmalinguistik. Bd. 1).

Burghardt 1974 = Burghardt, Anton 1974. Einführung in die Allgemeine Soziologie. 2., durchges. u. verb. Aufl. München (WiSo Kurzlehrbücher).

Bußmann 1990 = Bußmann, Hadumod 1990. Lexikon der Sprachwissenschaft. 2., völl. neu bearb. Aufl. Stuttgart.

Bußmann 1995 = Bußmann, Hadumod 1995. *Das* Genus, *die* Grammatik und *der* Mensch: Geschlechterdifferenz in der Sprachwissenschaft. In: Bußmann/Hof (Hgg.) 1995, S. 114-160.

Bußmann/Hof (Hgg.) 1995 = Bußmann, Hadumod / Hof, Renate (Hgg.) 1995. Genus. Zur Geschlechterdifferenz in den Kulturwissenschaften. Mit Beiträgen von Elisabeth Bronfen / Hadumod Bußmann [u. a.]. Stuttgart 1995 (Kröners Taschenausgabe. Bd. 492).

Butzkamm 1999 = Butzkamm, Wolfgang u. Jürgen 1999. Wie Kinder sprechen lernen. Kindliche Entwicklung und die Sprachlichkeit des Menschen. Tübingen, Basel.

Calvet 1994 = Calvet, Louis-Jean 1994. L'argot. Paris (Que sais-je? Bd. 700).

Campeau [u. a.] 1998. = Campeau, Robert [u. a.] 1998. Individu et société. Introduction à la sociologie. 2$^e$ éd. Montréal, Paris, Casablanca.

Caradec 2001 = Caradec, Vincent 2001. Sociologie de la vieillesse et du vieillissement. Paris (Éditions Nathan: sociologie 128).

Castells 1998 = Castells, Manuel 1998. La société en réseaux. L'ère de l'information. Paris (engl.: „The Rise of the Network Society". Oxford 1996).

Chambers/Trudgill 1980 = Chambers, J. K. / Trudgill, Peter 1980. Dialectology. Cambridge (usw.).

Chomsky 1969 = Chomsky, Noam 1969 [1965]. Aspekte der Syntaxtheorie. Frankfurt/M. (Suhrkamp. Theorie 2).

Clahsen 1988 = Clahsen, Harald 1988. Normale und gestörte Kindersprache. Linguistische Untersuchungen zum Erwerb von Syntax und Morphologie. Amsterdam, Philadelphia.

Clauser 1971 = Clauser, Günter 1971. Die vorgeburtliche Entstehung der Sprache als anthropologisches Problem. Der Rhythmus als Organisator der menschlichen Entwicklung. Stuttgart.

Clyne 1968 = Clyne, Michael 1968. Zum Pidgin-Deutsch der Gastarbeiter. In: Zeitschr. f. Mundartforschung 35, S. 130-139.

Colin/Mével 1990 = Colin, Jean-Paul / Mével, Jean-Pierre avec la collaboration de Christian Leclère 1990. Dictionnaire de l'argot. Paris.

Conrad (Hg.) 1984 = Conrad, Rudi (Hg.) 1984. Kleines Wörterbuch sprachwissenschaftlicher Fachausdrücke. Hanau.

Cooper 1986 = Cooper, J. C.: Illustriertes Lexikon der traditionellen Symbole. Leipzig 1986.

Coseriu 1988 = Coseriu, Eugenio 1988. Einführung in die Allgemeine Sprachwissenschaft. Tübingen (UTB Bd. 1372).

Christ 1993 = Christ, Herbert 1993. Deutschland (D). In: sociolinguistica. Tübingen. Bd. 7, S. 58-70.

Cubitt 1973 = Cubitt, Tessa 1973. Network density among urban families. In: Boissevain/Mitchell (eds.) 1973, S. 67-82.


Dahrendorf 1972 = Dahrendorf, Ralf 1972. Sozialer Konflikt. In: Bernsdorf, Wilhelm (Hg.) 1972. Wörterbuch der Soziologie. 3 Bde. Frankfurt/M. (Fischer Handbücher 6131-6133), S. 748-751.

David 1987 = David, Barbara 1987. Jugendsprache zwischen Tradition und Fortschritt. Ein aktuelles Phänomen im historischen Vergleich. Alsbach/Bergstr. (Impulse. Bd. 5).

DeCamp 1971 = DeCamp, David 1971 [1970]. Ist eine soziolinguistische Theorie möglich? In: Klein/Wunderlich 1971, S. 230-245.

Delhees 1994 = Delhees, Karl H. 1994. Soziale Kommunikation. Psychologische Grundlagen für das Miteinander in der modernen Gesellschaft. Opladen.

Deutsch 1971 = Deutsch, Martin 1971. Die Rolle der sozialen Schicht in Sprachentwicklung und Kognition. In: Klein / Wunderlich 1971, S. 24-40.

Dialekt als Sprachbarriere? 1973 = Dialekt als Sprachbarriere? Ergebnisbericht einer Tagung zur alemannischen Dialektforschung. Tübingen (Untersuchungen d. Ludwig-Uhland-Instituts ... hg. v. Hermann Bausinger [u. a.]. Bd. 33).

Dijkstra/Kempen 1993 = Dijkstra, Ton / Kempen, Gerard 1993. Einführung in die Psycholinguistik. Aus dem Niederländischen übers. v. Yves H. W. Fuchs. Bern (usw.).

Dittmar 1980 = Dittmar, Norbert 1980. Soziolinguistik. Exemplarische und kritische Darstellung ihrer Theorie, Empirie und Anwendung. Mit kommentierter Bibliographie. 4., korr. Aufl. Königstein/Ts. (Athenäum TB. Bd. 2013).

Dittmar 1997 = Dittmar, Norbert 1997. Grundlagen der Soziolinguistik – Ein Arbeitsbuch mit Aufgaben. Tübingen (Konzepte. Bd. 57).

Dittmar/Rieck (Hgg.) 1980 = Dittmar, Norbert / Rieck, Bert-Olaf (Hgg.) 1980. William Labov: Sprache im sozialen Kontext. Eine Auswahl von Aufsätzen. Königstein/Ts. (Athenäum Taschenbücher. Bd. 2151).

Dittmar u. a. 1986 = Dittmar, Norbert / Schlobinski, Peter / Wachs, Inge 1986. Berlinisch. Studien zum Lexikon, zur Spracheinstellung und zum Stilrepertoire. Berlin (Berlin Forschung. Bd. 14).

Dittmar u. a. 1988 = Dittmar, Norbert / Schlobinski, Peter / Wachs, Inge 1988. Berlin Style and Register. In: Dittmar/Schlobinski (Hgg.) 1988a, S. 44-113.

Dittmar/Schlobinski (Hgg.) 1988a = Dittmar, Norbert / Schlobinski, Peter (Hgg.) 1988. The Sociolinguistics of Urban Vernaculars. Case Studies and their Evaluation. Berlin, New York (Soziolinguistik u. Sprachkontakt. Sociolinguistics and Language Contact. Bd. 1).

Dittmar/Schlobinski (Hgg.) 1988b = Dittmar, Norbert / Schlobinski, Peter (Hgg.) 1988. Wandlungen einer Stadtsprache. Berlinisch in Vergangenheit und Gegenwart. Berlin (Wissenschaft u. Stadt. Bd. 5).

Dortier 1998 = Dortier, Jean-François 1998. Les sciences humaines. Panorama des connaissances. Paris: Éditions Sciences Humaines.

Dubar 1999 = Dubar, Claude 1999. La socialisation. Construction des identitées sociales et professionelle. Deuxième édition revue. Troisième tirage. Paris.

Dubois [u. a.] 1994 = Dubois, Jean [u. a.] 1994. Dictionnaire de linguistique et des sciences du langage. Paris (Larousse. Trésors du Français).


Edelman 1995 = Edelman, Gerald M. 1995. Göttliche Luft, vernichtendes Feuer. Wie der Geist im Gehirn entsteht - die revolutionäre Vision des Medizin-Nobelpreisträgers. Aus d. Amerikan. v. Anita Ehlers. 2. Aufl. München, Zürich.

Edelman/Tononi 1998 = Edelman, Gerald M. / Tononi, Giulio 1998. Neuronaler Darwinismus: Eine selektionistische Betrachtungsweise des Gehirns. In: Meier, Heinrich / Ploog, Detlev (Hgg.) 1998. Der Mensch und sein Gehirn. 2. Aufl. München, Zürich (Serie Piper 2457).

Edwards 1979 = Edwards, John R. 1979. Language and disadvantage. London.

Edwards 1985 = Edwards, John [R.] 1985. Language, Society and Identity. Oxford, New York.

Ehlich/Rehbein 1980 = Ehlich, Konrad / Rehbein, Jochen 1980. Sprache in Institutionen. In: Althaus [u. a.] (Hgg.) 1980, S. 338-345.

Ehmann 1992a = Ehmann, Hermann 1992. Affengeil. Ein Lexikon der Jugendsprache. München (Beck'sche Reihe. Bd. 478).

Ehmann 1992b = Ehmann, Hermann 1992. Jugendsprache und Dialekt. Regionalismen im Sprachgebrauch von Jugendlichen. Opladen.

Eichinger 1996 = Eichinger, Ludwig M. 1996. Sociolinguistic characters: On comparing linguistic minorities. In: Hellinger/Ammon (Hgg.) 1996, S. 37-55.

Endruweit/Trommsdorff (Hgg.) 1989 = Endruweit, Günter / Trommsdorff, Gisela (Hgg.) 1989. Wörterbuch der Soziologie. 3 Bde. Stuttgart.

Ervin/Osgood 1954 = Ervin, Susan M. / Osgood, Charles E. 1954. Second Language Learning and Bilingualism. In: Journal of Abnormal and Social Psychology 49 (Supplement), S. 139-146.

Fasold 1971 = Fasold, Ralph 1971 [1970]. Zwei Modelle für signifikante Sprachvariation. In: Klein / Wunderlich 1971, S.246-266.

Fasold 1990 = Fasold, Ralph 1990. The Sociolinguistics of Language. Cambridge, Mass., u. Oxford.

Faßke 1993 = Faßke, Helmut 1993. Lausitz (Ex-DDR). In: sociolinguistica. Tübingen. Bd. 7, S. 71-78.

Fehlenberg 1983 = Fehlenberg, Dirk 1983. Die empirische Analyse der Visitenkommunikation: Institutionskritik und Ansätze für eine reflektierte Veränderung institutioneller Praxis. In: Redder 1983, S. 29-56.

Fend 1972 = Fend, Helmut 1972. Sozialisierung und Erziehung. 5. Aufl. Weinheim (Studien z. Erziehungswissenschaft. Bd. 5).

Ferguson 1982 [1959] = Ferguson, Charles A. 1982 [1959]. Diglossie. [In: Word 15.1959, S. 325-340] Wiederabgedruckt in: Steger, Hugo (Hrsg.): Anwendungsbereiche der Soziolinguistik. Darmstadt (Wege d. Forschung. Bd. 319), S. 253-276.

Ferguson/Gumperz 1960 = Ferguson, Charles A. / Gumperz, John J.: Linguistic Diversity in South East Asia: Studies in Regional, Social and Functional Variation. In: International Journal of American Linguistics 26.3, S. 1-118.

Fishman 1975 = Fishman, Joshua A. 1975. soziologie der sprache. eine interdisziplinäre sozialwissenschaftliche betrachtung der sprache in der gesellschaft. München (hueber hochschulreihe. Bd. 30).

Fishman [u. a.] 1985 = Fishman, Joshua A. [u. a.] 1985. The Rise and Fall of the Ethnic Revival: Perspectives on Language and Ethnicity. Berlin (usw.) (Contributions to the Sociology of Language. Bd. 37).

Flechtner 1984 = Flechtner, Hans-Joachim 1984. Grundbegriffe der Kybernetik. Eine Einführung. München (dtv. 4422).

Frank 1992 = Frank, Karsta 1992. Sprachgewalt: Die sprachliche Reproduktion der Geschlechterhierarchie. Elemente einer feministischen Linguistik im Kontext sozialwissenschaftlicher Frauenforschung. Tübingen (Reihe Germanistische Linguistik. Bd. 130).

Frey 1975 = Frey, Eberhard 1975. Stuttgarter Schwäbisch. Laut- und Formenlehre eines Stuttgarter Idiolekts. Marburg (Deutsche Dialektographie. Bd. 101).

Friebertshäuser/Dingeldein 1988 = Friebertshäuser, Hans /Dingeldein, Heinrich 1988. Wortgeographie der städtischen Alltagssprache in Hessen. Tübingen (Hessische Sprachatlanten. Kleine Reihe. Bd. 1).

Friebertshäuser/Dingeldein 1989 = Friebertshäuser, Hans / Dingeldein, Heinrich 1989. Hessischer Dialektzensus. Statistischer Atlas zum Sprachgebrauch. Tübingen (Hessische Sprachatlanten. Kleine Reihe. Bd. 3).

Fröhlich/Drever 1968 = Fröhlich, Werner / Drever, James 1968. dtv-Wörterbuch zur Psychologie. [13. überarb. u. erg. Aufl. 1981] München (dtv 3031).

Froitzheim 1984 = Froitzheim, Claudia 1984. Artikulationsnormen der Umgangssprache in Köln. Tübingen (Continuum. Bd. 2).


Galtung 1973 = Galtung, Johann 1973. Institutionalisierte Konfliktlösung. Ein theoretisches Paradigma. In: Bühl 1973, S. 113-177.

Geiger 1932 = Geiger, Theodor 1932. Die soziale Schichtung des deutschen Volkes. Stuttgart. Neuaufl. Darmstadt 1972.

Geißler 1996 = Geißler, Rainer 1996. Die Sozialstruktur Deutschlands. Zur gesellschaftlichen Entwicklung mit einer Zwischenbilanz zur Vereinigung. Mit e. Beitrag v. Thomas Meyer. 2., neubearb. u. erw. Aufl. Opladen.

Gipper 1976 = Gipper, Helmut 1976. Soziolinguistik oder Sprachsoziologie? In: Schaff, Adam (Hg.). Soziolinguistik. Wien, S. 75-101.

Gloy 1975 = Gloy, Klaus 1975. Sprachnormen I. Linguistische und soziologische Analysen. Stuttgart-Bad Cannstatt (problemata. 46).

Gnutzmann 1980 = Gnutzmann, Claus 1980. Fachsprachen und Jargon. In: Gnutzmann, Claus/Turner, John (Hgg.). 1980. Fachsprachen und ihre Anwendung. Tübingen (Tübinger Beiträge z. Linguistik. 144), S. 49-59.

Goetze 1991 = Goetze, Dieter. 1991. Kultur. In: Reimann 1991, S. 27-53.

Goossens 1973 = Goossens, Jan 1973. Niederdeutsche Sprache – Versuch einer Definition. In: Goossens (Hg.) 1973, S. 9-27.

Goossens (Hg.) 1973 = Goossens, Jan (Hg.) 1973. Niederdeutsch. Sprache und Literatur. Eine Einführung. Band 1: Sprache. Neumünster.

Grahs/Humann 1979 = Grahs, Heinz W./ Humann, Paul 1979. Wörter – Sätze – Texte. 9. Sprachbuch. Hauptschule. 9. Schuljahr. Bochum.

Grice 1968 = Grice, Hubert P. 1968. Logic and Conversation. In: Cole, P. / Morgan, J. L. (eds.). 1975. Syntax and Semantics. Bd. 3: Speech Acts. New York, S. 45-58.

Grosse/Mentrup (Hgg.) 1980 = Grosse, Siegfried / Mentrup, Wolfgang (Hgg.) 1980. Bürger – Formulare – Behörde. Wissenschaftliche Arbeitstagung zum Kommunikationsmittel ‚Formular'. Mannheim, Oktober 1979. Mit e. ausführlichen Bibliographie. Tübingen (Forschungsberichte d. Instituts f. deutsche Sprache. Bd. 51).

Guentherodt u. a. 1980/1981 = Guentherodt, Ingrid u. a. 1980/1981. Richtlinien zur Vermeidung sexistischen Sprachgebrauchs. In: Linguistische Berichte 69 (1980), S. 15-21, u. 71 (1981), S. 1-7.

Gumperz 1972 = Gumperz, John: Directions in Sociolinguistics. The Ethnography of Communication. New York 1972.

Gumperz 1982a = Gumperz, John J. 1982. Discourse Strategies. Cambridge.

Gumperz 1982b = Gumperz, John J. 1982. Language and social identity. Cambridge.

Gumperz/Hymes (Hgg.) 1972 = Gumperz, John J. / Hymes, Dell (Hgg.) 1972. Directions in Sociolinguistics: the Ethnography of Communication. New York.

Günthner 1992 = Günthner, Suasanne 1992. Sprache und Geschlecht: Ist Kommunikation zwischen Frauen und Männern interkulturelle Kommunikation? In: Linguistische Berichte 138/1992, S. 123-143.

Günthner/Kotthoff (Hgg.) 1991 = Günthner, Susanne /Kotthoff, Helga (Hgg.) 1991. Von fremden Stimmen: Weibliches und männliches Sprechen im Kulturvergleich. Frankfurt/Main.

Güttler 2000 = Güttler, Peter O. 2000. Sozialpsychologie. Soziale Einstellungen, Vorurteile, Einstellungsänderungen. 3., überarb. u. stark erw. Aufl. München, Wien.


Haas 1992 = Haas, Walter 1992. Mundart und Standardsprache in der deutschen Schweiz. In: Leuvensteijn/Berns (Hgg.) 1992, S. 312-336.

Habermas 1971 = Habermas, Jürgen 1971. Vorbereitende Bemerkungen zu einer Theorie der kommunikativen Kompetenz. In: Habermas/Luhmann 1971, S. 101-141.

Habermas 1981 = Habermas, Jürgen 1981. Theorie des kommunikativen Handelns. 2 Bde. Frankfurt/M. (Suhrkamp Theorie).

Habermas/Luhmann 1971 = Habermas, Jürgen / Luhmann, Niklas 1971. Theorie der Gesellschaft oder Sozialtechnologie – Was leistet die Systemforschung? Frankfurt/M.

Hagège 1996 = Hagège, Claude 1996. L'enfant aux deux langues. Paris.

Halliday 1978 = Halliday, M[ichael]. A[lexander]. K[irkwood]. 1978. Language as social semiotic. London.

Hammarström 1980 = Hammarström, Gunnar 1980. Idiolekt. In: Althaus [u. a.] (Hgg.) 1980, S. 428-433.

Harfst 1986 = Harfst, Gerold 1986. Die Sprache der Drogen-Szene. Das Wörterbuch. Frankfurt/M.

Hartfiel/Hillmann 1982 = Hartfiel, Günter / Hillmann, Karl-Heinz 1982. Wörterbuch der Soziologie. 3. überarb. u. erg. Aufl. Stuttgart.

Hartig 1998 = Hartig, Matthias 1998. Soziolinguistik des Deutschen. 2. überarb. Aufl. Berlin (Germanist. Lehrbuchsammlung. Bd. 16).

Hartweg 1980 = Hartweg, Frédéric 1980. Le dialecte alsacien : domaines d'utilisation. In: Nelde (Hg.) 1980, S. 75-82.

Hartweg 1983 = Hartweg, Frédéric 1983. Tendenzen in der Domänenverteilung zwischen Dialekt und nich-deutscher Standardsprache am Beispiel des Elsaß. In: Besch [u. a.] (Hgg.) 1983, S. 1428-1443.

Hasselberg 1972 = Hasselberg, Joachim 1972. Die Abhängigkeit des Schulerfolgs vom Einfluß des Dialekts. In: Muttersprache 82, S. 201-223.

Hasselberg/Wegera 1976 = Hasselberg, Joachim / Wegera, Klaus-Peter 1976. Hessisch. Düsseldorf (Dialekt/Hochsprache – kontrastiv. Bd. 1).

Haugen 1958 = Haugen, Einar 1958. Language Contact. In: Proceedings of the VIIIth International Congress of Linguists. Oslo 1958, S. 771-785.

Helfrich 1979 = Helfrich, Hede 1979. Age markers in speech. In: Scherer, Klaus R. / Giles, Howard (Hgg.) 1979. Social markers in speech. Cambridge, S. 63-106.

Heller (Hg.) 1988 = Heller, Monica (Hg.) 1988. Codeswitching. Anthropological and Sociolinguistic Perspectives. Berlin (usw.) (Contributions to the Sociology of Language. Bd. 48).

Hellinger 1985 = Hellinger, Marlis 1985. Englisch-orientierte Pidgin- und Kreolsprachen. Entstehung, Geschichte und sprachlicher Wandel. Darmstadt (Beiträge d. Forschg. Bd. 221).

Hellinger/Ammon (Hgg.) 1996 = Hellinger, Marlis / Ammon, Ulrich (Hgg.) 1996. Contrastive Sociolinguistics. Berlin, New York (Contributions to the Sociology of Language. Bd. 71).

Hellinger/Ammon (Hgg.) 1996a = Hellinger, Marlis / Ammon, Ulrich 1996. Contrastive Sociolinguistics: An Introduction. In: Hellinger/ Ammon (Hgg.) 1996, S. 1-13.

Henne 1986 = Henne, Helmut 1986. Jugend und ihre Sprache. Darstellung – Materialien – Kritik. Berlin, New York.

Herrgen/Schmidt 1989 = Herrgen, Joachim / Schmidt, Jürgen Erich 1989. Dialektalitätsareale und Dialektabbau. In: Putschke, Wolfgang / Veith, Werner / Wiesinger, Peter (Hgg.): Dialektgeographie und Dialektologie. Günter Bellmann zum 60. Geburtstag von seinen Schülern und Freunden. Marburg (Deutsche Dialektgeographie. 90), S. 304-346.

Hess-Lüttich 1983 = Hess-Lüttich, Ernest W. B. 1983. Alternative Dialoge? Ästhetik und Illusion der Verständigung in jugendlichen Subkulturen. In: Kühlwein, Wolfgang (Hg.) 1983. Texte in Sprachwissenschaft, Sprachunterricht und Sprachtherapie. Tübingen (*forum* Angewandte Linguistik. Bd. 4), S. 24-37.

Hess-Lüttich 1986 = Hess-Lüttich, Ernest W. B. 1986. Angewandte Sprachsoziologie. Eine Einführung in linguistische, soziologische und pädagogische Ansätze. Stuttgart.

Hetzer 1929 = Hetzer, Hildegard 1929. Kindheit und Armut. Leipzig.

Hof 1995a = Hof, Renate 1995. Die Grammatik der Geschlechter. Gender als Analysekategorie der Literaturwissenschaft. Frankfurt/M.

Hof 1995b = Hof, Renate 1995. Die Entwicklung der *Gender Studies*. In: Bußmann/Hof (Hgg.) 1995, S. 2-33.

Hofer 1997 = Hofer, Lorenz 1997. Sprachwandel im städtischen Dialektrepertoire. Eine variationslinguistische Untersuchung am Beispiel des Baseldeutschen. Tübingen, Basel (Basler Studien z. dt. Sprache u. Lit. Bd. 72).

Hoffmann 1976 = Hoffmann, Lothar 1976. Kommunikationsmittel Fachsprache. Eine Einführung. Berlin (Sammlg. Akademie-Verlag. Bd. 44).

Hogan-Brun (Hg.) 2000 = Hogan-Brun, Gabrielle (Hg.) 2000. National Varieties of German outside Germany. Oxford, Frankfurt/M. (usw.) (German Linguistic and Cultural Studies. Bd. 8).

Hogan-Brun 2000 = Hogan-Brun, Gabrielle 2000. The Landscapes of German across Europe: An Ecolinguistic Perspective. In: Hogan-Brun (Hg.) 2000, S. 13-32.

Hojer 1954 = Hojer, Harry 1954. Language in culture. Chicago.

Holenstein 1975 = Holenstein, Elmar 1975. Roman Jakobsons phänomenologischer Strukturalismus. Frankfurt/M (suhrkamp taschenbuch wissenschaft. Bd. 116)

Hooge 1983 = Hooge, David 1983. Verwendungstypen der Tempusformen in den deutschen Dialekten. In: Besch [u. a.] (Hgg.) 1983, S. 1209-1220.

Hradil 1999 = Hradil, Stefan, unter Mitarb. v. Jürgen Schiener 1999. Soziale Ungleichheit in Deutschland. 7. Aufl. Opladen (UTB Bd. 1809).

Huesmann 1998 = Huesmann, Anette. 1998. Zwischen Dialekt und Standard. Empirische Untersuchung zur Soziolinguistik des Varietätenspektrums im Deutschen. Tübingen (Reihe Germanist. Linguistik. Bd. 199).

Humboldt 1903-1936 = Humboldt, Wilhelm v. 1903-1936. Gesammelte Schriften. 1. Abteilung: Werke. Hg. v. Albert Leitzmann. 9 Bde. Berlin [Nachdruck 1968].

Hymes 1968 = Hymes, Dell 1968. The Ethnography of Speaking. In: Fishman, Joshua A. (Hg.) 1968. Readings in the Sociology of Language. The Hague, S. 99-138.

Hymes 1972 = Hymes, Dell 1972. Models of the Interaction of Language and Social Life. In: Gumperz/Hymes (Hgg.) 1972, S. 35-71.

Hymes 1979 = Hymes, Dell 1979. Soziolinguistik. Zur Ethnographie der Kommunikation. Eingeleitet u. hg. v. Florian Coulmas. Frankfurt/M. (suhrkamp taschenbuch wissenschaft. Bd. 299).

Ickler 1997 = Ickler, Theodor 1997. Die Disziplinierung der Sprache. Fachsprachen in unserer Zeit. Tübingen (Forum f. Fachsprachenforschg. Bd. 33).

Jakob 1988 = Jakob, Karlheinz 1988. Jugendkultur und Jugendsprache. In: Deutsche Sprache 16, S. 320-350.

Jakobson 1969 = Jakobson, Roman 1969 [1941]. Kindersprache, Aphasie und allgemeine Lautgesetze. Frankfurt/M. (ed. suhrkamp. Bd. 330).

Jakobson 1971 = Jakobson, Roman 1971. Selected Writings II: Word and Language. The Hague.

Jakovidou 1993 = Jakovidou, Athanasia 1993. Funktion und Variation im ‚Foreigner-Talk‘. Eine empirische Untersuchung zur Sprechweise von Deutschen gegenüber Ausländern. Tübingen (Ergebnisse u. Methoden moderner Sprachwiss. Bd. 25).

Jansen 1999 = Jansen, Dorothea 1999. Einführung in die Netzwerkanalyse. Grundlagen, Methoden, Anwendungen. Opladen.

Jespersen 1925 = Jespersen, Otto 1925. Die Sprache. Ihre Natur, Entwicklung und Entstehung. Heidelberg [engl. 1922].

Kallmeyer (Hg.) 1994 = Kallmeyer, Werner (Hg.) 1994. Kommunikation in der Stadt. Teil 1: Exemplarische Analyse des Sprachverhaltens in Mannheim. Berlin, New York (Schriften d. Instituts f. deutsche Sprache. Bd. 4).

Kallmeyer (Hg.) 1995 = Kallmeyer, Werner (Hg.) 1995. Kommunikation in der Stadt. Teil 2: Ethnographien von Mannheimer Stadtteilen. Berlin, New York (Schriften d. Instituts f. deutsche Sprache. Bd. 4).

Kegel 1987 = Kegel, Gerd 1987. Sprache und Sprechen des Kindes. 3., neubearb. U. erw. Aufl. (WV studium. Bd. 59).

Keim 1978 = Keim, Inken 1978. Gastarbeiterdeutsch. Untersuchungen zum sprachlichen Verhalten türkischer Gastarbeiter. Pilotstudie. Tübingen (Forschungsberichte d. Instituts f. deutsche Sprache. Bd. 41).

Keim 1995 = Keim, Inken 1995. Kommunikation in der Stadt. Teil 3: Kommunikative Stilistik einer sozialen Welt „kleiner Leute" in der Mannheimer Innenstadt. Mit zwei Beiträgen von Werner Kallmeyer. Berlin, New York (Schriften d. Instituts f. deutsche Sprache. Bd. 4).

Kempski 1964 = Kempski, Jürgen von 1964. Brechungen. Reinbek: rororo.

Kendon 1981 = Kendon, Adam (ed.) 1981. Nonverbal Communication, Interaction, and Gesture. Selections from Semiotica (Approaches to Semiotics. 41.).

Key 1975 = Key, Mary Ritchie 1975. Male/Female Language. Metuchen, N. J.

Klann 1978 = Klann, Gisela 1978. Weibliche Sprache – Identität und Kommunikation von Frauen. In: Osnabrücker Beiträge zur Sprachtheorie 8 (1978), S. 9-62.

Klaus/Buhr (Hgg.) 1972 = Klaus, Georg / Buhr, Manfred (Hgg.). 1972. Philosophisches Wörterbuch. 2 Bde. 8., ber. Aufl. Berlin.

Klein 1974 = Klein, Wolfgang 1974. Variation in der Sprache. Ein Verfahren zu ihrer Beschreibung. Kronberg/Ts. 1974 (Skripten Linguistik u. Kommunikationswissensch. Bd. 5).

Klein 1983 = Klein, Eva 1983. Situation und Sprachlage. Untersuchungen zu subjektiven Einschätzungen der Sprachverwendungen unter wechselnden Situationsbedingungen. In: Besch (Hg.) 1981-1983, Bd. II, S. 117-199.

Klein / Presch (Hgg.) 1981 = Klein, Josef / Presch, Gunter (Hgg.). 1981. Institutionen – Konflikte – Sprache. Arbeiten zur linguistischen Pragmatik. Tübingen.

Klein / Wunderlich 1971 = Klein, Wolfgang / Wunderlich, Dieter (Hgg.) unter Mitarb. v. Norbert Dittmar. 1971. Aspekte der Soziolinguistik. Frankfurt/M. (Schwerpunkte Ling. u. Komm.-wiss. Bd. 1).

Kleining / Moore 1968 = Kleining, Gerhard / Moore, Harriett 1968. Soziale Selbsteinstufung (SSE). Ein Instrument zur Messung sozialer Schichten. In: Kölner Zeitschrift f. Soziologie u. Sozialpsychologie 20, S. 502-552.

Kloss 1978 = Kloss, Heinz 1978 [1952]. Die Entwicklung neuer germanischer Kultursprachen seit 1800. 2., erw. Aufl. Düsseldorf (Sprache d. Gegenwart. Bd. 37).

Kluge 1987 = Kluge, Friedrich 1987. Rotwelsch. Quellen und Wortschatz der Gaunersprache und der verwandten Geheimsprachen. I. Rotwelsches Quellenbuch. Photomechan. Nachdruck d. Ausg. Straßburg, Trübner, 1901. Mit e. Nachwort v. Helmut Henne u. d. Rezension v. Alfred Götze. Berlin.

Kluge/Mitzka 1967 = Kluge, Friedrich: Etymologisches Wörterbuch der deutschen Sprache. 20. Aufl. bearb. v. Walther Mitzka. Berlin 1967.

Knura/Neumann 1982 = Knura, Gerda / Neumann, Berthold 1982. Pädagogik der Sprachbehinderten. 2., durchges. Aufl. Berlin (Handbuch d. Sonderpädagogik. Bd. 7).

Kohler 1972 = Kohler, Ivo: Wahrnehmung. 1972. In: Meili, Richard / Rohracher, Hubert (Hrsg.): Lehrbuch der Experimentellen Psychologie. 3. Aufl. Bern u. Wien 1972, S. 57-114.

Kolde 1981 = Kolde, Gottfried 1981. Sprachkontakte in gemischtsprachigen Städten. Vergleichende Untersuchungen über Voraussetzungen und Formen sprachlicher Interaktion verschiedensprachiger Jugendlicher in den Schweizer Städten Biel/Bienne und Fribourg/Freiburg i. Ue. Wiesbaden (Zeitschrift f. Dialektologie u. Linguistik. Beihefte. Bd. 37).

Kolde 1982 = Kolde, Gottfried 1982. Nebeneinander oder Miteinander? Koexistierende Sprachgruppen in den Schweizer Städten Biel/Bienne und Fribourg/Freiburg. In: Bausch (Hg.) 1982, S. 282-302.

Kraemer 1993 = Kraemer, Jean-Pierre 1993. Luxembourg (L). In: sociolinguistica Tübingen. Bd. 7, S. 162-173.

Kramer 1984 = Kramer, Johannes 1984. Zweisprachigkeit in den Benelux-Ländern. Mit 11 Karten. Hamburg.

Krappmann 1987 = Krappmann, Lothar 1987. Identität. In: Ammon [u. a.] (Hgg.) 1987/88, S. 132-139.

Kühn 1978 = Kühn, Peter 1978. Deutsche Wörterbücher. Eine systematische Bibliographie. Tübingen (Reihe Germanistische Linguistik. 15).

Küpper 1972 = Küpper, Marianne u. Heinz 1972. Schülerdeutsch. Hamburg, Düsseldorf.

La Roche 1995 = La Roche, Walther v. 1995. Einführung in den praktischen Journalismus. Mit genauer Beschreibung aller Ausbildungswege. 14. Aufl. München, Leipzig.

Labov 1966 = Labov, William 1966. The Social Stratification of English in New York City. Washington, D.C.

Labov 1976-1978 = Labov, William 1976-1978. Sprache im sozialen Kontext. Beschreibung und Erklärung struktureller und sozialer Bedeutung von Sprachvariationen. 2 Bde. Kronberg/Ts. (Monographien Linguistik u. Kommunikationswissenschaften. Bd. 33).

Ladin 1982 = Ladin, Wolfgang 1982. Die Mehrsprachigkeit in Straßburg im Vergleich zu anderen unterelsässischen Städten und Dörfern. Dimensionsanalytische Auswertung von Schüleraussagen zum persönlichen Sprachverhalten und zu ihrem Sprachbewußtsein. In: Bausch (Hg.) 1982, S. 303-344.

Lakoff 1975 = Lakoff, Robin 1975. Language and Women's Place. New York.

Laubenthal o. J. = Laubenthal, Klaus o. J. [2001]. Lexikon der Knastsprache. Von Affenkotelett bis Zweidrittelgeier. o. O. [Würzburg].

Le Robert 1998 = Le Robert. Dictionnaire historique de la langue française par Alain Rey [u. a.] 1998. 3 Bde. Paris.

Lehmann 1998 = Lehmann, Beat 1998. ROT ist nicht »rot« ist nicht [rot]. Eine Bilanz und Neuinterpretation der linguistischen Relativitätstheorie. Tübingen (Tübinger Beiträge z. Linguistik. Bd. 431).

Lenneberg 1977 = Lenneberg, Eric H. 1977. Biologische Grundlagen der Sprache. [Amerikan. Orig. 1967]. Anhang: Noam Chomsky: Die formale Natur der Sprache – Otto Marx: Die Geschichte der Ansichten über die biologische Grundlage der Sprache. Übers. v. Friedhelm Herborth. Frankfurt/M. (suhrkamp taschenbuch wissenschaft. 217).

Leodolter 1975 = Leodolter, Ruth 1975. Das Sprachverhalten von Angeklagten vor Gericht. Ansätze zu einer soziolinguistischen Theorie der Verbalisierung. Kronberg/Ts. (Skripten Linguistik u. Kommunikationswissenschaft. Bd. 11).

Leska 1965 = Leska, Christel 1965. Vergleichende Untersuchungen zur Syntax gesprochener und geschriebener deutscher Gegenwartssprache. Mit 10 Tafeln im Anhang. In: Beiträge z. Geschichte d. dt. Sprache u. Lit. (Halle). Bd. 87, S. 427-464; Tafelanhang.

Leuvensteijn/Berns (Hgg.) 1992 = Leuvensteijn, J. A. van / Berns, J. B. (Hgg.) 1992. Dialect and Standard Language – Dialekt und Standardsprache – in the English, Dutch, German and Norwegian Language Areas. Seventeen Studies in English or German. Amsterdam (usw.).

Lewandowski 1978 = Lewandowski, Theodor 1978. Spracherwerb und kognitive Entwicklung. In: August 1978, S. 161-180.

Lewandowski 1994 = Lewandowski, Theodor 1994. Linguistisches Wörterbuch. 3 Bde. 6. Aufl. Heidelberg (UTB 1518).

Lewis 1973 = Lewis, Morris Michael 1973. Sprache, Denken und Persönlichkeit im Kindesalter. Düsseldorf (Sprache u. Lernen. Bd. 5).

Lieb 1998 = Lieb, Hans-Heinrich 1998. Variationsforschung: grundlegende Begriffe und Konzeptionen. In: sociolinguistica 12: Variationslinguistik. Tübingen, S. 1-21.

Lieverscheidt/Werlen 1995 = Lieverscheidt, Esther / Werlen, Iwar [u. a.] 1995. Konzeption und Ergebnisse des Projekts „Kommunikationskulturen in einer Schweizer Stadt". In: Werlen (Hg.) 1995, S. 197-226.

Lilli 1982 = Lilli, Waldemar 1982. Grundlagen der Stereotypisierung. Göttingen (usw.).

Löffler 1972 = Löffler, Heinrich 1972. Mundart als Sprachbarriere. In: Wirkendes Wort. 22, S. 23-39.

Löffler 1994 = Löffler, Heinrich: Germanistische Soziolinguistik. 2. Aufl. Berlin 1994 (Grundlagen d. Germanist. Bd. 28).

Loh/Verlan 2000 = Loh, Hannes / Verlan, Sascha 2000. Hip Hop. Unterrichtsmaterialien. Sprechgesang: Raplyriker und Reimkrieger. Mühlheim/Ruhr.

Lörcher 1983 = Lörcher, Helgard 1983. Gesprächsanalytische Untersuchungen zur Arzt-Patienten-Kommunikation. Tübingen (Linguistische Arbeiten. Bd. 136).

Luchtenberg 1999 = Luchtenberg, Sigrid 1999. Interkulturelle kommunikative Kompetenz. Kommunikationsfelder in Schule und Gesellschaft. Opladen, Wiesbaden.

Lüdi 1996 = Lüdi, Georges 1996. Multilingualism through migration: A comparison of internal and external migrant communities in Switzerland. In: Hellinger/Ammon (Hgg.) 1996, S. 103-133.

Lüdi 1998 = Lüdi, Georges 1998. Le code-switching comme varieté mixte? In: sociolinguistica 12. Tübingen 1998, S. 140-154.

Luhmann 1971 s. Habermas/Luhmann 1971.

Mahler 1978 = Mahler, Wilma 1978. Der Labor- und Röntgenslang in medizinischen Praxen. In: Muttersprache 88, S. 1-18.

Maletzke 1996 = Maletzke, Gerhard 1996. Interkulturelle Kommunikation. Zur Interaktion zwischen Menschen verschiedener Kulturen. Opladen.

Malinowski 1960 = Malinowski, Bronislaw 1960. The problem of meaning in primitive languages. Supplement I zu: Ogden, Charles K./Richards, I. A. 1960 [1923]. The Meaning of Meaning. London.

Maltz/Borker 1991 [1982] = Maltz, Daniel N. / Borker, Ruth A. 1991 [1982]. Mißverständnisse zwischen Männern und Frauen – kulturell betrachtet [engl. „A Cultural Approach to Male – Female Miscommunication", 1982]. In: Günthner/Kotthoff (Hgg.) 1991, S. 52-74.

Martens 1974 = Martens, Karin 1974. Sprachliche Kommunikation in der Familie. Kronberg/Ts. (Skripten Linguistik u. Komm.-wiss, 7).

Mattheier 1980 = Mattheier, Klaus J. 1980. Pragmatik und Soziologie der Dialekte. Einführung in die kommunikative Dialektologie des Deutschen. Heidelberg (UTB. Bd. 994).

Mauthner 1921 = Mauthner, Fritz 1921. Beiträge zu einer Kritik der Sprache. Bd. 1: Zur Sprache und zur Psychologie. 1913. 3. Aufl. Stuttgart, Berlin.

McHoul 1998 = McHoul, A. 1998. Discourse. In: Mey 1998, S. 225-236.

Mead 1973 [1934] = Mead, George Herbert 1973 [1934]. Geist, Identität und Gesellschaft – aus der Sicht des Sozialbehaviorismus. Mit e. Einleitung hg. v. Charles W. Morris. 2. Aufl. Frankfurt/M.

Meibauer 1999 = Meibauer, Jörg 1999. Pragmatik. Eine Einführung. Tübingen.

Meibauer 2000 = Meibauer, Jörg 2000. Pragmatik. Eine Einführung. 2. Aufl. Tübingen.

Meibauer/Rothweiler (Hgg.) 1999 = Meibauer, Jörg / Rothweiler, Monika (Hgg.) 1999. Das Lexikon im Spracherwerb. Tübingen, Basel (UTB Bd. 2039).

Menke 1992 = Menke, Hubertus 1992. Monolingual – bilingual – lektal? Die Zweisprachigkeit des niederdeutschen Kulturraumes aus historischer Sicht. In: Leuvensteijn/Berns (Hgg.) 1992, S. 221-255.

Mey 1998 = Mey, Jacob L. (ed.)/Asher, R. E. (consulting ed.) 1998. Concise Encyclopedia of Pragmatics. Amsterdam (usw.) 1998.

Meyer 1991 = Meyer, Peter. 1991. Biologische Grundlagen menschlicher Gesellschaft. In: Reimann 1991, S. 7-26.

Mickartz 1983 = Mickartz, Heinrich: Einstellungsäußerungen zur Verwendung von Hochsprache und Mundart in der Kindererziehung. In: Hufschmidt, Jochen (u. a.) 1983. Sprachverhalten in ländlichen Gemeinden. Dialekt und Standardsprache im Sprecherurteil. Forschungsbericht Erp-Projekt. Band II. Berlin, S. 60-116.

Mitchell 1973 = Mitchell, J. Clyde 1973. Networks, norms and institutions. In: Boissevain / Mitchell (eds.) 1973, S. 15-35.

Moosmüller 1987 = Moosmüller, Sylvia 1987. Soziophonetische Variation im gegenwärtigen Wiener Deutsch. Eine empirische Untersuchung. Stuttgart (Zeitschrift f. Dialektologie u. Linguistik. Beihefte. Bd. 56).

Moreau (Hg.) 1997 = Moreau, Marie-Louise (Hg.) 1997. Sociolinguistique. Les concepts de base. o. O. [Liège].

Moreno 1934 = Moreno, J[acob]. L[evy]. 1934. Who shall Survive? Washington D. C. (dt.: Grundlagen der Soziometrie. 3. Aufl. Köln 1974).

Morin 1998 = Morin, J.-M. 1998. Précis de sociologie. Paris (Repères pratiques. Bd. 43).

Mounin 1974 = Mounin, Georges (Hg.) 1974. Dictionnaire de la linguistique. Paris.

Mühlbauer 1980 = Mühlbauer, Karl Reinhold 1980. Sozialisation. Eine Einführung in Theorien und Modelle unter Mitarb. V. Burkhardt v. Münnich. München (UTB Bd. 857).

Müller-Dittloff 2001 = Müller-Dittloff, Stefan 2001. Interferenzen des Substandards im Westmitteldeutschen. Am Beispiel von Idar-Oberstein. Eine kontrast- und fehleranalytische Untersuchung. Stuttgart (Zeitschrift f. Dialektologie u. Linguistik, Beihefte. Bd. 117).

Müller-Thurau 1983 = Müller-Thurau, Claus-Peter 1983. Laß uns mal `ne Schnecke angraben. Sprache und Sprüche der Jugendszene. Düsseldorf, Wien.

Mummendey/Simon 1997 = Mummendey, Amélie / Simon, Bernd (Hgg.) 1997. Identität und Verschiedenheit. Zur Sozialpsychologie der Identität in komplexen Gesellschaften. Bern (usw.).

Nabrings 1981 = Nabrings, Kirsten: Sprachliche Varietäten. Tübingen (Tübinger Beiträge z. Linguistik. Bd. 147).

Nelde (Hg.) 1980 = Nelde, Peter Hans (Hg.) 1980. Sprachkontakt und Sprachkonflikt [...]. Wiesbaden (Zeitschrift f. Dialektologie u. Linguistik. H. 32).

Nelde (u. a.) 1981 = Nelde, Peter H. (u. a.) (Hgg.) 1981. Sprachprobleme bei Gastarbeiterkindern. Tübingen (Tübinger Beiträge z. Ling. Bd. 167).

Nelde (ed.) 1990 = Nelde, P[eter]. H. (ed.) 1990. Language Conflict and Minorities. Sprachkonflikte und Minderheiten. Bonn (Plurilingua. X).

Nelde/Darquennes 2000 = Nelde, Peter / Darquennes, Jeroen 2000. German in Old and New Belgium. In: Hogan-Brun (Hg.) 2000, S. 121-138.

Newton 2000 = Newton, Gerald 2000. The Use of German in the Grand Duchy of Luxembourg. In: Hogan-Brun (Hg.) 2000, S. 139-160.

Niebaum/Macha 1999 = Niebaum, Hermann / Macha, Jürgen 1999. Einführung in die Dialektologie des Deutschen. Tübingen (Germanistische Arbeitshefte. Bd. 37).

Oevermann 1972 = Oevermann, Ulrich 1972. Sprache und soziale Herkunft. Ein Beitrag zur Analyse schichtenspezifischer Sozialisationsprozesse und ihrer Bedeutung für den Schulerfolg. Frankfurt/M. (edition suhrkamp. Bd. 519).

Oksaar 1988a = Oksaar, Els 1988. Fachsprachliche Dimensionen. Tübingen (Forum für Fachsprachenforschung. Bd. 4).

Oksaar 1988b = Oksaar, Els 1988. Kulturemtheorie. Ein Beitrag zur Sprachverwendungsforschung vorgelegt in der Sitzung vom 17. Januar 1986. Hamburg u. Göttingen 1988 (Berichte ... d. Joachim Jungius-Ges. Hamburg. Jg. 6, H. 3).

Oksaar 2000 = Oksaar, Els 2000. Idiolekt als Grundlage der variationsorientierten Linguistik. In: sociolinguistica. Bd. 14. Tübingen, S. 37-41.

Pätzold/Marhoff 1998 = Pätzold, Margita / Marhoff, Lydia 1998. Zur sozialen Konstruktion von ‚Stereotyp‘ und ‚Vorurteil‘. In: Heinemann, Margot (Hg.) 1998. Sprachliche und soziale Stereotype. Frankfurt/M. (usw.) (forum Angewandte Linguistik. 33).

Pedersen 2000 = Pedersen, Karen Margarethe 2000. German as First Language and Minority Second Language in Denmark. In: Hogan-Brun 2000, S. 195-220.

Persoons/Versele 1980 = Persoons, Yves / Versele, Mireille 1980. Taalverschuiving in Malméddy. In: Nelde (Hg.) 1980, S. 413-420.

Pfeifer 1989 = Etymologisches Wörterbuch des Deutschen erarbeitet von einem Autorenkollektiv des Zentralinstituts für Sprachwissenschaft unter der Leitung von Wolfgang Pfeifer 1989. 3 Bde. Berlin.

Piaget 1972a = Piaget, Jean 1972a. Sprechen und Denken des Kindes. Düsseldorf (Sprache u. Lernen. Bd. 1).

Piaget 1972b = Piaget, Jean 1972b. Urteil und Denkprozeß des Kindes. Unter Mitarb. v. E. Cartalis, S. Escher [u. a.], Düsseldorf (Sprache u. Lernen. Bd. 9).

Pike 1967 = Pike, Kenneth L. 1967. Language in Relation of a Unified Theory of the Structure of Human Behavior. 2., rev. Aufl. Den Haag (Janua Linguarum Ser. Maior. Bd. 24).

Pohl 1996 = Pohl, Margit 1996. Geschlechtsspezifische Unterschiede im Sprachverhalten. Eine psychologische Untersuchung von Kooperativität und Dominanz in informellen Gesprächssituationen. Frankfurt/Main (usw.) (Europäische Hochschulschriften. Reihe VI. Bd. 541).

PONS 2001 = PONS. Wörterbuch der Jugendsprache. Deutsch – Englisch. Deutsch – Französisch. Stuttgart.

Pörksen/Weber 1984 = Pörksen, Uwe/Weber, Heinz 1984. Spricht die Jugend eine andere Sprache? Heidelberg.

Porzig 1986 = Porzig, Walter 1986. Das Wunder der Sprache. Probleme, Methoden und Ergebnisse der Sprachwissenschaft. 8. Aufl. Hg. v. Andreas Jecklin u. Heinz Rupp. Tübingen (UTB Bd. 32).

Pusch 1980 = Pusch, Luise F. 1980. Das Deutsche als Männersprache. Diagnose und Therapievorschläge. In: Linguistische Berichte 69/1980, S. 59-74.

Pusch 1984 = Pusch, Luise F. 1984. Das Deutsche als Männersprache. Frankfurt/M.

Quasthoff 1987 = Quasthoff, Uta 1987. Linguistic Prejudice/ Stereotypes. In: Ammon [u. a.] (Hgg.) 1987/88, S. 785-799.

Radtke 1982 = Radtke, Edgar 1982. Die Rolle des Argot in der Diastratik des Französischen. In: Romanische Forschungen. Bd. 94, H. 2/3, S. 151-166.

Ramge 1975 = Ramge, Hans 1975. Spracherwerb. Grundzüge der Sprachentwicklung des Kindes. 2., überarb. Aufl. Tübingen (Germanistische Arbeitshefte. Bd. 14).

Ramge 1976 = Ramge, Hans 1976. Spracherwerb und sprachliches Handeln. Studien zum Sprechen eines Kindes im dritten Lebensjahr. Düsseldorf (Sprache u. Lernen. Bd. 43).

Rash 1998 = Rash, Felicity 1998. The German Language in Switzerland. Multilingualism, Diglossia and Variation. Bern (German Linguistic and Cultural Studies. Bd. 3).

Redder 1983 = Redder, Angelika (Hg.) 1983. Kommunikation in Institutionen. Osnabrück (Osnabrücker Beiträge zur Sprachtheorie. Bd. 24).

Redder/Wiese 1994 = Redder, Angelika / Wiese, Ingrid (Hgg.) 1994. Medizinische Kommunikation. Diskurspraxis, Diskursethik, Diskursanalyse. Opladen.

Rehbein 1985 = Rehbein, Jochen (Hg.) 1985. Interkulturelle Kommunikation. Tübingen (Kommunikation u. Institution. Bd. 12).

Reichmann 2000 = Reichmann, Oskar 2000. Nationalsprache als Konzept der Sprachwissenschaft. In Gardt, Andreas (Hg.) 2000. Nation und Sprache. Die Diskussion ihres Verhältnisses in Geschichte und Gegenwart. Berlin, New York, S. 419-469.

Reimann 1991 = Reimann, Horst 1991. Institutionen. In: Reimann (u. a.) 1991, S. 159-177.

Reimann (u. a.) 1991 = Reimann, Horst (u. a.) 1991. Basale Soziologie: Hauptprobleme. 4., neubearb. u. erw. Aufl. Opladen.

Rickheit 1975 = Rickheit, Gert 1975. Zur Entwicklung der Syntax im Grundschulalter. Düsseldorf (Arbeiten z. Sprache im Schulalter auf der Grundlage d. Braunschweiger Textkorpus. Bd. 2).

Rindler-Schjerve 1990 = Rindler-Schjerve, Rosita 1990. Zur Konfliktsituation des Sprachenwechsels in der Minderheitenfamilie. In: Nelde (ed.) 1990, S. 223-235.

Roche 1998 = Roche, Jörg 1998. Variation in Xenolects (Foreigner Talk). In: sociolinguistica Bd. 12. Tübingen, S. 117-139.

Roeder 1965 = Roeder, Peter Martin 1965. Sprache, Sozialstatus und Bildungschancen. In: Roeder, Peter M. [u. a.] (Hgg.).: Sozialstatus und Schulerfolg. Heidelberg (Pädagog. Forschungen. Bd. 32), S. 5-32.

Roelcke 1999 = Roelcke, Thorsten 1999. Fachsprachen. Berlin (Grundlagen d. Germanistik. Bd. 37).

Romaine 1994 = Romaine, Suzanne 1994. Language in Society. An Introduction to Sociolinguistics. Oxford.

Ropohl 1980 = Ropohl, Günter 1980. Ein systemtheoretisches Beschreibungsmodell des Handelns. In: Lenk, Hans (Hg.): Handlungstheorie I. München, S. 323-360.

Rosenberg 1986 = Rosenberg, Klaus-Peter 1986. Der Berliner Dialekt – und seine Folgen für die Schüler. Geschichte und Gegenwart der Stadtsprache Berlins sowie eine empirische Untersuchung der Schulprobleme dialektsprechender Berliner Schüler. Tübingen (Reihe Germanistische Linguistik. Bd. 68).

Samel 2000 = Samel, Ingrid 2000. Einführung in die feministische Sprachwissenschaft. 2., überarb. u. erw. Aufl.Berlin [¹1995].

Sapir 1921/1961 = Sapir, Edward 1921. Language. An Introduction to the Study of Speech. New York. Dt.: Die Sprache. München 1961.

Saussure 2001 = Saussure, Ferdinand de 2001. Grundfragen der Allgemeinen Sprachwissenschaft. Hg. v. Charles Bally/ Albert Sechehaye [frz. Original 1916, 2. Aufl. 1922]. Übers. v. Herman Lommel. 3. Aufl. Mit e. Nachwort v. Peter Ernst. Berlin [Übersetzung identisch m. der in d. 2. Aufl. 1967].

Schäfers 2000 = Schäfers, Bernhard (Hg.). 2000. Grundbegriffe der Soziologie. 6. Aufl. Opladen (UTB Bd. 1416).

Schank/Schoenthal 1976 = Schank, Gerd / Schoenthal, Gisela 1976. Gesprochene Sprache. Eine Einführung in Forschungsansätze und Analysemethoden. Tübingen (Germanistische Arbeitshefte. Bd. 18).

Scherer/Wallbott 1979 = Scherer, Klaus R. / Wallbott, Harald G. (Hgg.) 1979. Nonverbale Kommunikation: Forschungsberichte zum Interaktionsverhalten. Weinheim, Basel.

Schlobinski (u. a.) 1993 = Schlobinski, Peter (u. a.) 1993. Jugendsprache. Fiktion und Wirklichkeit. Opladen.

Schlosser 2000 = Schlosser, Horst Dieter (Hg.) 2000. Sprache und Kultur. Frankfurt/M. (usw.) (forum Angewandte Linguistik. Bd. 38).

Schmidt 1997 = Schmidt, Arnd 1997. Kollektive Zweisprachigkeit in einsprachiger Umgebung. Eine wolgadeutsche Sprachinsel in Argentinien. Kiel.

Schmidt 1988 = Schmidt, Claudia 1988. >Typisch weiblich – typisch männlich<. Geschlechtstypisches Kommunikationsverhalten in studentischen Kleingruppen. Tübingen (Reihe Germanistische Linguistik. Bd. 87).

Schmidt-Denter 1996 = Schmidt-Denter, Ulrich 1996. Soziale Entwicklung. Ein Lehrbuch über soziale Beziehungen im Laufe des menschlichen Lebens. 3., korrigierte u. aktualis. Aufl. Weinheim.

Schönfeld 1997 = Schönfeld, Helmut 1997. Berliner Stadtsprache. Tradition und Umbruch. In: Stickel (Hg. ) 1997, S. 308-331.

Schoenthal (Hg.) 1998 = Schoenthal, Gisela (Hg.) 1998. Feministische Linguistik – Linguistische Geschlechterforschung. Ergebnisse, Konsequenzen, Perspektiven. Hildesheim (usw.) (Germanistische Linguistik. 138-140/1998).

Schräder 1991 = Schräder, Alfons 1991. Fach- und Gemeinsprache in der Kraftfahrzeugtechnik. Studien zum Wortschatz. Frankf./M. (usw.) (Germanist. Arbeiten Bd. 21).

Schülein 1983 = Schülein, Johann August 1983. Mikrosoziologie. Ein interaktionsanalytischer Zugang. Opladen.

Schulze 1998 = Schulze, Barbara 1998. Kommunikation im Alter. Theorien – Studien – Perspektiven. Opladen/Wiesbaden (Studien z. Kommunikationswiss. Bd. 39).

Schwarz 1996 = Schwarz, Monika 1996. Einführung in die kognitive Linguistik. 2., überarb. u. aktualis. Aufl. Tübingen, Basel (UTB Bd. 1636).

Schwitalla 1995 = Schwitalla, Johannes 1995. Kommunikation in der Stadt. Teil 4: Kommunikative Stilistik zweier sozialer Welten in Mannheim-Vogelstang. Berlin, New York (Schriften d. Instituts f. deutsche Sprache. Bd. 4).

Sebeok 1986 = Sebeok, Thomas A. 1986. Encyclopedic Dictionary of Semiotics. 3 Bde. Berlin (usw.). (Approaches to Semiotics. 73).

Selting 1987 = Selting, Margret 1987. Verständigungsprobleme. Eine empirische Analyse am Beispiel der Bürger-Verwaltungs-Kommunikation. Tübingen (Linguist. Arbeiten. Bd. 181).

Siegrist 1970 = Siegrist, Johannes: Das Consensus-Modell. Studien zur Interaktionstheorie und zur kognitiven Sozialisation. Stuttgart 1970 (Soziolog. Gegenwartsfragen. Bd. 32).

Siewert 1996 = Siewert, Klaus (Hg.) 1996. Rotwelsch-Dialekte. Symposion Münster 10. Bis 12. März 1995. Wiesbaden (Sondersprachenforschung. Bd. 1).

Sobetzko 1984 = Sobetzko, Johannes 1984. Sprache ohne Herrschaft? Gesellschaftliche Entfaltung der Grammatik als strukturelle Gewalt. Frankfurt/M., New York.

Späth 2001 = Späth, Nikos 2001. Die SMS-Sprache kennt keine Grenzen. In: Allgemeine Zeitung Mainz v. 22. 9. 2001, S. 30.

Spitzer 1976 = Spitzer, Leo 1976. Hugo Schuchardt-Brevier. Ein Vademecum der allgemeinen Sprachwissenschaft. Darmstadt.

Spitzer 1996 = Spitzer, Manfred 1996. Geist im Netz. Modelle für Lernen, Denken und Handeln. Darmstadt.

Steiner 1994 = Steiner, Christiane 1994. Sprachvariation in Mainz. Quantitative und qualitative Analysen. Stuttgart (Mainzer Studien z. Sprach- u. Volksforschung. Bd. 19).

Steinig 1976 = Steinig, Wolfgang 1976. Soziolekt und soziale Rolle. Untersuchungen zu Bedingungen und Wirkungen von Sprachverhalten unterschiedlicher gesellschaftlicher Gruppen in verschiedenen sozialen Situationen. Düsseldorf (Sprache der Gegenwart. Bd. XL).

Stellmacher 1977 = Stellmacher, Dieter 1977. Studien zur gesprochenen Sprache in Niedersachsen. Eine soziolinguistische Untersuchung [Osterholz-Scharmbeck] . Marburg (Deutsche Dialektgeographie. Bd. 82).

Stellmacher 1995 = Stellmacher, Dieter 1995. Niedersächsischer Dialektzensus. Statistisches zum Sprachgebrauch im Bundesland Niedersachsen. Stuttgart (Zeitschrift f. Dialektologie u. Linguistik. Beihefte. 88).

Stern 1975 = Stern, Clara u. William 1975. Die Kindersprache. Eine psychologische und sprachtheoretische Untersuchung. Darmstadt [1907, 4. Aufl. 1928].

Stickel (Hg.) 1997 = Stickel, Gerhard (Hg.) 1997. Varietäten des Deutschen. Regional- und Umgangssprachen. Berlin, New York (Institut f. deutsche Sprache. Jb. 1996).

Stölting 1980 = Stölting, Wilfried 1980. Die Entwicklung der Zweisprachigkeit bei ausländischen Schülern. In: Praxis Deutsch. Sonderheft 1980, S. 19-22.

Stroh 1993 = Stroh, Cornelia 1993. Sprachkontakt und Sprachbewußtsein. Eine soziolinguistische Studie am Beispiel Ost-Lothringens. Tübingen (Tübinger Beiträge z. Linguistik. Bd. 383).

Sucharowski 1996 = Sucharowski, Wolfgang 1996. Sprache und Kognition. Neuere Perspektiven in der Sprachwissenschaft. Opladen (WV studium Bd. 167).

Tannen 1991 = Tannen, Deborah 1991. Du kannst mich einfach nicht verstehen. Warum Männer und Frauen aneinander vorbeireden. Hamburg [engl. 1990].

Tesch 1978 = Tesch, Gerd 1978. Linguale Interferenz. Theoretische, terminologische und methodologische Grundfragen zu ihrer Erforschung. Tübingen (Tübinger Beiträge z. Linguistik. Bd. 105).

Tesnière 1959 = Tesnière, Lucien 1959. Éléments de syntaxe structurale. Paris (dt. als „Grundzüge der strukturalen Syntax". Hg. u. übers. v. Ulrich Engel. Stuttgart 1980).

Thimm 1995 = Thimm, Caja 1995. Verständigungsprobleme in Gesprächen zwischen alt und jung. In: Bernd Spillner (Hg.): Sprache, Verstehen und Verständlichkeit. Frankfurt/M. (forum Angewandte Linguistik. Bd. 28), S. 89-94.

Thimm 2000 = Thimm, Caja 2000. Alter – Sprache – Geschlecht. Sprach- und Kommunikationswissenschaftliche Perspektiven auf das höhere Lebensalter. Frankfurt/M., New York (Campus Forschung. Bd. 801).

Trömel-Plötz 1982 = Trömel-Plötz, Senta 1982. Frauensprache – Sprache der Veränderung. Frankfurt/Main.

Trudgill 1974 = Trudgill, Peter 1974. The social differentiation of English in Norwich. Cambridge (Cambridge Univ. Press).

Veith 1967 = Veith, Werner H. 1967. Die Stadt-Umland-Forschung als Gebiet der Sprachsoziologie. In: Muttersprache 77, S. 157-162.

Veith 1975 = Veith, Werner H. 1975. Soziolekt und Aufsatzbeurteilung am Gymnasium. Bemerkungen zu Irrtümern der Soziolinguistik. In: Zeitschrift f. Dialektologie u. Linguistik 42, S. 1-26.

Veith 1980 = Veith, Werner H. 1980. Phonemik. In. Althaus, Hans Peter [u. a.] (Hgg.). Lexikon der Germanistischen Linguistik. 2. Aufl. Tübingen, S. 129-137.

Veith 1983 = Veith, Werner H. 1983. Sprachvariation in der Stadt. Am Beispiel von Frankfurt am Main. In: Muttersprache 93, S. 82-90.

Wagner 1970 = Wagner, Hildegard 1970. Die deutsche Verwaltungssprache der Gegenwart. Eine Untersuchung der sprachlichen Sonderform und Ihrer [I sic!] Leistung. Düsseldorf (Sprache d. Gegenwart. Bd. IX).

Watson 1976 = Watson, John B[roadus]. 1976. Behaviorismus. Erg. durch d. Aufsatz Psychologie, wie sie der Behaviorist sieht. Hg. u. mit e. Vorw. v. Carl F. Graumann. 2., unv. Aufl. Frankfurt/M. [1. dt. Aufl. 1930, engl. 1913].

Watzlawick [u. a.] 1973 = Watzlawick, Paul / Beavin, Janet H. /Jackson, Don D. [1973]. Menschliche Kommunikation. Formen, Störungen, Paradoxien. 3., unveränd. Aufl. Bern (usw.) [Amerikan. Orig. 1967].

Weber 1964 = Weber, Max 1964 [1921]. Wirtschaft und Gesellschaft. Grundriß der verstehenden Soziologie. 2 Bde. Köln, Berlin [Sudienausgabe] 1964.

Weber 1982 = Weber, Ursula 1982. Instruktionsverhalten und Sprechhandlungsfähigkeit. Eine empirische Untersuchung zur Sprachentwicklung. Tübingen (Reihe Germanistische Linguistik. Bd. 41).

Wegera 1977 = Wegera, Klaus-Peter 1977. Kontrastive Grammatik: Osthessisch – Standardsprache. Eine Untersuchung zu mundartbedingten Sprachschwierigkeiten von Schülern am Beispiel des ‚Fuldaer Landes‘. Marburg (Deutsche Dialektographie. Bd. 103).

Weinreich 1954 = Weinreich, Uriel 1954. Is a structural dialectology possible. In: Word 10, S. 388-400.

Weinreich 1977 = Weinreich, Uriel 1977 [1953]. Sprachen im Kontakt. Ergebnisse und Probleme der Zweisprachigkeitsforschung. München.

Weinrich 1988 = Weinrich, Harald 1988. Wege der Sprachkultur. München (dtv 4486).

Weisgerber 1972 = Weisgerber, Bernhard 1972. Elemente eines emanzipatorischen Sprachunterrichts. Heidelberg (UTB Bd. 144).

Wenzel 1984 = Wenzel, Angelika 1984. Verstehen und Verständigung in Gesprächen am Sozialamt. Eine empirische Untersuchung. Tübingen (Reihe Germanistische Linguistik. Bd. 52).

Werlen 1989 = Werlen, Iwar 1989. Sprache, Mensch und Welt. Geschichte und Bedeutung des Prinzips der sprachlichen Relativität. Darmstadt (Erträge d. Forschung. Bd. 269).

Werlen (Hg.) 1995 = Werlen, Iwar (Hg.) 1995. Verbale Kommunikation in der Stadt. Tübingen (Tübinger Beiträge z. Linguistik. Bd. 407).

Werlen 1998 = Werlen, Erika 1998. Sprache, Kommunikationskultur und Mentalität. Zur sozio- und kontaktlinguistischen Theoriebildung und Methodologie. Tübingen: Niemeyer (RGL 194).

Whorf 1956/1963 = Whorf, Benjamin Lee 1956. Language, Thought and Reality. Cambridge, Mass. u. New York. Dt.: Sprache, Denken, Wirklichkeit. Reinbek 1963.

Wiegand 1979 = Wiegand, Herbert Ernst 1979. Kommunikationskonflikte und Fachsprachengebrauch. In: Mentrup, Wolfgang (Hg.). Fachsprachen und Gemeinsprache. Jahrbuch 1978 d. Instituts f. deutsche Sprache. Düsseldorf (Sprache d. Gegenwart. Bd. 46), S. 25-58.

Wierlacher (Hg.) 1987 = Wierlacher, Alois (Hg.) 1987. Perspektiven und Verfahren interkultureller Germanistik. Akten des I. Kongresses d. Gesellschft f. Interkulturelle Germanistik. München.

Wittgenstein 1971 = Wittgenstein, Ludwig 1971. Philosophische Untersuchungen [1953]. Frankfurt/M. (ed. suhrkamp).

Wolf 1993 = Wolf, Siegmund A. 1993. Deutsche Gaunersprache. Wörterbuch des Rotwelschen [Mannheim 1956]. Unveränderter Nachdr. d. 2. Aufl. 1985. Hamburg.

Wolfgang 1997 = Wolfgang, Aaron (ed.) 1997. Nonverbal Behavior. Perspectives. Applications. Intercultural Insights. Seattle (usw.): Hogrefe 1997.


Zimmerman/West 1975 = Zimmerman, Don / West, Candace 1975. Sex Roles, Interruptions and Silences in Conversation. In: Thorne, Barrie / Henley, Nancy (Hgg.) 1975. Language and Sex. Difference and Dominance. Rowley/Mass., S. 105-129.


*Nach Fertigstellung des Typoskripts sind erschienen:*

Holtus [u. a.] (Hgg.) 2001 = Holtus, Günter [u. a.] (Hgg.) 2001. Lexikon der Romanistischen Linguistik (LRL). Bd. I,2. Methodologie (Sprache in der Gesellschaft/Sprache und Klassifikation/Datensammlung und –verarbeitung). Tübingen [Darin u. a. Sprache in der Gesellschaft S. 1-681].

Mesthrie (Ed.) 2001 = Mesthrie, Rajend (Ed.). Asher, R. E. (Consulting Ed.) 2001. Concise Encyclopedia of Sociolinguistics. Amsterdam (usw.).

# 10    Sach- und Personenindex

Fettdruck + (Def.) verweist auf eine: ‚Definition'. *Namen* im Text sind *kursiv* gesetzt; Namen des Literaturverzeichnisses sind nicht einbezogen.